丰台史话

丰台史话编纂委员会 编

中华书局

图书在版编目（CIP）数据

丰台史话 / 丰台史话编纂委员会编 . -- 北京：
中华书局 , 2021.3
　ISBN 978-7-101-14856-5

　Ⅰ . 丰… Ⅱ . 丰… Ⅲ . 丰台区 - 地方史 - 史料
Ⅳ . K291.3

中国版本图书馆 CIP 数据核字 (2020) 第 204877 号

丰台史话

编　　者	丰台史话编纂委员会
出版发行	中华书局
	（北京市丰台区太平桥西里 38 号　100073）
	http://www.zhbc.com.cn
	E-mail:zhbc@zhbc.com.cn
图文制版	北京禾风雅艺图文有限公司
印　　刷	天津艺嘉印刷科技有限公司
版　　次	2021 年 3 月北京第 1 版
	2021 年 3 月第 1 次印刷
规　　格	开本 /889×1092 毫米 1/16
	印张 28½　字数 378 千字
国际书号	ISBN 978-7-101-14856-5
定　　价	160.00 元

《丰台史话》编纂委员会及编辑部名单

编纂委员会

主　　　任：徐贱云

常务副主任：初军威　张巨明　刘　宇

副　主　任：高　峰　梁家峰　李　岚　张　鑫　冯晓光

成　　　员：刘　楣　韩骏伟　杨晓辉　赵鹏飞　刘怀广

　　　　　　毕永丰　杜彦奎　尚丽艳　史文斌　王　野

　　　　　　各街乡镇主要负责同志

编辑部

主　　　编：梁家峰　冯晓光

副　主　编：刘怀广　乔晓鹏　张国庆　程　诗

特约编辑（按姓氏笔画为序）：

　　　　　　王国欣　刘仲孝　孙铁铮　张金城　林　贵

　　　　　　隋　军　蒲兰山

责任编辑（按姓氏笔画为序）：

　　　　　　王真胜　齐雪峰　李先瑢　张良超　张　耘

　　　　　　张　凝　陈民

前　言

  为迎接中国共产党成立100周年，全面反映党领导丰台人民所取得的革命、建设和改革的历史成就，展示地方风采，区委、区政府决定开展《丰台史话》编写工作。经过三年多的辛苦努力，《丰台史话》现已编写完成，这是丰台区第一部全面系统地记述经济发展、社会进步、时代变迁的史话类图书，也是研究丰台区历史、地理、人文、风俗的重要参考资料。该书通过丰台的历史发展变化来着力体现中华文明的厚重底蕴、先民们的勤劳智慧，展现中国人民不屈不挠的抗争精神和顽强的斗争意志，具有较强的存史资政功能和社会教育作用。

  《丰台史话》以习近平新时代中国特色社会主义思想为指导，遵循历史唯物主义的立场、观点和方法，紧密围绕丰台地区的历史文化和全区中心工作，着力弘扬以爱国主义为核心的民族精神和以改革创新为核心的时代精神，与读者朋友一起回顾历史，认识现在，展望未来，为全区经济发展和社会全面进步提供宝贵的精神食粮、道德滋养和文化条件。

  《丰台史话》本着对历史的敬畏、对英雄的崇敬、对当前的礼赞、对未来的期许，生动地再现丰台地区的历史风貌，讴歌丰台区的时代成就，彰显丰台区醇厚的文化韵味和城市建设的华美篇章。本书不同于以往史话的书写方式，具有四个显著特点。

1.本书没有采用编年体或纪事本末体，也不像地方志那样横排门类，纵贯始末，而是突出重点，以南中轴的南苑地区为全书正文的开头，以丽泽金融商务区、中关村科技园区丰台园、卢沟桥、长辛店等重点区域为坐标设立一级标题，以过去、现在、未来作为时间轴，在不断裂主线的前提下，跳跃性、有重点地记述丰台地区的文明历史，建设和改革的辉煌成就以及未来的发展前景。

2.全书的篇目设计和文字风格突出存史资政和教育作用，遵循历史规律，紧扣时代主题，注重挖掘地方历史文化资源，立足于本区，放眼于世界。尽量将在北京乃至国内和国际上较具影响力的内容展示给读者，突出历史文化、时代特色和地方风貌，为大美丰台打造靓丽的名片。

3.本书坚持铭记历史、传承文化、服务发展的目标，紧紧围绕北京城市总体规划、丰台分区规划对丰台中长期发展的谋篇布局，从对丰台历史文化的追问中，回溯丰台地区历史发展的脉络，系统梳理丰台地区重大历史事件和著名历史人物，做到大事不漏，小事不录。

4.全书采用史话的语言，以讲故事的方式记述历史，对时间跨度较大、史料较为稀少、故事情节不突出的部分采取漫谈的方式娓娓道来，语言力求生动、准确、客观，做到深入浅出，通俗易懂，情节感人，并辅以大量图片，力求图文并茂，线索明晰，生动鲜活，增强趣味性和可读性。

本书以"区情概览"开篇，简明扼要而又画龙点睛地介绍了丰台悠久的文明历史、多样的生态资源、光荣的革命传统、辉煌的发展历程、美好的建设前景。正文是"南中轴的历史变迁""金中都的前世今生""卢沟桥的民族精魂""长辛店的红流绿舟""京西南的创新发展"五大部分，分别介绍了南苑作为皇家苑囿和近代军事要地的历史变迁以及南中轴的经济发展与疏解整治促提升所取得的成绩，莲花池与金中都在北京建城、建都史上的作用以及丽泽金融商务区的发展建设过程，驰名世界的卢沟桥与全民族抗战，"北方的红星"长辛店的革命斗争及这里的生态文明建设，中关村最早的"一区三园"之一——丰台科技园的发展壮大历程，并着重介绍了中国航天、航空、铁路、高铁发展的巨大成就与丰台的历史渊源。附录部分为"花絮趣闻"，精选12篇短文，以点带面地记述了丰台地区的花卉种植、非遗项目、文物古迹、诗词文章、对外交流、社会民生等方面有特色有亮点的趣闻逸事，补充正文部分的不足。

希望《丰台史话》的出版发行能够为丰台区增辉添色，增强丰台人民对家乡的历史认同感和文化归属感，增强丰台区的文化软实力，从而促进全区文化事业发展和繁荣，打造南中轴、金中都、卢沟桥等历史文化名片，为弘扬丰台优秀传统文化、加快改革发展做出积极贡献。

目　录

三、卢沟桥的民族精魂

五、京西南的创新发展

区情概览

悠久的文明历史
多样的生态资源
光荣的革命传统
辉煌的发展历程
美好的建设前景

　　丰台区，首都北京的中心城区之一，位于城区西南部。东与朝阳区接壤，北与东城、西城、海淀、石景山区相连，西北和西南分别与门头沟、房山区交界，东南与大兴区毗邻。在方圆306平方公里的土地上，居住着汉、回、满、蒙等30多个民族，2019年常住人口202.5万人，人口密度接近每平方公里7000人，是典型的人口大区。

悠久的文明历史

　　古老的永定河水从晋北高原涌出，穿过崇山峻岭，一路奔腾向前，滋润着北京小平原，因此，永定河又被称为北京的母亲河。日月交替，斗转星移，原始先民们探索着从深山走向平原。因永定河的哺育，在今广安门一带逐渐兴起一座城市，它就是蓟城，今天北京城的前身。随着蓟城的产生，丰台历史也由此拉开序幕。

　　"丰台仍是旧名呼，接畛连畦种植俱……"这是乾隆皇帝曾写下的诗句。它提示了"丰台"这一古老的地名源流。关于丰台地名的由来，从清初就有人考证，从朱彝尊到其子朱昆田，再到后来的乾隆皇帝和大臣于敏中，都参与到对丰台由来的探寻之中。丰台到底是什么意思，丰台因何而来？究竟是"丰宜门外拜郊台"正确呢，还是"远风台"接近史实？或者它原本就叫"丰台"？但无论哪一种说法，都可以看出丰台

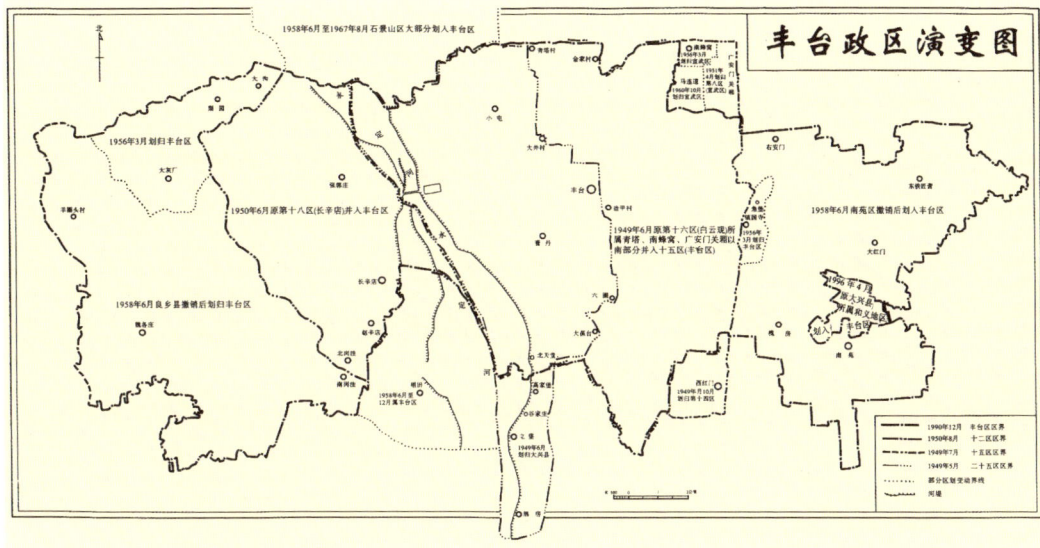

1949 年以来丰台政区演变图（北京市丰台区地方志编纂委员会《北京市丰台区志》，北京出版社，2001 年）

地名历史之久远。对于"丰台"一词的含义，当年乾隆皇帝在他的御制丰台诗注中，将"丰"解释为"盖取蕃庑之义"，从而道出丰台与花木种植之间的密切关联。

　　尽管从地名源流来看，丰台的出现不足千年，但这一地区的文明历史要比地名的出现久远得多。早在先秦时期，这里就成为燕都蓟城的南郊。贾家花园的考古发现证明了在战国时期这里就有人类活动。秦时丰台属广阳郡蓟县地，西汉属广阳国蓟县、阴乡县、广阳县地。东汉以后直至辽初，地属幽州幽都县。辽宋时期，分属析津县、宛平县、良乡县。金海陵王完颜亮迁都燕京并改名为中都，丰台的部分地区在中都城内，大部分区域属宛平县、大兴县、良乡县。元代至明初，这里隶属于宛平、大兴、良乡等县。明嘉靖三十二年（1553）建成北京外城，丰台东半部成为京城南郊和西南郊，由南城兵马司管理，西半部属宛平县、良乡县、房山县。清末东半部在城属范围内，由步兵统领衙门管理，西半部属宛平、良乡、房山县。民国初，分属京兆宛平、大兴、良乡、房山县。1929 年后，东半部属北平市南郊区，丰台、大井以西分属河北省宛平、良乡、房山县。

抗战胜利后，东部右安门外以东、北大红门以北为北平市郊三区之西部，右安门外以西、丰台以东为北平市郊四区之南部。

丰台作为行政区划最早开始于民国时期，其作为宛平县的一个特区，辖丰台镇及看丹乡、永和庄乡和小屯乡。1949 年初北平和平解放，在丰台、长辛店、南苑三镇分别建立区人民政府。同年 4 月，北平市统一划区，全市共划分为 32 个区，南苑地区为北平市第二十三区，丰台地区为第二十五区，长辛店地区为第二十六区。同年 6 月，北平市调整区划，将 32 个区改划为 26 个区，其中第十四区（驻南苑）的一部分、第十五区（驻丰台）、第十八区（驻长辛店）的一部分在今丰台区境内，西南部仍属河北省良乡、房山县地。1952 年，定名丰台区。后经历多次区划调整，区名沿用至今。

丰台自古就是兵家必争之地。隋唐之际，这里曾发生著名的笼火城之战，唐朝中叶的安史之乱也曾席卷这一地区，北宋末年的卢沟河大战、阿骨打攻打燕京之战都涉及这一地区。成吉思汗三打金中都、明初靖难之役，丰台也都作为重要战场。明朝末年，申甫军与后金皇太极的军队激战后不久，文人于奕正在此留下了"乌合未几鸟散翔，将军慷慨卢沟傍"的诗句。

丰台自古以来又是西南进京的必经要道，卢沟桥、长辛店一带商贾旅客云集，店铺酒肆林立，造就了丰台的繁华，也赋予了丰台人朴实热情、开放包容的性格特征。这里曾是鸟语花香、稻米流脂、菜蔬连畦、亭台相望的游览休憩之地。大葆台所流传的金章宗元妃李师儿的故事，万柳堂前的"手把荷花来劝酒，步随芳草去寻诗"，玩芳亭中的"上客抛罗袂，佳人舞画筵"的诗句给人们展示了古时丰台花红柳绿、歌舞升平的太平景象。

在漫漫的历史长河中，丰台这片土地上，留下了大量珍贵的物质和非物质文化遗产，孕育了丰台深厚的文化底蕴。在以莲花池为主要水源的古蓟城旧址上，金中都发展起来，拉开了北京建都史的序幕。镇岗塔挺拔壮丽，它是华北地区颇具代表性的华塔建筑，历经千年而不毁，即

位于北京市丰台区的卢沟桥（北京市丰台区地方志编纂委员会《北京市丰台区志》，2001 年）

使遭受日军破坏也依旧傲然挺立。南苑地区曾是元明清三代皇家苑囿、辽金元明清五代皇家狩猎场，有着"南囿秋风"的美名，留下"落雁远惊云外浦，飞鹰欲下水边台"的诗句。卢沟桥是金代现存最大的地上文物，也是我国北方现存最大的古老石桥，其精美绝伦的石刻艺术令世界叹为观止，被马可·波罗称为"无与伦比的桥"。大葆台汉墓是北京地区出土的规模最大的一座汉代墓葬，大葆台西汉墓博物馆是中国第一座汉代墓葬博物馆。除此之外，丰台还有大量的碑文、石刻，其中辽代的王泽墓志、金代的吕澂墓志、乌古论家族墓志等都具有较高的文物价值和艺术价值。

丰台汇集了众多的宗教元素，至今保留有佛教的极乐峰护国宝塔及佛洞群、福生寺、和尚塔、观音铜像等，道教的中顶庙、二郎庙、老爷庙，以及伊斯兰教的清真寺、基督教的天主教堂和基督教堂等已经修缮的宗教场所，佛教、道教、伊斯兰教、基督教四教共存。除此之外，丰台既有祭祀火神的长辛店火神庙，又有纪念孙思邈治病救人的看丹药王庙；既有颂扬治水丰功伟绩的北天堂大王庙，又有反映因果报应、抑恶扬善的大灰厂娘娘庙，它反映了丰台地区多种文化的相互交融。

丰台传承久远，数千年岁月更迭，风雨洗礼，重塑了丰台的模样，也留下了传承相守的智慧巧思和执着坚守。这里自古即为花乡，从元朝开始"居民多以种花为业"。《日下旧闻考》载："丰台为近郊养花之所……培养花木，四时不绝，而春时芍药尤甲于天下。"古人以"丰台远近并栽花，拄杖敲门野老家。随意殿春搴一朵，狂来欲插帽檐斜"来描绘它。丰台卖花翁女曼殊的传奇故事至今为文人雅士们津津乐道。

因花卉种植之盛而衍生出的丰台十八村花会也由此享誉京城。十八档会走到哪里，都会带来满街盈巷的观众，表演的队伍连绵数里，盛景颇为壮观，因此至今还流传着"后泥洼的棍、前泥洼的幡，孟村旱船跑得欢，刘家村少林蜈蚣岭，樊家村的童子众会参"的民谣。除此之外，丰台还有很多市级以上的非物质文化遗产，如卢沟桥传说、米粮屯高跷、怪村太平鼓、西铁营"花钹大鼓"等等，它们彰显了丰台悠久的文化、朴素的民风，是丰台人民智慧和民风民俗的结晶，经世代相守，至今仍闪耀着璀璨夺目的光芒。

多样的生态资源

丰台区的地形地貌，虽不复杂，但也是山地、丘陵、平原、沟壑，一应俱全。

翻开北京地形图可以看到，北京地处华北大平原的西北端，三面环山，形成了"北京湾"特殊地理格局。在"北京湾"的怀抱中有这样一个地方，头枕西山，脚向平原，位居北京西南，是西山永定河文化带和运河文化带的交接点，这里就是丰台。丰台东西狭长，一条永定河穿区而过，以西在太行山余脉西山山脉脚下，以东处于永定河冲积扇平原上。特殊的地理位置赋予了丰台丰富的地质资源，从新生代中晚期到现在，这里形成了多样的地形地貌特征，有巍峨的马鞍山、奔腾的卢沟水、晶莹的青龙湖、喷薄的地热泉……生活在这里的人们，时刻能感受到奇妙的自然变化和万千景象。

在丰台区的最西端，巍峨屹立着一座马鞍形的山，人们称之为马鞍山，因戒坛寺在此山下建造，因而又称戒坛山。马鞍山后有一山峰遥耸，

丰台区的最西端马鞍山（丰台区委党史办供图）

如紫驼状，侧目远望，宛如一尊巨佛静静地躺卧在那里，因而几百年来，人们取西方极乐世界之意，称为"极乐峰"。它是丰台区的最高峰，海拔 699 米，较香山最高峰"鬼见愁"还高 100 多米。不要小看这马鞍山和极乐峰，它在北京西山诸峰中是鼎鼎有名的。以往人们一提西山文化，总会想到香山、玉泉山、妙峰山、百花山、灵山等，实际上马鞍山早在明代名声就很大。明蒋一葵的《长安客话》，明刘侗、于奕正的《帝京景物略》都提到了马鞍山。清代周金然的《西山纪游》中"极乐峰如驼脊出，行吟客上马鞍来"，描写的就是极乐峰的美丽风光。这里重峦叠嶂，奇峰怪石，植被繁茂，野生资源丰富。目前较有名气的山上石洞有十八个，较大的有太古化阳洞、孙膑洞、朝阳三慧洞、万寿朝阳洞、极乐洞等，是北京最大的洞窟群，当地人有"千佛、千洞、千灵山"的说法。

马鞍山以东，抵近永定河畔，岗岭道道，沟谷条条，高低起伏，是一片海拔一二百米的丘陵区。所谓丰台有岭，指的就是这片地方。这里有分水岭之称。《大明一统志·顺天府·山川》记载，"分水岭在府西四十五里，山涧诸水至此分而为二：一入卢沟河，一入房山县界"，因而人称分水岭。这里又有卧龙岗及其南部的长店岗。至今保留下来的云岗、太平岭、槐树岭、太子峪、李家峪、留霞峪、侯家峪等地名，正是这里丘陵景观的反映。此外，丰台还有一处不被人熟知的小山阜，名叫鹰山嘴，地处永定河西岸，现在是北京园博园的一部分。这座小山阜虽不高，但在永定河治洪防涝中有着重要地位。清代官员李鸿章、王德榜等倡议并建造了鹰山嘴至卢沟桥之间的水利工程，可见此处地理位置的重要性。

说完丰台的山，再看丰台的河。丰台区境内或大或小的河流很多，如丰草河、马草河、小龙河、哑叭河、九子河、蟒牛河、牤牛河、刺猬河……最著名的，就是永定河了。永定河是北京的母亲河，对北京的历史发展起到了至关重要的作用。它的别称很多，最初叫灅水，后来又称桑干河、卢沟河、浑河等。永定河多次改道，为北京留下了星罗棋布的湖泊水系，造就了北京小平原，哺育了北京地区最初的文明。除永定河外，在丰台地区影响力最大的便是凉水河，凉水河是大运河文化的重要组成部分，曾作为隋唐至北宋时期大运河的水道之一。它的航运历史早于著名的通惠河、北运河，航运功能延续至北宋时期。如今的凉水河仍是北运河的一条主要支流，基本保持了历史上的格局和走向，成为沟通西山永定河文化带与大运河文化带的重要水系。

说到凉水河，不能不提到莲花池，凉水河与莲花池共同构成了莲花池水系，它与北京城的发展壮大息息相关。据侯仁之等专家研究：三千年前北京的前身蓟城，就是依托莲花池水系发育起来的，一直到金朝在此建立都城，城市的主体水源没有离开过最初的莲花池水系。也就是说，莲花池水系的水源一直满足了北京城的发展，因而才有"先有莲花池，后有北京城"之说。

由于永定河的摆动与变迁，南苑地区河湖交错，水草茂盛，成为天润地泽之地，它为北京地区的生态文明建设创造了良好的条件。与北京旧城六海水系相对应，南苑又被称为南海子。自辽代起，这里就成为皇家狩猎的场所。及至明朝,时人曾将"南囿秋风"列入"燕京十景"之中。《明宣宗行乐图》描绘了明宣宗在此春日郊游行猎的场面。清军入关后，更

长辛店二七纪念馆（长辛店街道供图）

北京莲花池公园（丰台区委党史办供图）

是将南苑作为"清帝园居"的第一个大型皇家苑囿，屡有诗句赞颂南苑美景，如康熙皇帝的"云飞御苑秋花湿，风到红门野草香"，乾隆皇帝的"北红门外晓回銮，雨后春郊料峭寒"等等。

由于永定河的摆动与变迁，也成就了丰台地区丰富的地下水源。因为河流频频改道，丰台地面下掩埋着多条或大或小、或深或浅的古河道以及厚厚的河卵石与粗砂。当永定河流出西山进入平地后，河道坡降变小，河水流速减缓，一部分河水便渗入地下沙砾层中，成为地下水。所以，过去丰台区地下水资源十分丰富。当这些地下水遇到低洼或不透水地层时，便溢出地面形成泉。在丰台东部的东管头、水头庄、万泉寺一带，过去曾有百余泉水流出，称为"百泉溪"。大井村一带有"义井"，南苑内有"一亩泉"，都是丰台一带泉源丰富的历史见证。时移世易，对于

明宣宗行乐图（局部）

现代人来说，泡温泉成为一种休闲娱乐方式，尤其到冬季，来南宫地热温泉的人们总是络绎不绝。丰台的温泉和地热资源被越来越多的人所知晓。

　　清风明月本无价，近水遥山皆有情。丰台的山、岭、河、湖、泉等诸多自然因子，促进了生物多样性，留下了丰富的自然资源，为这里的先民生存发展创造了条件。丰台西部地区以果木林业、石料开采业为主，这里果木种植的种类较多，西庄店的柿子，王佐的核桃、山楂，长辛店的大枣远近闻名。马鞍山是元大都和明清北京城营建所用石灰和部分石材的主要供应基地。受永定河、凉水河以及众多井泉湖泊的灌溉，丰台东部的自然条件非常适合粮食作物及蔬菜的种植，卢沟桥乡的菜户营村早在明初就成为供应宫廷的皇家御菜园。丰台、草桥、

黄土岗、马家楼、玉泉营直到郭公庄一带，土壤肥沃，物产丰饶，以花、蔬最为著名。这些独特的自然资源日益成为丰台发展的一张张名片，带动了区域相关绿色产业发展，优化了生态环境，提高了品位和知名度，增强了综合竞争力。

"一方水土养一方人"，在丰台这片美丽富饶的土地上，人类生息繁衍，发展壮大。从新石器晚期的卢沟古渡到战国时期贾家花园考古遗址，从汉代大葆台、唐代笼火城再到长辛店、王佐一带的明清墓葬群，都能够看出这个地区人类活动的脚步。草桥、南苑一带的历史最早可追到唐代，丽泽、丰宜、开阳、彰义等均是金中都留下的地名文化遗产，看丹、石榴庄、小屯、大井、小井早在明代就已产生。菜户营、铁匠营、沙锅村、瓦窑村可折射出菜农、工匠的劳动，木樨园、石榴庄、果园、玉皇庄可想象出皇家田园的景象，六圈、马场、鹅凤营反映的是明清时期六畜兴旺的场面，而陈留、张仪村、高立庄、小屯等村名由来的不同说法所揭示的是原始先民顽强生存的真实写照。直到今天，人们仍然相信这片山美水美人美的土地蕴藏着无限的潜力。

光荣的革命传统

只要谈起丰台，说到丰台的历史，总离不开这两个地方：一个是卢沟桥，一个是长辛店。卢沟桥举世闻名，1937 年 7 月 7 日在这里打响的全民族抗战枪声天下皆知。长辛店则是中国北方工人运动的摇篮。为什么丰台会有如此重要的红色资源呢？这与它得天独厚的地理位置有着密切联系。丰台自古就是中国北方重要的交通要地，有"华北交通咽喉"及"首都陆上码头"之称，向西可深入太行，度过流沙，远达西域，向东可通过京师，漕运通州，乘帆入海，向南可直下燕赵，阔步黄淮，直抵岭南。公路、铁路、航空都十分发达。清末中国第一条南北大动脉卢汉铁路的起点以及中国第一座飞机场都坐落于此。得天独厚的地理优势、重要的交通与战略地位，使丰台成为历史上重大战事活动的发生地，也与中国共产党的历史尤其是早期革命活动结下了无法割舍的情缘。

随着清末卢汉铁路、津卢铁路、京绥铁路建成，在长辛店兴起了一批与铁路交通有关的近现代工业，因此，长辛店地区近现代产业工人比较多而集中。由于帝国主义和国内买办资本家的双重压榨，他们生活极端困苦，社会地位低下。长辛店的铁路工人具有很高的政治觉悟和斗争意识。他们既有粗浅的文化知识又具备一定的技能，容易与先进的知识分子相结合。因此，长辛店成为中国共产党早期传播革命火种、进行革命宣传、启迪人们觉悟、领导工人运动最理想的地方之一。

党的早期领导人把长辛店作为实践马克思主义理论的理想场所，通过创办劳动补习学校、庆祝五一劳动节、组建工会、组织工人示威游行和罢工等方式，领导工人阶级进行革命斗争。长辛店是党领导的中国工人运动最早发起的地区之一，长辛店工人党小组是中国第一个由产业工人组成的党的基层组织，长辛店工人俱乐部成为京汉铁路线乃至中国北方地区工人学习的样板，党的早期领导人毛泽东、李大钊、邓中夏都曾到长辛店从事革命活动，传播共产主义真理，使长辛店成为党的初心之地。长辛店工人运动的经验在中共一大北京代表宣读的《北京共产主义组织的报告》中做了重点介绍。在党的领导下，长辛店铁路工人始终站在革命的最前列，成功地开展了1922年8月的罢工，并积极投身到京汉铁路工人大罢工的革命洪流之中。无论是革命战争年代还是和平时期，二七革命精神始终薪火相传，生生不息，成为我们党宝贵的精神财富。

在工人运动的影响下，农民运动也出现新的气象。北京共产党小组成立后，丰台地区成为先进知识分子宣传马列主义的重要阵地。北京大学平民教育讲演团开展"农村讲演"活动，

丰台区开展"长辛店1921红色党课"教育（丰台区委宣传部供图）

足迹涉及卢沟桥、长辛店、丰台、七里庄、大井等地方。农业大学党支部以"农业革新社"为公开的组织在大瓦窑等地进行革命活动。1924年，农业大学党支部首先吸收了大瓦窑小学校长张永祥加入中国共产党。随后，又在西郊农村先后发展十几位农民入党，并建立了大瓦窑、公主坟、罗道庄三个农村党支部。1925年6月10日，以大瓦窑等支部为中心，发动京郊300多农民参加在天安门前举行的"北京各界人民反对英、日帝国主义屠杀同胞雪耻大会"，反映了郊区农民反帝斗争的决心和大无畏的英勇斗争精神。

丰台地区不仅是中国人民全面进行抗日战争的爆发地，也是抗日战争时期京西重要的抗日游击区和中国共产党开展对敌斗争的秘密交通站。九一八事变后，丰台地区革命斗争的重点逐步转变到抗日救亡方面。

在丰台镇附近，抗日英雄刘启才率领的游击队奇袭日伪据点，杀死日军哨兵，夜袭花神庙，给侵略者以沉重的打击。在三路居、太平桥、小井一带，手无寸铁的菜农，由于不堪忍受以汉奸黄文元为首的"蔬菜组合"盘剥①，奋起反抗，用扁担痛打黄文元等人，迫使当局解散"蔬菜组合"。在大瓦窑、郑常庄，不仅有京郊早期的农村党支部，还留下了利用编筐社开展革命活动的佳话。西山脚下的西庄店、羊圈头、后甫营、大灰厂也都成为抗日民主政权的战斗堡垒。

抗日战争胜利后，丰台地区的地下党迅速成长壮大起来，他们带领人民同国民党反动势力进行了顽强斗争。中共锻工场支部书记高起和学委系统地下党员赫成凯、顾启祥领导了"饿工"斗争；共产党员梁善德领导了丰台桥梁厂反解雇斗争；李焕文领导了丰台洋灰制品厂临时工斗争；地下党员何朔（何希宁）打入位于丰台的三育中学，秘密发展党员力量；地下党员李学林、高京甫等人机智地打入敌军内部，创造了捣毁装甲车和引爆南苑飞机场的奇迹；游击队和民兵发动了突袭南岗洼、良乡等地平汉铁路的战斗。这些斗争都很好地配合了全国解放战争的进行，

---

① "蔬菜组合"是指抗日战争时期由日伪政权所设立的菜农行会组织。该组织由汉奸亲日派把持，对菜农横征暴敛，实际上就是盘剥广大菜农的非法税收机构。

从而迎来了全中国获得解放、人民当家作主的胜利曙光。

辉煌的发展历程

当新中国成立的曙光普照神州，丰台这片既古老又年轻、既厚重又灵秀的土地，翻开了新的一页，迎接着新的希望。

新中国成立之初，丰台作为首都近郊，承担着首都副食品生产和供应的职能，是京郊重要的产菜、产花、产粮地区之一。土地改革结束后，全国广大农村逐步走上集体合作化道路。丰台区涌现出一批农业生产合作社的先进典型，张郭庄、白盆窑、三路居的办社经验被写进《中国农村的社会主义高潮》一书，毛主席亲自题写按语。东管头村集体入社的动人场面被新华社记者抓拍下来，作为农业合作化运动的历史性标志。

015

1956 年 1 月 15 日，在庆祝首都社会主义改造胜利大会上，白盆窑农业合作社社长李宗和在天安门城楼代表首都农民向党中央、毛主席报喜。1958 年 8 月，毛主席亲临岳各庄、小屯两个农业生产合作社视察，不仅给人民群众带来了关怀，更带来了激励和鼓舞。人民群众焕发出巨大的建设热情，丰台地区的农业生产长达 30 多年始终走在京郊的前列。

黄土岗原本是一个名不见经传的小村庄，从 20 世纪 50 年代开始，成为京郊农村建设的排头兵。50 年

1952 年 9 月，丰台区第一个高级农业生产合作社 "黄土岗农业社" 全体社员合影（徐瑞芬主编《黄土岗村志》，2009 年）

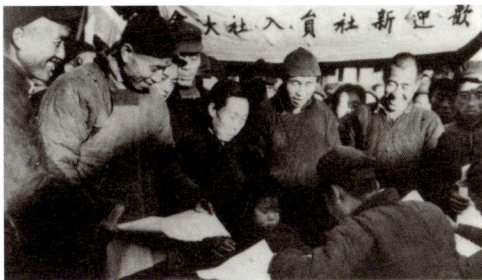

1955 年 12 月，丰台区东管头乡的农民踊跃加入农业生产合作社（丰台区委党史办翻拍）

代初，这里首先创办起土地不分红的高级农业社。60年代，他们又集中力量，实行"黄土压沙"，根治飞沙地，大搞农田基本建设，把一万多亩沙丘全部改造成良田。中国现代著名作家冰心撰写文章，称赞黄土岗的农民是"像蜜蜂一样劳动的人们"。老一辈无产阶级革命家朱德、著名爱国民主人士何香凝、越南原国家主席胡志明、匈牙利原总理明尼赫、荷兰国际纪录片大师伊文思都曾经来到黄土岗参观考察，朱德还特别嘱咐当地干部群众："要注意发展多种经营，如养兔、养蜂、做泡菜等，有些东西可以出口。"那时的丰台到处是一派田园风光，五谷丰登，六畜兴旺，菜畦接踵，果木成林。

党的十一届三中全会召开以后，我国开启了改革开放的历史新征程。黄土岗在全市率先开始了"政社分开"的尝试，建立了适应社会主义市场需要的首家乡镇级农工商联合总公司。富裕起来的农民开始进行多种经营，走横向联合之路。乡、村、原生产队三级一起上，积极发展为大工业配套、为城市市民生活服务的项目，乡镇企业异军突起，生产的名特优新产品不仅在国内畅销，而且还远销海外。

随着经济的发展，物质财富的增多，国家对商品流通渠道和价格政策逐步放开，各种类型的集贸市场、农村批发市场应运而生，南有新发地，北有岳各庄，两颗明珠交相辉映，成为名副其实的"首都菜篮子"；蓝景丽家、爱家家居、红星美凯龙、集美家具城、东方家园纷纷落户丰台；顺天府、物美、欧尚等大型超市极大地方便了人民的生活。随着经济发展，丰台的人口不断增加。1980年，丰台区的总人口不过54万多，近40年后，人口超过200万。过去脸朝黄土背朝天的农民，纷纷走出家门，投入到市场经济的大潮中。为了解决农村剩余劳动力从土地上转移出来向何处去的问题，1993年，南苑乡的东罗园率先进行农村社区股份合作制改革试点，果园村紧随其后，组建工贸集团，明确了集体、个人的产权利益关系，化解了因占地转工带来的矛盾，这一改革模式迅速在全区推广。

伴随改革开放的大潮，丰台也迅速实现了从近郊区到城乡接合部、从城乡接合部到中心城区的历史性转变。上世纪80年代中期，在曾经是明朝内阁首辅方从哲居住的地方，建成了一片现代化的城市居住区——方庄小区。这片居住区分成四个部分，分别是"芳古园""芳城园""芳群园""芳星园"，连起来就是"古城群星"，寓意群星璀璨，共同发展。90年代，右安门外、丰台桥南进行大面积的城市化改造，卢沟桥东区开启旧村改造的步伐，北京世界公园、北京西客站、中关村科技园区丰台园等重点建设先后完成，人们眼中的丰台已不再是那副土里土气的模样。花乡地区，这片曾经"夏天家家积水，冬天户户冒烟"的地方，如今成为北方花木基地、中国花木之乡。北京奥运会和残奥会期间，6000余束运动员的颁奖花束全部出自这里。永定河以西的"有女不嫁王佐郎，穷乡僻壤第一乡"，如今也实现了华丽转身，成为"国际化、花园式旅游小镇"。丰台的产业结构正在发生着令人瞩目的变化，1990年，丰台区的第一产业还有15.5%，到了1995年就缩小到8%，2010年仅剩0.15%，传统农业占比大幅减少，而第三产业则一路飙升，从1990年的17%到1995年的51.3%，2010年则升至76%，真正成为丰台区经济发展中的"三分天下有其二"。

位于丰台区杜家坎的集美家居卢沟桥店

徜徉在丰台发展的历史光影中，变化无处不在，传奇无处不在。随手定格一组影像：京郊西南，卢沟桥边，崛起了一座世界公园；鹰山脚下，永定河西，掩映着一个美丽花谷；昔日的荒山秃岭，现在成为郁郁葱葱的国家森林公园；过去的一弯水库，现在成为度假、休闲的娱乐天堂。有着数百年历史的长辛店老镇成为红色纪念地，在法式二层小楼，在祠堂口一号，在火神庙前，人们不断诉说着党的奋斗历程，传承着革命基因。在举世闻名的卢沟桥、宛平城、抗战馆前，来自国内外的人们，向浴血奋战的将士们致哀，追溯当年的烽火狼烟，传播人类的和平正义。丰台是幸运的，它赶上了急速发展的时代契机。北京天坛医院整体移居花乡，使丰台的医疗水平快速提高；"智慧家医"模式的全国首创和成功实践，真正实现了"小病进社区，大病进医院"，提高了居民健康管理水平。总之，现如今丰台区人民群众美好的生活胜于蜂蜜，胜过甘泉。

丰台是经济发展腾飞的地方，也是生态文明建设的理想之地。进入21世纪，除了美轮美奂的高楼大厦，纵横交错的路网桥梁，鳞次栉比的餐馆、超市，就是茂密的树林，盛开的鲜花。走在丰台的大街小巷，映入眼帘全是绿意。在嘉囿城市休闲公园里，健身休闲的居民络绎不绝。这里原来是一个脏乱的综合批发市场，疏解整治后改造成为城市休闲公园，为周边5万多居民解决了二三公里服务半径内没有公园的问题。仅2018年，丰台就建成群众可达、可感、可享的主题公园、口袋公园近30个，有效消除了公园覆盖盲区。在木樨园桥西南角，合生广场在疏解非首都功能过程中从最开始计划的服装批发业态直接转型为城市综合购物中心，让大红门地区告别了没有电影院和高档次餐饮的窘况。南苑路西侧的大红门路，110千伏的变电站在拆除后的地块上建了起来，为地区后续发展提升奠定了电力基础。

经济的腾飞、社会的进步必然带来文化事业的大发展、大繁荣和教育事业的满园春色。从70年代开始，丰台籍的作家就一直活跃在北京文学创作的舞台上，他们为《丰收》的喜悦而歌唱，为《卢沟月》的秀丽风光而抒怀。80年代以后，中国评剧院、中国京剧院、中国戏曲学院等

北宫国家森林公园的秋色（丰台区委办公室供图）

众多专业院团和戏曲学校陆续迁往丰台，使这里成为北京新的戏曲中心。进入 21 世纪，文化资源不断挖掘，文化遗产不断传承，文化活动异彩纷呈，东有南苑文化，西有西山永定河文化，中有卢沟文化，人们在载歌载舞中演绎着首都文化的继承与创新。在园博园，中国戏曲文化周好戏连台，成为中华传统文化活起来的首都范本；在卢沟桥，"卢沟晓月"中秋文化活动弘扬传统文化，共抒家国情怀。在丰台的各街道和乡镇开展"我的丰台我的家"系列活动，形成了"相声乐苑"、"文化四进"、惠民文化消费季等群众喜闻乐见的文化品牌，每年开展相关活动 3000 余场次。早在上世纪 80 年代后期，区委、区政府就响亮地提出"科教兴丰"的口号，几十年过去了，丰台不仅有了科学城，有了总部基地，有了具有高科技含量的千亿产业集群，而且形成了集团化办学和集群发展的教育发展模式，拥有各学段、各类型的教育集团 17 个，优质资源惠及 3 万多学生。除了具有 80 多年历史的名校——北京十二中之外，丰台区还涌现出一大批方兴未艾的高水平教育场所，丰台二中、北京十中、北京十八中、丰台实验学校、清华大学附中丰台学校、人大附中丰台学校、北师大实验中学丰台分校等，中学教育事业都在奋起直追，向着名校的目标奋力前行。目前，丰台区已经完成了方庄、卢沟桥、东高地、长辛店等八大教育集群建设，逐渐形成十二年一贯制及学前教育与中小学教育资源纵向融通的教育新格局。

经济结构不断优化升级，生态环境持续改善提升，百姓生活幸福和谐，文化活动多姿多彩——丰台发生了翻天覆地的变化，一个崭新的中心城区展现在世人面前。丰台，正在创造属于自己的时代。

美好的建设前景

2018年11月，市委书记蔡奇在到丰台区调研时提出：丰台区要借助新一轮南部地区发展三年行动计划上台阶。2019年4月，在四区分区规划汇报会上，蔡奇书记听完丰台区的汇报后又充满期待地强调："丰台

卢沟晓月碑亭（丰台区委办公室供图）

区要上台阶，未来风光看丰台！"每个丰台人都能感受到蔡书记这句话的分量。2019年11月9日，蔡奇书记再次来到丰台，就南部地区发展行动计划实施情况进行调研检查。谈到南部地区发展，他指出"风生水起在大兴，妙笔生花看丰台"。他强调，丰台区处在南中轴关键部位，是未来拓展首都功能的重点地区。要立足自身禀赋优势，打造首都发展新的增长极。按照新一版城市总规赋予的功能定位，未来的丰台将是首都高品质生活服务供给的重要保障区，首都商务新区，科技创新和金融服务的融合发展区，高水平对外综合交通枢纽，历史文化和绿色生态引领的新型城镇化发展区。《丰台分区规划（2017—2035年）》对丰台发展蓝图进行了进一步描绘，"一轴、两带、四区、多点"是未来丰台的全新模样。

以梦为马，未来可期。一幅美丽的丰台画卷正向人们徐徐展开。

由永定门向南，这是北京南中轴，是未来拓展首都功能的重点地区，北京城南"一轴、两廊、两带、多点"的重点发展区域。首都商务新区将在这里闪亮登场，南苑森林湿地公园也将在这片土地上实现。这里将以南苑—大红门地区空间秩序重塑和功能重组为目标，整合区域区位优势、生态优势、交通优势和空间优势，建设融文化商务、科技金融、国际交往等功能于一体的多元化城市综合活力区，推动南中轴的科学发展以及南苑森林湿地公园的持续建设，打造中华文化自信的重要彰显区。

在西南二三环间将有这样一个区域：鳞次栉比的楼群中，莲花河、丰草河蜿蜒其中，2800亩绿荫环绕，各大新兴金融企业聚集在此，九所学校、两所高端国际医疗机构以及博物馆、图书馆、文化及健身活动中心一应俱全，这就是丽泽金融商务区。它原是金中都丽泽门所在之地，人们所说的"金代一座门，现代一座城"指的就是这里。这是北京三环路以内最后一块"处女地"，也是一块十分抢手的宝地，面积超过8平方公里。在这块土地上究竟建什么？丰台的"一五五"思路给出了明确的答案：以金融、商务、办公、居住为主的丽泽商务区。2008年，在"商务区"三个字前，郑重地加上了"金融"两个字，目标瞄准"第二金融街"。从这时候起，丽泽金融商务区开始了火热的开发建设阶段。截至2020

南苑湿地公园效果图景（丰台区规自委分局供图）

年 8 月，丽泽金融商务区入驻企业共计 560 家，其中金融类企业 371 家，占企业总数量的近 70%。"数字金融"发展趋势明显。中华联合保险集团与阿里巴巴集团实现近 7 亿元的金融云领域合作，构建新一代全分布式保险核心系统，开启了保险行业数字化创新的先河。丽泽金融商务区不仅将成为全国首批 5G（商用）全覆盖商务区，还将打造国内首个园林式金融商务区，提供城市滨水活力与亲水休闲活动空间。它将与金融街一体化发展，主动承接金融街、北京商务中心区外溢配套辐射，不断提升区域品质，优化交通组织，明确产业定位，实现高质量发展。未来，这里还将成为新兴金融产业聚集区、首都金融改革试验区。

在北京市西南四环有这样一个地方，这是一个集科技研发、生产、商务活动于一体的企业总部聚集地：马路两侧遍布集欧洲简约气质和中国四合院古典风格于一体的独立院落，环境优美，交通便捷——中关村科技园区丰台园就在这里成长和壮大起来。作为中关村最早的"一区三园"

丽泽金融商务区实景图（北京丽泽金融商务区提供）

北京丽泽金融商务区"一心三带多点"空间结构规划示意图（北京丽泽金融商务区供图）

之一，尽显"高新技术产业基地"的功能，形成光机电一体、电子信息、节能与新能源、新材料、环保与生物医药工程六大高新技术同步发展的格局。十一五时期，这里重点建设总部经济区，着力发展总部经济，打造科技总部品牌，增强科技园区的综合竞争力。十二五时期，这里成为"一轴两带四区"中的"四区"之一，构筑丰台园高技术产业创新发展格局。丰台科技园的东区打造"中国民营总部经济集聚区"，西区打造"战略性产业研发与成果转化基地"。到 2019 年，中关村丰台园已形成了以轨道交通和航空航天为主要特色的两大千亿级别产业集群，电子信息、先进制造与自动化、新材料、生物与新医药四个百亿级产业集群，发展水平位居中关村示范区前列，成为南部科技创新成果转化带重要支撑。在丰台科技园区东三区施工现场，园区九个在建项目均已复工，一座座高楼在这里如雨后春笋般拔地而起。未来，这里还将不断完善大企业引领的产业生态体系，打造全国领先的轨道交通产业创新基地。

在丰台区的中心地带，是闻名遐迩的丰台镇。在这片被现代小说家称为"丰台大营"的地方，这片曾经被毛泽东主席视察的地方，一座"超大码"的丰台站新站房正拔地而起。这座国内首个高速与普速铁路双层车场设计站，将于 2021 年全面开通运营。双层车场的设计让普速列车与高铁列车立体交会，地铁列车也将直通车站地下。车站建成后，丰台站将为北京地区多座火车站分担铁路客流压力，并率先引入部分普速列车，为北京西站"减压"。未来的新丰台站将成为城南地区重要铁路枢纽，"轨道上的京津冀"的重要节点。

说完河东再看河西。园博园、青龙湖、北宫国家森林公园等如同一颗颗闪闪发亮的珍珠串成了一条美丽的项链。卢沟桥不仅是丰台区的重要文化资源，更是弘扬爱国主义精神的教育基地，被列入第一批国家级抗战纪念设施遗址名录。未来的卢沟桥国家文化公园将被打造成国家红色文化旅游目的地，形成中华文化的重要标识。

紧邻卢沟桥的就是有数百年历史的长辛店老镇。这是中国铁路工厂的发源地之一，拥有 120 多年历史的长辛店二七机车厂就在这里。2017

年 7 月，这个承载了中国百年沧桑巨变的老厂华丽转身，跨行成为科创园：部分厂房被改建，打造成国家冰雪运动训练科研基地，成为冰雪运动"大本营"后，这里将为涉及北京冬奥会 92 块金牌的项目加紧训练。

文化的发展与地区的经济发展和改革同行。未来丰台将以南中轴和永定河文化带统领文化空间结构，构建莲花池—金中都、南中轴—南苑、卢沟桥—宛平城—长辛店等特色文化板块，打造"南苑秋风""红门锦绣""卢沟晓月""中都溯源""园博飞花"等丰台文化十景。其中莲花池—金中都文化板块建设金中都遗址公园及金中都博物馆、户外文化交流空间等公共

王佐镇青龙湖（史林平摄影）

文化场所，带动历史遗存与丽泽金融商务区的融合发展；南中轴—南苑文化板块将深入挖掘南中轴—南苑辽金元明清皇家园囿历史文化资源，整合抗战遗存、航空航天等文化要素，还原具有"野趣"的历史生态风貌，植入国家文化展示、国际文化交往等功能，促进生态文化交往等功能，促进生态文化与现代城市的和谐共生；卢沟桥—宛平城—长辛店文化板块建设卢沟桥国家文化公园区，保护宛平城历史风貌和长辛店街区

整治后的丰台区马草河（丰台区委办公室供图）

历史肌理，塑造弘扬爱国主义精神的教育地、凝聚中华民族精神的纪念地、促进国际和平交流的承载地。

"一轴一河承古韵，绿廊通融贯西东，青山逶迤半入城，蓝脉四区嵌其中"，这是丰台未来总体城市景观格局的美好构想。"绿水青山就是金山银山"，让丰台人引以为豪的还有不断改善的生态环境。在马草河，清澈见底的河水流淌而过，河道两边绿草如茵，与清澈的河水、岸边棕红色的步行道和洁白的青石栏杆交相辉映，向人们呈现着一幅绿荫垂柳、微波荡漾的美丽画卷。深化落实"河长制"使蟒牛河、九子河完成了市级黑臭水体治理，未来，永定河丰台段等河道水生态修复工程还将加快实施，凉水河、小龙河两侧景观都将得到显著提升。同时，随着蓝天保卫战的继续实施，大气环境精细化监管体系越来越完善，大气质量将得到持续改善。不仅如此，丰台近年来进行的背街小巷整治工作已经有了明显的成效，多街道、多地区还将开启整体环境提升。美丽乡村建设、"街巷长制"的落实,将提升城市精细化管理水平,努力提高人居环境。未来,丰台将天更蓝,地更绿,水更清,人们更幸福。

丰台美好未来的实现离不开党的领导。党的十八大以来,全区各级党组织和广大党员干部坚持以习近平新时代中国特色社会主义思想为指引,增强"四个意识",坚定"四个自信",做到"两个维护",在区委的坚强领导下,不忘初心,牢记使命,在各行各业努力耕耘,履职尽责,勇于担当,攻坚克难,凝聚成促进丰台发展的强大合力,推动丰台各项工作不断迈上新台阶。面对"未来风光看丰台"的美丽蓝图,丰台区将进一步加强党的全面领导,聚精会神抓党建,一心一意谋发展,积极融入新时代首都整体发展的大格局,全力以赴实现"妙笔生花看丰台"的美好愿景。

《乾隆皇帝大阅图》第二卷《列阵》（局部　郎世宁绘）

一、南中轴的历史变迁

北海子角　七圣庙　马家铺角门
镇国寺门　兵房　大台子
马神庙　二台子　更衣殿　大红门[北红门]　栅子口角门　小红门
三台子　地藏庵　马道口角门　海户屯
潘家庙角门　龙神庙　元灵宫　真武庙　东海子角　小羊坊村　王坊角门
新衙门　槐房村　神　庆殿　机　大台子　二台子　天羊坊村
杀虎台　真武庙　关帝庙　永慈寺　营　三台子　七圣庙　双桥门
[西红门]　龙神庙　龙王庙　[旧衙门]　德寿寺　仁佑庙　西营　东营
关帝庙　土楼子　郑庄
小海子　昆仑石　双柳树　(鹿圈)　大粮台　毕家湾角门
海户屯
兵房　东红门
宫房　关帝庙　[东红门]　旧东门　辛屯
高米店角门　团河行宫　晾鹰台　单台子
海户屯　兵房　房辛店角门
黄村门　药王庙　兵房　兵房
南红门　打鱼处
菩萨庙　行宫　碧霞元君庙
七圣庙　[南红门]　北店角门
西甲子庙　河村角门　[河屯角门]　赵家村　大红大

北京中轴线，原指自元大都、明清北京城以来北京城市东西对称布局建筑物的对称轴。它北至钟鼓楼，南到永定门，直线距离长约7.8公里。上世纪九十年代和本世纪初，北京先后举办亚运会和奥运会，中轴线两次向北延伸，并成为奥林匹克公园的轴线。2004年，随着北京城市的发展和变迁，市规划委提出将北京中轴线向南伸展，这条向南延伸的中轴线被称作"南中轴"。它北起永定门，南至南五环，经过木樨园、大红门、南苑等地区。这里曾是北京最大的湿地，湖沼众多，星罗棋布，水草丰美，不仅是辽、金、元、明、清五个朝代的皇家猎场，而且是元、明、清三代北京最大的皇家苑囿。不仅如此，这里也是京南军事重地，佟麟阁和赵登禹两位民族英烈曾在这里壮烈殉国，其爱国主义事迹可歌可泣。

南中轴是中国航空、航天两大事业的发祥地，中国第一座飞机场、第一所航空学校、第一家飞机修造厂就产生在南苑，中国运载火箭的研制和航天事业的摇篮①也在南苑的东高地。因此，南中轴不仅在历史上就是北京的生态和文化之轴，而且也是近代以来中国人向蓝天、向太空翱翔和探索的龙兴之轴、发展之轴、腾飞之轴，是中国智

---

① 有关中国航天事业与运载火箭技术摇篮的内容将在本书的第五部分"京西南的创新发展"中做专门的介绍。

慧、中国力量的缩影。

新中国成立以来，特别是改革开放以来，南中轴一带的城市发展及人民生活日新月异。大红门地区服装商业风生水起，一度形成繁荣兴旺与脏乱无序并存的"浙江村"。随着疏解北京非首都功能的国家战略的推进落实，丰台区将做好大国首都南中轴的文章，高标准规划建设占地1.6万亩的南苑森林湿地公园，再现"南囿秋风"的美丽景象。同时，高水平规划建设首都商务新区，全力打造彰显中华文化自信、承载古国首都功能、引领城市南部地区崛起、示范生态文明与和谐宜居城市建设的生态文化发展轴。

（一）北京最大的皇家苑囿

1. 五朝皇家狩猎场

在北京历史上，曾有一处能与"三山五园"相媲美的皇家苑囿，它分布在北京南中轴及延长线的东西两侧，这就是南苑。南苑，明代称南海子。北起大红门，南至南大红门；东起马驹桥，西至西红门；东西长约为 17 公里，南北宽约为 12 公里。南苑围墙的范围明清两代相同，明代号称一百六十里，清代乾隆时期实地测量一百二十里，总面积约为 210 平方公里，比北京城的面积还大。

南苑地处永定河山前冲积扇中下部的地下水溢出带上，自古以来就是一片天然的湿地。这里地势低洼，泉源密布，"潴以碧海，湛以深池"；这里清幽旷远，禽兽聚集，"陂隰广衍，草木丰美"，深受历代帝王的喜爱，是古代北京地区规模最大、历时最久的皇家游猎场所。它的形成与发展同北京地处游牧、游猎和农耕区交汇处有着直接的关系，尤其是北京从辽、金开始成为中央集权的封建王朝的都城后，历代帝王对游幸、狩猎、骑射、练兵和阅武等活动都有着很大的需求，而北京南郊广袤的天然湿地和平原，恰好能够满足这些要求，因此，南苑这座距离京城最近的皇

北京南中轴鸟瞰图（丰台区规自委分局供图）

家狩猎场和苑囿就应运而生了。自辽、金肇始，元代奠基，明代拓展，清中鼎盛直至清末衰败，先后经历了辽"捺钵"、金"春水"、元"飞放泊"、明"南海子"、清"南苑"五个历史时期，形成了独特的皇家苑囿文化底蕴。

10世纪初，我国东北辽河上游的一支少数民族契丹族崛起，建立了大辽王朝。契丹是源于东胡鲜卑族的一支游牧民族，善骑射。辽定南京（今北京）为陪都之后，并没有改变契丹族以游牧、狩猎和捕鱼为业的生活习俗，尚保持"四季捺钵"制度。《辽史·营卫志》记载："秋冬违寒，春夏避暑，随水草畋渔，岁以为常。四时各有行之所，谓之捺钵。"

11世纪初，女真族又在东北地区崛起，建立金王朝。金贞元元年（1153）完颜亮迁都燕京（今北京），改名中都。金代延续了辽代对南苑的使用，同时，增加休闲巡幸的功能。到了金章宗完颜璟时期，在中都城南建起一座行宫，定名为"建春宫"。每年春天，金章宗都到这一带进行捕鹅雁、网鱼等活动，时称"春水"（金"春水"类似辽"春捺钵"）。金章宗经常"如建春宫春水"，到中都城南狩猎。由此可见，金代时中都城南郊已成为封建帝王狩猎的重要场所。

《金史·赵质传》有这样一则故事：明昌年间，金章宗游春水时经过赵质在燕京城南的住所，见到他在墙壁上题写的诗，咏诵良久，很是欣赏他非凡的志向。于是将赵质召到宫中，授予他官职。赵质谦辞不受，对章宗说："我天性好僻野之地，愿意在丰草长林的地方居住。至于高官厚禄并不是我所追求的。"章宗越发赞许他，便赐给他良田千亩，让他享受终身。

13世纪初，我国北方的又一支游牧民族蒙古族攻克金中都。元世祖忽必烈于至元四年（1267）在金中都旧城东北营建大都。蒙古族历来重视骑射，为了满足皇族在冬春之际驰骋围场、纵放鹰隼的需要，在大都近郊湖沼处开辟了四处游猎场，这些湖沼都被称为"飞放泊"。"泊"指地势低洼，积水时汪洋若海的景貌。这四处"飞放泊"分别是下马飞放泊、柳林飞放泊、北城店飞放泊和黄埦店飞放泊。其中，"下马飞放泊"

就在南苑一带，规模最大，离大都城较近，被形容"下马即到"，并建有鹰坊（一度改为"仁虞院"，明代"晾鹰台"的前身）和幄殿（可随时拆搭的帐屋形式的建筑），还有晾鹰台，有72座渡桥，以供帝王、皇族畋猎休憩。同时规定"大都八百里以内捕兔有禁"，把这一带辟为帝王专属之地，从而使南苑真正成为元大都城南供帝王飞放游猎的一处皇家禁苑。

元朝灭亡后，"下马飞放泊"基本荒废，直到明成祖朱棣永乐十二年（1414）颁旨扩建，"下马飞放泊"才恢复生机。明朝廷驱逐在其周围居住的百姓，强占田地，使猎场增大了数十倍，并修筑围墙（土墙）长约一百二十多里，在围墙四周开辟了北红门、南红门、东红门、西红门四个海子门。这里是一片葱蔚涵润的天然湿地，历史上，有一亩泉和团泊两大水源，凉水河、小龙河、凤河三条河流，五海子、苇塘泡子、卡伦圈等117处泉源及25处湖泊，"四时不竭，汪洋若海"，北方少数民族习惯称"海子"或"泡子"，当时紫禁城北的积水潭有"北海子"之称，于是称此为"南海子"。此处河润泽及，地博物丰。正如明代李时勉《北都赋》中所写："其中则有奇花异果，嘉树甘木，禽兽鱼鳖，丰殖繁育。"秋天是北京最美的季节，南海子也以秋景最为闻名。在历代骚人墨客吟诵南海子秋天的名篇佳作中，最著名也最具有代表性的就是明代文坛领袖、大学士李东阳所作的《南囿秋风》："别苑临城辇路开，天风昨夜起宫槐。秋随万马嘶空至，晓送千旄拂地来。落雁远惊云外浦，飞鹰欲下水边台。宸游睿藻年年事，况有长杨侍从才。"诗作引发了明英宗强烈的情感共鸣，钦点"南囿秋风"列入明代"燕京十景"，南苑从此成为燕京最著名的风景之一。

从明成祖开始，明朝初期的几个皇帝相继对南海子加以扩建，先后修建了旧衙门和新衙门两座提督署官衙，作为管理南海子事务的机关；建造了庑殿行宫（在今旧宫镇庑殿村，至清朝已坍塌），以供皇帝游幸驻跸；修建了关帝庙、灵通庙、镇国观音寺等皇家庙宇，以满足帝王祭祀之需；修筑了许多桥梁，以便人员通行；宣德三年（1428），"命太师英国公张辅等拨军修治南海子周垣桥道"。

同元代相比，明朝时期的南海子，其功能发生了很大变化，已不再是单一的狩猎和校武，还增加了农耕、养殖生产活动。永乐五年（1407），明成祖朱棣下诏改元朝上林署为上林苑监，设良牧、蕃育、嘉蔬、林衡、川衡、冰鉴及典察左右前后十署，对南海子实行分区管理。按东南西北方位分成四围，每面四十里，总共二十四铺。洪熙元年（1425），并为蕃育、嘉蔬二署。宣德十年（1435），定为良牧、蕃育、林衡、嘉蔬四署。良牧署负责牧养牛羊猪，蕃育署负责饲育鸡鸭鹅，林衡署负责栽种果树花木，嘉蔬署负责种植瓜菜，以供宫廷御用。并按二十四节气，修建了诸如苹果园、葡萄园、桃园、梨园等"二十四园"，豢养了麋鹿、獐子、雉、兔等众多的动物，派千余名海户守护园林，养护禽兽，侍弄花草树木，种植瓜果蔬菜等。自明代开始，南海子已经成为北京城南一座风光绮丽、名副其实的皇家苑囿。

明中期以后，国力渐衰，隆庆年间，南海子年久失修，"榛莽沮洳，宫幄不治"。明代后期，南海子内已有不少建筑坍塌，二十四园无处可寻，一派破败、凄凉景象。

清军入关后建都北京，更加重视骑射，把南海子作为皇家苑囿进行修葺和营建，并改称南苑。乾隆年间，将土围墙改建成了砖墙，尤为结实气派；新辟了小红门、镇国寺门、黄村门、回城门、双桥门五座大门，将海子四门增至九门，构成与北京城同样形制的"九门之制"，以此彰显皇权的威严；又增辟了马家堡、栅子口、马道口、羊坊、毕家湾、辛屯、房辛店、大屯、北店、三间房、刘村、高米店、潘家庙13座角门。后来，镇国寺门、南红门、双桥门三处又各添旁门一座。另外，又辟了新东红门（由凉水河南岸，改凉水河北岸），致使南苑共有二十多处海墙门。此举既方便了进出，又改变了以往遇有洪水就易"冲溃崩圮"的情况。将明朝旧衙门、新衙门两座提督官署改建成旧衙门行宫、新衙门行宫，新建了南红门行宫、团河行宫，每座行宫占地几十亩，有三四百间房，团河行宫最富丽宏伟。后来，由于八国联军的掠夺、焚毁及军阀拆

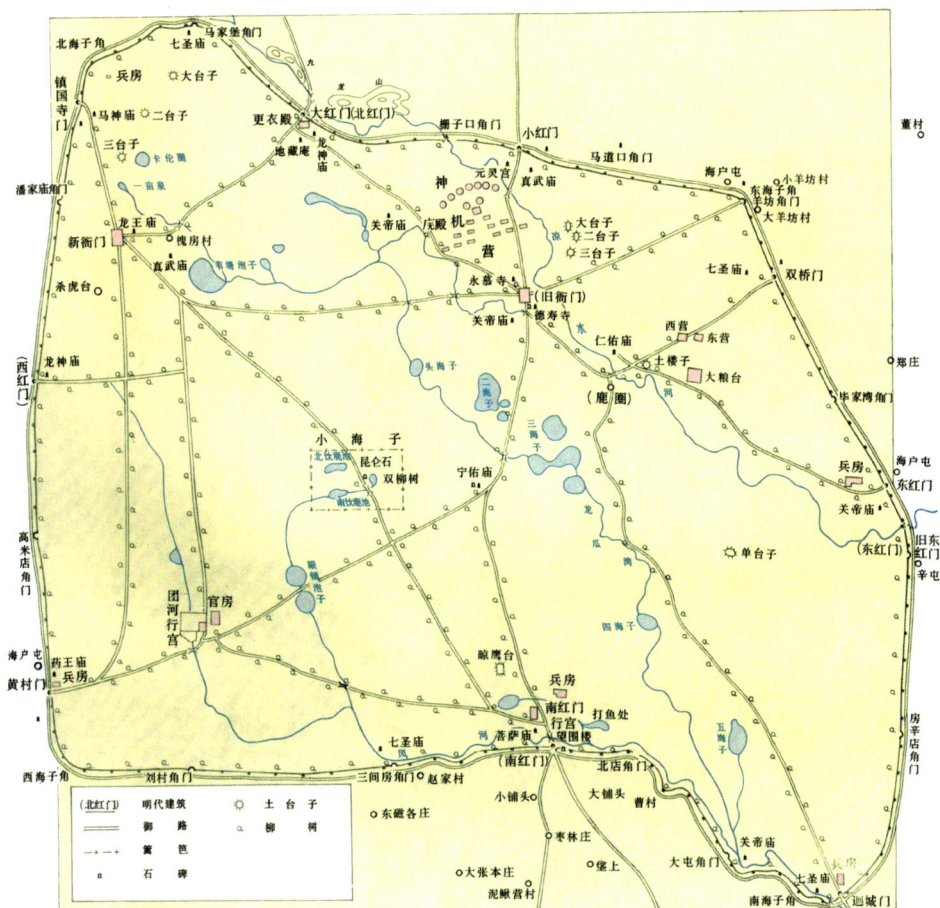

清代南苑图（大兴县地名志编辑委员会《北京市大兴县地名志》，北京出版社，1992 年）

除等，四大行宫遭到严重破坏，旧宫、新宫、南宫已片瓦无存，只留下地名。团河行宫是这四座行宫中存留遗迹较多的一处，遗存有乾隆御碑亭、翠润轩和 150 多棵松柏树。除团河行宫之外，还建造了宁佑庙、真武庙、三关庙、娘娘庙、镇国寺、永穆寺、德寿寺、清真寺八大庙宇，使得南苑的庙宇增至 29 座，其中苑内有 21 座，围墙外有 8 座。清代还恢复了明代曾建造的二十四处园林，整修了晾鹰台。此外，还疏浚了河道，挖了供野兽饮水的水泡子，建成近百座桥与闸，其中最著名的要数大红门桥和马驹桥，并且铺了御道，修了鹿圈。经过清朝几代皇帝的精心营建、修葺、管理，南苑中湖沼如镜，林木葱茏，鹿鸣双柳，虎啸鹰台，百鸟翔集，一派生机盎然的景象，与北京西北郊的"三山五园"遥相辉映。南苑在清中期达到鼎盛，为皇家第一园，《日下旧闻考》在"皇家苑囿"中将南苑排在第一位。如今，南苑苑墙、苑门、角门已无存，在大红门村东存有 500 多米长的苑墙遗迹，多数苑门只留其地名，如今角门地区的一些道路名都是因马家堡角门而得名的。

乾隆晚期以后，南苑内再也没有进行过大规模的修缮。但因政治需要，南苑依然发挥着围猎和演武的作用。清朝中期以后，国库衰微，内忧外困，南苑也随之逐渐走向衰落。虽然嘉庆、道光和以后的几位晚清皇帝偶尔还能以遵从祖制之名来此宸游，但终究不能挽救其衰败。

同治元年（1862）以后，南苑逐渐成了京师重要驻军之所。清光绪二十六年（1900）八国联军侵入北京，南苑遭到洗劫焚毁。光绪二十八年（1902）六月二十三日，慈禧太后下诏成立"南苑督办垦务局"，出售"龙票"，招佃垦荒种地，从此，南苑由皇家猎苑变成了权贵们的庄园，并开始出现大批村落。至此，南苑这座近 700 年历史的皇家苑囿彻底地消失了。

据统计，自明成祖永乐十二年（1414）至清光绪二十九年（1903），先后至少有 15 位皇帝到南苑行围打猎。其中，明永乐、正统、成化、弘治、正德、嘉靖等皇帝常出猎于此。清顺治皇帝一生有 1/3 的时间在南苑度过；康熙皇帝到南苑共 159 次，在行围狩猎 127 次的同时，还举行过 12 次"阅兵大典"；乾隆皇帝到南苑行围狩猎次数频繁，难以计数；光绪以及慈禧太后在光绪二十九年春巡幸南苑。光绪与慈禧先后驻跸团河行宫、旧衙门行宫以及新衙门行宫，并游览了南苑的大部分景点，这是清代帝王在南苑的最后一次活动。

2. 皇太极定计南海子

从 12 世纪开始，地处华北边陲之地的幽州，发展成为交通的咽喉，重要的军事要地，全国的指挥中枢。而南苑地处北京城南近郊，一马平川，广阔无垠，又是一片天然湿地，水草丰茂，适宜放牧，尤其是明成祖朱棣以来，明朝历代帝王关注南海子的园林修造，使得这里的规模愈加扩大，成为北京地区面积最大的皇家苑囿，同时也成为中央政权处理政务、演练军队、骑射行猎、整肃兵马的理想场所。17世纪中期，清太宗皇太极在南海子屯兵一事，更彰显出这里特殊的军事作用，此举对明末政治产生了极大影响，加速了明朝的灭亡，同时也为日后清政府大规模建造皇家苑囿，全面扩大南苑地区的政治军事功能奠定了基础。

皇太极，清王朝奠基者努尔哈赤的第八子，后金天命十一年（1626），努尔哈赤死后的第二天，皇太极被诸贝勒、大臣推举为后金大汗。即位后的皇太极雄心勃勃，决意继承其父努尔哈赤的遗志，把入主中原取代明朝统治作为后金的基本方针，并很快占领了明朝管辖的整个东北地区，向东两征朝鲜，向西三征蒙古，使他们彻底归顺，以此解除"后顾之忧"。与此同时，皇太极对明王朝频频用兵，步步紧逼。

明崇祯二年（1629）十月，皇太极大举进攻明朝。自从清太祖努尔哈赤在宁远（今辽宁省兴城市）与明朝蓟辽督师袁崇焕的红夷大炮（又称红衣大炮）交锋，连伤带气，数月后病亡，之后，皇太极也在宁远、锦州一线与袁崇焕进行了多次较量，但都以损兵折将而告终。在皇太极的眼中，袁崇焕成了后金入关通道上的"拦路虎"。

这次，皇太极接受了汉人谋臣范文程的计策，亲率数万八旗精锐，避开袁崇焕驻守的山海关、宁远、锦州一带防线，以蒙古兵为先导，兵分三路向蓟镇喜峰口明军发动偷袭，突破龙井关、大安口，攻陷遵化，直逼北京城下。消息传入京师后，朝廷内外一片混乱，崇祯皇帝急忙召集群臣，商讨应急之策，诏谕各路军马勤王，拱卫京师。早在此前，袁崇焕曾奏报，辽东防守坚固，敌军不会通过；但蓟镇一带防务空虚，应当加以重视。朝廷对他的奏报未予理睬。袁崇焕在山海关巡视之时，得到皇太极进攻京师的军报，他心焚胆裂，愤不顾死，与祖大寿急率九千骑兵，士不传餐，马不再秣，日夜兼程，赶在皇太极之前，到了北京广渠门外驻扎。时值寒冬，大营露宿，缺乏粮料，兵饥马饿。而袁崇焕率领援军，在这样极度不利的情况下，背依城墙，先后在广渠门外、左安门外，打退皇太极军队的猛烈进攻。袁崇焕身先士卒，策马迎敌，连获广渠门和左安门两捷，使岌岌可危的战局暂时得到缓解。皇太极经过两次重创，决定养精蓄锐。他们看准了南海子富饶丰茂的皇家苑囿，将兵马拉到这里休整，养足战马，备好粮食、战具，伺机再攻。

在南海子，皇太极与范文程商议击败明军之策。范文程虽是汉人，却深受努尔哈赤和皇太极两代君王的倚重。每次议政，皇太极总是先问："范章京知道此事了吗？"凡遇有军国大事不能决断，皇太极总是说，为什么不与范章京商议，当众臣齐声说，范章京也是这个意思时，皇太极才点头称是，可见皇太极对范文程的信任程度。这次，范文程先假意"议和"，于是流言四起，明廷对袁崇焕产生了猜疑。紧接着，他又为皇太极出谋进攻京师，实施"蒋干盗书"式的"离间计"，以此彻底除掉袁崇焕。

这次"离间计"，得益于此次后金大军在广渠门战败屯驻南海子时，俘虏的明朝提督大坝马房太监杨春、王成德。据清汪楫《崇祯长编》记载："大清兵驻南海子，提督大坝马房太监杨春、王成德为大清兵所获，口称'我是万岁爷养马的官儿，城中并无兵将，亦无粮饷……'"王先谦所撰《东华录》记载得更为详细：明朝有两个太监被后金军俘虏去以后，被关在后金大营里。有天晚上，一个姓杨的太监半夜醒来，听见两个看守他们的金兵在外面轻声谈话。一个金兵说："今天咱们临阵退兵，完全是皇上（指皇太极）的意思，你可知道？"另一个说："你是怎么知道的？"一个又说："刚才我就看到皇上一个人骑着马朝着明营走，明营里也有两个人骑马过来，跟皇上谈了好半天话才回去。听说那两人就是袁将军派来的，他已经跟皇上有密约，眼看大事就要成功啦……"姓杨的太监偷听了这番对话，趁看守他的金兵不注意，偷偷地逃了出来，直奔紫禁城而去。

入城后，即通过太监禀报至崇祯皇帝。当时，北京城中已有关于袁崇焕通敌叛明的谣言，朝中的勋戚大臣们也纷纷指责袁崇焕听任后金军劫掠焚烧民舍，不敢前去阻拦，以致城外的庄园土地被后金军蹂躏殆尽。

因此，生性多疑的崇祯皇帝对袁崇焕通敌叛国深信不疑，遂以"议饷"为名召袁崇焕进城。当时，北京城戒严，九门紧闭。可怜这位对大明忠心耿耿、战功卓著的将领，不准从城门入城，竟坐在竹筐里用绳子吊上城楼。袁崇焕被逮捕入狱，严刑拷打，于次年八月，以"咐托不效，专事欺隐，以市米则资盗，以谋款则斩帅"等罪名磔于西市，含冤而死。

皇太极实施反间计成功后，随即整顿八旗兵马于十二月十五日对北京再次发起进攻。此时，明朝军心不稳，崇祯派满桂指挥军队，并派人催促他赶紧出战。满桂告诉使臣说，现在攻势正盛，我军兵力较弱，不宜出战。使臣回报崇祯后，崇祯仍命满桂出兵，满桂无奈，只得迎战皇太极。他在永定门外二里的地方结营，设立栅栏企图拦截后金军，副将申甫以车营七千在柳林扎营作为前驱。

十二月十六日，后金军攻至柳林，同申甫军激战，申甫军不敌，败走，转到大井村，又败，于是集结东营，与后金军在卢沟桥展开激战，后金军绕道申甫军背后发起攻击，申甫军顽强作战，申甫力战身亡。据说申甫在卢沟桥战死的时候，尸身右耳被削去，左眉有刀伤一处，左臂砍伤两处，右胯上刀伤一处，头颅上刀砍一处，身上更有箭伤数孔，惨不忍睹。《帝京景物略》的作者宛平人于奕正写下一首《过卢沟桥申甫旧营》，描述了申甫当年殉国的壮烈场景："浑浑滚滚卢沟水，三年磷火愁行李。哭声中有一将军，如云负国羞知己。五日招兵十日行，祆裶无裤扎新营。天为帝城袪万丐，元戎司命徒空名。硝黄铅子给不齐，曹郎一笑三军啼。步步向前搏徒手，黄沙为高日为低。乌合未几鸟散翔，将军慷慨卢沟傍。易言兵亦易言死，犹胜纷纷脱妻子。"

十二月十七日，武经略满桂，总兵孙祖寿、黑云龙、麻登云以兵四万设栅栏于永定门之南，皇太极以精骑四面出击毁栅栏而入，满桂力不能及，大败。后金军斩杀满桂、孙祖寿及副将以下30余人，生擒黑云龙、麻登云等，俘获马匹6000余。北京保卫战败局已定，此时，皇太极已经攻到北京城下，八旗众将都要求皇太极一举拿下北京，但具有战略头脑的皇太极认为此时灭亡明朝时机尚不成熟，各地勤王军队正在陆续驰援北京，后金军如久攻不下，就有可能被明朝援军包围，到时候胜负难料。于是他们在京畿饱掠，连克通州、迁安、遵化、滦州等城镇后，于明崇祯三年（1630）二月北归。

3. 乾隆和他的南苑御制诗

说起南苑的诗文辞赋，就不能不提到在中国封建历史上享寿最高，实际在位时间最长，文治武功兼而有之的乾隆皇帝。其一生中共留下四万多首诗文，几乎同全唐诗一样多。这位颇好写作的"风流天子"在位时，正是中国清王朝最为鼎盛的时期。

乾隆皇帝即位时，清王朝经过康熙、雍正两朝70余年的统治，社会经济得到迅速恢复和发展，呈现出繁荣景象。在此基础上，乾隆皇帝实行宽严相济的治国之道，农业、手工业和商业取得长足进步，推动了经济发展，稳定了民心和社会秩序，清朝的政治、经济、军事、文化在这一时期都达到了鼎盛，被誉为"康雍乾盛世"。据历史学家研究，至乾隆末年，当时中国的经济总量居世界第一位，农业、手工业、贸易、城市发展等都居于当时世界先进水平，人口将近4亿。疆域包括东起库页岛，西到葱岭，北起外兴安岭，南到南海诸岛的广大地域，达1000多万平方公里，史称"汉、唐以来未之有也"。法国启蒙学者伏尔泰称赞当时中国是"举世最优美、最古老、最广大、人口最多而治理最好的国家"。

乾隆皇帝知识广博，才能卓越，自幼聪慧，一生酷爱写诗，即位前即有《乐善堂全集》(后删定为《乐善堂全集定本》),在位期间先后有《御制诗初集》《二集》《三集》《四集》《五集》和《御制文初集》《二集》《三集》，退位之后还有《御制诗余集》和《御制文余集》。他的诗内容涉及政治、军事、经济、文化、社会等各个方面，对今人研究清代的历史具有重要价值。

乾隆皇帝在位期间，在南苑大兴土木，不仅筑起砖城墙开辟多个城门，还修建了多处行宫以及若干庙宇，更有效地保护了城南这片膏腴之地，使南苑在乾隆时期臻于成熟，达到高峰。乾隆皇帝对南苑的感情非常深厚,他曾感慨地说,"南苑往来难数计,古稀欲罢未能犹"(乾隆四十七年《新衙门行宫杂咏书怀》)。在他的御制诗中,有许多诗文是其在南苑期间所作的。《日下旧闻考》就引用了乾隆皇帝描写南苑的大量御制诗。由李丙鑫主编的《清乾隆皇帝御制南海子诗文辑录》一书中就收录了乾隆皇帝南苑御制诗文 400 多首,内容涉及围猎、阅武、游幸、驻跸以及理政等内容,其中的北红门(大红门)、新衙门行宫等处均在今丰台区境内。

大红门是南苑的北大门,明代称北红门,清代增修小红门后,改称北大红门,简称大红门。它是帝王赴南苑必经和歇憩之地,也是各地信使及给皇宫送粮米等人所经之地。大红门原址在大红门路上,凉水河南岸,今大红门公共汽车站附近。它有三座方形门洞,中间大,两边稍小,飞檐斗拱的门楼,上面覆盖着黄色琉璃瓦,门漆饰红色。清代大红门里有南苑奉宸苑、更衣殿、地藏庵、龙神庙等建筑。南苑奉宸苑是管理行宫、寺庙等事务的机构,其官署旧址在今大红门东后街 156 号院内。更衣殿是帝王进入南苑后更换衣服的地方,更衣殿与奉宸苑相邻。《日下旧闻考》记载:"南苑官署房三层,共十有八间。更衣殿,乾隆三年建,殿内恭悬御书额曰:'郊原在望',联曰:'旧题在壁几行绿,晓日横窗一抹殷。'"官署房清时所建,进门有影壁,坐北朝南,分前厅和后厅。前厅十间,后厅两处,各三间。更衣殿南向,门二层,大殿三间。

解放后曾保留原北大红门,1955 年 8 月为方便交通,拓宽路面,大红门门楼被拆除,从此皇家猎苑原址上的诸门彻底消失。现保存大红门东门房七间。1984 年被丰台区政府公布为丰台区重点文物保护单位。

民国时期的大红门(高世良供图)

乾隆二十八年（1763），乾隆皇帝在此作《御制入北大红门小猎即事四诗》：

出城十里到红门，近也虞丞典制存。

却历五年方一至，迅哉何以驻高奔。

朝家武备万方钦，略示西戎寓意深。

何必三驱诮他藉，此来本不为从禽。

苑中小猎心犹喜，习气了知未易降。

臂痛虽然难射鹊，马驰中兔尚连双。

广甸土苏多作汻，挥鞭视马力徐驰。

为思积潦疏消处，春种可能不误时。

当年，大红门是风景如画的地方。金碧辉煌的宫殿、庙宇，碧绿的苇塘、树木，弯弯曲曲的凉水河和高低起伏的苑墙在大红门北边由西向东延伸，乾隆皇帝曾写诗赞颂大红门风景，《射猎南苑即事诗》曰：

北红门里仲秋天，爽气游丝拂锦鞯。

行过雁桥人似画，踏来芳甸草如烟。

新衙门行宫位于今新宫村东，坐北朝南，是一个长方形的建筑群，新衙门行宫规模宏伟，朱门绿瓦，金碧辉煌，共有房屋 640 间（其中宫内 403 间，宫外公所房、膳房、苑户房 237 间）。新衙门在明朝为上林苑内监提督衙署，俗称新衙门提督署，简称新衙门，是管理南海子事物的机关。清顺治十五年（1658）改建成行宫。新宫门前有两尊元代的铁狮子，据《日下旧闻考》记载："新衙门在镇国寺门内约五里许，建自前明。

宫前铁狮子二，上镌延祐元年十月制，元时旧物也。"又载："新衙门行宫门三楹，左右垂花门，内对面房十间。前殿三楹，后殿五楹。"垂花门内对面房御题额曰"迤延野绿"，东西壁上对联曰："绿深草色轻风拂，红润花光宿雨晴"；"树鸟鸣春声渐畅，砌苔向日绿偏多。"后殿屏扆间恭绘宫廷画家郎世宁绘乾隆画像（《乾隆南苑大阅图》），额曰"神游清旷"，东间联曰："翠峰自写王家画，飞瀑常调雷氏琴"；西间联曰："披图自可寻山对，得句偏宜选壁题。"裕性轩东间佛室联："经标窣堵云常护，心印牟尼月共圆"；西间联："即境试抽思汩汩，向荣且喜木欣欣。"陶春室内联曰："明月松间照，清泉石上流。"新衙门行宫于 1900 年被八国联军洗劫焚毁，1927 年又被奉军拆除变卖，行宫建筑片瓦未留。

乾隆少年时曾在新衙门行宫裕性轩读书，称帝后曾七次到新衙门行宫驻跸，写了许多诗篇，而且新衙门行宫匾额、楹联多是乾隆御笔。据南海子文化研究学者张友才的整理统计，乾隆在新衙门行宫作诗大约 17 首。最早作于乾隆四年（1739），最后一次作于乾隆六十年（1795），时间跨度达 50 多年。

乾隆四年，乾隆在此作《御制南苑新衙门行宫即事诗》：

南苑重来羽骑驰，离宫未御已经时。
新诗消遣闲中兴，旧学商量静里知。
花笑迎人夸得意，鸟吟为我话相思。
留连不是耽风景，却惜年华暗转移。

乾隆五十三年，乾隆皇帝到南苑小猎，驻跸新衙门行宫，写诗概括他钟爱南苑的原因，在此作《新衙门行宫作》：

小猎旋收有底忙，行宫憩息趣犹长。
驰驱筋力嫌他懒，宵旰精神幸自强。
庭树又看今日景，砌花不是少年场。
读书习射胥陈迹，剩得拈成字几行。

乾隆六十年，已85岁高龄的乾隆皇帝又来南苑狩猎，深有感触："昨日进南苑驻旧衙门，沿途试猎，虽弓力稍减，而发矢尚觉如常。今日移驻新衙门，路便亦可小猎。但以八十有五之年，原不必复以骑射见强。且新耕并兴未可躁践，遂命止之。"并作《新衙门行宫晚坐诗》：

昨缘途便东宫驻，今合西宫一宿宜。

不必平原重试马，亦因麦黍起耕时。

旧题诗句眸惭阅，新值景光绪触披。

却以剿苗翘望捷，拈毫佳兴致艰迟。

4.清政府下令南苑垦荒

清朝从康雍乾盛世以后，吏治日益腐败，百姓怨声载道；再加上闭关锁国政策，使得清朝的经济，尤其是科技与西方差距越来越大。大清王朝开始走向衰败，曾经辉煌数百年的皇家园林南苑也逐渐荒凉。嘉庆二十四年（1819），永定河泛滥成灾，洪水东流至南苑、西红门、黄村门一带，冲坏围墙，进入苑内，水深达三四尺。鸦片战争后，因西方列强的入侵以及农民起义的打击，清政府疲于奔命，财力日益匮乏，加上八旗兵严重蜕化，战斗力大大丧失，清政府讲武习射的传统被荒废。清光绪十六年（1890）的夏天，北京大雨滂沱，永定河奔涛骇浪，堤毁河决，洪水恣肆，南苑也难以幸免，丰台、黄村、永定门外一片汪洋，洪水从南苑北墙九空闸冲进海子里，围墙多半冲毁坍塌，苑内珍禽异兽淹毙散失。1900年八国联军入侵南苑后，行宫、庙宇、苑囿等尽数遭到洗劫焚毁，鸟兽几乎被射杀殆尽，以致中国独有的麋鹿的最后一个种群也难免浩劫，流落异国他乡，从此在中国绝迹。20世纪80年代英国乌邦寺公园塔维斯托克侯爵将20头麋鹿送还给中国，国家在北京专门成立了麋鹿生态实验中心，并在昔日的南海子辟出近千亩土地，建成麋鹿苑。现已成为仅次于乌邦寺公园的世界第二大麋鹿苑。

南苑皇家苑囿接二连三地遭受巨大毁损，清政府又面临筹措巨额战争赔款，已无暇无力进行修复。自此，昔日明清两代苦心经营、辉煌夺目的皇家苑囿便江河日下，走向没落，难以挽回。面对这种内外交困的态势，慈禧太后不得不试行新政加以"自救"，决定出卖南苑荒地，实施招佃垦荒。

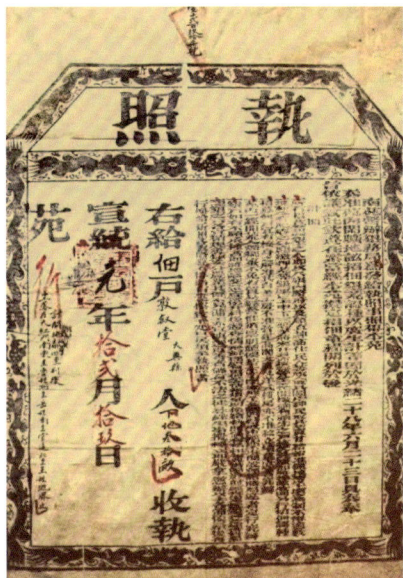

清朝末年拍卖南苑土地的"龙票"（高世良著《南苑春秋》，中国发展出版社，2019 年）

实际上，关于在南苑垦荒屯田，早在咸丰年间就有人提议，当时为了镇压南方的太平天国运动，大臣嵩龄曾多次奏请允许在南苑屯田兴办团练，被咸丰皇帝断然驳回，指出："八旗乃天下之本，占其练武之地，万万不可，贸然垦荒，绝难允准。"然而在经历了英法联军、八国联军入侵以及永定河水的冲决，苦苦支撑了近 50 年的南苑，到了 20 世纪初，已是残垣破壁，再也无力恢复康乾时期壮丽的景象，清政府无奈，只好允许垦荒。

光绪二十八年（1902）年六月二十三日，慈禧太后发布懿旨，在团河行宫（一说在大红门奉宸苑）设立南苑督办垦务局，将南苑内闲旷地亩出卖，招佃垦荒认种，以广生计，以充国库。关于"南苑督办垦务"至今没有发现太多史料记载。大兴区研究南海子资深专家李丙鑫于 1983 年在中国科学院图书馆发现了一件清宣统元年（1909）颁发的"南苑督办垦务局执照"。执照上盖有满汉文"奉宸苑"官印，四周边框印有蓝色龙纹，故俗称"龙票"。执照上面还印有光绪皇帝关于南苑招佃垦荒的谕旨，以及招佃章程等内容，从中可以大致还原当年南苑招佃垦荒的情形。

当时清政府对南苑招佃垦荒的目的很明确，就是"以广生计"。为确保招佃垦荒工作顺利进行，清政府专门制定了六条招佃章程，从多方面进行了约定规范。在招募认垦对象选定上，要求所有人员应是"八旗内务府以及顺直绅商仕民人等"。在认垦地亩数量核定上，"均以十顷为制，不得逾数"。在认垦地亩价格评定上，根据土地位置及肥瘠差别，分为上、中、下三个等级（据史料记载，当时地价是"上等地每亩白银三两二钱，中等地每亩白银二两半，下等地每亩白银一两七钱"），相应缴纳"押荒租银"。以后征收田赋"亦按三等分上下忙开征"（清代征收田赋分为上下两期，上忙为二月开征，五月截止；下忙为八月开征，十一月截止）。如果认垦户拖欠钱粮，即将地亩收回，另行招佃认种。在认垦地亩用途指定上，准许认垦佃户在地亩内建栖身之所，只准自盖土房，不准盖高阁大厦及洋式楼房，也不准私建坟墓，更不准在此开设烟馆和赌场，违者一律查究法办。如需建贸易场所，须上报情况另行批准空闲之地，但不准"毗连结成市镇"。在认垦地亩变更决定上，规定垦户如有不愿承种的，可将所垦地亩交回，等田赋征收后，根据情况办理。如有变更认垦户等情形，务必上报并说明情况，换发新执照。如有找借口"私相租佃"，一经查出，加倍收取押荒银厘。此外，还提出认垦户要循规蹈矩，安分农业，雇觅佣工要慎重选用良善者，如有不法之徒寻衅、生事、搅扰，要立即严拿惩办。规定执照满三年给予更换等等。

新政出台后，皇亲国戚、谋臣武将、达官显宦、豪商巨贾等闻风而动，蜂拥而至，抢先购得"龙票"，圈占苑内大片土地，建起了一座座私人庄园，并招来大量穷人为他们开荒种地。

清政府这次实行的"出卖龙票、招佃垦荒"新政，效果也十分明显，仅短短的十年左右时间，南苑中就如雨后春笋般地建起了一百多座私人庄园。

这些庄园的主人，个个都有来头。如庆亲王奕劻建的九如庄，协理大臣那桐建的千顷堂，内务府大臣奕禄建的积善庄，镇殿将军吴能建的三畜庄，任太监建的至善堂（后被北洋军阀头目段祺瑞所得，改名为振亚庄）等。还有总管太监李莲英建的东、西广德庄，大太监李三顺建的俊德庄，大太监小德张建的下十号，常太监建的常庄子，京都皇商同顺当铺老板李林庄建的笃庆堂，申昌木厂老板建的四合庄，粮商于尊祖、王存厚、姜太清建的五号，首饰富商王氏建的太和庄等等。后来，许多庄名都化为地名一直流传至今。

听说南苑里开荒种地，外州府县的贫苦农民便接连不断地逃难到南苑里。这些人大都来自河北中部的河间、肃宁等县，也有来自山东、河南的。由于南苑里的地主不收留携带家眷的长工，他们只好在野地搭起几间小窝棚。后来，搬来的人多了，便形成了一个个自然村，这些村庄的居民大都是同乡。拿瀛海庄来说，由于居住的都是河间人，在古时河间叫瀛洲，也名瀛海，为铭记家乡，而名瀛海庄。从此，南苑内开始出现大批新的村落，以万字地为中心，形成了今丰台区南苑镇的雏形。

（二）华北军事重地

1. 从神机营到北洋陆军第六镇

北京是元、明、清三个朝代的都城，南苑是北京的南大门，是重要的军事要地，历代都有重兵驻守。实际上，作为皇家狩猎苑囿的南苑，还有一个重要的功能，就是练兵和阅兵。第二次鸦片战争后，清政府面临内忧外患的严重窘境，鉴于英法联军进犯北京、火烧圆明园的惨痛教训，清政府急感京畿驻兵、拱卫都城的迫切性。

清同治元年（1862）以后，南苑由皇家苑囿逐渐成为京师军事重地。同治十二年，清政府在南苑增设了神机营。《光绪顺天府志》记载："神机营衙门，在崇文门内煤渣胡同……每年两季，拨队前赴南苑，扎营操演。"清代震钧《天咫偶闻》记载："同治以后，神机营各军，岁往驻扎，以秋去春归，军容极盛。"

神机营是清晚期创建的一支使用新式武器的禁卫军。神机营这个名称，早在明代的时候就有了，但明代的神机营相当于清代的火器营。道光十九年（1839），御前大臣奕纪上奏请示组建神机营，并把印信都铸好了，但没有建成。咸丰十年，英法联军打进了京师。这之后，清朝才感觉建立一支近代化军队势在必行。于是第二年组建了神机营，兵员是从八旗原有的禁卫军诸营中选出来的。神机营衙署就设在崇文门煤渣胡同。神机营使用西方近代武器装备，正因为这一点，神机营组建后就成了清末禁卫军的主力，其官署的规模也空前地庞大。同治初的时候，左、右翼技艺队习洋枪洋炮，称"威远队"。光绪年间，马步队改名为"威霆制胜队"。神机营为军事编制，与五军营、三千营合称清军三大营，又称京营。神机营由精锐官兵组成，守卫紫禁城，皇帝亲征时随军出征。神机营旧址在今南苑庑殿村东边。

神机营主要负责紫禁城及三海墙外的巡缉守卫，皇帝出巡则扈从警跸，同时它又是清政府用来控制全国的战略机动力量。每天，神机营的管带一员、营总一员，各带兵 10 名，守在宫中值房。队官四名，各带兵 20 名，分驻在皇宫的四角值守。而负责三海墙外守卫的神机营官兵会同八旗各营的枪兵技勇之士，共 810 名轮流值宿，内分为 10 班，每日更替一班，值守时还要传筹走更。

同治十三年（1874）九月，同治皇帝亲往南苑晾鹰台检阅神机营的官兵，这是清朝皇帝最后一次在南苑阅兵，以后的光绪、宣统两朝皇帝再也没有进行过。

清朝的神机营尽管使用了新式的洋枪洋炮，装备有精良的火器，但由于士兵主要从八旗中产生，神机营的首领也多由满人担任，因而它也难逃八旗兵腐败灭亡的厄运。神机营创立后，因国力衰败，俸饷短缺，部队疏于训练，八旗子弟恶习严重，因而战斗力较差。正如光绪十一年（1885）神机营王大臣奏称的那样："该官兵等若不激发天良，勤加练习，必至糜饷辜恩，毫无实济。"因而，慈禧太后发下懿旨，要求各该管大臣务必要领会朝廷实事求是的意图，振作精神，实力整顿，以期营务日有起色。然而，懿旨归懿旨，神机营的战斗力却丝毫未见增进。

光绪二十年（1894）中日甲午战争爆发，清政府有感于清军战斗力的衰弱，决定仿西洋之法编练新军。起初，派广西按察使胡燏棻在天津附近的小站组织实施，所练新军命名"定武军"，聘请德国人为教官。次年改派袁世凯督率训练，更名为"新建陆军"。戊戌政变后，直隶总督兼北洋大臣荣禄奏设武卫军，以聂士成驻芦台为前军，董福祥驻蓟州为后军，宋庆驻山海关为左军，将袁世凯之新建陆军改编为武卫右军。而荣禄则率中军坐镇南苑，节制各军。1901年，袁世凯署理直隶总督兼北洋大臣，人们也就把他的武卫右军改称"北洋新军"。北洋新军形成后，神机营实际上被取代。

光绪二十八年（1902），日俄战争爆发。袁世凯以"边防吃紧，兵力不敷分配"为由，建议在全国成立新军三十六镇，先在北洋成立六镇。经清政府批准后，他首先将原有北洋"左""右"两镇募足兵员，正式成立北洋常备军第一、第二镇，以王英楷、吴长纯分任统制。随后又将"巡警营北段"扩编为第三镇，以段祺瑞为统制。"巡警营北段"是袁世凯建立北洋军的老本钱，其各级军官追随袁最久，因此袁世凯对第三镇特别重视。三十一年（1905）上半年，袁世凯又陆续将原武卫右军和自强军主力混编，成立北洋常备军第四、第五镇，以王士珍、吴长纯（吴凤岭接任第二镇统制）分任统制。与此同时，负责警卫京畿的"京旗常备军"也改编成镇，凤山任统制。

北洋常备军实行镇、协、标、营、队、排、棚的编制序列。镇是它的基本战略单位，编制相当于现代的师。每镇下辖步队两协、马队一标、炮队一标、工程队一营、辎重队一营，还编一个军乐队。全镇官兵夫役一般在1.2万人左右。

全国新军统一番号，京旗常备军称北洋第一镇，原北洋第一镇改称第二镇，原第二镇改称第四镇，第三、第五镇番号不变，第四镇改称第六镇。至此，北洋六镇正式建成，主要承担拱卫京师和驻防京畿的任务，全军兵力近7万人，除第一镇由满人铁良任统制外，其他五镇均由袁世凯亲信将领任统制。可以说，北洋六镇是中国军队近代化的产物，作为清末新式陆军的一支基干力量，其编制体制和训练方法对全国各地军队都产生了重大影响。北洋六镇的编成，标志着北洋军阀势力的形成。袁世凯以此作为实力基础，继续扩军，并大肆攫取政治权力，终于形成了

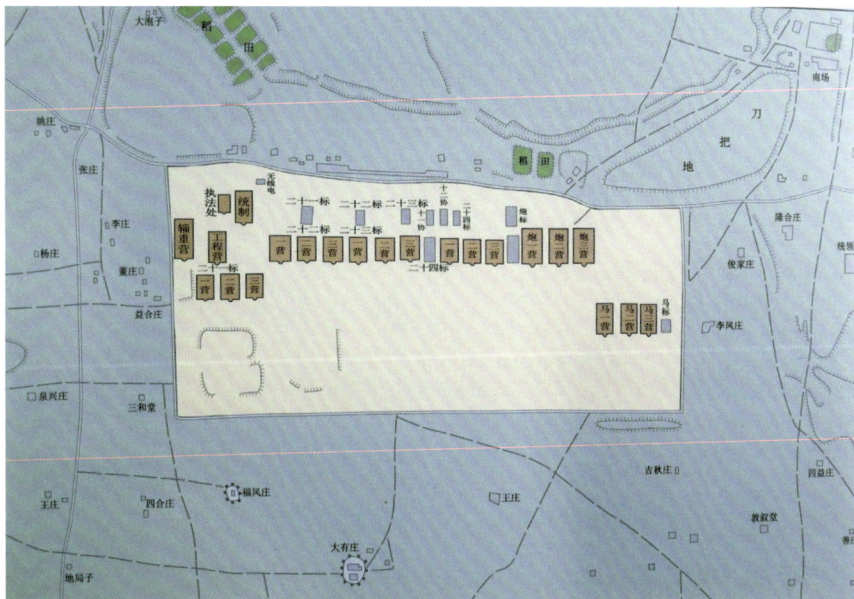

清末光绪年间南苑兵营（《北京历史地图集》人文社会卷第 170 页"清北京近郊区军事驻防（二）南苑兵营"，北京出版集团、文津出版社，2013 年）

一个北洋军阀统治的新时期。

北洋陆军第六镇派驻南苑，并在此修筑驻兵营房。驻在南苑的军队有七个营，在南苑镇由西营房往东设有七座营房，至今仍留有七营房旧址和三营门、六营门的地名。

光绪三十二年（1906），为了适应北洋陆军第六镇驻扎的需要，修筑了京苑（北京至南苑）轻便铁道，该铁路支线于本年动工，次年建成通车，全长 7.59 公里，归军队管理。京苑铁路为窄轨铁道，设有永定门、大红门、营市街（今南苑镇）等站。清代兰陵忧患生《京华百二竹枝词》这样写道："一六森严两镇兵，分屯两苑卫神京。往来南苑尤称便，军用火车已畅行。""学堂各省一齐开，都为中华养将才。今日指挥试兵法，调他南苑陆军来。"诗中"一六"两字指清代的陆军第一镇驻北苑，第六镇驻南苑；"学堂"两字指各省都可以兴办军校，但毕业生必须送陆军部考试，并调他们到南苑陆军部，验其指挥各法。

光绪三十三年（1907），北洋军第六镇因换防离开南苑，由良弼所统领的新编禁卫军入驻，良弼为招揽军事人才，聘请刚从德国留学归来的蒋百里任标统（团长）。蒋百里是中国近代著名的军事专家，著有《国防论》《欧洲文艺复兴史》等著作，曾担任保定陆军军官学校校长。1923 年，陆军检阅使冯玉祥练兵，聘请蒋百里每星期到军中讲演一次军事学，足见蒋的影响之大。

2. 万字地与南苑镇的形成

南苑作为市镇出现始于清末，它的形成与"万字地"有关。有关"万字地"名称的由来，有一种说法认为南苑地区寺庙多，佛教多用"卍"，从唐朝列入汉字，并读"万"音，因而这里就被称作"万字地"。另一种说法是，这里曾驻有万字队。万字地因"万字队"而来。

光绪二十八年（1902），慈禧太后下懿旨拍卖南苑的荒地，垦荒的地主庄园从河北、山东招来一批农民种地，也在该地落户，成为镇上居民。随着苑内居民大量聚居，市肆日渐繁华，以万字地为中心，形成了今丰台区南苑镇的雏形。南苑建镇初期只有万字地、营市街、北小街。营市街以营盘为中心，分为南北两个部分，北面叫北营市街，俗呼营市街，南面叫南营市街，俗呼南小街。据民国初年南苑地图显示：南苑营盘除陆军驻军外，还有飞艇（飞机）厂、飞艇教场和存艇厂。起初，南苑镇只有少数摊商在此聚集，之后，随着集镇的发展，又建了小学校、邮局等，成了工、农、兵、学、商"五脏俱全"的城镇。南苑电话局开通较早，光绪三十一年（1905）在南苑万字地营房开办，采用磁石交换机制式，容量100 门，1925 年移至荷塘街，改为供电交换机制式，容量 200 门。商业金融也随之发展起来。1913 年，设立南苑税局。1929 年，组建成商民合作银号，以后又开办了华昌厚、鸿兴源两家钱庄，开展汇票兑换业务。到 20 世纪 30 年代，南苑镇已相当繁华，这里有澡堂、照相馆、棺材铺、铁铺、席铺、布铺、旅店等各类商户近 300 家。镇内餐馆和小吃店云集，有永兴楼饭馆、忠厚居饭庄等近 30 家，还有汤锅、鱼铺、菜铺、挂面房、面菜铺等。

南苑镇最初称作"南苑万字镇"，1937年9月至1948年冬，这里先后为日伪大兴县政府、国民党大兴县政府驻地，1937年9月伪大兴县政府从大红门迁来其驻地时名万字镇营市街，即今新华街5号，当时的档案记录为"于九月十五日移于南苑万字镇，即旧营市街，在北大红门西南十二里，成为管理全县之正式机关"①。因此地居南苑皇家园林中心地区，又紧临南苑机场，而名南苑镇。1948年12月划归北平市管辖，设立南苑区。1949年4月改为第二十三区，同年6月与十五区合并为十四区，1950年8月改为第十一区，1952年改为南苑区，1958年撤销南苑区建制，南苑镇划归丰台区管辖。1949年至1958年，南苑镇一直是南苑区政府驻地。1954年南苑镇政府改为南苑镇办事处，1990年改为南苑街道办事处。1959年9月东高地街道办事处成立，三营门大街以东的西洼地、东高地、六营门、万源路之间地片划归东高地街道办事处。

南苑镇因清末驻有重兵而形成，因建飞机场和飞机修理厂而发展壮大，京苑轻便铁道经此出入京城，使南苑战略地位更为重要。它的形成发展虽只有百余年的时间，但为我国的航空事业创造了诸多"第一"，包括第一所航校、第一个航空基地等。南苑镇现存机构旧址较多，有南苑机场、北京兵营（陆军检阅使署）、昭忠祠纪念亭、冯玉祥荷塘街故居、伪大兴县政府、国民党大兴县政府旧址、南苑区政府旧址、中共南苑区委旧址、基督教南苑堂、南苑清真寺、日军飞机窝和碉堡。南苑镇有南苑医院、南苑中学、南苑公园、南苑电话局等。中国运载火箭技术研究院就坐落在南苑镇。

百年老镇南苑多是由小商贩、手工业者和农民集中居住的简陋平房，区域内人口老龄化程度高，低收入家庭集中，居住房屋破败老化，公共设施陈旧落后。从2009年开始，丰台区政府采取政府主导、绿地置换、房屋安置、定向对接的方式对南苑镇棚户区实施改造。已建成南庭新苑

---

① 李丙鑫《档案图说大兴县署署址的变迁》，《北京档案》，2016年第9期。

南北区、阳光星苑、公园懿府、天悦壹号、金府大院等一大批住宅小区，居住环境得到明显改善，南苑的城市面貌正在逐步改观。

3. 历史上的南苑阅兵

阅兵是一种对武装力量的检阅仪式，同时也是一个展示国家实力的活动。先秦时期就有"观兵以威诸侯"的记载。此后，中国历朝历代都举行过阅兵活动，到了清代顺治、康熙、乾隆时期更盛行一时。

康熙曾先后12次前往南苑阅兵练武。南苑举行的阅兵仪式在清代所有军事阅武中典制最高，规模最大。阅兵一般还要选择吉日举行，各项活动安排都有严格的规程，如官兵器械、旗纛、枪鼓、金鼓等各有定数。雍正皇帝因政务繁忙，只有两次临幸南苑进行大阅。雍正七年（1729），在发动西征准噶尔战役的前夕，雍正皇帝为鼓舞军队的作战士气，在南苑举行了规模盛大的阅兵仪式。

乾隆皇帝非常重视南苑大阅之典，在位期间曾四次在晾鹰台举行大阅，把清代大阅之典推上了巅峰。最闻名的大阅典礼则是乾隆四年的首次南苑大阅，盛况空前。乾隆皇帝作《大阅》诗："时狩由来武备修，特临南苑肃貔貅。龙骧选将颇兼牧，天驷抡才骥共骝。组练光生残雪映，旌旗影动朔云浮。承平讵敢忘戎事，经国应知有大猷。"以这次大阅为题材，清朝宫廷画师金昆、郎世宁等绘制了巨幅手卷《乾隆皇帝大阅图》，将大阅典礼威武雄壮、气势磅礴的景象活灵活现地展示给世人。乾隆二十三年（1758）的仲冬，乾隆皇帝在南苑举行了即位以来的第二次"阅武大典"。这次还特邀哈萨克、布鲁特、塔什罕等几位回人首领前来观看，以军威示西域。阅武之后，乾隆皇帝作《仲冬南苑大阅纪事》诗："廿年一举宁为数，周礼分明节候论。便设军容示西域，伫看露布靖坚昆。好齐以暇千旃贴，既正还奇万炮喧。风日晴和士挟纩，非予恩也总天恩。"不过乾隆皇帝对这次阅武大典并不满意，尤其是他要求受阅队伍中要有两千骑兵驰骤于晾鹰台下未能实现，令他十分气恼，口谕只犒赏参演官兵，对演兵诸大臣们则一律取消。

乾隆朝之后，国事日渐艰难，大清帝国由盛转衰，南苑的阅武活动次数和规模明显减少。至清末的百年间，南苑内共举行了三次阅兵仪式，其中两次在嘉庆时期：嘉庆十七年（1812）三月壬辰，嘉庆帝御晾鹰台，大阅八旗官兵；嘉庆二十三年（1818）三月庚子，驻跸旧衙门行宫，甲辰，嘉庆帝行围，大阅。清朝皇帝最后一次在南苑阅兵是同治十二年（1873），当时的大清王朝已经江河日下，尽管镇压了太平天国和捻军起义，也与列强签订了丧权辱国的条约，暂时稳定了时局，但大清王朝已经腐朽不堪，此时同治帝在南苑晾鹰台阅兵，其目的就在于维护清王朝的统治和权威。

清末民初，皇家苑囿被荒废，但南苑的军事地位不降反升。北洋军进驻南苑，在此不断演习操练兵马；袁世凯当政期间，李纯所部陆军第六师及张敬尧所部第三混成旅曾先后驻军南苑。

1912 年 1 月 1 日，以孙中山为首的革命党在南京成立中华民国临时政府，并将每年的 10 月 10 日（武昌起义爆发之日）定为国庆日（"双十节"）。1916 年 6 月 6 日袁世凯称帝败亡后，原武昌起义时被推举出的湖北军政府都督、中华民国第一任副总统黎元洪依法继任大总统，皖系军阀首领段祺瑞担任国务总理。1916 年 10 月 10 日，值中华民国成立五周年，新上任的大总统黎元洪决定隆重庆祝一番，北京的农事试验场（今北京动物园）、中央公园（今中山公园）、古物陈列所（今故宫博物院前朝部分，设清政府辽宁、热河两行宫）均对百姓免费开放一日，更在南苑操场举行了北洋军阅兵仪式，借机展示军事实力。

10 月 10 日这一天，北京晴空万里。清晨六七点钟开始，就有民众早早地来到街道两旁，到了上午九点，更是万人空巷，想一睹大总统黎元洪的风采，也领略一下民国新军的风貌。

阅兵开始前，一身戎装的黎元洪和一众官员们乘马从演武厅前往检阅现场。身材魁梧的黎元洪，挎着军刀，骑着高头大马在前开路，众文武干将紧随其后，威风凛凛，精神抖擞。阅兵正式开始，打头的是陆军方阵，分骑兵和步兵两个兵种，官兵们精神饱满，头戴白缨或紫缨的军帽，军服分蓝衣和黄衣两种，分别佩剑荷枪陆续前行，参加人数有五六千人。自袁世凯小站练兵后，中国陆军正式走上现代化的道路，不仅军装学习西式，训练方式和部队编制也效法西式。陆军方阵过后，在京的高级官员如孙武、蓝天蔚、荫昌、江朝宗等，也在仪仗兵的引导下，骑着高头大马鱼贯而过。

随即是大总统巡阅部队。一辆汽车开来，看台上一片骚动。当时汽车在中国是个稀罕物，很多人都没有见过，特别是没有如此仔细观察过。敞篷的汽车上站立着两人，一个是大总统黎元洪，另一个则是总理段祺瑞，两人并肩而立。大总统莅场后，军乐团奏军乐，全体官兵行礼，其中军官行撇刀礼，步兵行举枪礼，骑兵行马上举刀礼。阅兵总指挥官陈光远上前大声报告阅兵部队数目。随后，在总指挥官的引导下，大总统黎元洪依次检阅了各方阵，各方阵的师长、旅长、团长在大总统到达之时报告并行礼随同检阅。其后，各参阅部队以营为单位，在大总统离队伍二十步时，行举枪口令，吹军号，以壮军威。为了确保这次阅兵顺利有序进行，北洋政府还制定了详细的检阅程序，并提出了具体要求。

巡阅结束后，黎元洪和段祺瑞回到演武厅。操练开始，司号员用号音调度变换队形，表演各种军事操练。黎元洪、段祺瑞阅操看得尤其认真，不时点评一番。操练结束之后是航空表演，由当时的航空校长亲率三架飞机飞行。飞机从南苑起飞，在先农坛、正阳门上空绕飞数周，供大总统、政府官员和民众检阅。这次盛大阅兵圆满举行，在中国近代史上留下了浓墨重彩的一笔。

此后，南苑也多次举行了阅兵。1926 年 10 月 10 日，国务总理顾维钧、奉系将领张学良等在南苑阅兵，飞虎队（成立于 1923 年 9 月，张学良接任东三省航空处总办，兼任航空学校校长。航空部队编为飞龙、飞虎、飞鹰三个航空队）12 架飞机参加受阅。1936 年 10 月 10 日，冀察绥靖公署委员长宋哲元在南苑阅兵，并招待外宾。

新中国成立前夕，南苑成为开国大典受阅部队的训练基地。我军的第一支飞行队在这里建立并经过刻苦训练，在开国大典中飞过天安门上空。解放军的步兵也在南苑进行了受阅训练，曾在晋察冀一分区负责训练的李川青任开国大典南苑集训部队的副总指挥。此后，南苑多为国庆阅兵的训练基地，如 1959 年的十年大庆的方队集训和 2009 年六十年大庆的飞行编队训练等。

4. 冯玉祥三到南苑

邓小平同志在 1982 年纪念冯玉祥将军诞辰 100 周年之际，接见冯将军的亲属时满怀深情地说："焕章先生是很值得我们纪念的人物。他一生有相当长的时间为国家和人民做了许多好事，建立了丰功伟业，也是同我们党长期合作的朋友。"

冯玉祥，原名基善，字焕章。清光绪二十二年（1896）投淮军当兵。1902 年改投武卫右军，历任哨长、队官、管带等职。1911 年武昌起义爆发后，参与发动滦州起义，失败后被革职。北洋军阀时期，曾任陆军第十六混成旅旅长，第十一师师长，陕西、河南督军，陆军检阅使等职。1924 年在第二次直奉战争中发动"北京政变"，推翻北洋政府，驱逐末代皇帝出宫，并将其所部改组为中华民国国民军，任总司令兼第一军军长，后任国民军联军总司令，参加北伐。1927 年任国民革命军第二集团军总司令。后因与蒋介石集团发生利害冲突，举兵反蒋，先后爆发了蒋冯战争和中原大战。1935 年任南京政府军事委员会副委员长。抗日战争爆发后，任第三、第六战区司令长官等职。在抗日战争、解放战争时期，与共产党合作，反蒋抗日。1946 年出国考察水利，在美国组织旅美中国和平民主同盟。1948 年加入中国国民党革命委员会，任中央常委。同年应中共中央邀请参加中国人民政治协商会议筹备工作，自美回国乘船途经黑海时，因轮船失火遇难，享年 66 岁。

冯玉祥将军戎马一生，在清末至民国初年，他曾先后三次驻军南苑。第一次是清光绪三十一年（1905）清政府调动武卫军由保定移兵南苑，冯玉祥随军前往。兵驻南苑后，武卫军改称北洋军第六镇，冯玉祥所在的第三营分为前后两队。他由哨长升为司务长，同年七月又升任后队排

位于南苑机场内的陆军检阅使署（丰台区委党史工作办公室供图）

长。两年后，邮政大臣徐世昌升东北三省总督。北洋第六镇奉命随徐世昌开赴东北，冯玉祥随军离开南苑。第二次是 1912 年冯玉祥率部回到南苑，任左路备补军前营营长，不久又随军离开。第三次是 1922 年冯玉祥被中华民国总统黎元洪任命为陆军检阅使，驻防南苑。使署设在南苑航空署旧址（在南苑机场内），又称七营房。冯玉祥办公室则设在城内旃坛寺鹿钟麟营地。所部有一个师（第十一师，下辖第二十一、二十二旅），三个混成旅（第七、八、二十五混成旅）。后遭段祺瑞和张作霖的排挤，被迫率兵离开南苑。这次在南苑驻军期间，冯玉祥抓住有利时机，因势利导，治理了永定河水患，修建了昭忠祠，进行了"草亭密议"，发动了"北京政变"等。

1922 年 11 月 10 日，冯玉祥乘火车抵京，大总统黎元洪的代表、京畿卫戍司令王怀庆等到车站迎接。冯下车伊始，即令参谋长蒋鸿遇等拟定陆军检阅使署编制，并于次日前赴南苑，组建北京陆军检阅使署，开始了他为期两年多的陆军检阅使的军旅生活。

到达南苑后，冯玉祥即向部队宣布了有关纪律，规定当兵的一律不准坐洋车，官兵要买卖公平，不拿百姓一针一线。同时，取消了南苑地区有碍于风化的妓院、烟馆。提倡发展地方文化教育事业，兴办女学，让女学生穿衬衣、裙子，实行文明教育。在南苑还专门办了培德学校，并在通州设立了分校，教育官佐眷属学习文化、专业技术。经常组织部队对镇内的环境卫生进行整治，并定期检查；在南苑大搞绿化，自南苑经大红门乃至永定门的大路两侧全都种上了八尺高的树木，使得镇容镇貌大加改观。他还特别注重爱国思想的宣传，当时大红门地区的墙上曾书有"亡国奴不如丧家犬""不劳动者不得食"的巨型标语。后有人著文盛赞冯玉祥将军："彼率重兵坐镇于此者垂一年，京畿治安秩序之佳，为民国以来所仅见。"

陆军检阅使名义上代表陆军部负责会操及检阅部队，协调各军行动。实际上系因人设事，有职无权，或职大权小，只能检阅自己所属的部队，不能检阅别人的部队。在此期间，冯玉祥积极组织所部开展大练兵。1923年1月初，冯玉祥分别给所部连长以上官员讲话，进行练兵动员，强调军法严明，赏信罚必，并讲军史，以鼓舞士气，激发斗志。其练兵分为学、术两科。按兵、目、官编成不同班次，依据不同要求，进行不同训练。学科除了学习《军人教科书》《军人宝鉴》《兵器学》等外，还注重精神教育及军史教育；术科的训练项目，主要有刺枪、劈刀、体操等。此外，还举办教导团、学兵团等，培养部队干部。两年多时间，造就了约三万名骁勇善战、纪律严明，且具有爱国精神的劲旅，终于成为当时之雄，为日后的西北军的发展壮大打下了基础。这次练兵，史称"南苑练兵"，以别于此前驻兵湖南时的"常德练兵"。

冯玉祥长期经费拮据，加之陆军检阅使是个虚职，他曾戏称自己是个"贫困的陆军检阅使"，领军械弹药更是无门，经四处奔走，多方呼吁，由崇文门税关和绥京铁路局两处每月合拨15万元以充军费。因此，他和广大官兵一样，过着清苦的生活。在兵营里他经常穿着和士兵一样的粗布军服，同士兵在一起蹲着吃贴饼子，喝白菜汤，而且不许有剩菜剩饭。

除非接见外宾等特殊情况，他从不穿皮鞋及高档衣服。他说："人不能驴粪蛋子外面光,将老百姓吓唬住。官越大越不能特殊,否则老百姓不佩服。"他严禁请客送礼，尤其禁止下级给上级送礼。他还利用各种机会给老百姓办事，经常在宴请宾朋的便宴上拿出化缘簿请宾客为灾区人民捐款。

冯玉祥不但精于治军，严于律己，而且善于治水。1924 年入夏以来，北京地区连降大雨，永定河水势暴涨，水流湍急。由于人员少，抢修无效，永定河大堤先后决口四处，堤外数百里尽成泽国，人畜漂荡，田庐淹没，为百年罕见之奇灾。地处丰台镇南的黄土坡堤岸，被特大洪水冲开缺口达 140 多丈，虽经永定河河务局率领民工竭力抢修，也未能脱险，河水严重地威胁着河堤左侧的京奉铁路和沿途数百个村庄。7 月 8 日，水势更大，冯玉祥当机立断，火速派京畿警备总司令鹿钟麟、师长李鸣钟率领部下 2000 余人赶到大堤协助。自营长以下干部，同士兵、民工一起与洪水搏斗，接连几昼夜守护在河堤危险地段，随溃随抢。由于水流过急，水势汹涌，为确保沿河村庄及铁道的安全，冯玉祥毅然命令数千官兵就着残余土坡加筑新堤，夜以继日，紧张劳作，一个月后，建成了一条几百丈长、形如弯月的新大堤。沿岸百姓为表示感激之情，把新堤叫作"冯公堤"。永定河河务局于 1925 年 1 月在紧靠永定河大堤之卢沟桥南北天堂村西龙王庙前，镌刻了冯检阅使德政碑，以示纪念。

南苑自清代以来一直是驻军重地，军中老、病而死的人就埋在义地。南苑原有两块义地，冯玉祥这次驻兵南苑后，为旌表在反对袁世凯称帝的护国战争、讨伐张勋辫子军和第一次直奉战争郑州战役中阵亡的官兵，使他们的精魂忠骨得以安息，经当时大总统曹锟批准，用银圆 5000 元，于 1922 年冬，在南苑镇西南购置了 30 多亩土地，筹建昭忠祠（又称劝忠祠),1924 年 9 月 10 日举行落成典礼。这就是当地人们俗称的冯玉祥义地。

昭忠祠大门在东南方向，门额是冯玉祥将军亲笔书写的"气壮山河"四个大字。大门前有石牌坊，两侧有一对大铁狮子，石牌坊毁坏得较早，两个大铁狮子在 1958 年大炼钢铁时也遭到损毁。周围建有土墙，墙外有一米半深的水沟。昭忠祠南面是一座上房五间，厢房六间的院子，正中一座亭子。北面是一片广阔的坟地，埋葬着历次战斗中阵亡的官兵骸骨，墓草青青，碑石林立。冯玉祥将军专门撰写了《南苑劝忠祠碑记》，并请清代状元山东潍县王寿彭书写碑文，碑为方形，高约 2 米，立于义地大平台上，四周砌以青砖。冯玉祥还写了"为国捐躯""成仁取义"的匾额和"从转战川湘陕豫而来身作国殇先吾辈诞登天路，试回思患难辛苦之侣睹兹庙貌是男儿绝好下场"的对联。又于 1924 年 6 月 24 日题诗二绝以为纪念，其诗为："一死能叫国自强，忠心耿耿日争光。问谁洒得同情泪，鹃血飞红染夕阳。""捐躯报国各逞雄，正气凝成五色虹。侠骨英灵何处认，岷江风雨郑城东。"当年，义地修整完毕后，冯玉祥曾派专人守护。每到清明时节，他还亲自到义地为阵亡官兵扫墓添坟。

冯玉祥虽属直系将领，但受革命思想影响，反对袁世凯称帝，讨伐张勋复辟，第一次直奉战争后，受吴佩孚排挤，冯玉祥对曹锟、吴佩孚不满，同时受孙中山代表徐谦影响，密约倒戈讨直。1924 年 9 月 10 日大名镇守使、第十五旅旅长孙岳趁南苑昭忠祠建成之际，专程前往祭奠。冯玉祥与孙岳是志同道合的好朋友，在昭忠祠草亭内秘密制定了推翻直系政权的计划，并合影留念。当时直系军阀首领曹锟、吴佩孚掌握着军政大权，曹锟以每个人至少五千银圆的价格收买国会议员，被选为"大总统"，世称"贿选总统"。

1924 年 10 月，第二次直奉战争爆发，两军在河北省东北部的滦河、山海关一带激战，吴佩孚任"讨逆军总司令"，到前线督战。冯玉祥为讨逆军第三军总司令，当时在赤峰一带活动，他看到北京防卫空虚，趁机从前线率部兼程回到北京南苑（南苑机场内北京兵营司令部），发动了北京政变。22 日晚他电邀聂宪藩、孙岳、薛之珩、赵玉珂等军警长官在旃坛寺召开紧急会议，同时派兵驻守正阳门东西车站及丰台、长辛店等处要地。孙岳得知冯玉祥回京，迅速将军队开往保定，截断保定吴佩孚军队的辎重，并承担丰台、廊坊间防务。此时冯玉祥第十五混成旅及孙岳一团与吴佩孚三师留守兵在丰台发生遭遇战，得陕军第一师师长胡景翼援助，将吴军包围，迫令缴械。同日，冯军第八混成旅与吴军二十四师（豫军杨清臣部）在卢沟桥也互相冲突。23 日凌晨，冯玉祥进入北京，占据交通要道、重要机关，派兵包围总统府，囚禁了总统曹锟，接管北京全城，推翻了直系军阀的统治，直军在前线全军覆灭，吴佩孚率残部 3000余人从海道仓皇逃亡汉口。曹锟下停战令和罪己诏，第二次直奉战争结束。冯玉祥联合胡景翼、孙岳等将所部改称国民军，冯玉祥任国民军总司令，孙岳、胡景翼任副总司令，并联合奉系军阀张作霖，推举段祺瑞为中华民国临时政府执政。25 日冯玉祥在北苑召开军事政治会议，电请孙中山北上，主持大计，共商国是。此外，决定将末代皇帝溥仪驱逐出皇宫，11月 4 日摄政内阁会议决定修正清室优待条件。次日，警备总司令鹿钟麟令溥仪出宫，移居什刹海醇王府，从此帝号被废止。1925 年 1 月，冯玉祥受到段祺瑞、张作霖的排挤。段祺瑞任命冯玉祥为西北边防督办，所部整编为六个师，人数在 15 万左右，取消国民军番号，称为中华民国西北边防军，简称"西北军"。同月 13 日，冯赴张家口。3 月，冯在张垣就任西北边防督办职。冯玉祥自此离开了京城，再也没有回到南苑和丰台地区。

5. 佟麟阁血洒大红门

"战死者光荣，偷生者耻辱。荣辱系于一人者轻，而系于国家民族者重。国家多难，军人应当马革裹尸，以死报国。"——这是抗日英雄佟麟阁在南苑一次军事会议上誓死抗击日本侵略者的慷慨誓言。

佟麟阁，原名凌阁，字捷三，1892 年 10 月生于河北省高阳县边家坞村。1912 年，佟麟阁投笔从戎，参加了冯玉祥的部队，随冯玉祥南征北战，剿匪平藩，屡立战功，深为冯玉祥器重，先后任连长、营长、团长、师长等职。1930 年，中原大战冯玉祥讨蒋失败后不久，佟麟阁与冯玉祥解甲归田，总结以往斗争的经验教训，寻求救国之路。

1931 年，日本帝国主义制造了九一八事变，炮轰沈阳北大营，燃起侵略中国的战火。1932 年，佟麟阁应第二十九军军长宋哲元的邀请，出山任职。1933 年日军占领山海关后，宋哲元任命佟麟阁为张家口警备司令，安定后方。2 月，日军向长城各口——独石口、古北口、喜峰口进犯，中国驻军奋起抗战，二十九军奉命在喜峰口抗击日寇，将士在前线激战时，佟麟阁在后方积极备战，维持局势，保障供给，使前线将士无后顾之忧，保证了长城前线战斗的胜利。1933年5月，冯玉祥在张家口组织察哈尔抗日同盟军，冯玉祥为总司令，佟麟阁任同盟军第一军军长兼察哈尔省代主席，领导对日作战，保卫察省，收复失地。佟麟阁积极与北路前敌总指挥吉鸿昌等密切配合，出兵张北，先后收复察东康保、宝昌、沽源，又乘胜挺进克复多伦。后因国内政治形势的压迫，冯玉祥被迫撤销抗日同盟军，宋哲元回察主政。佟麟阁深感抗日志向难以实现，而山河破碎，国运垂危，他不胜悲愤，于是退居北平香山寓所，以待报国时机。

在隐退期间，宋哲元再三敦请佟麟阁出山，负责军事。第二十九军各师长冯治安、赵登禹、张自忠、刘汝明等联名相邀。此时平津大学生和人民群众的抗日救亡运动，在共产党的号召下日益高涨。佟麟阁感到时机已经到来，就任第二十九军副军长兼军事训练团团长，还兼大学生军训班主任，住南苑二十九军军部，主持全军事务。他表示："中央如下令抗日，麟阁若不身先士卒行，君等可执往天安门前，挖我两眼，割我两耳。"佟麟阁誓言激越，闻者热血沸腾。

七七事变爆发后，面对日本军队的猖狂进犯，佟麟阁在南苑召开的军事会议上慷慨陈词，他以二十九军军部名义向全军官兵发布命令：凡有日军进犯，坚决抵抗，誓与卢沟桥共存亡，不得后退一步。当时《北平时报》刊载的一篇文章再现了佟麟阁率军抗敌的情景："佟副军长善治军。二十九军纪律严明，勇于作战。而于老百姓则秋毫不犯，佟将军训练之力也。当七七后，军士于烈日下守城，每一队前，置水一桶，用开水以止渴。商民感激欲泣，竞献西瓜，坚却不受。对老百姓恭而有礼，杀敌则勇猛无伦，堪称模范军人。"

佟麟阁素来孝敬双亲，爱抚妻儿。但是自从七七事变发生以后，他公而忘私，国而忘家，虽然设在南苑的指挥部与北平城内寓所近在咫尺，但他从战争开始从未回家。激战之时，父亲病重，他则因为战事瞬息万变而不肯片刻离开营地。夫人生日，希望将军回家团聚，但由于战事紧急，他回电话说："国难当头，军务紧急，大丈夫应当效马援，马革裹尸还乡。"

1937年7月11日，日本政府委任香月清司为华北驻屯军司令。中日两军在卢沟桥一带战事不断。二十九军军长宋哲元在全国抗战呼声和佟麟阁等将士坚决请战的影响下，决心抗敌，并调赵登禹所部一三二师来北平增强防务。至7月27日，由于日军扩大侵略，平津形势愈加危急。宋哲元军长下令军部撤回北平城内，并命

佟麟阁将军像

增援北平的赵登禹师长为南苑战场指挥官，但副军长佟麟阁不愿随军部回城，决心与赵登禹共守南苑。

7月28日，日军第二十师团调集独立混成第一、第十一旅团共计一万余兵力，在数十辆坦克、100门大炮和数十架飞机的配合下，从南、西、北三个方面向北平发动进攻。南苑是日军进攻的重点，是第二十九军军部所在。当时南苑守军有二十九军卫队旅、骑兵第九师留守的一部、军事训练团、平津大学生军训班等共五千余人。佟麟阁誓死坚守。他说："既然敌人找上门来，就要和他死拼，这是军人天职。"日军见久攻不下，便派飞机前来助战。佟麟阁率部队向北转移，准备进入北平。在大红门又遭到日军的包围。佟麟阁立即组织部队突围，不幸被敌机枪打中右腿。他骑上战马继续准备冲杀，战至中午时分，他来到凉水河北岸的九龙山，观察撤退官兵的情况。下午1点多，一群飞机来袭，对二十九军将士低空扫射，佟麟阁头部中弹，壮烈殉国，时年45岁。佟的副官高洪锡将遗体背到时村乔德林菜地，用树叶掩藏起来。其后中国红十字会、冀察政务委员会率警卒十余人于7月29日在大红门将遗体寻获，佟将军全身浴血，面目模糊难辨。忠骸运回北平城内，佟夫人及其子女含悲收殓，隐姓埋名，寄厝于雍和宫附近柏林寺。老方丈仰慕将军为国献身精神，保守寄柩秘密，直到抗战胜利。

南苑之战是七七事变以来最大规模的一次战役，也是事变中最惨烈的一次恶战，在战役中，中国守军殊死抗战的精神可称得上是惊天地泣鬼神！就连日军第一大队大队长一木清直都承认，"面对面地死战也不肯退却"，"中国兵甚至负伤几次依然冲上来拼杀"。一位曾经参加过南苑之役的日军老兵也对日本 NHK 电视台的人回忆说："从没有遇到这样顽强的中国军人。"

佟麟阁将军是抗日战争中为国捐躯的第一位高级将领。7 月 31 日，国民政府发布褒奖令，追晋佟麟阁为陆军上将，8 月 5 日，深受中国共产党影响的《救国时报》载文敬悼佟麟阁将军，称他英勇奋战，光荣地完成了保国卫民的天职，是全国军人的模范。

毛泽东高度评价佟麟阁等国民党抗日将领，称赞他们在执行抗击日本侵略者的"神圣任务中光荣地、壮烈地牺牲了"，他们"给了全中国人民以崇高伟大的模范"。1945 年，北平市政府将西城区的一条街改名为佟麟阁路。新中国成立后，北京市人民政府对香山脚下的佟麟阁烈士墓进行了多次修缮。

1979 年，中共北京市委统战部发出通知，追认佟麟阁为抗日阵亡的革命烈士。2009 年 9 月，佟麟阁被中央宣传部、中央组织部、中央统战部、中央文献研究室等 11 个部门评选为"100 位为新中国成立作出突出贡献的英雄模范人物"。2014 年 9 月，佟麟阁名列第一批 300 名著名抗日英烈和英雄群体名录。2015 年 8 月，佟麟阁将军墓名列国务院公布的第二批 100 处国家级抗战纪念设施、遗址名录。

6. 赵登禹南苑殉国

在丰台区宛平城东门外的拐弯处，西道口铁路桥的北侧，有一处烈士墓，长眠着一位血战南苑壮烈殉国的民族英烈，默默地见证着 80 多年前他为抵御日本军国主义侵略而英勇杀敌的壮烈场景。这位民族英烈就是赵登禹将军。

赵登禹，字舜城，山东菏泽杜庄乡赵楼村人。1898 年出生于一个农民家庭。7 岁进私塾，后辍学。13 岁拜家乡颇有名气的武术教师朱凤军为师，对太极、八卦、少林等拳术及刀、枪、剑、戟诸般兵器十分娴熟，尤善徒手夺刀枪。

1914 年春，16 岁的赵登禹与其兄登尧及同村的赵学礼、赵全德结伴步行千里，到西安投奔了第十六混成旅冯玉祥部，被分配到第一团第一营佟麟阁连当兵。1916 年，第十六混成旅调到廊坊驻防，旅长冯玉祥发现赵登禹体格健壮，武艺高强，便调他到身边当了贴身卫兵。1918 年，冯部在湖南常德一带驻防时，赵登禹与将士们打死了一只经常下山伤人的猛虎，在老虎咽气之前，赵登禹骑虎拍照留念，冯玉祥在照片上签名并题字："民国七年的打虎将军"。

1921 年，冯玉祥升任陆军第十一师师长，奉命再度入陕，旋任陕西督事。冯知其上司陆建章曾受辱于土匪头子郭坚，一直想报此仇。一天，郭坚到西安，冯玉祥奉陕督阎相文之命，在西关军官学校设宴，准备在席间将郭除掉。不料，宴会开始后，埋伏者争相偷看冯郭对盏，竟将屏风挤倒。郭见势不妙，起身便走，众人没能挡住。赵登禹眼疾手快，一个箭步冲上去，把身壮力大的郭坚打倒在地，一枪将其击毙。从此，赵登禹更赢得冯玉祥的信任。

1922 年，赵登禹下部队任排长，他剽悍善战，连获晋升，历任连长、营长、副团长等职。1927 年，冯部改编为第二集团军，东出潼关，攻克河南，赵登禹一路战功显赫，又擢升为旅长。1928 年，他任二十七师师长，转隶第四方面军宋哲元部。1929 年，国民党军队缩编，回任二十八旅旅长。中原大战后，被张学良改编，任第二十九军三十七师一〇九旅旅长。

九一八事变后，日军迅速侵占我国东北三省。1933 年 2 月，日军越过山海关，大举侵犯热河，在 3 月 4 日攻占承德后，开始向长城各口发动大举进攻，中国驻军在此进行顽强抵抗，长城抗战爆发。3 月 9 日，日军铃木师团尾追国民党撤退部队，向长城喜峰口逼近。赵登禹旅奉命从遵化经三屯营向喜峰口急进防堵。他们星夜急行军 40 华里，在日军之前抵达喜峰口，旋即与日军交火。

赵登禹当晚赶到前线指挥战斗。在黑夜中，敌我双方形成混战，长城垛口失而复得达 20 余次。中国军队伤亡惨重，赵登禹腿部也中弹受伤。他包扎伤口后，在战地召开的营级干部会上提出当夜袭击日军的方案。他在会上说："抗日救国，乃军人天职，养兵千日，报国时至，只有不怕牺牲，才能救亡。大家要保持我西北军的优良传统，为先我牺牲的官兵复仇！"会后，赵登禹亲率二一七团出潘家口，越过滦河，绕到日军的炮兵阵地。此时日军正在酣睡，二十九军用大刀猛砍猛杀，敌人野炮营的官兵死伤殆尽，又破坏敌炮 18 门，取得了自九一八事变以来的首次大胜，沉重打击了日军的嚣张气焰。远在上海的音乐家麦新听闻赵登禹的事迹深受鼓舞，以大刀队的事迹为原型创作了著名的抗日歌曲《大刀进行曲》，从此，"大刀向鬼子们的头上砍去"唱遍了全国，成为振奋民族精神、争取民族解放的号角。

喜峰口战役后，二十九军声名大振，赵登禹成为妇孺皆知的抗日英雄。长城战斗结束后，二十九军增编第一三二师，赵登禹任师长，并被授予陆军中将军衔。1935 年 8 月，二十九军被调到北平附近的河北河间、大名一带驻防。

对于横行跋扈的日本侵略者，赵登禹一贯坚持与之斗争。1936 年夏天，几名日本特工绑架了第二十九军政治部主任宣介溪。赵登禹与另两位师长冯治安和刘汝明商量后认为，日本实在太嚣张，一定不能向其示弱。于是，他们派一亲日分子传话："限日本人两小时以内好好把人送回。超过时限，我们就先把平津一带的日本人统统杀光！"说完，当着亲日分子的面，赵登禹操起电话向部队下令，要求两小时之内完成作战准备，待命行动。日本人被赵登禹的凛然之气所震慑，果然在两小时内就将宣介溪送了回来。

1937 年 7 月下旬，日军在飞机和坦克的掩护下，分别向北平、天津以及邻近各战略要地大举进攻。在北平南苑，日军出动 40 余架飞机轮番轰炸阵地，并有 3000 人的机械化部队从地面发动猛烈攻击，南苑战事告急。在河间、大名驻防的赵登禹部，奉军长宋哲元之命急驰北平南苑参加作战。7 月 27 日，他率一个团到达距南苑两公里的团河时，遭到日军截击，双方展开激战，中国军队伤亡过半。赵登禹急率余部赶至南苑，与副军长佟麟阁共同负责南苑防务。7 月 28 日拂晓，日军第二十师团以步兵三个联队、炮兵一个联队的兵力，在数十架飞机的狂轰滥炸下，向南苑发起总攻。

南苑一带全是平原，无险可守，中国军队完全暴露在敌炮火之下，由于敌我力量相差悬殊，二十九军伤亡较大，日军从东、西两侧攻入南苑，双方陷入肉搏战。中午时分，二十九军冲破敌人包围。赵登禹命令骑兵部队先行撤离南苑。他本人在南苑驻地乘一小轿车，前后各一辆卡车载卫兵向大红门转移。此情况被特务发觉。日军急调驻丰台牟田口部队第三大队进攻南苑西北角，后转至天罗庄（黄亭子）埋伏。12 时 50 分，赵登禹之汽车、部队被炮火击中，赵登禹当场牺牲。日军从车中发现轿车内有一阵亡穿便服人，有二十九军书信文件，经受伤司机证言，遇难者为一三二师师长赵登禹将军。

赵登禹将军的英勇壮举，连日军都不得不折服，日方保留的战时档案《支那驻屯军第一联队第三大队南苑附近战斗详报》和《天罗庄战斗经过详报》中，称赵登禹将军在此战中"名誉地战死"（即"光荣牺牲"之意）。28 日下午 6 时，冀察政务委员会和中国红十字会北平分会，将烈士们的忠骸就地掩埋。北京龙泉寺（北京南城陶然亭附近的龙泉寺）老方丈，带领四名僧人，连夜出城在高粱地中寻得将军遗体，抬回龙泉寺装殓。

1937 年 7 月 31 日，国民政府发布命令，追授赵登禹为陆军上将。国府明令称："陆军第二十九军副军长佟麟阁，陆军第一百三十二师师长赵登禹，精娴武略，久领师干，前于北伐剿匪及喜峰口诸役，均能克敌制胜，懋著勋猷，此次在平应战，咸以捍卫国家保守疆土为职志，迭次冲锋，奋厉无前，论其忠勇，洵足发扬士气，表率戎行，不幸深陷重围，死于战阵，追怀壮烈，痛悼良深！佟麟阁、赵登禹均着追赠为陆军上将。并交行政院转行从优议恤，生平事迹存备宣付史馆，以彰忠烈，而励来兹。此令！"

位于丰台区卢沟桥附近的赵登禹将军墓（丰台区委党史办供图）

赵登禹与同在南苑战斗中牺牲的第二十九军副军长佟麟阁，是全面抗战爆发后中国军队最早战死疆场的两位高级将领，他们的壮烈牺牲，在全国引起了巨大震动，各地都举行了悼念两位抗日英烈的活动。宋哲元得知赵登禹牺牲的消息，失声大哭，说："断我左臂矣，此仇不共戴天！"赵登禹的老上级冯玉祥得知他的死讯，更是悲痛不堪，挥笔写下了《吊佟赵》诗，以寄哀思。延安军民也为佟麟阁、赵登禹二将军举行隆重的纪念活动。毛泽东同志高度评价赵登禹等国民党抗日将领，称赞他们"给了全中国人以崇高伟大的模范"。

抗战胜利后，北平市政府将北沟沿改名为赵登禹路，将北平通县古运河西岸的东大街更名为赵登禹大街，以示纪念。1946 年，北平各界举行公祭赵登禹仪式，在由李宗仁、冯玉祥等联名发出的公祭文启中，对赵登禹作出了高度评价。之后，何基沣奉冯治安之命到北平，将赵登禹和部分二十九军阵亡将士忠骸，迁葬于卢沟桥以东两公里处的西道口山坡上。

新中国成立后，中央人民政府给赵登禹家属颁发了赵登禹为革命烈士的证书。1980 年重建赵登禹将军墓，墓碑正面镌刻着"抗日烈士赵登禹将军之墓（1898—1937）"，其墓先后被列为丰台区级文物保护单位，北京市烈士纪念建筑物市级保护单位，国务院第二批 100 处国家级抗战纪念设施、遗址名录。1997 年 12 月，为纪念抗击日本侵华 60 周年，北京市大红门中学更名为北京市赵登禹中学，2003 年 4 月与嘉园小学合并为北京市赵登禹学校。2009 年 9 月，赵登禹被中央宣传部、中央组织部、中央统战部、中央文献研究室等 11 个部门评选为"100 位为新中国成立作出突出贡献的英雄模范人物"。2014 年 9 月，赵登禹名列第一批 300 名著名抗日英烈和英雄群体名录。

（三）中国航空事业的兴起

1. 中国第一个飞机场

南苑机场是中国第一个机场。作为中国开港最悠久的机场，它历经一百多年的发展，见证了中国许多重大历史事件，在中国航空事业史上留下了不可磨灭的印记。

据姚峻《中国航空史》记载，早在 1887 年，天津武备学堂数学教习华蘅芳就制成直径 5 尺（约 1.7 米）的气球，灌入自制的氢气成功飞起，这是中国人自制的第一个氢气球；澳洲华侨谢缵泰从 1894 年起开始研究飞艇，1899 年完成"中国"号飞艇的设计。而关于飞机的起源，还要追溯到 1903 年。这年年底，莱特兄弟制造的第一架飞机"飞行者一号"在美国北卡罗来纳州试飞成功，标志人类开始进入航空器飞行时代。随后，欧美国家一些飞行家先后将飞机运到北京进行各类飞行表演活动。然而当时北京并无专用机场供飞机起降，只好以练兵操场、赛马场或者平整的空旷地改建。因南苑地势开阔平坦，还是清军演练校阅场，在这里进行飞行试验较为理想，所以在 1904 年，为方便法国两架"高德隆"式小飞机来北京进行起降和飞行表演，在南苑毅军操场修建了简易的跑道。南苑成为飞机首次在中国土地上起降的见证。

1910 年，清政府从法国购进一架"桑麻"式飞机作为参观和仿制之用。

1911 年 3 月，清政府驻英大使刘玉麟花六万银圆从英国购得飞机一架，由于无人会驾驶，只能将其停放在南苑机场充作展品。同年 4 月，由法国学成归国的秦国镛驾驶从欧洲购买的"高德隆"式单座双翼飞机在南苑机场成功升空，并绕机场上空三圈降落。这是中国人首次驾机在中国本土飞上天空。1913 年年初,法国高德隆兄弟驾驶"高德隆"G-3 型飞机，在南苑作了几次飞行表演。1917 年 3 月，美国女飞行家凯瑟林·史汀生在北京南苑一次特殊的展示会上进行了飞行表演。这些航空飞行活动给清政府及民众留下了深刻的印象，对中国近代航空业的萌芽、创立和发展产生了积极影响和推动作用。

有了飞机就要有飞行场所。否则，飞机就只能是一种摆设。1910 年，清王朝军谘府大臣载涛奉命赴日、美、英、法、德、意、奥、俄八国考察军事，回国后极力倡导发展航空事业，并在北京南苑五里店毅军驻地设立航空机关，试图自己研制飞机。同年，清政府批准毕业于英国伦敦纳生布敦工业学校的中国留学生厉汝燕，进入英国布里斯托尔飞机制造厂和该厂自办的航空学校学习飞机生产工艺与驾驶技术。随后，清政府又从留学生中选派秦国镛、姚锡九、潘世忠、张绍程、鲍丙辰等人学习航空技术。他们成为中国首批接受正规航空教育和进行飞行培训的留学生。

按照军谘府的建议，清政府开始筹办飞机修造厂，试制飞机。1910 年 8 月，军谘府拨款，在南苑五里店毅军练兵场内，修建供从法国购进的一架苏姆式飞机起降和设备维修使用的简易跑道，并筹设一支由摄政王载沣亲自统

中国第一个飞机场——南苑机场(空军南苑场站编《百年南苑》画册)

南苑机场早期的飞机（空军南苑场站编《百年南苑》画册）

率的禁卫军航空队，选调军官练习飞行，开设飞机场，这是中国第一座机场——南苑机场得名之始。

1913 年 6 月，北洋政府参谋本部第四局拨款六万银圆将南苑练兵场正式扩建为南苑机场。之后北洋政府参谋总部在南苑创办了中国，也是亚洲第一所航空学校——南苑航空学校，最早的航空工厂也在此成立。北洋政府后在南苑陆军营房以南、毅军练兵场以西建筑办公用房、课堂、宿舍、校舍 100 余间，飞机棚两个和飞机修理厂一个，还有油库、弹药库、打铁房、翻砂厂、医疗所等，是我国最早形成的集飞机队、机场、航空学校和修理工厂于一体的航空基地。

1920 年 4 月 24 日，第一条民用航线南苑至天津试航，5 月 7 日，北洋政府交通部开辟的北京—上海线京津航段的飞机从南苑机场起飞，开创了中国民航和航空邮件的首航，中国商业航空由此开端。之后，又陆续开通了一些国内民用航线，但因人力物力的限制与时局的混乱，这些花费不菲的航线多半是虎头蛇尾，无力维持。1927 年国民政府定都南京，到 1937 年日本发动全面侵华战争，这十年间国内经济得到快速发展，商业航空运输蓬勃兴起，开通亚欧航线 13 条。

1936 年，国民革命军第二十九军宋哲元部驻防南苑，修建了一个小型飞机场。七七事变后，南苑机场被侵华日军占领，成立南苑兵营，并将机场扩大成东西宽七八里、南北长十余里的大型军用机场。1941年日军在机场周边每隔一公里修建一个大小不等的钢筋水泥结构飞机掩体，占地约1800平方米，各掩体之间筑有石子砂砾跑道，可以滑行。现今机场周边还遗留一些飞机窝，但大部分飞机窝后被改建成存放物品的仓库。抗日战争胜利后，南苑机场成为国民党的空军基地，转为军民合用，中国航空公司和中央航空公司在此起降飞机。

1948年12月17日，南苑机场解放。1949年2月3日，人民解放军举行庄严的入城仪式，其主力部队是从南苑机场出发的。南京解放前夕，国共两党于1949年4月13日在北平举行和平谈判，至15日达成了《国内和平协定》。当时国民政府和谈代表团的飞机是在南苑机场降落的。同年8月，人民解放军在南苑机场组建了第一个空军飞行中队，从此南苑机场完全归属空军管理。1949年10月1日，在开国大典当天，17架飞机从南苑机场起飞，穿过天安门上空，展示了银鹰展翅的威风。此后，新中国历次国庆阅兵的飞机编队都是从此起飞。

南苑机场由于跑道长，安全环境好，也是迎送外宾的重要机场，在很长一段时间里见证了我国早期的重要外交活动。1957年5月，苏联最高苏维埃主席团主席伏罗希洛夫访华期间，南苑机场成为苏联图-104喷气式客机首次降落的中国机场，毛泽东、刘少奇、周恩来、朱德等党和国家领导人到南苑机场迎接。同年12月，越南原国家主席胡志明访问中国，朱德副主席亲自前往南苑机场迎接。20世纪60年代末起，美苏争霸态势改变，中国成为独立于美、苏之外的新力量，共同的国家安全利益为中美两国关系实现和解提供了现实基础。1971年7月美国国务卿基辛格作为尼克松总统特使秘密访华，商谈中美建交事宜，其专机就是从巴基斯坦飞越喜马拉雅山降落在南苑机场的。

1987年9月24日，美国空军"雷鸟"飞行表演队随美国空军部长奥尔德里奇访问中国，首次在中国进行了精彩的飞行表演。1991年2月中苏双方签订引进苏-27战斗机的协议后，苏联空军访华，在北京南苑机场进行了飞行表演和地面静态展示，其中包括米格-29、苏-27、安-72、苏-25

等，都是当时苏联空军压箱底的先进装备。2003 年 11 月 3 日，驻京部队官兵及首都各界群众约 11000 人，在南苑机场参加纪念载人飞机试飞成功 100 周年飞行、跳伞表演活动。此次担任飞行表演任务的是有着"蓝天仪仗队"之称的"八一"飞行表演队。该队与美国"雷鸟"、英国"蓝箭"、法国"巡逻兵"、日本"蓝色冲击波"齐名，能飞各种高难度动作，并且是世界上唯一一支保持特技表演成功率百分之百的飞行队。2004 年是中法文化年，当年 10 月，法国空军"法克西巡逻兵"飞行表演队抵达南苑机场，与空军"八一"跳伞队联合献艺。

1984 年，经国务院和中央军委批准，南苑机场成为中国联合航空公司的基地，自此南苑机场对民航开放，经过多年的建设与发展，南苑机场执行任务能力不断提升，基本适应各种现代化运输机型起降的保障需要。然而随着北京大兴国际机场于 2019 年 9 月 25 日开始通航，中国联航也转场至大兴国际机场，南苑机场作为民用机场的使命也将终结。

南苑机场作为中国航空事业的肇始之地，已有一百余年的历史，见证了中国航空近代化、现代化的发展史，在我国航空史上具有重要意义。作为军用机场也显现了近代以来中国空军的发展脉络，对我国军用航空事业的发展产生了深远的影响，是非常好的爱国主义教育基地。

2. 中国第一所航空学校

2018 年 9 月 1 日，是中国空军航空开放日。这一天，让世界见证了中国空军力量的发展和崛起。不过，在一百多年前，中国航空事业的发展，却让人感慨颇多。早在 1910 年，清政府就拨款在北京南苑修建了供飞机起降的简易跑道，并修建了建筑厂棚。1913 年，北洋政府在南苑创建了航空学校，这是中国乃至亚洲第一所正规的航空学校。

1913 年 3 月，袁世凯在总统府顾问、法国驻北京公使馆武官白理素的建议下，决定将航空学校建在南苑，定名为南苑航空学校，筹办工作由参谋本部负责。同时，调集孙中山在南京组建的陆军第三师交通团飞行营归并入驻南苑的陆军第三师，附设随营航空教练班和修理厂。这一交通团飞行营，是中国第一支有正规建制和番号的飞机队，组建于 1912 年 6 月，有奥地利制"艾垂奇"鸽式飞机两架。飞行队归入南苑航校后，他们先在南苑陆军营地建校舍 100 余间，停机棚和修理厂各一个，该修理厂由清政府的飞机试行工场改建，并把附近的陆军练兵操场扩辟为正式飞行场，作为练习飞行的起降场地。财政部拨款 30 万银圆，从法国购进"高德隆"教练机 12 架。该型飞机的结构比较简单，最高飞行时速 96 公里，在地面滑行 100 米左右即可起飞。

中国第一所航空学校——南苑航空学校经过五个月的筹建和准备，1913 年 8 月，正式建成。这所航校隶属于参谋本部，以培养驾驶和制造飞机的航空人才为目标，校址位于毅军练兵场以西、营盘以南。参谋部委派秦国镛为南苑航空学校的首任校长。秦国镛是在法国学习飞行的留学生，是第一位在中国领空驾机飞行的中国人。教育长王鹗，主任教官为留英学生厉汝燕，飞行教官由留法学生潘世忠和法国飞行师康斯坦丁、欧伯尔担任，潘世忠任修理厂厂长。此外，还从山东和河南的兵工厂以及北京南口火车修理厂挑选了数十名技术优秀的工人技师，经法国工程师指导培训后，承担飞机的机务维护工作。南苑航校是亚洲第一所航空学校，它比日本早了三年。尽管当时的中国饱受列强势力的欺凌，经济凋敝，人民困苦，国际地位低下，但第一代中国航空人不甘落后，勇于投身航空飞行的精神是值得人们尊敬的。

1913 年 9 月初，南苑航空学校开始招收第一期学员，招收对象是陆、海军军事机关和作战部队中年龄在 25—30 岁少校军衔以下的军佐。选拔学员要经过三道手续：先由保送的军事机关、部队进行初步挑选，然后由航校对推荐的人员进行体格检查，合格者方可参加学科考试，以考试成绩择优录取。9 月底，第一期 50 名学员入校报到。学员在校期间待遇比较优厚，除照发原薪外，另供给伙食、医疗等费用及数额不菲的津贴。课程分为学科、术科两大类，学科设有航空学、机械学、气象学、陆军战术与战史、外语等课程；术科以练习飞行为主，装卸发动机和修理发动机为辅。学制第一期为一年，从第二期开始改为两年，分初级班和高级班，高级班分为轰炸、侦察、驱逐三个组别。当时距飞机的发明仅有十来年的时间，即使是在世界范围内，航空事业的发展也尚处起步阶段。飞机的性能及质量要求还是较为原始的，还不能同现在的伊尔、米格、波音等机型相比。

学校从法国购置的 12 架法制"高德隆"教练机中只有三架为双座舱飞机，其余的都是单座舱飞机，而双座舱飞机的前后之间又没有配备双操纵装置，坐在后面的学员只能当作乘客体会飞行的感觉，无法通过教员带飞提高自身的实际操作技能，航校飞行训练效率较为低下。

1914 年 12 月，第一期学员学习完毕，除 9 名被淘汰外，其余 41 人全部领到合格证。由于北洋政府财政枯竭，无力再建空军，毕业学员无处分配，于是临时决定：凡自愿留校候差者，准予留校，待遇仍旧；不愿留校而自愿另谋职业者听便；愿回原机关、部队任职者，由参谋本部送回原机关、部队任用。

航校第二期学员于 1915 年 3 月入学到 1917 年 3 月，共 42 名学员毕业。航校第一、二期共培养了 83 名飞行人才。袁世凯称帝复辟倒台后，北洋政府相继由直系的冯国璋、皖系的段祺瑞控制，航空学校继续开办。

1919 年 11 月，南苑航空学校脱离参谋本部改隶国务院旗下新成立的航空事务处，段祺瑞将其更名为"航空教练所"。自 1921 年春招收第三期学员开始航空教练所使用的教练机改为可由教员带飞的英制"爱弗罗"型双座教练机，并聘请了英国飞行教官和航空技术人员进行现场指导。但从 1920 年 2 月至 1923 年 5 月的三年多时间里，航空教练所五易所长，聘用的外籍教官也经常不到现场授课，升空训练时常中断，训练期限一再延长，第三期学员因此直到 1923 年夏才毕业。

1923 年 10 月，直系军阀曹锟任大总统后，特派赵玉珂担任航空署督办，同时将航空教练所更名为"国立北京南苑航空学校"。同年 11 月，第四期学员入校。这批学员除从陆、海军军官中选拔外，其余均为普通中学生。第四期学员共有 35 名，1925 年 11 月毕业，他们成为南苑航空学校最后一期正规毕业生，因为军阀连年混战，教职工的薪金难以发放，航校已经无力继续招生。1926 年，奉系军阀张作霖曾将南苑航校约 20 架飞机连同器材运往东北，致使南苑航空学校无法正常运行。

北洋军阀统治时期，南苑航空学校修理厂还承担着飞机研制任务。1913 年 10 月 20 日，在校长秦国镛等人的领导下，由南苑航校修理厂厂长潘世忠主持研制各种类型的飞机。他们参考"高德隆"及"法曼"飞机，于 1914 年自行设计研制并由潘世忠亲自驾驶的飞机，从南苑机场飞上了天空，这是中国人在本土自制飞机成功的最早记录。这架标号为"I"的飞机便成了中国人在本土设计、制造的第一架飞机。该机采用推进式螺旋桨方案，动力采用汉阳兵工厂仿制的法国"格莱姆"80 马力发动机，机首装有一挺汉阳兵工厂制造的机枪，该机机身标有"I"字标号，因此被称为"枪车"。同年，航校飞行教官厉汝燕也研制出一架水面上起落的飞机，但一直没有试飞。

南苑航校至撤销前，先后多次配合陆军作战，发挥了重要作用。1913 年冬，蒙古军队先后攻占了锡林郭勒盟、昭乌达盟北部、多伦和张家口以北的广大地区。北洋政府调张家口驻军卢永祥部第十师征讨，同时命参谋本部派飞机前往协助。南苑航空学校奉命指派修理厂厂长潘世忠、航校学员吴经文驾驶"高德隆"式双翼教练机随军参战，主要是进行空中侦察，为地面部队提供军事情报。这是中国利用飞机进行空中侦察之始。

1914 年 4 月 6 日，由潘世忠等驾驶一架"高德隆"式飞机飞往河南，随北洋政府段祺瑞军围剿宝丰白朗农民起义。后由南苑航空学校组成飞机大队，由校长秦国镛任大队长率章斌、关庚泉、厉汝燕等驾驶四架飞机赴陕西各地实施侦察、轰炸。这是中国战争史上首次空中轰炸作战行动。

1915 年 12 月 12 日，袁世凯复辟，遭到全国反对。同月 25 日，蔡锷、唐继尧等宣布云南独立，并组织护国军讨袁。袁世凯为了防止护国军北上，在派陆军加强川湘兵力的同时，指令南苑航空学校组成两支航空队参加对护国军的作战，每队配备两架"高德隆"式教练机。参战飞机主要进行空中侦察任务。后袁毙命，飞机返校归建。

1917 年 7 月 1 日，张勋拥立逊帝溥仪复辟，5 日，航空学校校长秦国镛即致电讨逆军总司令段祺瑞，要率飞行人员与讨逆军各部一致行动。当时南苑空军在讨逆行动中一共出动了七次，7 日上午派飞机直接飞到天安门上空散发传单，在紫禁城内投下三枚小炸弹（实际上是手榴弹），以示警告。轰炸后的第二天，溥仪宣布退位，张勋复辟失败。

1923 年 5 月 6 日凌晨 2 时半，山东孙美瑶率众匪在津浦临城（今山东薛城）至沙沟车站之间拦截一列火车，将其中 27 名外籍旅客劫持。一名美国人因反抗被当场杀死，其他人被劫往抱犊崮，以谋取赎金，史称"临城劫案"。北洋政府命山东督军田中玉采取"以剿促抚"的办法，派兵包围抱犊崮，双方多次谈判未果。26 日，应田中玉请求，北洋政府任命南苑航空学校蒋逵为临城剿匪航空队队长，并率两架"阿费罗"式飞机飞往临城。同时，命令保定航空司令部也派机前往。飞机在抱犊崮上空作威慑性飞行，并散发传单。迫于压力，6 月 2 日孙美瑶与官方恢复谈判，并接受招抚，释放人质。

1924 年秋，直系军阀控制的北洋政府指使江苏督军齐燮元、福建督军孙传芳进攻皖系军阀浙江督军卢永祥，史称"江浙战争"亦称"齐卢战争"。直系北洋政府令南苑航空学校组成中央临时航空队，由蒋逵任队长，率四架"维梅"式飞机，赴江苏协助齐燮元作战。中央临时航空队与江苏航空队组成统一指挥部，联合对卢军阵地进行侦察、轰炸，10 月 12 日，卢部因腹背受敌，军无斗志，宣布下野，出走日本。

民国初期，南苑航空学校所参与的军事行动，既有平叛肃匪的正义行动，也有参与军阀混战、镇压农民起义的不义行为。总之，当时的航校唯北洋中央政府马首是瞻，通过一系列参战行动，也锻炼了队伍，发挥了航空学校的作用，这对中国航空事业以及中国空军的成长，在客观上是有帮助作用的。

1928 年 5 月，北洋政府垮台，南苑航空学校终被撤销，所有航空机构及人员、飞机被南京国民政府接收。从 1913 年 9 月至 1928 年 5 月，南苑航空学校办校近 15 年，累计招生四期，159 名学员学成毕业，加上

8 名还未毕业即被各地军阀提前聘用的学员，共培养了 167 名飞行人员。这些学员后来成为国民政府和各省组建航空队的骨干，也成为组建国民政府空军的一支重要力量。

中华人民共和国成立后，南苑机场延续传统，在此建立了航校及空军培训机构。1949 年 12 月 1 日空军第四驱逐机航校在南苑机场成立，12 月 24 日，更名为中国人民解放军第六航空学校。1953 年 2 月 19 日，为培训大队长以上飞行指挥干部，在南苑机场组建空军中级指挥员训练班，隶属军委空军建制。同年 3 月改称为空军指挥员训练班，其后的十几年间先后更名为空军高级航空学校、空军第一高级专科学校。1968 年 9 月 30 日，中央军委决定，将空军第一高级专科学校改编为歼击飞行航校，其校部机构，由军级改为师级机构，称中国人民解放军第十三航空学校，归北京军区空军建制领导。1969 年 10 月 29 日，中央军委决定该校迁至山东济南，原驻沙河机场的航空兵第三十四师一〇二团进驻南苑机场，并组建空军南苑场站。之后各项保障工作逐步走向正轨，并快速健康发展。

3. 中国民航从南苑起步

南苑机场不仅是中国第一个军用机场，而且中国民用航空事业也是从这里起步的。

1919 年 1 月，北洋政府交通部成立"筹办航空事宜处"。此后又从英国、法国、美国购买了爱佛罗、高德隆、道济等型号飞机一百多架，准备用于民用航空。1920 年 4 月 24 日第一条民用航线南苑至天津试航，中国民航事业由此开始。1920 年 5 月 7 日，北洋政府交通部开辟的北京—上海线京津航段的飞机从南苑机场起飞，开启中国民航和航空邮件的首航，中国商业航空由此开端。1921 年 7 月 1 日，北洋政府开设北京至济南航线，中国航空邮政正式创办。后因时局多变，班机不能按时往来，遂于同月 10 日停航。同年 8 月开辟南苑至北戴河旅游航班，每周五下午 3 时由南苑起飞，飞行 2 个多小时，在北戴河赤土山机场降落，周六、周日在北戴河飞行游览海滨和长城，周一返回北京，形成一条重要的旅游航空专线。此线运行 3 年，至 1924 年停办。

民航事业虽然开启，但在北洋军阀的昏暗统治下，民用航空不可能健康有序地发展。由于人力物力的限制，以及时局的混乱，这些花费不菲的航线多半是虎头蛇尾。直到北洋军阀灭亡时，民航所发挥的作用也并不大，有的航线刚刚开启，就中途搁浅。

1927 年 4 月，南京国民政府成立，国民政府在执政初期，力图有所作为，因此对航空事业比较重视。

南苑机场是当时北平最大的机场，中国航空公司和欧亚航空公司的航班都在南苑机场起降，它们共同开辟了经停北平的 13 条航线。

中国航空公司是交通部与美国柯蒂斯·赖特飞机公司合资成立的航空公司，拥有沪蓉、京（南京）平（北平）、沪粤三大干线的飞航特权。京平航线为"中航"经营的第二条航线，此航线由南京起飞，经徐州、济南、天津至北平，于 1931 年 4 月开始试飞后，因航线与津浦铁路线平行，客货源比较清淡，亏蚀颇多，到 12 月即告停航。翌年 6 月，"中航"将京平航线改为上海至天津航线，后决定在南段由上海起飞后，绕道南京再到海州（今连云港市），北段则由天津延伸到北平，改称沪平航线，每星期上海和北平对飞各三次。

欧亚航空公司是交通部与德国汉莎航空公司合营的，1931 年 2 月创办。主要经营三条航线：第一条从上海经南京、天津、北平、满洲里，经苏联亚洲城市至欧洲；第二条从上海经南京、天津、北平及库伦（今蒙古乌兰巴托）、苏联亚洲城市至欧洲；第三条从上海经南京、甘肃、新疆之中国边境，经苏联亚洲城市至欧洲。

然而，当时苏联政府担心德国会利用"欧亚"飞机进行军事侦察，因此不同意欧亚航空公司的航班飞越苏联。经过交涉，苏联提出一个变通办法，即"欧亚"可将邮件、旅客运载到满洲里，然后改由铁路运输到苏联的亚洲城市伊尔库茨克，再由苏联民航飞机运往莫斯科，衔接德国"汉莎"航班转运欧洲各国。其他两条航线亦可照此办法。于是，"欧亚"在 1931 年 5 月 31 日先开通上海至满洲里航线，自上海起飞，经南京、济南、北平、林西到达满洲里，全程总长 2350 公里。至 6 月底，此航线运载邮件收入 2350 余元，客票收入 6600 元，乘客 25 人次，实际飞行仅八次，亏损 24.7 万余元。

七七事变后，南苑机场被侵华日军占领。抗日战争胜利后，南苑机场成为国民党的空军基地。因战时陆续聚集到西南大后方的政府机关、企事业单位、军队、避难者等数百万人员此时都面临着东归的需要，这对国家交通运输分流功能提出了严峻挑战。由于持久战争的破坏，其他交通工具发展滞缓且缺乏，航空运输首当重任，中航、央航抓住这一契机，急速发展壮大。

中航依靠在抗战后期执行"驼峰飞行"任务积累起来的技术、物资和人才力量，全力配合"还都复员"运输，展现了航空运输的优越性，成为复员运输的主力。在抗战胜利后 6 个月内恢复了原经营的航线，增辟 15 条航线。1946 年开通了北平—太原航线，1947 年增辟北平—沈阳航线，1948 年又开辟北平—宁夏—兰州航线等。至 1948 年底，航线总长 52389 公里，中航的飞航里程达到极值，运输总周转量在国际民航运输协会排名升至第 8 位。1945 年，中航增辟沪昆、沪渝、沪平三条航线，航线总长 5258 公里，尽最大努力先后恢复上海、广州、北平、柳州等航站的工作。复员运输期间，中航载运乘客 1.67 万人次，货物 1690 余吨。

新中国成立后，南苑机场完全归属人民空军管理，基本上作为军用。1984 年，经国务院和中央军委批准，由中国人民解放军空军与 22 个省、市及大型企业联合组建民用航空公司，中国联合航空公司就此诞生，南苑机场随即成为联航的基地。当时的中国联航有 40 余架飞机，型号除波音 767、波音 737 外，还有俄制的图-154 和伊尔-76 等飞机。2002 年 10 月 31 日，一架从银川飞往北京的民航飞机降落之后，中国联航迎来了为期近三年的停航（民航业务停航，同时仍承担空军指派的飞行任务）。2004 年中国联航实现"军转民"，由上海航空和中国航空器材进出口集团公司共同出资，中国联航重新组建，继续以南苑机场为基地，并于 2005 年 10 月完成新航。

自 2005 年中国联航进驻以来，航班数量不断增加，至 2011 年南苑机场已成为年吞吐量为 300 万人次的军民合用机场，列全国机场第 41 位。2011 年 5 月，南苑机场实施改扩建工程，主跑道沥青盖被大修（2800 米），机场设有完整配套的停机坪、客机坪、滑行道、联络道、进场公路等设施，以及较为完备的飞行指挥、引导、通信和后勤保障装备、设备，可满足 600 万人次年吞吐量。随着中国联航业务的不断拓展，到 2018 年南苑机场年吞吐量达 650 万人次。

尽管如此，南苑机场的年吞吐量还不到首都国际机场的 6.5%（2018 年首都国际机场突破一亿人次）。同时，也凸显了南苑机场离市中心过近的缺点，极大地限制了北京南城的发展。2012 年 12 月，国务院批准在北京与河北廊坊交界处建设北京第二座国际机场，即大兴国际机场。

2019 年 9 月 25 日，北京大兴国际机场举行投运仪式，中共中央总书记、国家主席、中央军委主席习近平出席仪式，宣布："北京大兴国际机场正式投运！"同日晚 23 点 21 分，南苑机场最后一架航班起飞。随着机场跑道灯的熄灭，标志着中国历史上第一座机场——南苑机场，正式结束民用机场的使命。这座运营超过一百多年的机场，是中国航空发展史的见证者，值得我们永远铭记、回味。

南苑机场民航飞机（高世良供图）

4. 人民空军第一支空中作战分队

"建立一支强大的人民空军，保卫祖国，准备战胜侵略者！"——这是 1955 年 3 月毛泽东主席在空军首届英雄模范功勋代表大会上给人民空军的题词。

人民空军第一支空中作战分队的源头要追溯到抗战胜利后。那时，党中央在东北利用接收和搜集到的敌伪航空器材，创建了自己的第一所航空学校——东北民主联军航空学校，从 1946 年 3 月成立到 1949 年 7 月，共培养各类航空技术人员 560 名，为建立人民空军准备了骨干。1948 年 12 月 17 日，东北野战军第三纵队七师二十一团占领南苑机场，缴获飞机 10 架。其中，包括 B-24 轰炸机一架，B-25 轰炸机一架，蚊式轰炸机两架，P-51 战斗机三架，C-46 飞机一架，C-47 运输机一架，AT-6 小型运输机一架，另外缴获大量航空器材和发动机，这为日后人民空军的组建奠定了物质基础。

随着国内革命形势的迅速发展，建立空军的事宜被提上日程。1949 年 3 月，在西柏坡召开的中共七届二中全会期间，毛泽东、刘少奇、周恩来、朱德等中央领导同志召见了主持东北航校工作的常乾坤和王弼同志，听取了他们对航校工作的汇报。事后，根据常、王两人的建议，决定成立军委航空局，统一领导和管理人民解放军的航空工作。3 月 30 日，军委航空局正式成立。遵照中央的指示，立即开始着手接管国民党航空器材、人员以及建立人民空军工作，先后组建了华北、中南、华东等军区司令部航空处。

1949 年 5 月 4 日，正当人民解放军百万雄师南下之际，盘踞在青岛的国民党空军出动六架 B-24 型轰炸机，对南苑机场进行了轰炸。共投弹 30 枚，炸毁两架通讯联络机，炸伤 C-46、B-25 飞机各一架，炸毁机库一座、房屋 196 间，死伤 24 人，使解放不久的北平受到严重威胁。

当时，党中央正在北平筹备召开第一届全国人民政治协商会议，为了确保第一届政协会议的顺利召开和开国大典的顺利进行，党中央决定建立一支空中防空力量，以应对可能的袭击，保证北平地区的安全。1949 年 5 月的一天晚上，周恩来召见中央军委航空局局长常乾坤和华北军区航空处处长方华，向他们传达了中央关于在南苑机场成立一个飞行队的决定，确定从东北老航校和各军区航空处抽调飞行员十多人，飞机十余架，主要担负北平地区的防空作战任务，必要时协助陆、海军部队解放长山列岛。遵照党中央指示，1949 年 8 月 15 日，华北航空处正式组建了中国人民解放军第一个飞行中队，中国人民第一次有了自己的空中铁拳。飞行队当时驻在南苑机场，所以习惯上称之为"南苑飞行队"或"北平飞行队"。由于装备有不同种类的飞机，有的又称为"混合中队"或"混合大队"。

飞行队作战指挥和飞行训练统一由军委航空局负责，华北军区航空处具体指挥。下辖两个战斗机分队，一个轰炸机分队和一个地勤分队。最初共有飞机 10 架，其中 P-51 战斗机六架，蚊式轰炸机两架，PT-19 型教练机两架，这些大部分是从南苑机场缴获的。为了加强飞行中队的力量，不久军委航空局又从东北航校抽调来了 13 名飞行员和 19 架飞机（其中 P-51 战斗机 17 架，蚊式和B-25 型轰炸机各一架）。同年 10 月，飞行中队又增编了一个空运分队，成为第四分队，有 C-46 型运输机两架，C-47 运输机一架。初期，飞行队只有五六十人，以后扩展到一百五六十人。

飞行队的飞行服原来是日本式的连身服，后来改成夹克式，沿用至今。飞机上的机徽最初是由华北军区司令部航空处设计的，原来设计为有"八一"的红五角星，后来为了在空中与苏军飞机区分，又在红五角星左右两边各添上一条横道，表示飞机展翅的样子，这个机徽也一直沿用至今。

南苑飞行中队组建以后，经过短期训练，即于 1949 年 9 月 5 日起开始担负北平地区的防空作战值班任务。每昼夜在南苑机场保持二至四架飞机战斗值班，一声令下，即可升空作战，成为人民空军建立前，最早担负作战值班任务的飞行部队。

1949 年 9 月 21 日，中国人民政治协商会议第一届全体会议在北平召开。为了保证会议的顺利进行，每天拂晓，飞行中队都要有十多架战斗机进行试车检查。发动机巨大的轰鸣声，不仅对敌人起到了震慑作用，而且对刚刚获得解放的人民来说也是一种极大的鼓舞。

1949 年 9 月上旬，南苑飞行队接到准备参加开国大典空中受阅的命令。接受任务以后，飞行中队迅速制定了具体而详细的计划，空地勤人员按照上级的部署投入到紧张的训练之中。参加受阅的飞机共 17 架，其中 P-51 战斗机九架，蚊式战斗轰炸机两架，C-46 运输机三架，PT-19 教练机两架，L-5 通讯联络机一架。飞行队以三架 P-51 战斗机编成一个分队，形成共三个分队的"品"字队形。第四分队是两架蚊式轰炸机编成"一"字队形。第五分队以三架 C-46 运输机呈"品"字队形。第六分队以两架 L-5 作长机，两架 PT-19 作左右僚机，也编成"品"字队形。这样，17 架飞机形成一个跟进队形通过天安门上空。

1949 年 10 月 1 日，中国历史进入了一个新的纪元。这一天，新中国举行了开国大典。下午 3 时，毛泽东主席面对天安门广场上汇集的 30 万群众，宣读了中央人民政府公告，向全世界庄严宣告伟大的中华人民共和国成立了，并亲手升起了第一面五星红旗。下午 4 时，阅兵式开始。受阅飞机从南苑机场依次起飞，按计划规定的航线、高度、速度出航，在通县上空编队集合，盘旋待命。

为了防止受阅时被敌人袭扰，部分飞机还装实弹飞行。据当时的空中总领队邢海帆回忆："下午 4 时 35 分，我耳机里传来了空中受阅开始的命令，即率领一飞行编队以双桥广播天线铁塔为出发检查起点，直飞天安门广场上空，接受党中央、毛主席的检阅。随后，又按原定方案率一、二、三分队 P-51 型战斗机九架，右转弯，绕

1949 年 10 月 1 日，飞行中队参加开国大典空中受阅
（空军南苑场站编《百年南苑》画册）

北城墙飞行，正好衔接在第六分队教练机后面，再次通过天安门上空，然后左转弯到南苑机场着陆。"这就是开国大典时在天空中飞行的是 17 架飞机，而地面观看到的是 26 架飞机的缘故。这次空中受阅，充分展示了银鹰展翅的风采，让世界见证了人民空军的诞生。1949 年 11 月 11 日，人民空军正式成立，刘亚楼任空军司令员，萧华任空军政委兼政治部主任，原军委航空局宣布撤销。

随着全国的基本解放，北京受敌机空中威胁日益减少。为了适应空军大办航校，加速培养新飞行员的需要，1950 年初，成立不久的中国人民解放军空军决定对飞行中队进行调整，将轰炸机分队的飞行员、飞机及部分战斗机分队的飞行员和飞机调往新办的航校，运输机分队由于空运任务的不断增多，单独组成了一个空运队。至此，飞行中队被压缩成了两个战斗机分队。

1950 年 7 月 26 日，中央军委命令将飞行队的番号改为"中国人民解放军空军独立第一驱逐大队"，下辖两个飞行中队，一个机械中队。1950 年 11 月，苏联根据与中国政府的协议，派遣米格–9 式喷气式战斗机师到达北京，驻南苑机场，担负北京地区的防空任务，使首都的防空更有保障。遵照中央军委的指示，11 月 19 日，"空军独立第一驱逐大队"正式撤销，其人员和作战的飞机分别调往各航校和航空兵部队。至此，第一支能胜任防空作战任务的飞行部队，完成了自己的光荣历史重任，载入我军史册。

（四）南中轴从这里腾飞

1."浙江村"治理与大红门服装商贸区的形成发展

提起北京的"浙江村"，在上世纪 90 年代曾名噪一时，闻名全国，也让很多丰台人记忆犹新。"浙江村"在什么地方呢？它位于距天安门仅有五公里之遥的丰台区大红门地区。

大红门原指明清两朝京城最大的皇家苑囿南苑的正门。鸦片战争后，昔日的皇家园林走向荒芜。新中国成立至改革开放之前，这里的经济依旧以农业为主，主要从事粮食和蔬菜生产，保持着农村、田野的风貌，虽然紧邻北京南城，但城市发展仍然缓慢。

"浙江村"的称呼始于1988年，它并不是行政区划的概念，而是指由温州等地进京务工经商的流动人口在北京城南自发形成的一个移民聚落。主要分布在从天安门往南延伸的中轴线两侧，北面是南三环路，南至大红门东西街、北天津庄、大里窑等地，西起草桥，东到分钟寺。集中分布于高庄、海户屯、海慧寺、东罗园、邓村、后村、马村、时村、石榴庄、果园、马家堡、洋桥等村落。20世纪80年代初期，大红门一带只有十来户浙江人，1983年和1984年急剧增加达千人，1985年初具规模，形成聚落群体，到1989年已达三万人之多。"浙江村"是在全国改革开放的大背景下，迫于温州人多地少、工业不发达的客观基础，得益于温州经商的历史传统，经过温州人坎坷创业形成的。最早到北京办实业的，是乐清裁缝师，他们是"浙江村"第一批定居者。

1983年，在内蒙古包头做服装生意的温州乐清人卢毕泽到北京进布料，发现首都北京并没有想象中那么拒人千里之外，大街小巷有不少敞开嗓子叫卖短裤袜子、针头线脑之类的商贩，而且买的人不少。卢毕泽在海户屯33号安顿下来之后，迅速拉开了架势，18平方米的地方既是卧室也是车间，放了三台缝纫机、一台锁边机、两张烫衣板，开起了一家专门生产"时髦的温州服装"的小作坊。那时市场上货品短缺，不管你服装样子做得如何，只要质量过得去，就一定有销路。仅仅一年多，卢毕泽的生意已经初具规模，产品供不应求，他请了几个工人帮忙加工，也不需要他自己扛着大包上街卖裤子了，把做好的裤子拿出去给别人做代销，或者批发给老乡卖。很快，乐清人在北京做服装成了"万元户"的消息一传十、十传百，越来越多的温州老乡闻风而来。

最初一批"浙江村"的经营户有不少摆地摊的经历，有的经营户天不亮就骑着自行车，驮着一大包衣服出去摆地摊，东单、西单是常去的地方，大街上不敢摆，就钻进一条条胡同叫卖。1986年，中国轻工总会陆续接到一些城市的投诉，称市场上的羊毛衫价格被一些温州人垄断。前门、王府井等繁华商业街的大大小小的商场里也出现一些温州人，向商场经理提出承包柜台的要求。

1986 年后普遍出现的"包柜台"，对于"浙江村"具有决定性意义，"浙江村"的产品开始占据城市核心商业领域。与摆地摊相比，包租柜台在货品的承载量和流通量上都要远远高于前者，原先靠"自产自销"为主的供应链出现了断裂，产量跟不上销量，于是一种新型的经营关系——服装代销出现了。代销的出现，促进了"浙江村"的两大改变。一是专业化分工开始出现，产销分离，原先自产自销的形式被更大范围的分工、协作所代替，"浙江村"内部经济网络开始形成；二是对市场的关注度和敏感度大大提高，什么面料的衣服好卖，哪种款式最流行，这些信息都源源不断地由经销商及时反馈给生产者。

1992 年，借市场经济大潮，"浙江村"的规模迅速膨胀。据 1994 年 10 月丰台区的统计显示，该地有外地常住及流动人口 11 万人，而本地农民仅有 1.4 万余人。外地人主要来自浙江省温州市，其中乐清人约占 70%，永嘉人约 25%。其中 95% 属于农业户口，从农村出来；只有 5% 的人直接来自城镇。聚居在"浙江村"的流动人口主要是有一定经济实力，在北京做服装生产批发、五金电器、小商品市场、窗帘布艺等轻工业生意的经营者，或是从事各种职业的农民工，或是没有职业的游民。

外地务工经商人员的大量涌入，在繁荣经济的同时，也导致大红门地区出现了大量违法建设，公共服务跟不上，且带来复杂的社会管理难题。"浙江村"自发蔓延开后，当地农民见缝插针，纷纷盖房出租，甚至连海慧寺路上的两个公厕都被填了盖出租房。一些地方的房子盖到马路上，把原先路边的电线杆也包了进去。1992 年以后，"浙江村"里又兴起了大院热，一些温州老板向村级组织租地，盖起平房，形成一个个居住大院。到 1995 年 11 月，"浙江村"里已经有 46 个大院，仅马村就出让了 202 亩地，形成颇有规模的居住区和外地人居住群落。"浙江村"的治安、环境卫生和交通状况逐步恶化，安全隐患日益增多。

由于公共服务设施的压力和社会治安等社会问题，区、街、乡曾对"浙江村"进行多次整治，1989 年和 1990 年进行的两次大规模行动使整个"浙江村"几乎被清理一空。但温州个体工商户经过在全国的摸索，发现和拥有了北京这个有巨大潜力的市场，就不会轻易放弃，他们对轰堵清理采取了迂回的"游击"手段，"清东躲西，清南躲北"，实在迫不得已，就转向石景山、长辛店等较远的地方，或暂时退往北京周围的河北等地，一旦风头过去，就纷纷返回原地，再度开张。因此清理效果也是暂时的，每次清理之后不久再回来的"浙江村"人数不仅没减少，反而不断增加，而且"浙江村"内的北京人都愿意将房屋留着供"浙江村"居民返回时租用。

从 1992 年起，北京市政府综合实际情况改变了过去那种"以轰为主"的清理政策，开始探索"以管为主"的管理办法。1992 年 2 月，按照市领导的指示，丰台区在大红门地区成立了"外地来京务工经商暂住人员联合管理办公室"，有 100 多名工作人员对出租房、户籍、治安、经营、税收、劳动用工等分别实施管理，对市容环境进行突击整治，初步取得效果。

为了改善经营业态，丰台区工商局与温州驻京办事处协商，并与温州市工商局取得联系，通过双方交流，1992 年底达成了建设专业批发市场的共识，丰台方面出资 1000 万，温州方面出资 1200 万，向经营户集资 1500 万。市场的名字叫作"京温"，表示是北京和温州合作共建的。1994 年，首都第一家大型专业服装批发市场——京温服装批发中心建成使用。它的建成，标志着大红门地区的商业环境发生了一次重大升级，原先粗放散乱的集贸市场形式逐步让位于精细规范的现代商业形态。它使区域内的市场走上规模化发展的道路，为之后大红门地区的区域改造和产业升级指明了方向。然而，当时仅一家服装批发中心尚不足以满足数以万计的服装经营者的需求。由于外来务工经商人员数量远远超出当地公共设施的承载能力，且形成越聚越多的趋势，"浙江村"的环境日益恶化。据统计，聚居在东罗园、果园、大红门、时村和石榴庄五个行政村里的 11 万外地人，人均居住面积只有 3.75 平方米，卫生条件极其恶劣，安全隐患随处可见。交通秩序极为混乱，当时人们来到"浙江村"，经常见到拉货的汽车、三轮车横冲直撞，道路拥堵不堪，噪音扰民现象严重，当地群众苦不堪言。治安状况明显恶化，到1994年至1995年间达到极致，仅1995年1—9月份，就发生刑事案件1543件，比1994年同期上升99.6%，近乎翻番，1995年6月平均每天发生的案件就达7.76件。可以说，"浙江村"已经成了令人头疼的乱象丛生之地，不进行大规模综合整治是难以改变状况的。

1995年9月25日，国务院针对丰台区大红门地区的问题作出批示："北京'浙江村'这种失控现象不能任其发展下去，否则对首都安全必带来严重后果。"北京市委、市政府立即提出清理整顿大红门地区的具体要求，丰台区委、区政府迅速制定《关于大红门地区外地来京务工经商人员清理整顿的实施方案》。随后，区委、区政府专门成立以主要领导为组长的整治工作领导小组，从全区抽调4700余人组成工作队，依据保护合法、取缔非法、打击犯罪的原则，在前期分组进村入户调查摸底的基础上，于当年11月初开始对大红门地区进行全面清理整顿。经过一个多月紧张而艰苦的工作，将分布于该地区时村、大红门等村的3600余间严重侵街占道违章建筑和外地人非法建设的40余个大院6290间违章房屋全部拆完清光，劝离流动人口5000余名；依法打击各种违法犯罪活动，查处各类违法犯罪分子157名，破获刑事案件14起；同时对京温服装大厦等6000多个服装摊点依法予以保护，将合法的出租房屋和符合条件的流动人口纳入有序管理，建立健全日常监管制度，并进一步整修拓宽了大红门北路。

1995年12月，在反复论证的基础上，大红门地区清理整顿小组召开会议，研究在大红门地区建设大型服装城的规划工作。规划建设的大红门服装城分三期建设，包括交易市场、公寓式住宅、中低档旅店以及饮食、娱乐等配套设施。力求通过服装城建设，彻底改变大红门地区的现状，形成一个"环境优美、秩序良好、生活方便、经济繁荣"的大型服装集散市场。依据"控制规模、严格管理、加强服务、依法保护"方针，丰台区从1997年起采取多种措施抓好基层规范化管理，特别是1999年和 2000 年，区主要领导亲自担任外管领导小组组长，连续出台 16 个流动人口管理工作规章，提出严密组织、严格纪律、严格制度、严格程序、严格管理、严格执法、严厉打击"七严"措施，使流动人口和出租房屋管理工作进一步走向规范和有序。1999 年经先期试点在全市率先建立 354 个居（家）村委会外来人口管理站，聘任 1487 名外管协管员，经过培训上岗后履行"填写三张单（暂住通知三联单、准予入住通知单、检查报告单），把好两道关（出租房屋审批关、流动人口暂住关）"，对流动人口实行面对面管理，做好"把两关、抓检查、搞服务、建联保、收税费、集资料"六个方面工作。以外管站为载体，强化基层管理组织和工作，实现流动人口和出租房屋管理工作由被动管理向主动管理、突击式管理向日常性管理、职能部门单一管理向齐抓共管格局"三个转变"。

1996 年 5 月，大红门服装商贸城举行了奠基仪式，1998 年 2 月落成开业。开业之初，便吸引了全国众多服装生产企业、知名品牌和商家入驻。到 21 世纪初，短短十几年间，大红门服装商贸城就发展成为以经营高、中、低档各类服装、鞋帽和小百货等为主的大型专业批发兼零售市场。日客流量达数万人，日货运吞吐量达千余吨，批发销售辐射面遍及全国三十多个省、市、自治区，并远销俄罗斯、乌克兰、朝鲜、西亚等国家和地区。在随后的几年里，北京南苑路形成了一条两公里长的服装商业街。随着北京新世纪服装商贸城等二十多个大型服装批发交易市场的相继建成使用，一座座高楼鳞次栉比，各式各样的服装广告牌林立其间，散发着大都市浓郁的时尚气息。大红门商圈的正式成型，有力带动了北京城南区域的发展。

2002 年，区委区政府提出"一五五"发展战略，确定打造大红门特色商业街的发展思路，并推出木樨园购物广场、鑫福海大厦等八项重点建设项目。在 2006 年丰台区"十一五"规划纲要中，进一步将大红门服装商贸区定位于南中轴路两侧，区域面积约 5 平方公里。2006 年大红门区域已建成项目有京温大厦、大红门服装城、福成布艺大厦等 23 家大型服装服饰、布艺面料批发市场，营业规模 58 万平方米；正在推进的项目有北京国际轻纺城、木樨园购物广场、鑫福海大厦等六项工程，规划建设规模达到 260 万平方米。大红门服装商贸区年交易额超过 30 亿元，达到全市同类商品交易额的 54.5%。

为了提升大红门服装市场的竞争力，丰台区引入服装商业核心区（CBC）的概念。服装商业核心区是以服装产业为灵魂，结合相关配套产业（物流、贸易、教育、营销服务等）形成的特色商业区域。服装商业核心区对其辐射领域内的服装文化、服装商业模式等的发展具备一定的影响力。2007 年 10 月，"北京大红门国际会展中心"正式挂牌成立，该中心占地面积 39960 平方米，建筑面积 24000 平方米，与北京著名的大红门服装商贸区服装贸易核心区隔路相望。中心拥有可容纳 1000 人的设施先进的展览大厅，可以举办大中型演出、展览展示、新闻发布会等活动。2008 年 3 月，由北京大红门服装协会冠名的大红门杯第 58 届世界小姐北京大赛成功举办。

经过多年发展，大红门地区从经营低档服装、小商品的"浙江村"逐步成为享誉京城乃至全国的服装特色商业区。到 2014 年，大红门地区共有 45 家市场，是北京市同类市场中业态最集中、体量最大的服装市场。直接从业人员约 8 万人，年交易规模约 500 亿元，税收 2.6 亿元左右。商业区内集中了众多销售企业，聚集了大批以提供服装面料为主的服装生产、加工企业，从面料供应、成衣加工至批发零售各个环节一应俱全，形成了产、供、销相对完整的服装产业链条。服装特色产业的形成，产生了较大的聚集效应，促进了区域的繁荣和发展。

2. 疏解整治促提升与大红门商户京外"二次创业"

大红门地区服装产业的聚集与扩张，虽然在一定程度上带动了经济社会繁荣，但产业定位及人员的大量聚集也导致这一地区"大城市病"凸显。大红门地区的服装批发业态与首都功能格格不入，产业形态以服务京外为主。据抽样调查，所经营商品 30% 来自浙江，20% 来自广东，其余来自福建江苏等地；40% 销往河北，30% 销往东北地区，其余销往内蒙古、天津等地。80% 以上商户以服装批发为主，交易总量约占北京地区服装交易总量的 70%，市场总体批零比例约为 7:3。每天平均 2000 多吨的吞吐量，造成了较为严重的交通拥挤，也存在大量消防、治安和管理问题。随着北京"四个中心"城市战略定位的明确，大红门地区的疏解整治促提升成为历史的必然。

党的十八大以来，习近平总书记先后多次视察北京，并发表重要讲话，深刻地阐述了"建设一个什么样的首都、怎样建设首都"这一重大时代课题，为北京"四个中心"的城市战略定位和京津冀协同发展指明了方向。南苑—大红门地区是党中央和北京市高度关注的非首都功能疏解的重点地区之一，是北京疏解非首都功能的标志性主战场。抓好南苑—大红门地区市场疏解，高标准谋划"南中轴"建设，在全市非首都功能疏

北京南中轴大红门地区（梁春生摄影）

解中具有标志性作用，对首都未来城市发展至关重要。

丰台区认真学习贯彻习近平总书记视察北京重要讲话精神和北京市委、市政府各项决策部署，按照北京市要把南中轴建成生态轴、文化轴、发展轴的要求，坚持规划引领，把疏解整治促提升作为解决丰台发展问题的金钥匙。自 2014 年 8 月开展疏解整治促提升工作以来，坚持把南苑—大红门地区 45 家商市场的疏解工作作为重中之重，有计划、按步骤地扎实推进。尤其是 2018 年，丰台区成立了党政主要领导直接负责、常委和副区长一线办公的指挥调度体系，对南苑—大红门地区持续深化市场疏解，加强动态管控，开展综合治理。全区成立了大红门市场疏解专项指挥部，从各委办局抽调精干力量统筹推进大红门地区市场疏解工作。成立大红门地区疏解办公室临时支部委员会，发挥党组织在疏解工作中的

重要作用。根据不同经济组织的行业特点和诉求差异,采取"属地"和"属业"相结合的方式,成立地区行业组织党委,建立了大红门地区商业市场非公经济组织联合会。按照"党建引领、区域联动、共建共享"的工作思路,搭建起区域疏解党建平台。

疏解涉及的利益关系复杂,需要动真格,见真章,疏解办提出"一名党员、一面旗帜",由党员干部带头组成六个工作小组入驻市场,深入一线督促协调市场加快疏解。地区党员干部带头示范,南苑村的一位党员干部带头拆除了自家占地十多亩的出租大院,党员商户带头自拆、劝拆、帮拆,促成了近500平方米违建拆除。向党员商户发放《请共产党员走在前列》的倡议书,号召党员商户带头响应党的号召。有的党员商户"以一带十",说服十多名老乡外迁,有的党员商户率先签约并主动做其他商户工作,加快了疏解进程。

大红门市场商户大多来自外地,动员他们疏解,面临着"抓不住人、使不上劲"的难题。在疏解伊始,针对商户的观望与不理解,大红门街道组织辖区16个市场的法人代表,先后七次召开工作专题会,做好对商户的解释工作,为疏解整治促提升工作营造良好氛围。通过地区行业组织党委建立的六个非公经济组织联合会,发挥了商会的老乡优势,与商户搭建"连心桥",主动沟通交流。利用永嘉商会党总支、乐清流动党员第一工委等商户党组织的影响力,吸纳地区40余家企业成立"非公企业党建沙龙",定期举办主题活动,服务商户,促进疏解。

早在疏解工作初期,丰台区就成立了南苑—大红门地区疏解整治促提升工作总指挥部和现场指挥部,加强统筹,集中精力,突出做好与外埠承接地对接与外迁商户对接的"两个对接"工作。丰台区先后与保定市白沟镇、石家庄市长安区、廊坊市永清县、沧州市、天津市西青区等建立对接机制,牵头成立了京津冀协同发展产业疏解接待中心,主动为商户和承接市场牵线搭桥,提供政策咨询、资源对接等各项服务,将有温度的政府服务贯穿大红门地区疏解工作始终。

在工作过程中,疏解一线的干部们始终带着感情做商户工作,着眼

2014 年 9 月 28 日，白沟大红门国际服装城开业照片（白沟承接方提供）

商户需求，做到合理诉求必有回应，群众困难必有帮扶，从最初的吃"闭门羹"到商户主动招呼"进来喝茶"，实现了疏解工作的心平、气顺、人和、业兴。他们坚持"扶上马送一程"，主动帮助商户谋划外迁发展，多次带商户们到永清、沧州、石家庄、白沟实地考察，分析各地特点和优势，帮商户们选一个"好婆家"。主动与承接地协调办理子女入学、社会保障等问题，解决商户的后顾之忧。

企业和商户外迁是疏解北京非首都功能的重要一环。在服务大红门地区商户和引导产业链整体外迁工作中，丰台区自觉打破"一亩三分地"的思维定式，主动作为，找准合作契合点，与外埠承接地建立紧密联系，积极搭平台、促对接、谋发展，深度融入京津冀协同发展的大格局。

2018 年 11 月 5 日，中央电视台《新闻联播》以《"大红门"搬迁：引过来留得住过得好》为题，报道了丰台区大红门地区商户在河北省沧州市安居乐业并带动当地产业发展的"疏解故事"，引起了社会各界的广泛关注和热议，这是大红门地区外迁商户京外"二次创业"的一个缩影。

随着疏解工作的深入开展，截至 2018 年年底，南苑—大红门地区外迁转移商户和企业越来越多，其中有 8000 多家服装批发商户、3200 多家服装加工企业选择扎根河北沧州，在京外开启"二次创业"。在让这些外迁商户和企业走得安心、走得愉快的同时，为确保他们在京外落得下、留得住、过得好，2018 年 12 月 24 日，丰台区联合沧州市共同成立了北京丰台—沧州（大红门市场）服务中心并正式挂牌。依托服务中心，丰台与沧州联合建立了定期会商机制，双方区领导每半年至少互访一次，会商区域合作重大事项，拓宽合作领域，深化合作内容，双方协同办每季度至少沟通交流一次，深入研究合作事项，领导小组办公室建立周例会、月例会制度，推动各项合作的开展；建立了对接交流机制，搭建丰台—沧州协同发展平台，定期开展学习考察、会谈会商等活动，加深两地政府之间的合作沟通，推动投资、管理、产业对接等多方面全方位合作，搭建大红门—明珠商贸城沟通对接平台，组织推介会、承接会，畅通商户外迁渠道，推动大红门地区服装批发产业的转移与承接；建立了服务保障机制，深入了解商户需求，及时上报工作过程中发现的新情况、新问题，主动解决商户关心的子女入学、社会保障等问题，解决商户后顾之忧，设立商户热线，有效化解纠纷。沧州市也专门为大红门外迁商户配套了可以成本价购买的 20 万平方米的住房，同时规定商户子女入学一律享受和本地学生同等待遇。沧州明珠商贸城也推出了"商户入驻，两年免租，商铺可买可租，并优先享有 20 年租赁权"的优惠政策；商城每天还派出 20 多辆大巴车，免费接送来自全国各地批发采购服装的客商。通过这些扎实有效的工作，南苑—大红门地区服装产业链从面辅料到加工制造，批发零售，再到包装物流等全要素集聚沧州，到 2019 年 1 月底，南苑—大红门地区外迁转移至沧州的商户和企业达 1.65 万家，带动了当地产业的发展。

2019 年，丰台区继续有序、有力、有温度地做好南苑—大红门地区剩余市场疏解、商户承接工作。北京丰台—沧州（大红门市场）服务中心突出完善顶层设计、做好商户服务、加大政策支持、推动产业链转移等多项工作。一方面，建立商户管理台账，针对商户不同的需求及时作出应对。另一方面，分类开展商户服务。对已经外迁的商户，持续跟踪，定期调研，解决商户后顾之忧，有效防止商户回流；对正在等待外迁沧州的 1.3 万个商户，尽快安排企业为商户提供摊位、住宿，办理商户外迁手续；对大红门地区其他商户，加大宣传力度，不定期组织商户去沧州考察，推动商户外迁。

为鼓励外迁商户开展自治，提高自治能力，2019 年 1 月 18 日北京丰台—沧州（大红门市场）服务中心联合东塑明珠商贸城正式成立明珠商贸城党总支，进一步发挥党建引领作用，增强外迁商户凝聚力和战斗力，助力商户开展"二次创业"，推动大红门品牌价值与影响力实现京外拓展，带动非首都功能疏解深入推进，促进京津冀协同发展。

3. 南苑森林湿地公园

虽然南苑的大部分在今大兴区范围内，丰台区只占西北部，但南苑的正门大红门和大泡子、新衙门行宫都在丰台区境内。因此打造南苑皇家苑囿景观，再现昔日"南囿秋风"的美景，丰台区拥有深厚的历史文化底蕴和地利优势。

早在 2010 年 9 月，大兴区就在瀛海镇一带建成南海子公园，再现了昔日皇家园囿风景，再造了麋鹿园并竖立"南苑秋风"碑石。随后，大兴区通过论坛、书画交流、举办讲座等多种方式一直在打造"南海子"文化。相比而言，丰台区在南苑文化宣传方面迫切需要加大力度。

《北京城市总体规划（2016—2035 年）》明确中轴线及其延长线以文化功能为主，既要延续历史文脉，展示传统文化精髓，又要做好有机更新，体现现代文明魅力。南中轴作为中轴线及其延长线的重要组成部分，要规划建设成为生态轴、文化轴、发展轴，使之成为融国际交往、科技文化、商务金融等功能于一体的多元化城市综合区，成为带动南部地区发展的增长极。

"南中轴地区"指北起南二环、南至南五环、西起京开高速、东至成寿寺路凉水河一带，是北京城市空间结构"一核一主一副、两轴多点一区"①中的"一轴"，共包含东城区的永外，丰台区的大红门、南苑三个地区。南苑—大红门地区总面积约 23.2 平方公里，涉及南中轴长度约 6.1 公里，其中，三、四环之间大红门地区，面积约 7.6 平方公里，涉及南中轴长度约 3.1 公里；四环路以南至南苑机场为规划中的南苑森林湿地公园地区，面积约 15.6 平方公里，涉及南中轴长度约 3.0 公里。

南中轴丰台段贯通丰台区南北，是丰台区最宝贵的发展资源。为把这一地区建设成为"生态轴、文化轴、发展轴"，构建北城南苑、礼序乐和、蓝绿交织、水城共融的空间布局，2018 年 2 月，丰台区会同相关部门开展了南中轴地区概念性规划研究及永外地区—大红门地区—南苑森林湿地公园地区详细规划设计国际方案征集，共收到全球 31 家国内外优秀设计团队提交的申请文件，最终选取了五家综合设计实力雄厚、专业设置全面、既往业绩突出的优秀设计团队参与本次国际方案征集工作。规划主要体现在物理空间上，总面积达 26 平方公里，其中东城区永外地区 2.8 平方公里，丰台区大部分地区 7.6 平方公里，南苑森林湿地公园 15.6 平方公里。征集方案主要从空间上、功能上对区域进行提升和优化，体现以人文为中心的规划理念，其中南中轴地区规划以文化、科技、高端商务为主，建设生态轴、文化轴、发展轴，体现出建设中国传统文化体验区，延续北京南中轴文化精髓，促进生态环境的可持续发展，建立古今交融、城绿交织的湿地森林的要求。7 月上旬，五家设计团队提交了设计成果。7 月 19 日，丰台区会同市规划国土委及东城区对五家设计成果进行了技术评审和公开展示，并对这五家方案的优点和亮点进行汇总，形成综合方案。于 2018 年年底前编制完成地区控制性详细规划、城市设计导则和

100

---

① "一核"指的是由东城、西城区组成的首都功能核心区；"一主"指的是中心城区：东城区、西城区、朝阳区、海淀区、丰台区和石景山区六区；"一副"指的是北京城市副中心，是北京新两翼中的一翼；"两轴"指中轴线及其延长线、长安街及其延长线；"多点"是位于平原地区的顺义、大兴、亦庄、昌平、房山五个新城；"一区"是生态涵养区，包括门头沟、平谷、怀柔、密云、延庆五个区，以及昌平和房山的山区，是首都重要的生态屏障。

湿地公园设计方案，同时结合总规落实工作和分区规划、控制性详细规划编制工作，绘制地区规划建设发展的蓝图。

按照地区控制性详细规划，丰台决定在南四环以南，南五环以北的区域内，高标准规划建设占地1.6万亩的南苑森林湿地公园。该公园的面积将比奥林匹克森林公园大近4000亩，约是南海子湿地公园一期的五倍。公园预计总投资达85亿元，按照完善首都生态格局"四梁八柱"、打造城市发展的绿色引擎的目标，构筑大尺度生态空间，以森林、湿地为本底，范围北至南四环路，南至南苑机场北侧，西到京开高速，东到丰台与大兴交界处，规划绿地及水域面积13665亩，其中70%的土地为绿地，核心区约为1.5个奥林匹克森林公园大小，水域面积所占比例也高于奥森，将重构森林体系，恢复自然湖泊水系，贯通水网绿脉，再现南苑湿地水网和"南囿秋风"历史景观，体现生态修复特色，为市民提供亲绿、亲水的休闲场所。在公园北部，是占地700亩、日处理能力60万吨的槐房再生水厂，完全满足整个湿地水源补给要求。

在高标准制订规划的同时，丰台区先行启动了南苑森林湿地公园的拆迁、腾退、绿化等前期工作。规划前已有绿地7000亩，2017年、2018年通过平原造林、留白增绿等方式，又新增绿化2700亩。截至2018年12月底，已拆除地上物113.2万平方米，腾退土地2500亩，累计实现绿化9700亩，南苑万亩森林湿地公园初具雏形。

大泡子是南苑园林中的一部分，明代就有此名称，该地又称苇塘泡子，是一个天然形成的湖泊。它是南苑最大的一块水域，水域面积最大时，有近一平方公里。1949年后，这里逐渐发展成居住区，原有的面积日益缩小，90年代时还有0.5平方公里，2000年后逐渐干涸，杂乱地建了许多平房，还有农机仓库等，环境遭到很大破坏。为恢复这一地区的生态，丰台区大力开展整治工作。2019年6月11日，随着南苑森林湿地公园规划范围内重点区域——南苑大泡子的最后一处建筑物自行拆除，近600亩的大泡子区域内，既有建筑物已拆除完毕，下一步将根据规划进行施工建设，未来这个区域将成为南苑森林湿地公园里一颗璀璨的明珠。

2019 年，市政府批复的《丰台分区规划（国土空间规划）（2017 年—2035 年）》提出："高水平建设南苑森林湿地公园，贯彻以人为本、生态为底、文化为魂、功能为基的理念，再现南苑历史印记，延续历史文脉，营造森林湿地风貌，构筑完整生态系统，构建顺畅游览环线，打造多元活力空间，建设成为首都南部结构性生态绿肺、享誉世界的千年历史名苑。"根据规划，丰台区进一步深化南苑森林湿地公园建设方案，划定 5025 亩区域为公园一期工程，启动并有序推进南苑森林湿地公园建设，以新机场高速以东、南苑路以西、通久路以南、南苑西路以北的区域为启动区，将充分利用已有的绿色空间，打通区域生态廊道，建设多级多类公园，恢复历史湖泊水系，开展水系岸线生态化建设。

未来，随着南苑森林湿地公园的建成，将大尺度构建城南的绿色空间，落实北京城市总体规划的发展要求，打通一道绿隔，建设城市公园环，进一步优化提升首都功能。"南囿秋风"的历史景观也将再现世人面前，成为南中轴的一道亮丽风景线。

4. 首都商务新区宏伟蓝图

北京南部地区是"一核两翼"（"一核"是指包括首都功能核心区在内的北京中心城区，"两翼"是指北京城市副中心、河北雄安新区）的腹地，是首都面向京津冀协同发展的重要战略门户。长期以来，北京南部地区发展一直落后，南北部地区发展不均衡，尤其是 2008 年北京奥运会选址北部以后，使北京南北部地区发展的差距相对较大。

为切实解决首都南北发展不平衡、南部地区发展不充分的问题，北京市先后于 2010 年至 2012 年、2013 年至 2015 年相继实施了两个阶段的南部地区发展行动计划，即《促进城市南部地区加快发展行动计划（2010—2012 年）》《促进城市南部地区加快发展行动计划（2013—2015 年）》。这两轮行动计划，重点推动了基础设施、公共服务、生态环境和产业发展等方面的项目建设。共安排重大项目 395 项，总投资约 6860 亿元，南部地区全社会固定资产投资年均增长 9.6%，高出全市平均水平 2.1 个百分点。通过实施前两个阶段南部地区行动计划，南部地区发展短板得到有效改善，城市功能进一步优化提升。

丰台区作为北京南部地区腹地，北接东西城，东跨中轴线，区位优势非常优越，毗邻京津、京保石两个支撑京津冀协同发展的产业发展带和城镇聚集轴，具有交通便利和产业协同发展的优势。因此，丰台区是前两个阶段南部地区行动计划的重点区，也是受益较多的区。期间，共实施基础设施、生态环境、公共服务、产业发展等领域重点项目 168 项，实现投资 2657 亿元。其中，通车轨道交通线路由实施前的 2 条增加到 9 条，通车里程由 20 公里增加到 90 公里，快速路、主干路新增建设里程 76 公里，区域内次干、支路总里程增加了 600 公里；新增园林绿地 638 公顷，综合整治马草河等 16 条河道，增加河西再生水厂、青龙湖再生水厂等污水处理厂 4 座，污水处理能力增加了近一倍，有力地提升了丰台区城市基础设施建设水平，促进了区域经济社会发展和民生改善。丰台区在北京两轮南部地区行动计划的推动下，日渐摆脱昔日城郊印象，走上快速发展轨道。

2017 年 9 月 13 日，党中央、国务院正式批复了《北京城市总体规划（2016—2035 年）》，标志着新版总规已经成为北京未来城市发展的法定蓝图。《规划》中提出的构建"一核一主一副、两轴多点一区"的城市空间结构，为北京南部地区的建设与发展指明了方向。丰台区既是中心城区，也是首都南部地区发展的重要节点。地理位置上的不可复制性，为丰台区的发展再次提供重大历史机遇。

依据新版北京城市总规，北京南部地区的基本骨架被设计为"一轴、两廊、两带、多点"，具体来说，"一轴"即南中轴生态文化发展轴；"两廊"即京津发展走廊、京雄发展走廊；"两带"即南部科技创新成果转化带、西山永定河文化带（南段）；"多点"即北京经济技术开发区、丽泽金融商务区、北京大兴国际机场临空经济区、良乡高教园以及房山、大兴、亦庄新城地区，每个区域和节点有其不同的定位。从其基本功能架构的设计来看，南部地区部分区域着重疏解，部分区域着重承载。丰台区作为首都中心城区，是首都"四个中心"功能主承载区之一，将扮演"首都高品质生活服务供给的重要保障区，首都商务新区，科技创新和金融服务的融合发展区，高水平对外综合交通枢纽，历史文化和绿色生态引领的新型城镇化发展区"等重要城市角色。因此，丰台区承载了生活、商务、科创、金融、文化、绿色等多重功能，其中商务发展可以说是丰台最突出的功能。

根据《丰台分区规划（国土空间规划）（2020年—2035年）》，北接永外地区，南至南四环，西至马家堡东路，东至光彩路的7.6平方公里范围内，将规划建设首都商务新区，空间载体以高端商务、文化、科技创新为主。首都商务新区以大红门地区转型发展为带动，2018年上半年，北京市在首都商务新区设立首个"商品交易市场规范提升指导中心"和"首都商务新区商标品牌指导站"，以深入实施商标品牌战略为抓手，全面推进大红门服装商贸产业向品牌时尚产业转型，推动区域经济提质升级。

2018年9月19日，北京市发布第三阶段南部地区发展行动计划，即《促进城市南部地区加快发展行动计划（2018—2020年）》，提出通过实施行动计划，使城市南部地区逐步实现更高水平、更有效率、更加公平、更可持续的发展，环境质量和公共服务等短板进一步填平补齐，交通基础设施和生态品质进一步提升，重点功能区和产业进一步实现高端发展，努力建设成为首都发展的新高地。到2020年把南部地区打造成首都功能梯度转移的承接区，高质量发展的试验区，和谐宜居的示范区。

丰台区是第三阶段南部地区行动计划唯一的中心城区。依托此次南部地区行动计划，丰台区将重点打造"一轴"，即南中轴，抓住非首都功能疏解这个"牛鼻子"，以"疏解整治促提升"专项行动为带动，高标准谋划建设"生态轴、文化轴、发展轴、未来轴"，积极推进南苑森林湿地公园建设，做好大国首都中轴线的文章，植入文化展示与国际交往等功能，高质量做好城市设计，珍惜用好每一块土地，全力打造首都商务新区。随着疏整促任务的完成，一批批发零售企业将升级改造，旧的业态面临华丽转身，一批国家级的文化中心等首都功能建设将逐步在南部地区落地。

　　随着文化商务、国际商务、时尚创意、文化演艺等特色产业发展，首都商务新区将建设成为具有产业转型升级示范意义的环境优雅、宜居宜业的面向国际交往的重要门户。2019 年 11 月 27 日，《丰台分区规划（国土空间规划）（2017 年—2035 年）》获市政府批复。批复指出："南中轴丰台段是带动城市南部地区崛起的生态文化发展轴。"分区规划对南中轴地区总体定位为中华文化自信的重要彰显区、大国首都功能的新兴承载区、北京南城崛起的核心引领区、生态文明城市建设的样板区、和谐宜居城市建设的示范区。构建以文化和国际交往功能为主导，以国际商务、生活服务和生态游憩等功能为支撑的五大功能体系，延续历史文脉，凸显新时代首都文化特色。根据分区规划的要求，大红门地区将结合用地疏解更新，加快推动地区业态转型升级，优先承接文化交流、艺术博览等文化中心功能，彰显中华文化自信。重点植入国际文化组织、国际总部办公等高端商务功能，建设成为带动城市南部地区发展的首都商务新区和城市更新发展示范区。作为全北京乃至全国唯一一处以"首都"命名的商务新区，首都商务新区无疑将成为平衡北京南北发展的均衡器。

二、金中都的前世今生

　　元大都兴建之前，今莲花池以东，也就是在北京原始聚落故址上，发展起来一座壮丽的大城，它就是1153年在辽南京基础上扩建而成的金中都城，金中都的修建正式开启了中国封建王朝在北京的建都历史。

　　据考古学家的历史考证，早在3000多年前，北京地区便产生了城池，进入到文明阶段。周武王伐纣灭商以后，在今天的北京及周边地区分封了蓟和燕两个诸侯国，后来强大的燕国吞并了蓟国，把蓟作为燕国的都城。此后，历经秦、汉、魏、晋、北朝，前后八百年间，蓟城一直是中国北方的重要城市。唐朝灭亡以后，我国北方辽和金两个少数民族政权先后崛起，在东北到华北辽阔地区建立了称雄一时的封建王朝。蓟城先是改称辽南京，作为辽代的五都之一；到了金代海陵王完颜亮统治时期，在蓟城的基础上扩建城市，并将都城正式迁到这里，金中都由此产生。此后的几十年，金中都曾一度十分繁华，宫殿巍峨，亭苑秀美，商贾云集，歌舞升平，然而好景不长，13世纪初被蒙古铁骑踏破，此后逐渐衰落，除卢沟桥、水关遗址等少数地面建筑外，其他只能通过丽泽门、丰宜门、拜郊台、大葆台等古老地名追忆当年的壮丽景象。

　　金中都被废弃后，原中都城丽泽门外的地区成为一片郊野，水网密布，泉源丰沛，花草茂盛，从明代开始便成为京师养花种菜之所，这种农业文明一直延续到上世纪90年代，直到1997年卢沟桥东区改造，这里才开始城市化的建设历程。进入21世纪，在这片昔日的金中都城垣旧址上，在过去的丽泽门附近兴起一座"新城"，这座"新城"以"金融"为标志，命名为"北京丽泽金融商务区"。它传承着金中都的金融文化，致力打造金融要素聚集、生态环境和谐、配套设施完善、文化氛围浓郁的国内一流、国际知名的高端商务区。

（一）金中都开启北京建都史

1. 莲花池与蓟城的诞生

北京最早的一座城池建在一座美丽的湖泊旁边，这座湖泊就是今天北京广安门外的莲花池。莲花池古称西湖，湖水清澈，附近树茂草肥。北京地区的原始先民走出大山后，便在这里定居下来，并在湖的东边建造了一座小城——蓟城。

公元前1046年，周武王伐纣灭商，建立周朝。周王朝实行分封制，据汉代司马迁的《史记》记载："武王追思先圣王，乃褒封……帝尧之后于蓟……封召公奭于燕。"由于召公位列重臣，要留在周的都城镐京，与周公一起辅佐年幼的周成王，于是就派他的儿子到了燕地，建立燕国。1991年，考古工作者在北京房山琉璃河一带发现西周城址和一座四墓道的大墓，证实了西周初年燕都就在北京市的西南部。《史记》正义说："周封以五等之爵，蓟、燕二国俱武王立，因燕山、蓟丘为名，其地足自立国。蓟微燕盛，乃并蓟居之，蓟名遂绝焉。今幽州蓟县，古燕国也。"根据以上史料，可以证明，早在西周初年周朝君王就已分封蓟和燕两个诸侯国。后来蓟国逐渐衰微，最后被燕国吞并，到了东周时期，蓟城成为燕国的都城。

那么，北京地区的最早都城——蓟城应该在什么地方呢？北魏郦道元的《水经注》说："昔周武王封尧后于蓟，今城内西北隅有蓟丘，因丘以名邑也，犹鲁之曲阜，齐之营丘矣。"这段记载告诉我们，蓟城是因蓟丘而得名的。那么蓟丘的位置又在哪里呢？考古工作者发现，现在白云观西墙外原有一处高丘，1975 年春夏之交，他们曾有计划地对这座高丘进行挖掘，发现一段埋藏在地下的古城墙以及一些从汉代至唐代的遗物。唐代诗人陈子昂的"北登蓟丘望，求古轩辕台。应龙已不见，牧马生黄埃"指的可能就是这里。蓟丘既然确定在白云观附近，蓟城则离此不远。1957 年，考古工作者在广安门以南 700 米处，曾发现战国时期甚至更早的遗址，有的古代陶器碎片年代接近西周，而出土的饕餮纹半瓦当，则是燕国宫殿建筑常用的屋顶构件，考古学家认为这里很有可能就是蓟城所在。

有城池就必然要有水源，那么蓟城是靠什么来滋养哺育的呢？它的水源就是今天丰台区的莲花池。较早记述莲花池的是北魏郦道元著《水经注》。该书写道："㶟水又东与洗马沟水合，水上承蓟水，西注大湖，湖有二源，水俱出县西北，平地导源，流结西湖。湖东西二里，南北三里，盖燕之旧池也。绿水澄澹，川亭望远，为游瞩之胜所也。"大多数学者认为这里的"西湖"就是今天的莲花池，如果确是如此，则说明至少在北魏的时候，莲花池已经是碧波荡漾、风景秀丽的游览胜地了。

"西湖"的水向东流，形成洗马沟，当为现在的莲花河，由莲花河再往东，便到达了蓟城的南门，这座门据《水经注》说是当年铫期奋戟的地方。铫期是东汉时期的大将，以忠心、勇武著称。更始元年（23），刘秀奉汉更始帝刘玄之命，到河北招揽人才，乘机发展力量。刘秀进入蓟城时，曾经在蓟城外的小河洗过战马，因此这条由莲花池而出的小河，后世叫作洗马沟。刘秀准备出蓟城时，遭到守军王朗的围困，在这危急关头，铫期执戟奋力拼杀，击退围攻的士卒，最终保护刘秀脱离险境。

隋唐时期，蓟城在我国北方的军事地位显得十分突出。隋大业四年（608），隋炀帝杨广征调全国一百多万壮丁，开凿永济渠，利用现在河南省西北部的沁水，南通黄河，北达蓟城。永济渠到达蓟城的一段河道，并不是后来所说的北运河（即潮白河下游故道），而是沿着当时永定河（时称桑干河）的故道直抵蓟城南郊。大业七年，为了征伐高句丽，隋炀帝乘坐龙舟，从江都（今扬州）入永济渠，来到涿郡（今北京），点检兵马，祭祀誓师。唐贞观十八年（644），李世民亲率大军攻伐高句丽，从陆路经蓟城，并在蓟城南进行誓师。誓师后，唐太宗任命一支队伍由李勣率领，从陆路绕过辽河，另一支队伍以刑部尚书张亮率领，由水路进攻高句丽，结果两路大军都是兵败而归。尽管如此，永济渠的开通和利用，在客观上还是促进了北京地区的经济发展和政治地位提升，为以后的金、元王朝在此建都打下了基础。

金代把西湖水引入中都城，建造了优美的同乐园，也称为西华潭或鱼藻池。当时西湖的面积较大，根据当代专家的推测，其面积约为1.14平方公里。由此可见，北京城市历史的早期就是靠莲花池作为水源而发展起来的，因此，莲花池被视为北京的"摇篮"。

古老的莲花池在北京城市的成长过程中曾起到不可替代的哺育作用，但莲花池名称的由来则如同谜一般，至今不知其详。民间曾流传过金国皇帝完颜亮广种莲花的故事，说的是金皇统九年（1149），金国平章政事完颜亮杀死了堂兄金熙宗（完颜亶），篡夺皇位之后想把国都从上京迁到燕京，又怕朝中有人反对，于是在朝堂上与亲信大臣演了一出移种莲花的"双簧"。这位出身于松花江畔渔猎部落的女真领袖，不知什么时候，也不知何种原因，居然喜欢上种植莲花了，他在寒冷的黑龙江上京种植了200株莲花，一个也没有成活，他煞有介事地在朝会上问是何原因？右丞相梁汉臣心领神会地说："自古江南为橘，江北为枳，非种者不能栽，盖地势然也。上京地寒，惟燕京地暖，可栽莲。"有的大臣也趁机附和道："燕京地广土坚，人物蕃息，乃礼仪之所，郎主可迁都。北藩上都，黄沙之地，非帝居也。"君臣的这番对话被记载在宇文懋昭《大金国志》中，完颜亮迁都中都以后，是否真的在燕京广种莲花，史书上没有记载，即便是种植，是否就在今天的莲花池这里，也没见相关的文献资料。或许所谓燕京适宜种莲花之说只是完颜亮意欲迁都的一个借口，但不管是怎么回事，燕京地区适宜莲花生长肯定是事实。今天的莲花池对于金中都起着水源的作用也是不争的事实。金代以后，种植莲花成了普遍现象，到了清代，北京已有奉宸苑 38 处莲花池之说，包括紫禁城护城河、中海、南海、什刹海、南莲花池子等等。这 38 处莲花池均归朝廷管理，作为帝后、皇亲及大臣观赏莲花的场所，而丰台区六里桥附近的莲花池至少在明朝中期就已有此名，这在明代张爵的《京师五城坊巷胡同集》中得到了印证。

元代建造大都城之后，作为金中都水源之地的莲花池已经远远不能满足元大都的需要，该地日渐萧条冷落。以后的几百年间，莲花池水量越来越少，河道堵塞，杂草丛生，狐兔出没，湖水黯淡无光，成了一片苇塘。我们尽管能看到明清时期咏颂莲花池的诗，如雍正皇帝的"云锦清渐露，纷披映柳塘"，敦敏的《莲花池道上》诗，但写的都不是这里，前者是圆明园，后者写左安门外东皋村一带，直到清代末期，六里桥附

112

北京莲花池（赵湘明摄影）

近的莲花池才又重新回到人们的视野之中。据《翁同龢日记》记载，光绪六年（1880）七月十二日，他与好友一同游西泡，这里的西泡，翁同龢注明为莲花池，并说明这处西泡（莲花池）距离天宁寺一直向西稍南约四里。这里柴门矮屋，主人是雄县人姓何，小屋里面幽静整洁，这里有三只小船，其中一只带着篷。翁同龢等六人便坐在带篷的小船上一同游览。他们由苇径穿越而出，行船到荷花之中，花叶都压到了船篷上，显得非常有情趣。这座莲花池的面积达六顷，四面是起伏的土岗。从翁同龢所描述的西泡（莲花池）的位置，他们所泛舟游览的就是今天丰台区的莲花池。光绪三十三年（1907），德国参谋处测量部在绘制和监印《北京附地》地图时，将这里的一面水域明确标注为莲花池。

民国时期军阀混战，民不聊生，莲花池数易其主，越加破败，不被重视，变为种植水稻和莲藕的地方。上世纪三四十年代，这里芦苇较多，淤积也日渐严重。解放以后，莲花池的北山开过新华砖窑厂，八十年代初期，这里成了养鸭场。

20世纪80年代末期，为了缓解北京站交通拥挤的压力，国务院批准建设北京西站，地点选在莲花池。当时选址的设想归纳起来有三点：一是交通区位优势；二是莲花池的池水近乎干枯，便于进行地下建筑；三是没有搬迁问题，很快可以动工。

北京大学教授侯仁之是北京城史地研究最有权威的专家，北京西站的选址，他投了关键的一票。然而他又多次建议：绝对不可以将莲花池当成普通的洼坑填平建设北京西站。因为有了莲花池才有北京城，莲花池是北京的生命源泉。他不顾自己八十岁高龄，多次考查现场，查阅历史资料，提出修改建议，并且与有关部门和领导反复沟通，最终确定了规划设计方案，将西客站主楼往东北挪了大约100米，使莲花池这一昔日的水源之地得以保存下来。

保护莲花池主要就是为了改善这里的生态环境，再现当年"红白莲花开共塘，两般颜色一般香"的秀美景观，因此在莲花池故地建造公园，供人们休闲、观赏也就成了最佳的选择。早在1980年9月，北京市政府就成立了莲花池公园筹备处，开始清理环境。北京西站建成后，侯仁之及时向市委、市政府提出恢复莲花池水面的设想，希望疏导玉渊潭的水引入莲花池。市领导充分尊重侯仁之先生的建议，将恢复莲花池的风貌列为北京市庆祝建国50周年的重点工程，对荒芜多年的莲花池进行复建。在复建过程中，注重对这里的历史环境加以保护，在池中栽上了莲花。两侧则种植油松、雪松，苍松翠柏间有曲径，山上建有荷风亭。西山较平缓，山上种植丁香、海棠、石榴、洋槐、银杏、玉兰和白蜡等树木，林间小道可通假山幽洞和金鱼池，山上还设有游艺室。湖堤上有拱桥、曲桥、平桥，两头有凉亭。湖西南有岛，也建有凉亭连廊，东南有圆形岛，岛中央有亭。周围水域遍布莲花。岛上与湖岸之间都有曲桥相连。北岸建紫薇园，园内有水榭、观鱼池、亭廊、花架、展览室等。2000 年 12 月，莲花池公园建成，并正式接待游人。

以花为媒，用花传递友谊和文化是丰台人的优良传统。莲花池公园建成后，这里的荷花文化也得到继承和光大。从 2001 年 7 月 10 日举办首届荷花节开始，以后每年都要举办一届。与荷花节相对应的是莲花池春节庙会，也从 2001 年开始举办。在此之前，丰台的迎春庙会在丰台体育中心办过几次，莲花池公园对外开放后，庙会就由丰台体育中心移到了莲花池公园，庙会更加突出民俗文化，尤其是把丰台地区文化特色融入其中。2001 年，丰台区司法局还在莲花池公园南侧的莲花渡，设立了"普法茶亭"，以品茶聊法的形式，组织律师、法制宣传志愿者开展"学雷锋"活动。"普法茶亭"成立十几年来，法制宣传志愿者换了一茬又一茬，但志愿者服务的热情始终没变，受到了广大群众的欢迎。

先有莲花池，后有北京城！作为北京城市建设发展的摇篮，她的命运与北京城的历史变迁紧紧地交织在一起。莲花池的昨天是一部厚重的历史，莲花池的今天是一幅美丽的画卷，莲花池的明天一定会是辉煌的诗篇！

2. 金中都前身辽南京

公元 10 世纪，一个民族、一位君主、一起事件改变了北京长期作为地方州郡的命运，开始上升为一个王朝的陪都。这个事件就是中国历史上受人诟病的石敬瑭割让燕云十六州事件，得到燕云十六州的民族是当时叱咤中国北方，有着诸多传说故事，并在评书《杨家将》中被大肆渲染的契丹族，契丹族的首领就是被后世奉为辽太宗的耶律德光。

契丹人原居于现今辽宁西北部西辽河上游西喇木伦河（当时叫作潢水）流域一带。部落贵族耶律阿保机于 10 世纪初统一契丹诸部，并且用武力征服了突厥、吐谷浑、党项各部以后，契丹的势力逐渐强盛壮大起来。辽神册元年（916），耶律阿保机在临潢（今内蒙古巴林左旗）称帝，正式建立契丹政权。耶律阿保机死后，他的二儿子耶律德光继位当了皇帝。耶律德光野心勃勃，有意南侵幽燕地区。而此时，中原汉族割据政权后唐的河东节度使石敬瑭为了篡夺政权，不惜求援于契丹，在天显十一年（936）上表契丹，表示愿意以父礼奉事契丹统治者，并且约定消灭后唐政权后，愿把包括今天北京地区在内的燕云十六州割让给契丹。

耶律德光对于石敬瑭的计划喜出望外。同年秋天，五万契丹骑兵入关支援石敬瑭的叛军，在山西太原西北与后唐军队发生激战。后唐兵在契丹骑兵与石敬瑭叛军的合击下，终于溃败。石敬瑭南下攻陷洛阳，灭了后唐，建立了后晋小朝廷。石敬瑭依靠契丹的力量做了儿皇帝以后，即将幽州（今北京）、顺州（今北京顺义）、儒州（今北京延庆）、檀州（今北京密云）、蓟州（今天津蓟州）、涿州（今河北涿州）、瀛州（今河北河间）、莫州（今河北任丘北）、新州（今河北涿鹿）、妫州（今河北怀来）、武州（今河北宣化）、蔚州（今河北蔚县）、应州（今山西应县）、寰州（今山西朔州东）、朔州（今山西朔州）、云州（今山西大同），史称"燕云十六州"的领土全部割让给契丹。燕云十六州在战略上具有十分重要的地位，十六州既失，整个华北平原无险可守，门户洞开，于是契丹骑兵便可向中原地区长驱直入了。契丹政权在吞并燕云十六州后改国号为辽，并在幽州城建立陪都，因其位于辽统辖疆域的南部，所以叫作南京。

而此时的中原大地正经历着自唐末以来的一次历史性巨变。后周政权的殿前都点检赵匡胤于宋建隆元年（960，辽应历十年）发动了陈桥驿兵变，黄袍加身，建立起北宋王朝。宋太平兴国元年（976，辽保宁八年），赵匡胤突然死去，其弟赵光义继位，史称宋太宗。

太平兴国四年（979，辽保宁十一年），宋太宗赵光义灭掉北汉，打算一鼓作气，乘机收复燕云十六州，以实现其一统华夏、再造盛世的夙愿。六月十二日，赵光义亲率大军自镇州（今河北正定）出发，沿太行山东麓急速北进，兵锋直指辽南京。六月二十二日，宋军占领盐沟顿，百姓们纷纷夺取辽国的马匹献给宋军。宋军旗开得胜，逼近辽南京。第二天黎明时分，赵光义亲抵辽南京城的南郊，并在宝光寺内暂住。他原以为如此凌厉的攻势，辽南京一定会唾手可得，于是便有些骄傲轻敌。他未等宋军准备齐整，便以连日困乏疲惫之师，在二十四日发起对辽南京的全面进攻，没想到遭到辽国守军的殊死抵抗，宋军受挫。七月七日，宋辽两军又在辽南京城北的高梁河激战，辽国大将耶律休哥指挥若定，大将军耶律斜轸杀得宋军丢盔弃甲，溃不成军。赵光义的腿上中了两箭，在涿州偷了辆驴车，才得以逃命。宋朝雄心勃勃的北伐计划，落得铩羽而归。雍熙三年（986，金统和四年），赵光义再攻幽燕，最后仍然在涿州溃败，从此宋军渐渐失去了进攻的势头，转入防御。辽国也由此站稳了脚跟，开始了在辽南京长达一百多年的经营与发展。

为了控制日益广阔的疆域，辽代实行五京制，分别包括：上京临潢府（今内蒙古巴林左旗南），中京大定府（今内蒙古宁城县），东京辽阳府（今辽宁省辽阳市），南京析津府（今北京市），西京大同府（今山西省大同市）。五京之中，以南京城规模最大。不过它基本还是沿用唐代的幽州城址，只是把城墙重加修筑，并没有进行大规模的城市建设。尽管如此，南京在当时的北方仍然不失为一个人口稠密、市井繁华的城市。

据《辽史·地理志》记载："城方三十六里，崇三丈，衡广一丈五尺。敌楼、战橹具。八门：东曰安东、迎春，南曰开阳、丹凤，西曰显西、清晋，北曰通天、拱辰。大内在西南隅。皇城内有景宗、圣宗御容殿二，东曰宣和，南曰大内。内门曰宣教，改元和；外三门曰南端、左掖、右掖。左掖改万春，右掖改千秋。门有楼阁，毬场在其南，东为永平馆。皇城西门曰显西，设而不开……坊市、廨舍、寺观，盖不胜书。"辽南京的城池虽然不是很大，但有一块地方却在今丰台区境内，如于越廨、永平馆、启夏门以及毬场等都在今天的菜户营一带，开阳门靠近现在的右安门，辽南京所管辖的周边郊区，像太平乡、房仙乡、万合里等地名也与丰台区有关。

在辽国统治的二百余年中，出现过辽太祖、辽太宗、辽圣宗等几位有作为的皇帝。其中辽圣宗的母亲，就是历史上有名的萧太后。《辽史·景宗睿智皇后萧氏传》记载："景宗睿智皇后萧氏，讳绰，小字燕燕，北府宰相思温女。早慧。思温尝观诸女扫地，惟后洁除，喜曰：'此女必能成家！'"果然，辽景宗去世后，让皇后与大臣耶律斜轸、耶律德让一起辅佐年幼的圣宗治理国家。萧太后明白治国之道，闻善必从，在与宋军交战时，亲自上前线，赏罚分明，将士用命，最终把辽圣宗培养成一个贤明的皇帝，国力也由此兴盛。

在与萧太后相关联的历史陈迹中，最为人们所熟知的莫过于萧太后运粮河。据说当年萧太后率军与宋军交战，扎营在辽南京附近，曾经一度缺水，差役寻水许久，终于找到了一条河流。萧太后喝后夸赞水很甘洌，便问起水名。差役报这是条无名的河流，她就降旨以她的名号命名，这便是萧太后河。据相关史料显示，萧太后河是北京最早的人工运河，位于京城的东南部，因辽萧太后主持开挖而得名，是北京成为都城以来最早的漕运河，最初是为运送军粮所用，后成为皇家漕运的重要航道。它比元代漕运的坝河早 280 多年，比通惠河早 300 多年，而今依然是北京东部的主要河流之一。明清笔记描述这条河："河面船只穿行，河岸行人如织，如同江南水乡。"

现在的萧太后河是凉水河支流，该河的源流，学术界多数认为发源于朝阳区的十八里店周家庄附近，经双桥乡进入通州，在将军坟纳入大稿沟，在通州张家湾汇入凉水河。全长 23 公里，流域面积 81 平方公里。然而，明朝刘侗、于奕正撰写的《帝京景物略》（卷三"城南内外"）在描绘白云观的历史之后称："西十余里，为唐太宗哀忠墓。西南五六里，为萧太后运粮河，泯然漶灭，无闲者。"按照这段文字记载，萧太后河应该在白云观以西靠近今天丰台区的莲花河附近，而莲花河就是从莲花池（古代称为西湖）流出的。今天的萧太后河只是当年萧太后运粮河的东段，它的西段一直通到辽南京城，甚至连接到了今天丰台区的莲花河；莲花池作为萧太后河的源流之一，随着河水逶迤向东，汇入凉水河，随后注入北运河；再加上洗马沟早在隋朝就与运河北端的永济渠有着密切的渊源。这一切把我们这片丰台土地同运河联系在一起，同时也把萧太后这位女中豪杰同丰台的历史文化关联到了一起。

随后的百余年间，辽宋之间因"澶渊之盟"的签订一直保持着相对和平的状态，双方通商互市，社会经济也得到发展。正是在这个时候，在东北松花江流域的一支女真族部落，日渐强盛起来。金收国元年（1115，辽天庆五年），女真族的杰出领袖完颜阿骨打举兵抗辽，在不断取得军事胜利的基础上，正式建国称帝，国号金，定都会宁（今黑龙江省哈尔滨市阿城县）。这就是我国历史上金朝的开始。

而此时辽朝统治已经走向没落，阶级矛盾和民族矛盾十分尖锐，境内到处掀起反抗的浪潮，面对金朝大举进攻，失败的局面已经不可避免。南方的北宋王朝眼见金军对辽军取得节节胜利，也幻想利用金军的力量，收复具有重要战略意义的北疆屏障——燕云十六州。宋金双方在金天辅三年（1119）签订了联合攻辽的"海上盟约"：约定双方用兵以长城为界，长城以南的辽南京（今北京）由宋军负责攻取；长城以北的辽中京则属金军夺取的目标，待夹击胜利后，辽南京之地归宋朝。

金天辅六年（1122），金军顺利占领辽中京，但宋军却是行动迟缓，与辽军遭遇，一触即溃。宋军的涣散软弱，让金朝君臣看到了宋朝的腐败和无能，觉得这样的盟军靠不住，同年末，金太祖完颜阿骨打亲率大军抵达居庸关，对幽燕地区发动攻击。

据《金史·太祖本纪》记载，天辅六年，完颜阿骨打亲率大军自居庸关南下，直抵辽南京城外。辽萧德妃逃往古北口方向，辽的统军都监打开皇城南垣的丹凤门，完颜阿骨打从南门进入辽南京，辽宰相左企弓，参政虞仲文、康公弼，枢密使曹勇义、张忠彦、刘彦宗等奉表投降。完颜阿骨打一身戎装，端坐在皇城丹凤门外毬场内的万胜殿，接受降书，地点就在今天的菜户营附近。随后阿骨打进入皇城，在德胜殿接受群臣朝贺。为了纪念攻占辽南京的胜利，十年后金人在完颜阿骨打城南驻跸的地方树立"睿德神功碑"（今玉泉营附近，1948年因修马草河被埋在地下）。

完颜阿骨打占领辽南京后，破坏了城防，掠夺大量财货，驱走居民三万余户，然后把这座残破不堪的空城还给宋朝。宋陈均《九朝编年备要》载："燕之金帛、子女、职官、民户为金人席卷而东，朝廷捐岁币数百万，所得空城而已。"这以后短暂的时间里，辽南京被北宋王朝改称为燕山府。金天会三年（1125），金军攻打北宋，燕山府再次被金占领，并将燕山府改名为燕京。

3. 完颜亮兴建金中都

金联合北宋灭辽之后，天会三年（1125），金军占领燕山府，随后挥师南进，天会四年攻破了北宋的都城，俘虏了宋徽宗、宋钦宗两个皇帝，北宋灭亡了。第二年，宋徽宗的儿子康王赵构在应天府（今河南商丘）即帝位，改元建炎，是为宋高宗。金天会六年秋，金军出兵向山东、河南、陕西进发，宋高宗随即南逃。天会七年九月，在完颜宗弼（金兀术）的大军追击下，宋高宗狼狈逃到福建沿海。金兵在临安大肆掳掠一番后，于次年北返，宋高宗才回到临安，建立偏安东南的南宋政权。金皇统元年（1141），宋、金签订和约，将淮水以北全部划归金朝版图。因当时正值宋高宗绍兴年间，因而此和约被称为"绍兴和议"。此时，南宋已杀掉抗金将领岳飞，不再有任何抗金的准备，金在华北的统治转入稳定状态，迁都就提到日程上了。

金在占领华北地区的最初十年，基本沿袭了辽的"五京制度"：东京辽阳府、西京大同府名称、地点没有变化；将金的都城会宁府（今黑龙江省哈尔滨市阿城区南白城子）升为上京；汴梁（今河南省开封市）作为南京；辽中京改为北京大定府；辽南京（今北京）改称燕京，迁都后改为中都大兴府。决定并完成迁都壮举的金朝皇帝是完颜亮。

完颜亮，字元功，女真名叫迪古乃。他是金太祖完颜阿骨打的庶长孙，太师完颜宗干的次子。《大金国志·海陵炀王纪》说他"少而知书，既长，弥自矫饰，府库资财无所爱，当世称贤……一咏一吟，冠绝当时，沉深严重，莫测其志"。完颜亮的帝位，是他弑君篡位所取得的。要说明事情的原委，还要从金熙宗完颜亶说起。

金熙宗完颜亶是完颜阿骨打的嫡长孙，从小受学于汉人文士韩昉，能用汉字赋诗写文章，对汉族文化颇有兴致。他继位后，朝政一直由推举他继承皇位的大臣完颜宗翰、完颜宗干、完颜宗弼等开国功臣把持，直到皇统八年（1148）十月，完颜宗弼去世，完颜亶得以亲政。但皇后裴满氏干预政事到无所忌惮的程度，又加上完颜亶的两个儿子，太子完颜济安、魏王完颜道济相继去世，没有什么治国经验的完颜亶开始嗜酒如命，性格反复无常。为了肃清政敌，大肆杀戮，一时间群臣震恐，受过杖刑处罚的驸马唐括辩、右丞相完颜秉德及大理卿乌带联合完颜亮密谋废立。

金天德元年的一个晚上，由受杖刑而心怀怨恨的太监大兴国充当内应，二更时分，用钥匙打开皇宫大门，放完颜亮、完颜秉德、驸马唐括辩、乌带、徒单贞、李老僧等人来到熙宗的寝殿。侍卫忽土、阿里出虎上前行刺，完颜亶伸手要摸床榻边上的佩刀，不料已经被大兴国拿到别处去了，于是完颜亶被刺伤，完颜亮又上前亲手砍了几刀，鲜血溅满衣服和脸上，金熙宗就这样遇弑身亡，其后完颜亮坐上宝座，群呼万岁。完颜亮弑君篡位，改皇统九年为天德元年，开始了他功过分明的十二年统治。

完颜亮夺权后的一项重大政治举措，就是迁都燕京。据《金史·海陵本纪》记载，天德三年（1151）三月，下诏"广燕城，建宫室"。同年四月，完颜亮颁布诏书，决定自上京迁都燕京。为了建造金中都，完颜亮命令张浩、张通古、卢彦伦等事先绘制了蓝图，所参考的实物就是宋朝东京开封府。据《大金国志》附录的张棣《金虏图经》记载："亮欲都燕，先遣画工写京师宫室制度，至于阔狭修短，曲画其数，授之左相张浩辈按图以修之。"完颜亮指示主持营建中都的张浩"无私徇"，要他不要擅作主张，一定要服从完颜亮的旨意。因此，金中都的营建，包括城市布局，所体现的主要是完颜亮对金中都的规划和构想。

金中都的规划大致有以下四个特点。

一是皇城居中。完颜亮十分仰慕中原汉族文化，在中都营建时，极力效仿北宋都城开封，采用外城、皇城、宫城重重相套的"回"字形布局。辽南京的皇城偏在西南隅，金人在营建金中都时，极力改变这种布局，使宫城和皇城居中，将原有的南城墙、西城墙、东城墙均向外展拓，而北城墙却基本未做变动（也有人认为稍有变动）。拓展以后的金中都，东墙大致在现在的潘家胡同一线，北墙在会城门一线，西南角在右安门外凤凰嘴村，东南角在永定门外四路通，东北角在宣武门内翠花街，西北角在会城门以西、军事博物馆以南的黄亭子。根据考古学家阎文儒1950

年对金中都遗址的测量，西城墙全长近 4530 米，南城墙 4750 米，东城墙 4510 米，北城墙 4900 米，总计 18690 米。金中都一改辽南京宫城偏于一隅的布局，使宫城居于城市中央，外有方形的皇城与大城回字围绕，在全城中部略微偏西，从南到北，形成了一条大城城门、交通干道、皇城宫殿贯通南北的中轴线。中轴线南端起自南城墙正中的丰宜门，经过龙津桥，再经永乐坊、广阳坊，到达皇城正南的宣阳门。再向北到达宫城正南门的应天门，继续向北，由大安门进入大安殿，随后经过仁政殿、昭明殿，到皇城北门的拱辰门。由此走出皇城，穿过天王寺、弘法寺之间的南北大道，抵达中都北墙正中的通玄门。这样，以丰宜门与通玄门为南北端点，金中都的中轴线清晰地显现出来。过去人们多认为这是为了扩大城区范围的需要，这自然是有道理的，不过金中都的规划还有更深远的考虑，就是要使宫城、皇城居中，处于全城的中心位置。完颜亮是一个极具个性的人，迁都的目的是为了摆脱女真宗室贵族的束缚，加强中央集权。完颜亮迁都以后不久，即废除了中书省和门下省，只保留尚书省，使尚书省成为直接对皇帝负责的唯一机构，其目的是便于皇帝控制朝廷大权。宫城、皇城居中，在思想理念上即意味着皇帝居全国之中，居天下之中，体现了万民皆以皇帝为中心的思想，有利于加强皇帝的威信和权力，相对于女真族比较传统的贵族大臣共同辅政来说，加强皇帝集权是有进步意义的。这一点正是完颜亮营建中都的重要指导思想。

二是宫殿临水。通常来说，要使宫城居中，最简便的途径是改变旧宫城的位置，但是金中都却没有采取这种简便之法，而是大费周章移展城墙。为什么要这样做呢？就是为了实现宫殿必须临水的要求，这也是完颜亮效仿中原文化的生动体现。金中都西北恰好有一湖泊，它就是现在丰台区的莲花池。金中都的主要宫殿，都在洗马沟东侧，例如举行盛典的大安殿（相当于明清故宫的太和殿）、皇帝的朝殿仁政殿等。宫廷用水量比较大，没有近水的条件，用水就会发生困难，不仅生活用水，还有预防火灾消防用水，都是十分重要的。由于西湖（莲花池）有温泉注入，洗马沟四季长流，这为金中都增添了一道亮丽的风景。宫廷的御花园、同乐园、蓬瀛、柳庄、杏村，都在洗马沟的沿岸出现了。洗马沟之水要流进城，城内的雨水、生活废水也要流出城。由于这里的地势是西北高、东南低，城内之河水、雨水、废水可以自流出城，这样必须加以管理，以避免冲毁城墙。于是在南城墙的下边，构筑了流水的洞穴，即水洞、水窦，后人称之为水关。水关以外的凉水河，即金中都的南护城河，河水最后注入潞河中。城市的给水、排水，也是城市规划的重要方面。金中都在规划时，充分利用了莲花池和洗马沟水系，即便用现在观点来看，也是非常科学的选择。

三是城门、宫室、坊巷见证辉煌。中都城初建时，每面设城门 3 座，共 12 座门，后因皇帝每年到城东北万宁宫避暑，又在北垣的东部增辟 1 座城门，共 13 座城门。中都城门顺序（顺时针）为：北城墙有会城门、通玄门、崇智门、光泰门（后增）；东城墙有施仁门、宣曜门、阳春门；南城墙有景风门、丰宜门、端礼门；西城墙有丽泽门、颢华门、彰义门。其中景风门遗址在今右安门外大街南口、凉水河桥以北处。丰宜门遗址在今广安门外南滨河路向南经过菜户营，再向南延伸的凉水河立交桥北岸。完颜亮在燕京筑造宫室，大安殿和仁政殿是前朝最重要的两大宫殿，与今天的故宫太和殿、保和殿相似，朝廷重大盛典或接待邻国重要使臣的活动，大多在这两座宫殿举行。以东京汴梁为模仿对象的金中都，城市街区虽然仍以"坊"相称，但已经不再是围墙环绕，中间十字街通往四面坊门的规制，取代它的是一条条开放的街道，这就是"坊巷"。此外，金朝宫廷设"尚方署""裁造署"制造车舆、床榻与亭帐铺陈；"笔砚局"供应笔墨纸砚。这些都促进了手工业发展。金中都有着严格的商业管理制度，设有宝源、宝丰两个"钱监"，正隆元宝和大定通宝是当时最流行的铜钱。可以说，金中都是当时中国北方最繁华的商业都市。

四是城内园林、郊区行宫别具匠心。自完颜亮营建燕京始，园林建设就是城市规划的重要内容。经过几代帝王的营造，城内的同乐园、广乐园与郊外的香山寺、建春宫、大宁宫等，以优美的环境、秀丽的风光成为金国帝王游乐之地。

金中都的建造工作历时三年，到1153年始告完成。完颜亮于同年正式迁都，改燕京为中都，定名为中都大兴府。完颜亮又于正隆四年（1159）二月对金中都进行了大规模的维修，改建燕京的伟大工程至此完全告竣。

金中都的出现，是金熙宗、完颜亮以来政治经济发展的结果。金上京偏在一隅，对统治中原鞭长莫及。金中都地理位置适中，有利于加强对华北和黄河两岸的管理。完颜亮迁都燕京是历史的必然，此举是北京城市发展史上的重大转折，奠定了北京成为元代以后中国政治、文化中心的首都地位的基础。

4. 完颜雍坐朝金中都

金代的海陵王完颜亮虽然在迁都和建中都城等方面有一定的历史贡献，但他为人狂傲残暴，沉湎淫乐，好杀成性，《大金国志》说他"初而篡君，继而杀母，背盟兴兵，构祸累年"，因而最终难逃被人弑杀的厄运。

正隆六年（1161，宋绍兴三十一年）十月，完颜亮发动对南宋的军事进攻，战争进行了一个多月，他的三路水军均被宋军击败。恰在此时，完颜雍在一些大臣的拥戴下在东京（今辽宁辽阳）称帝，夺取了政权。海陵王情急之下，想尽快结束对宋战争，然后北还对付完颜雍，便迫令士卒急速渡江攻宋，否则就将随军大臣尽数处斩，结果引起兵变，完颜亮于十一月二十七日死在叛军之手。

完颜亮被杀后，完颜雍完全控制了金朝政局。他在位29年，励精图治，开创了金朝最为辉煌的历史时期。由于完颜雍的年号为大定，后世学者称这一时期为"大定之治"，完颜雍也被誉为"小尧舜"。

完颜雍一反金熙宗和完颜亮滥杀宗室贵族反对派的做法，维护宗室贵族利益，对完颜亮手下的高官也采取宽容大度的政策。他下诏历数完颜亮杀皇太后、金熙宗及宗翰、宗弼子孙，毁上京等几十条罪过，把他贬为海陵郡王，谥号炀；然后除去完颜亶东昏王的称号，恢复名誉，加谥号为熙宗，改葬于思陵；又修复被完颜亮毁掉的会宁府宫殿，恢复上京称号。他还多次下诏令，对那些被无辜杀戮大臣的家属，沦为奴仆的，恢复他们的身份；对那些被害大臣的遗骨，派人到各处去访求，得到以后，由官府收葬；那些被完颜亮无故削职、降职的官员，给予改正，量才录用；对于原来反对过他而有才能的人，完颜雍不计前怨，仍然重用。这些措施都起了安抚、笼络女真宗室贵族的作用。

金世宗时期的货币

完颜雍节俭不尚奢华，严于律己，也严格管束王公大臣；在视察农田的时候，禁止侍从护卫践踏老百姓的田地；禁止百官和身边的侍从穿面料昂贵的纯黄油衣；要求外出征用民间的马匹粮食等一定要归还，归还不了也照价赔偿给主人。完颜雍以历史上节俭治国的尧帝、汉文帝为榜样，唯恐宫室过度奢华；对于沉溺佛法的梁武帝、辽道宗也是持鄙夷否定的态度。

完颜雍比较关心民间百姓的疾苦。有一次，完颜雍吃饭时觉得御膳的味道不对，就派人问尚食局的负责人，得知他家中老母病得厉害，心里慌乱，所以御膳做好后没有及时尝试检查。完颜雍听说后不仅没有治罪，反而表彰他的孝心，准他回家侍候母亲，等到老母病好了再回到宫里。

政治上注重选拔人才，善于听取大臣的正确意见是完颜雍为政的又一长处。他认为按照资历用人，只是对待一般的人来说的，对于才干过人者，就不应拘泥于常例。在他统治期间，朝中任用了一些出身低微的小吏。比如一个叫移剌道的人，原来不过是个都督府长史，完颜雍得知他的政绩，建议大用，但按他的资历最高只能为翰林直学士，完颜雍认为这样不足以尽其才，便把他升任为御史中丞。

完颜雍即位以后力行节俭、虚心纳谏、广求人才、整饬社会风气的贤明举措，再加上朝廷劝课农桑，招抚流民，鼓励耕垦，开辟水田，禁止宰杀耕牛，他治下出现了"群臣守职，上下相安，家给人足，仓廪有余"的太平局面。

相对清明的政治措施和鼓励耕织的经济政策，必然促进社会的繁荣和文化的进步。金朝迁都以后，尤其是金世宗完颜雍和金章宗完颜璟统治时期，对中原地区的河湖水系进行了疏浚。包括西湖（莲花池）水系、金口河、长河、高梁河与坝河，除满足灌溉农业、城市生活及宫廷园囿用水需求以外，还为元明清三代的漕运打下了基础。陆路方面，金世宗十分关注永定河的治理，面对这条湍急暴虐、经常决堤成灾的大河，造浮桥、造大船等办法收效甚微，于是完颜雍在金大定二十八年（1188）下诏在"卢沟河上造石桥"，但诏命还没来得及实行，完颜雍就去世了。他的孙子完颜璟继位，是为金章宗。大定二十九年（1189）六月，完颜璟下诏造石桥，经过历时三年的精心修筑，石桥建成，这便是举世闻名的卢沟桥。

除石桥外，金中都的宗教建筑也很知名，统治者对佛教、道教基本上采取利用与限制并重的政策，因而兴建或重修了大量寺院、佛塔和道观。比如著名的大圣安寺、庆寿寺，还在风景优美的西山建造了栖隐寺、昊天寺以及香山永安寺等；著名的道观有天长观（失火焚毁后完颜璟下令重建，赐名太极宫）、玉虚宫和全真道庵等。

在园林建筑方面，金中都模仿北宋的园林风格，形成北京园林建设的第一个高潮。完颜亮迁都后，在金中都周围陆续出现许多行宫，多是金世宗、金章宗两朝所建。中都城内的同乐园与郊外的香山寺、建春宫、大宁宫等处，以优美的环境、秀丽的风景成为金朝帝王游乐之地。地处中都西门的同乐园、南门外的广乐苑，海陵王、世宗、章宗都曾经在殿外球场打马球和射柳，并且允许官员和周边的百姓观看。大约在金章宗时期，中都南郊修了建春宫。仅《金史·章宗本纪》记载，皇帝到建春宫就有十多次。

金中都郊区最重要的行宫是大宁宫（后改名万宁宫），其故址即今北海公园的南部。这里原是高梁河水所聚的一片沼泽，大定十九年（1179），经过人工疏浚，成为一处很大的湖泊，挖湖之泥堆成假山，成为湖中岛屿。在岛屿和湖滨修建了行宫，初称大宁宫，后改寿宁宫，最后改称万宁宫。

万宁宫是仿照京城宫殿建造的，有紫宸殿、薰风殿等许多宫殿，紫宸殿是皇帝处理政务的朝殿。在承安年间（1196—1200），金章宗完颜璟在万宁宫一住就达五个月之久，其重要性可想而知。

在金中都的南郊，有这样一处园林，称作南苑，又叫南园，但这个南苑与现在的南苑并不是同一地方，而是位于丰宜门内偏西之处，相当于今天丰台区万泉寺附近的位置。这所南苑有熙春园，是金朝皇帝射猎游玩的场所。《金史》中曾记载金世宗在熙春园的主要活动，包括在常武殿赐宴、击毬，在广乐园射柳，在熙春殿致奠等等。金代朝廷还在上林署之下设有熙春园都监和同监等官职，来管理这所园林。

金代尤其是金章宗时期的园林建设，是元、明、清各朝开辟风景园林的先声。根据明永乐年间大学士胡广的《北京八景图诗序》中"地志载明昌遗事，有燕京八景，前代士大夫间尝赋咏，往往见于简策"的记载，可以推断出，金章宗明昌年间已经形成了"燕京八景"，类似于汴梁的"汴京八景"。到了明代，在八景之外增加"南囿秋风""东郊时雨"两处景观，于是又有"燕京十景"之说。在这十景中，"卢沟晓月"位于永定河上的卢沟桥，而"南囿秋风"则位于今天丰台区与大兴区交界的南苑。

5. 铁木真三打金中都

公元 13 世纪初，中国北方的政治格局又发生了重大变化，原居住在黑龙江流域到阿尔泰山之间广大地区的蒙古族各部落，在他们的首领铁木真的领导下，逐步统一和强大起来。

金泰和六年（1206，宋开禧二年），蒙古各部在斡难河举行盛大的忽里勒台（大会），推举四十五岁的铁木真为大汗，尊称为"成吉思汗"，正式建立了大蒙古国。铁木真即大汗位后，采取一系列改革措施，如实行领户分封制，创立护卫军等，使蒙古迅速成为一个强大的军事强国。

正所谓此消彼长，金章宗晚年耽于游乐，政务荒怠，连年与南宋、西夏等政权的战争负担，再加上黄河几次决堤、中都城多次地震等自然灾害，金朝呈现出衰退的迹象。金章宗完颜璟死后，由昏庸无道的卫绍王完颜永济嗣位，金朝出现了"政乱于内，兵败于外"(《金史·卫绍王本纪》)的乱象，更加剧了金朝衰亡的进程。

蒙古原来臣服于金，早在金熙宗时期，蒙古就向金进贡。金朝对蒙古却采取残酷的民族压迫政策。金世宗在位时，为了控制蒙古的强大，又实行更加残酷的"减丁"政策，即每三岁遣兵向北剿杀，谓之"减丁"。这些政策不仅没有削弱蒙古的力量，反而激发了蒙古人对女真族统治者的痛恨。

金大安三年（1211，宋嘉定四年）二月，为了掠夺财富和扩张领土，铁木真亲率蒙古军南下讨伐金国。他在克鲁伦河畔的大本营召集军马进行誓师。登上一座高山，向长生天祷告道："长生天啊！金国皇帝辱杀我父辈别儿罕、俺巴孩二人，请求长生天允许我复仇，助我一臂之力，并请人世间的众生及一切善恶诸神共同来帮助我！"祷告完毕，便挥师杀向金国。此时的蒙古骑兵具有相当强的战斗力，据《多桑蒙古史》记载，蒙古军全部是战骑，每名骑兵有革制甲一副、兜子一个，携带一张弓、一把斧子、一把刀、一杆长矛以及仅需以草为食的马匹数匹，有为数可观的畜群跟随在军队后面。军队急行时，每人携带少量的肉及乳奶。蒙古军首战就大败金将定薛于野狐岭，攻占了大水泺、丰利等县。八月，蒙金双方战于宣平的会河川，金军大败。九月，攻克德兴府，金朝居庸关守将逃跑，哲别率部通过居庸关，即将抵达中都城。十二月一日，蒙古大军到昌平，大兴府尹乌陵用章见蒙古兵即将来犯，便张榜告谕居民，让大家各自逃生，城内城外的老弱百姓，奔走呼号，一片混乱。少尹张天和奏请京城十八门任由百姓出去，周边永顺、东义、宁化、新兴等都有城堡，能够让老百姓躲避战乱。逃难的人们又冻又饿，死的人很多。

这里不得不提一段插曲。就是金中都兴建之前，金国大将完颜宗翰驻守被攻下不久的辽南京，他当时就有意把这里当作都城，所以在辽南京城防的基础上，在内外城又加筑了四座子城，每座子城各三里，前后各有一个门，楼橹堑壕都跟边防重镇一样装备，每座城内都有充足的粮食和武器库，而且有暗道一直通到内城。当时别的大臣嘲笑完颜宗翰布置得过于小心，完颜宗翰说，一百年以后就知道我的计划是对的了。到了海陵王完颜亮迁都到燕京，需要扩建宫室面积，想把这几座子城撤掉。经人劝谏才将子城保存下来。从金朝末年的三次中都保卫战的效果来看，子城的设置确实起到了一定的缓冲作用，避免了金中都被一战击破。

十二月七日，蒙古军先头骑兵冲到城下，完颜天骥派大将金突通出城厮杀，杀敌三千多人。十一日，蒙古军攻打南顺门，完颜天骥设拒马在南柳街，放蒙古军进城，他率士兵用槊攻击陷入拒马内的蒙古军，纵火烧毁两侧的民房，道路狭窄再加上火烧屋塌，蒙古军死伤较多，不得不退到南顺门，大火熄灭后，终于撤出中都城，而完颜天骥也力战而死。十四日，蒙古军攻打内东城，金军以民屋为阵地，跟敌人展开巷战。二十三日，蒙古军又攻内城，被援军压制。

二十八日，金主卫绍王派东安王出使请和，而且答应把金国公主献给铁木真。铁木真答应和谈，却要增加骆驼三万匹、牛羊各五万匹的条件。金国君臣商议后，只同意给三百囊的金缯锦帛。谈判破裂后，蒙古军猛烈攻打内城，发射大炮击碎了西承天门的城楼，然后又把木料堆在城下，想浇上水冻成冰后，攀援登城。守将完颜律明命令捆绑几百个大火炬，扔到城下，而且用滚木礌石攻击蒙古军，夜里又派数十人的敢死队出城劫杀蒙古军大营。

在战事陷入胶着的时候，金朝援军从四面八方杀奔中都，铁木真看到形势不利，便同意讲和，第一次中都保卫战结束。

金崇庆元年（宋嘉定五年）十月十八日，蒙古军再次攻到中都城下，城楼上的金兵用开水加上粪汁往下泼。城中乏薪，就把绛霄殿、翠霄殿和琼华阁拆了，把木料当柴薪分给四城。二十五日，蒙古军无功而返。

崇庆二年（1213）春，铁木真第三次大举伐金，率主力向中都进发。金朝派都帅完颜福兴迎敌，却遭到惨败。十月，铁木真派军切断中都西面和北面的通路，以蒙军主力包围中都。

在此之前，金朝内部就已开始发生了严重内乱。大将胡沙虎（又名纥石烈执中）虽有领兵打仗的才能，却残暴专横，不遵法令。大安元年

（1209，宋嘉定二年）时，他率劲兵七千遇到蒙古军队，战于定安之北，趁着天黑，自己却临阵逃跑，金军于是大败；逃到蔚州，他却纵兵擅取官库银五千两和衣服等物品，抢夺官民马匹，私入紫荆关，杖杀涞水县令；到了中都，朝廷也不责问，只是将他改任为右副元帅。胡沙虎更加无所忌惮，自己请求率步骑二万屯宣德州，企图拥兵自重，金主完颜永济没有同意，只是给他三千兵马，让他驻守妫州。崇庆元年正月，他又请求移兵南口或新庄，理由是蒙古大兵若来，必不能抵挡，自己一身不足惜，三千士兵为可忧，而且皇家的建春宫、万宁宫恐怕也保不住。朝廷厌恶他的这些话，让有司查办，共列出胡沙虎十五条罪状，将他罢官回家。

但是完颜永济还是觉得胡沙虎是个可用的大将，没过多久，又任命他当右副元帅，率领武卫军五千人屯兵中都城通玄门外。胡沙虎不仅不知感恩，反而与手下亲信完颜丑奴、普察六斤等密谋造反作乱。

金至宁元年（1213，宋嘉定六年）八月二十五日的深夜，胡沙虎分其军为三，由彰义门入，自将一军由通玄门入，用偷袭的手段杀死大兴知府徒单南平，然后叛军攻入内城。胡沙虎自称监国都元帅，把皇帝完颜永济逼出皇宫，让武卫军将其禁锢在从前的卫绍王府，最后派太监李思忠害死了完颜永济。九月拥立完颜珣即位，改元"贞祐"。是为金宣宗。

这时，蒙古军进逼中都，中都城戒严。元帅术虎高琪屡战屡败，因为害怕被大权在握的胡沙虎诛杀，就在十月率战败的残部进入中都城，杀死了胡沙虎。高琪军与胡沙虎的余党互相厮杀，死伤无数。随后，金军把周边的军队都撤到中都城附近，打算集中兵力守住都城。

面对金中都强大的防御部署，铁木真没有强攻硬打，而是留一部分兵力屯驻在中都城外，把主力分兵三路。三路大军得胜后，又回到中都城外。这时中都城周边的郡县大多被蒙古军占领。

贞祐二年（1214）三月，铁木真驻跸中都北郊。诸将请求乘胜攻打金中都，铁木真没有同意，而是派人对完颜珣威逼恐吓：你金国的山东、河北郡县都被我占领，你所镇守的只剩下燕京了，上天既然要削弱你，我要再逼迫你，上天也会对我不满意。我今天如果撤军，你不应该犒劳我们的将士，来平息他们的怒火吗？胆小怯战的完颜珣果然派大将完颜承晖（福兴）来请和。条件是金国把卫绍王的女儿岐国公主献给铁木真，同时献上童男童女五百名、骏马三千匹以及大量的金帛。于是铁木真撤离中都，第三次中都之战暂时告一段落。

蒙古军撤走后，完颜珣不顾大臣们的反对，借口中都皇城里发生灵异灾变的现象，仓皇迁都到金的南京汴梁，只留下大臣完颜承晖和抹撚尽忠辅佐太子完颜守忠镇守中都。

贞祐二年六月，金将斫答杀死主帅，率兵投降蒙古军。据《多桑蒙古史》记载："金主至中都西南五程之良乡，令契丹军元给铠马悉复还官。契丹军皆怨。遂作乱，杀其主帅。而推斫答、比涉儿、札刺儿三人为帅，还向中都。福兴闻变，以兵阻中都南二程之卢沟桥，斫答击败之。契丹军事既盛，遣使乞降于成吉思汗，并求其助。"《蒙古族古代战例史》也说："金宣宗在南逃时对殿后的契丹族乣军很不放心，下令解除他们的马匹、盔甲、装备，引起乣军的不满。队伍行至中都西南良乡（今北京市房山区良乡镇）时，这支乣军发生叛乱，杀其主帅，推契丹人斫答为帅，回兵中都。完颜承晖以兵封锁卢沟桥，阻止叛军进京。斫答于是率部投降蒙古。"这是卢沟桥建成后发生的第一次战事。七月，铁木真从投降的金军口中得知完颜珣南迁的消息，借口金主南迁是对和谈没有诚意，派兵再次包围金中都。同时攻陷了中都周边的蓟州、景州、檀州、顺州等地。八月，金国太子完颜守忠觉得中都城危在旦夕，也逃到了汴梁。

贞祐三年的正月，镇守通州的金右副帅蒲察七斤投降。蒙古军进驻中都南面。三月，中都形势危急，向南京告急。完颜珣派左将军永锡等率军近四万人增援，又派御史中丞李英运军粮到中都。结果援军在涿州被蒙古军打得溃不成军；李英的军队也在霸州与蒙古军遭遇，一触即溃，所运的粮草也被夺走。从此，中都陷入"无粮无援人相食"的绝境。

奉命镇守中都的右丞相兼都元帅完颜承晖与副元帅抹撚尽忠商议军情，完颜承晖看到中都城大势已去，决心以死殉城。抹撚尽忠却早就跟手下的将领完颜师姑密谋，打算弃城逃跑。完颜承晖察觉到抹撚尽忠的逃跑阴谋后，杀死了完颜师姑，然后从容服毒自尽。抹撚尽忠则带着爱妾和亲信逃离中都城，跑到南京汴梁去了。城里的官员父老只得打开城门，向蒙古军请降。

五月初二，大将石抹明安率蒙古军进入中都城，从此金朝在中都的统治宣告结束。金中都被攻陷后，铁木真派人对中都城内府库财物进行接收。据特·官布扎布与阿斯钢翻译的《蒙古秘史》记载："成吉思汗派汪古儿司厨、阿儿孩合撒儿、失吉忽秃忽三人进城盘点中都城内金银财宝及缎匹等财物。合答闻得三人前来，便携城中金缎、纹缎出城迎接。见此，失吉忽秃忽对合答说道：'从前，这中都城及城中的一切归阿勒坛罕（金主）所有，而现在这中都城已归成吉思汗所有。你怎么敢窃取成吉思汗的物品，随便送给他人呢？我不能接收这些东西！'从而没有接受合答所送物品。成吉思汗得知情况后，厉声指责汪古儿和阿儿孩二人，对失吉忽秃忽大加赞赏道：'你识得大体！不愧为我的视之明目、听之聪耳。'"从这段记录可以看出，蒙古攻陷中都后并没有出现大规模的屠城和焚烧，而是将金银财宝全部清仓收缴。铁木真发动的三次大规模的攻打金中都和中原地区的战役，使得中都城大部分宫殿和园林遭到严重破坏，昔日的富丽堂皇的金中都变得支离破碎，残缺不全，以至于二十年后出使蒙古的宋朝使者邹伸之目睹中都城衰败的惨状，发出了"瓦砾填塞、荆棘成林"的慨叹。

6. 忽必烈废弃金中都

曾经辉煌的金中都在蒙古军的三次打击下只剩一片残垣断壁，往日的辉煌一去不复返。金兴定四年（1220，宋嘉定十三年），长春真人丘处机有诗形容中都城的惨状："十年兵火万民愁，千万中无一二留"，"无限苍生临白刃，几多华屋变青灰"。尽管如此，金中都并没有彻底被毁灭。蒙古人占据金中都后，曾一度利用未被完全毁坏的离宫、公署衙门、道观等处作为临时办公的地方。丽泽门等城门还用于接待宾客，开展重大活动，但当时蒙古国的都城在上京，窝阔台、贵由、蒙哥等统治者正急于对中原、中亚、欧洲及阿拉伯等地用兵，也没有营建新都的意思。

蒙古宪宗蒙哥九年冬，成吉思汗的孙子忽必烈，在从南宋战场赶往开平府（今内蒙古正蓝旗东北的上都古城）途中，来到了燕京城。《元史·世祖本纪》记载："是冬，驻燕京近郊。"元中统元年（1260），忽必烈北上开平府继承皇位以后，他怀抱着消灭南宋统一中国的雄心壮志，再次从都城和林来到燕京，"驻跸燕京近郊"。据专家考证，忽必烈两次都住在琼华岛上的广寒殿。而琼华岛所处位置就是金世宗时期修建的行宫大宁宫。贞祐三年蒙古大军围攻中都，大宁宫地处皇城城垣东北角光泰门的后方，因此尽管中都城内大部分宫殿遭到破坏，城北的大宁宫却幸运地得以保全。正是这个缘故，忽必烈初到燕京时，就选择了这座离城不远的金朝离宫住了下来。忽必烈能够登上皇帝的宝座，还颇有几分传奇色彩。

在忽必烈继承汗位后不久，阿里不哥在另外一些贵族支持下，也召开忽里勒台（大会），自称大汗。蒙古帝国出现了政权分裂。于是忽必烈和阿里不哥之间展开了六年之久的皇位争夺战。忽必烈因为得到了中原地区大量军队和物资的支持，取得最后的胜利。阿里不哥见大势已去，不得不向忽必烈投降。大蒙古国再度统一了草原各部和中原广大地区，这个胜利为忽必烈最终统一中国，奠定了雄厚的基础。

忽必烈在击败阿里不哥之后，采取了一项重要的整治措施就是取消蒙古都城和林的政治中心地位，并在此设置岭北行省。同时在中统五年（1264），将自己藩邸所在的开平府升格为上都。出于统一全国的政治形势发展的需要，上都显然不具备掌控庞大疆域的中央机枢的条件，忽必烈决定在中原地区建造一座新的都城。他采纳了大臣的建议："幽燕之地，龙盘虎踞，形势雄伟，南控江淮，北连朔漠。且天子必居中以受四方朝觐。大王果欲经营天下，驻跸之地，非燕不可。"

但是曾经辉煌一时的金中都因屡遭战火，已经残破不堪。忽必烈继位之初，就有迁都燕京之意，但因城市过于残败，宫室无存，因此忽必烈每次来燕京，总是居住在近郊的大宁宫中。

至元四年（1267），忽必烈诏刘秉忠到中都燕京"修建皇城和宫城"。刘秉忠，邢州（今河北邢台市）人，出生于官宦人家，从小聪慧好学，对天文、地理、律历、占卜无不精通，天下事了如指掌，17岁为邢台节度使府令史。但刘秉忠对担任令史这样的刀笔吏时常感到郁闷，一日他感叹道："我家世代为官，难道我宁愿沦为刀笔小吏吗？大丈夫生不逢时，只有隐退以待时而起"，便弃官隐居于武安山中。后来，忽必烈路过云中时，发现刘秉忠的才学，颇为倚重。

在利用燕京作为正式国都的朝议中，刘秉忠特别提出在旧中都城内营造宫室已不可能，因无法将大量居住在原皇城区的百姓全部搬迁。即使能搬迁，其搬迁费用庞大，还不如择地建新城更划算；再说金中都的东面和南面地势低洼，尽是沼泽泥潭，西北面又有浑河的威胁，都不宜建新宫室，只有放弃原金中都的皇城旧址，而在金中都旧城外的东北部以万宁宫为中心，营造新都城较为妥当。刘秉忠的建议得到忽必烈的完全赞同，同时命令刘秉忠负责大都城的整体设计工作。至元四年（1267）正月，忽必烈下令正式修造大都城，朝廷设立专门管理皇城、宫城宫殿施工的机构提点宫城所。至元八年（1271），忽必烈采纳刘秉忠的建议，取《易经》"大哉乾元"之意，将蒙古更名为"大元"，正式建立元王朝，尊成吉思汗为元太祖，而忽必烈则被后世尊为元世祖。刘秉忠是元初重臣，颇受元世祖忽必烈的倚重。至元十一年（1274）八月，刘秉忠逝世，享年59岁。元世祖闻耗惊悼，对群臣说："秉忠为朕尽忠三十余年，小心谨慎，不避艰险，言无隐情，其学问之深，惟朕知之。"下令出内府钱将其安葬。刘秉忠死后，其遗体葬于现丰台区的卢沟桥北。

大都城的建造用了整整十八年的时间，到至元二十二年（1285），大都城内的基本建筑完成。这一年，元政府将旧城里的商铺和政府部门、税务机构等从原金中都迁入新城。

刘秉忠按《周礼·考工记》关于都城建设的指导思想进行规划修建的元大都，是我国封建社会历代都城中最接近周礼之制的一座都城。元大都"宫城周回九里三十步"（《南村辍耕录》），四面城垣设 11 个门。其中北面两座：健德门、安贞门；西面三座：肃清门、和义门、平则门；南面三座：顺承门、丽正门、文明门；东面三座：光熙门、崇仁门、齐化门。大都城的城墙全部用夯土筑成，经过实际测量，基部宽达 24 米。周长 28 公里多，宫殿巍峨，寺庙雄伟，园囿美丽，街道宽敞，规模宏大，规划整齐。欧洲人马可·波罗在他的《东方见闻录》中对元大都进行了详细描述，引起西方人对东方帝国的无限神往。而更为神奇的是，据现代有关专家考证，元大都的中轴线竟然与元上都的城门中线重合在一条线上，两城直线距离竟达三百公里，对于还没有卫星定位技术的那个时代来说，简直不可思议。元大都奠立了近代北京城的雏形，是当时世界最大的都市之一。

除了大都城和皇城、宫城，宫殿、官署的建造外，刘秉忠还致力于解决大都的供水问题。北京城市的发展，从先秦时期的燕都蓟城，到封建统治时期的金中都，选址都是位于今天北京城西南部的莲花池以东。莲花池水系在金中都时期基本能够满足城市各方面用水需要。但随着社会经济的发展，尤其是忽必烈建立疆域空前广阔的大元王朝，并决定定都北京的时候，元大都的宏大规模，以及宫廷和园林用水需要与日俱增，莲花池的有限水源，已经远远供不应求。再加上金代宫阙已成废墟，于是忽必烈决定废弃历代相沿的莲花池水系，而以它东北郊的金代离宫大宁宫附近的湖泊（属于高梁河水系）为中心，进行一系列的水利工程建设。一是在至元三年（1266）为配合大都城的修建，重开在金代已经堵塞的金口河工程，目的是"导卢沟水，以漕西山木石"，为元大都的建造提供建筑资料。这项工程由著名科学家、水利专家郭守敬负责。二是仍由郭守敬负责的通惠河工程。郭守敬在深入实地考察的基础上，组织人力引昌平白浮泉水，经瓮山泊，自西水门入城，环汇于积水潭，从而为大都开辟了前所未有的新水源。其下游从积水潭出万宁桥，沿着皇城东墙外南下出丽正门东水关，转而到文明门外，与旧闸河相接。新闸河从白浮泉引水处算起，下至通州高丽庄汇入白河（今北运河）处。这项巨大的水利工程在至元二十九年（1292）动工，转年秋季全部完工。从此河运畅通，南来船舶，结队停泊在积水潭上。当时正值忽必烈从上都归来，"过积水潭，见舳舻蔽水。大悦"，遂命名这段连接都城和通州之间的运河为通惠河。

元大都建成之后，金中都的旧城并没有完全被废止，仍在发挥着一定的作用。元代虞集的《游长春宫诗序》说："国朝初，作大都于燕京北东，大迁民实之。燕城废，惟浮屠老子之宫等不毁。"这说明金中都古城还有大量的寺庙道观存在。这在熊梦祥的《析津志》中得到了印证。如："崔府君初在南城南，春台坊街东，火巷街南，今玉虚宫道士看守""宝渠寺在南城披云楼对巷之东五十武，寺建于唐。冰井寺在南城白马神堂街西""燕台在南城奉先坊元福寺内"等等。此外，南城外还有大量的贵族私家园林，如远风台、草三亭、匏瓜亭等等。至元二十二年（1285）二月大都建成时，元世祖忽必烈明令"旧城居民迁往大都新城居住，以钱财富有者和贵族官员优先"，那么穷苦百姓显然是没有资格在新城居住的，只好在基础设施较差的旧南城（即金中都旧城区）勉强度日。

金中都城遗迹（丰台区政府供图）

当然，元大都的建成，除了刘秉忠和郭守敬的卓越功绩之外，还要归功于辛苦劳作的普通百姓和士卒，其中包括当时不同民族的有丰富建筑经验的能工巧匠。

元大都的建造，代表了元代建造都城的最高水准，也开创了都城规划的新模式，并且为此后明清两代在这里定都，打下了坚实的基础。

136

（二）金中都的历史遗产

1. 金元故迹寻丰台

金中都作为北京 800 多年建都史的开端，不仅见证了一个王朝的兴衰，而且也推动了北方各民族之间的融合与交流，为北京留下了丰厚的历史文化遗产。其中，对丰台影响最深远的，除了享誉中外的卢沟桥，就是丰台的地名文化了，就让我们从"丰宜门外拜郊台"说起吧。

"台"在地名中是很常用的一个词，它原本是指用土筑成四方形的高而平的建筑物。《尔雅》："四方而高曰台。"《中国地名通名集解》将"台"解释为平而高的地方，台可用于山的名称，古迹的名称，后来也常用作村落的名称。北京地名中，以"台"字命名的地名很多，人们耳熟能详的有钓鱼台、将台、金台、丰台、大葆台等等。这些"台"大多以古迹的名称出现，"丰台"地名的源头正属于这类以台命名的建筑。但因年代久远，当年的建筑早已荡然无存，给地名的考证带来了困难，使得"丰台"的由来至今还是一个悬而未决的问题。

北京市社科院历史所研究员孙冬虎在《丰台地名探源》一书中，主要依据清代于敏中等编纂的《日下旧闻考》的记载，辑录了四种具有代表性的说法。

一是出自清初翰林院检讨朱彝尊，他认为丰台有可能因丰宜门和拜郊台得名。他在《日下旧闻》中征引明末清初周筼的《析津日记》作为立论依据。因《析津日记》一书提到了京师丰台，但不知这一地名从何时开始，周筼询问了当地人，当地人告诉他，这里并没有什么"台"。于是朱彝尊推测，丰台可能就是金代的拜郊台，由于邻近中都城的南门丰宜门，因此人们把这座"拜郊台"称为"丰台"，实际上为"丰宜门外拜郊台"的缩写。对朱彝尊的说法，于敏中等人在《日下旧闻考》中加了按语，认为拜郊台已无法考证，朱彝尊的说法只是大概推测，没有确切证据。

二是朱彝尊之子朱昆田推测"丰台即远风台之遗址"。他的立论依据是元代王恽的《秋涧集》，该书提到，丰宜门外西南走四五里，有一个叫宜迁的乡，这里有一处建筑叫远风台，作为岁时邀请宾客宴游的场所，它是由韩通甫、韩君美兄弟二人所建。朱昆田由此认为，今天的丰台，有可能是远风台的遗址。对朱昆田的说法，于敏中等人在按语中也提出了质疑，认为韩氏兄弟的远风台已无考，无论是朱彝尊的丰宜门外拜郊台之说还是朱昆田的远风台之说，都有牵强附会之嫌。

三是乾隆皇帝提出的丰台取"蕃庑"与"亭台"为名。乾隆三十九年有《御制丰台作》，这首诗末注释说：朱彝尊以丰台疑即拜郊台，因南门叫丰宜，故曰丰台等语解释得不正确。考证丰台为京师养花之所，元人的园亭多在这里。丰是蕃庑之义，台则指亭台而说的。于敏中等人是奉旨编纂《日下旧闻考》，既然皇帝亲自考证，说明了丰台的由来，作为臣子的焉有不赞成之理？

四是钱泳以为丰台是从拜郊台、丰宜门、远风台取名。生活在乾隆至道光年间的钱泳，在《履园丛话》卷十八《古迹》中提出，丰台相传就是金时之拜郊台，当时有丰宜门、远风台等名称，因而叫作丰台。

关于"丰台"语源的几种观点，朱彝尊的说法流传最广，目前许多史地学者在其有关著作中采用了此说。首都博物馆原馆长赵其昌在《唐良乡城与史思明墓》一文的"玉册情况与丰台"中说："北京在金代为中都所在，中都南门有丰宜门，门南有郊台，故有丰台之名，丰台地名的出现，上限不早于金代。"这也可以看出后人在历史研究中对丰台的几种说法所持的认可程度。

为什么会有一些学者倾向朱彝尊的观点，并且将他的推测当成定论呢？这与丰宜门的地位有直接关联。丰宜门是金中都的正南门，开列三座门洞，门之上有门楼九间，气势雄伟。从丰宜门向北，沿着城市正中的交通干道，可抵达基本位于大城北墙正中的通玄门，构成了以丰宜门与通玄门为南北端点的金中都中轴线。丰宜门位于今右安门外凉水河立交桥北岸处。拜郊台则是皇帝下令修建用于祭天的台，在丰宜门外，元代又称"郊天台"，其作用相当于明代建的天坛。据元《析津志》记载，郊天台在京城之南五里，祭坛四周建有矮墙，并设置郊祀署来管理。该书还指明这一建筑是在金大定十一年（1171）金朝皇帝所建。也许正是丰宜门名声很大的缘故，尽管元代之后丰宜门就消失了，但它的名字一直保留下来，直到清代，仍然有人将右安门习惯地称"丰宜门"，就如同喜欢称广安门为"彰义门"一样。

虽然"丰宜门外拜郊台"的说法流传得很广泛，但也有一些学者对此持有不同看法。孙冬虎在《丰台地名探源》一书中，就根据自己的深入研究提出了颇有见地的观点。

他认为，从地名产生和演变的一般规律来看，若把丰宜门外的拜郊台简称为"丰台"，将两个不同类型的建筑及其名称联系在一起再造新名，难免显得过于生硬和牵强。而且在北京其他地方迄今也没有找到以这种途径产生的地名。同时，他也对乾隆和钱泳的说法提出了质疑，认为：乾隆关于"丰"取自对花木丰茂的形容，"台"源于以往修建的众多亭台的说法，虽综合了丰台的两个特点，但强迫属于形容词的"丰"与作为名词的"台"在语义上并列，使得"丰台"二字实在难以通顺解释，也不符合地名构成的惯例。而钱泳所说，不过是将"丰宜门"加"拜郊台"之说改换为"丰宜门"加"远风台"，但他把元代才有的"远风台"误为金代已有之物，立论显然站不住脚。

对于丰台名称的语源，孙冬虎更赞同源自"远风台"的说法。在其书中写道：相对而言，被《日下旧闻考》认为似乎有牵强附会之嫌的朱昆田"远风台"之说，可能是对"丰台"语源最合理的解释。他根据王恽写于至元十五年（1278）四月的《远风台记》说明，远风台是在丰宜门西南四五里，大约相当于今玉泉营以西、郑王坟到于家胡同一带。元初这里已是一批志趣相投的士大夫在大都城外游乐聚会的重要场所。这个名称首先在口语传播中逐渐从简省略了形容词"远"，由"远风台"变成了"风台"，随后被某些文字记录下来，就像明代北京郊区的"打靛厂"后来被省略为"靛厂"一样。"远风台"简化为"风台"，迄今所见最早的文字记录是元朝末年熊梦祥《析津志》。他还列举出熊梦祥在《析津志》

中有时将远风台错写成"风台"的情况，由此断定，至少在元朝末年，"远风台"已经在一定场合下简化为"风台"，为日后命名"丰台村"提供了直接的依据。

尽管孙冬虎的论证有一定的道理，但我们仍不敢确定"丰台"就是源于远风台，这是由于一是没有直接的考古证据，二是在文献记录上还存在着歧义。比如：李卫、唐执玉主修的《（雍正）畿辅通志》在"古迹"篇中把丰台同拜郊台、远风台并列起来，一同视为亭台古迹，这表明作者认为丰台与远风台之间没有必然联系。该书在"丰台"条下记述道："在宛平县西草桥南，《春明梦余录》：右安门外西南，泉源涌出，为草桥河。接连丰台，为近郊养花之所，元人园亭皆在于此。"在"拜郊台"条下记述道："在宛平县西南七里，金大定间拜天于此。"在"远风台"条下记述道："在宛平县右安门外，元韩氏南庄也。《榆櫪别录》：丰义门外西南行五里，有乡曰宜迁。地偏而嚣远，土腴而气淑。郊丘带乎左，横冈亘其前，中得井地计三九之一。卜筑耕稼，植花木，凿池沼，覆箦池，旁架屋台，上隶其榜曰远风。"作为村落名称，至少在明朝中期就有了"丰台村"。这在明代《京师五城坊巷胡同集》、元代《圭峰集》以及明代钦天监监正李华的墓志铭中都可以得到证明。《帝京景物略》中记载的也是"丰台"，在上述文献中，都未看出丰台与远风台的关系。

虽然关于"丰台"地名的源流尚无定论，但无论何种观点，都赋予了"丰台"深厚的历史文化底蕴和美好的寓意。"丰台"蕴含的地理环境、历史进程、乡土风情等文化内涵，为区域经济社会的发展倾注了强大的活力。

2011年10月19日，丰台区发布城市形象标识，标识为"丰"字的变形。从形态上看，城市形象标识似北京母亲河永定河将丰台分为河东、河西两个地区；又如一座卢沟桥如彩虹飞架于永定河上，寓意河东、河西协调发展。两边的三横形似翻卷的波浪，寓意丰台海纳百川，不断进取。标识整体像一只展翅高飞的大雁，寓意丰台翱翔云霄，志存高远；像一面飘扬的旗帜，寓意丰台乘势而上，创新发展；也似一级级攀登的台阶，寓意丰台发展蒸蒸日上，更上一层楼。

2. 避暑之地大葆台

金中都留给人们的另一个重要文化遗产，就是它的园林与亭台。尽管这些亭台均已湮没无存，但在北京城内，至今还能寻见到其遗址旧迹，有的则演变成村落名称流传下来，这里介绍的就是故老相传的金代李妃避暑之处的大葆台。

葆台位于丰台区南部，东邻郭公庄，西近下柳子，北靠六圈，东南近羊坊。葆台的历史可以上溯到两千多年前，在西汉时为阴乡县治所，唐代称笼火城，历史上著名的"笼火城之战"就发生在这里。金章宗明昌年间因此地植被茂盛，环境优美，于是在此地建"葆台"（葆，草木茂盛之意），为李妃避暑之用，后称大葆台。元代熊梦祥的《析津志》记述："在南城之南，去城三十里。故老相传，明昌时李妃避暑之台。"

金代的永定河主流已经改道到固安一带，在南海子留下了数条古河道，以及数量众多的牛轭湖，形成了一个湖、泉、河流纵横广布的湿地。金代在金中都南城外修建了建春宫等建筑，成为帝王休憩游猎的地方。金章宗明昌、承安年间（1190—1200），承金世宗大定之治的余荫，金朝社会经济进入了鼎盛时期。金章宗完颜璟开始安于现状，追求浮侈，广建宫阙，春水、秋山、冬猎，每年必行。据《金史·章宗本纪》记载，完颜璟到建春宫就有十四次，每次都要停留多日。

除了休憩游猎之外，金王朝统治者在中都还有一项惯常的活动是避暑。金世宗完颜雍在位时，起初每年四月到八月到金莲川去，大宁宫（今北海）建成后，以其为避暑处。完颜璟在位时大多数时间到万宁宫（大宁宫改名），在这期间，于万宁宫处理政事。除了避暑行宫外，还修建了一些小型的避暑建筑，葆台即是其中之一，是为李妃修建的避暑之地。葆台的地名也就沿用至今。那么，这位李妃又是怎样一个人呢？金章宗为何要为她专门建立避暑之所？

据《金史·章宗元妃李氏传》记载，李妃，本名李师儿，其家族获罪，没入宫籍监，世宗大定末，以监户女子入宫。当时宫教张建教宫女们学文辞，由于隔着轻纱幔帐教学，所以张建看不到宫女的模样，只能听到她们的声音。李师儿不仅聪明伶俐，而且声音非常清亮。有一次金章宗问张建："宫女当中谁最可教？"张建回答："声音清亮的人最可教。"金章宗听后，颇感兴趣，便按张建的建议，在宫女中寻找此人。宦官梁道向章宗力推李师儿，说她非常富有才华，劝章宗收纳她。章宗得到李师儿后，发现她不仅能写字，知文义，且善察言观色，因而龙颜大悦。明昌四年（1193）封为昭容，次年即进为淑妃。

泰和二年（1202），李师儿生下皇子忒邻，群臣上表称贺。为此，金章宗大宴群臣，李师儿也更加受宠。然而好景不长，没两年皇子就夭折了，此后李师儿再也没给皇帝留下子嗣。泰和八年（1208），金章宗病逝，金世宗的第七子完颜永济即位，年号大安。不久，李师儿被指与其母王盼儿及黄门李新喜密谋，令承御贾氏诈称有孕。然后等临产时从李家抱一个婴儿顶替，准备冒充皇嗣。由于完颜匡等人的告发，完颜永济听罢震怒，依律当处极刑。最后，李师儿被赐令自尽，王盼儿、李新喜被处斩。

民间曾流传着许多有关李师儿与金章宗之间的爱情故事，明末清初学者孙承泽在《天府广记》中记载："妆台。李妃所筑，今在昭明观后。妃尝与章宗露坐，上曰：二人土上坐，妃应声曰：一月日边明。"昭明观，金代称"昭明殿"，是金中都的重要殿堂。因此，李妃和章宗说对联的妆台在今天的西城区，而不在丰台区。但金章宗非常宠爱李师儿，并为她建立一处亭台别墅也是事实，这座亭台别墅就是葆台，现在叫大葆台，是李师儿当年的避暑之地。

葆台遗址呈长方形，南北长约百米，东西宽约七十米，总面积约7000平方米。附近还有一口水井，是北京地区保存最完好的金代砖井，开口直径 1.4 米，井深 8 米。遗址中出土大量建筑构件，有筒瓦、板瓦、鸱吻等，还有瓷器、铁器及宋金铜钱等，尤其是一件砖刻象棋盘，是目前国内现有体育用品中年代最早的一件象棋盘，十分珍贵。

作为避暑之地的葆台，在北京历代园林建筑中名声不是很大，但是在它之前 1200 多年就曾营造的大葆台西汉墓，则是闻名遐迩，被世界所熟知。

1974 年 6 月初，黄土岗公社（今花乡）郭公庄村西南发现大量木头、木炭、泥膏及一枚西汉五铢钱。国家文物局、中国科学院考古研究所以及北京、河南、广东等地的考古学者 10 余人，赴现场考察，初步判断为西汉中期的大型木椁墓。8 月 19 日下午开始挖掘。著名考古学家、中国科学院考古研究所所长夏鼐指导，经过清理得知，墓穴上方的土丘为"封土"或"封土堆"。共有东西并列两座汉墓，下葬时间为东早西晚，定为大葆台一号墓、二号墓。1975 年 3 月考古学者对一号墓进行清理，同时对西侧 26 米处的二号墓进行挖掘。同年 6 月清理工作结束。

根据挖掘整理发现，大葆台一号墓的中心部分为前后二室，前室为宽敞的殿堂，后室为五重的棺椁，前后室外有一圈回廊，绕以一周奇特高峻的木墙，木墙用方形柏木层层垒砌而成，条木状似屋檐，长 90 厘米，绝大部分的端面为 10 厘米见方。木墙高 3 米（垒砌柏木方条 30 层），周长 42 米，南面正中有大门，外面又有两道回廊，中间用墓壁隔开，墓壁均为高 3 米、宽 40 厘米、厚 20 厘米的油松木板，用榫卯一块块严密拼合而成，墓室盖顶，铺地均用此种板材筑成。墓室的上下和四周采用防水密封措施，顶部和底部用木炭和白泥膏，四壁则只用木炭。这种方法能防水、隔潮，同时将整个墓室封闭，使它逐渐形成缺氧的环境，以利于物品的保存。二号墓规格比一号墓略小，结构相同，因早期被盗后遭火焚毁，故只有一些残骨及殉葬的车马等。有随葬车 3 辆，马 11 匹，乃实用真车马，史载是专供皇太子及诸侯王乘坐的"朱斑轮青盖车"。车轮全系木质双轮辕车，为北京地区考古工作的重要发现。随葬物品早期已被盗，尚存的有陶、铜、铁、玉、玛瑙、漆器、丝织品等 400 余件，其中玉璧、玉舞人等都十分珍贵。许多文物的工艺水平都非常高超，体现了 2000 多年前工匠们的高度创造才能。其中渔阳铁斧是刘彻实行盐铁官营政策的实物见证，把我国"生铁固态脱炭成钢"的冶炼法出现的时间从魏晋时期提前了四五百年。

其中的一号墓采用西汉天子陵墓的制度，坐北朝南，是一座"黄肠题凑"木垒墓穴，其结构由墓道、甬道、外回廊（外藏椁）、黄肠题凑、内回廊、前室和后室诸部组成。地宫规模宏大，结构特殊，使用的是汉"天

大葆台西汉墓大门口（丰台区委宣传部供图）

子之制"，即西汉皇帝御用的最高级葬具体制，史称"梓宫、便房、黄肠题凑"。整个地宫是由几百立方米的柏木、楠木等珍贵木材构筑而成。

关于大葆台汉墓主人的身份，经专家认定是广阳王刘建。刘建是汉武帝的孙子，燕刺王刘旦的儿子。汉宣帝时，被封为广阳王，他当广阳王长达 29 年，去世后谥号顷王。

1979 年，在西汉广阳王刘建大型墓葬的原址上建立大葆台西汉墓博物馆，馆内展出西汉广阳王刘建墓原址及出土文物，馆内不少陈列物品都是第一次出土的珍品。对研究西汉帝王葬制、车马殉葬制以及西汉时期的北京史均有重要价值。地宫遗址及车马遗迹是目前国内唯一的原址保存最完好的大型汉墓遗址，规模居迄今已发现的"黄肠题凑"墓之首，是研究中华汉文化及北京历史的珍贵实物资料。

3. 养花之所多园亭

金元两代，以台命名的亭台建筑有很多。《析津志》中就收录有郊天台、燕台、远风台、轩辕台、笞女台、华阳台、葆台、钓云台等等，有些园林景观一直沿袭至今。

受金代园林文化影响，元代以后很多达官贵人纷纷仿效，在京城南城外修建了许多小型园林。清初《春明梦余录》记载："今右安门外西南，泉源涌出，为草桥河，接连丰台，为京师养花之所。元人园亭皆在于此。"史料记载在今丰台境内比较著名的，有万柳堂、廉园、玩芳亭等。

万柳堂是廉希宪的别墅，元代名士袁桷称园内名花万本，堪称京城第一。元代初年，有一个宰相级的人物，名叫廉希宪，他从小好读经史，手不释卷。十九岁时，一天正读《孟子》，忽必烈召见，来不及放下，携书进见。忽必烈很赏识，送给"廉孟子"的雅号。他先后出任平章政事、中书平章政事等要职。廉希宪为人正直，作风清廉，多次力谏元世祖要远小人，用贤臣。廉希宪五十岁去世，赠忠清粹德功臣，追封为魏国公，加赠恒阳王等荣誉称号，谥号"文正"，这是对大臣功绩的最高评价。

关于万柳堂的位置，古籍文献的记载各不相同，明蒋一葵的《长安客话》认为，在今天海淀区的玉渊潭附近。刘侗、于奕正的《帝京景物略》则认为在草桥。到了清代，又有一个名叫冯溥的大学士在广渠门内，也建了一座名叫万柳堂的庄园，文人毛奇龄还特意写了一首《万柳堂赋》。一个名称，三个地点，足见万柳堂这座园林的名声之大。

有一段廉希宪在万柳堂宴请好友吟诗对句的佳话这样说：有一天宾客请来歌姬解语花助兴，解语花左手捏着一支荷花，右手举杯，唱了一首雨打新荷的曲子。大文学家、书法家赵孟頫即席作了一首诗赠歌姬："万柳堂前数亩池，平铺云锦盖涟漪。主人自有沧洲趣，游女仍歌白雪词。手把荷花来劝酒，步随芳草去寻诗。谁知咫尺京城外，便有无穷万里思。"万柳堂的确切地址已难肯定，但在今丰台区的郑王坟矗立着一座立交桥，名叫万柳桥，附近还有一片小区，名为万柳园。

廉园是廉希宪的弟弟廉希恕的庄园，位于今天南苑乡花园村附近，其村名即由此而来。园内有清露堂（后称酸斋）等建筑。后人有诗赞曰："梁园千顷牡丹红，不及廉园花万丛。未老先归贤相国，肯将花事媚东宫。"

玩芳亭原址在今万芳亭公园。据《日下旧闻考》引《析津志》："玩芳亭在燕京东营内，乃栗院使之别墅，一时文彦品题甚富。"元代诗人王士熙曾题《玩芳亭》诗："每忆城南路，曾来好画亭。阑花经雨白，野竹入云青。波影浮春砌，山光扑水扃。褰衣对萝薜，凉月照人醒。"如今这里已经改造成公园，为京城市民提供优美的休憩游玩场所。

明清两代，凉水河流域的园林依旧十分秀美，它包括南苑（南海子）、王熙别业、尺五庄等等。王熙别业是清初官员王熙为其父亲王崇简购置的别墅。清初，父子同朝为官的现象并不多。顺治皇帝感慨地说："父子同官，古今所罕。以尔诚恪，特加此恩。"（《清史稿·王熙传》）王熙的丰台别业在今天的花乡夏家胡同附近。清代著名文学家方苞曾到这里游览，并写下《游丰台记》一文。

尺五庄又称尺五山庄，位于右安门外花园村，北有凉水河，别名"小有余芳"。因右安门近在咫尺，故得名尺五庄。原为清乾隆年间尚书、朝鲜族人金简的别墅，中有万绿草堂等建筑。后来又有新堂落成。道光初年，著名学者姚莹、李宗传、龚自珍、魏源等人曾在此宴集，并结成"海棠诗社"。清中期，草木繁盛，京城一些达官贵人多在此营建花园别墅。每年农历七月十五放河灯之际，这里的乡民们从河里捕捞螃蟹，经过加工，

丰台区洋桥附近的北京万芳亭公园，建国之初，名玩芳亭公园（北京市丰台区人民政府编《丰台》画册）

把蟹肉调制成烧卖肉馅上锅蒸熟，即为蟹肉烧卖，京城很多人慕名前往，争相品尝。清人杨静亭食用过蟹肉烧卖后赋诗赞颂道："小有余芳七月中，新添佳味趁秋风。玉盘擎出堆如雪，皮薄还应蟹透红。"蟹肉烧卖成为京城中富贵人家宴席上的佳品，尺五庄的蟹肉烧卖在北京曾名噪一时。

历经岁月沧桑，如今这些曾经名流会聚、别致秀丽的园林景观已经难觅踪迹，但历史留下的宝贵园林文化遗产，却为美丽丰台建设打上亮丽的历史文化底色。随着南苑森林湿地公园、金中都遗址公园、莲花池公园等的规划建设和改造提升，历史文化将在这里传承赓续，明日丰台将会越来越美。

4. 金中都水关遗址

1990 年 10 月，北京市园林局在右安门外玉林小区盖宿舍楼时，一处重大历史遗迹被偶然发现，并位列当年全国十大考古发现之一。这一重大发现就是 2001 年被列入第五批全国重点文物保护单位的金中都水关遗址。

水关是指穿过城壁以通内外水的闸门，是古代城市的重要给水、排水设施。明《帝京景物略》说："土人曰水关，是水所从入城之关也。"古代城墙下往往设有多个水关，如《清会典事例·工部·京师城垣规制》记述："（北京城）正阳门东西、崇文门东、宣武门西、朝阳门南、东直门南、德胜门西，各设水关一。"那么，金中都水关遗址为何能被评为当年十大考古发现，并列入全国重点文物保护单位呢？说起来还与一部典籍和一条水系有密切关系。

金中都水关遗址是迄今发现的中都城内唯一一处有营造结构的建筑遗存，其设计之合理，结构之坚固，规模之宏伟，遗存之完整，在全国范围同类遗址中独占鳌头。经考古研究发现，水关遗址的建筑结构及材料与宋代《营造法式》中"卷輂（jú）水窗"的规定一致，对考察我国古代建筑和水利设施具有独特的研究价值。

《营造法式》是宋崇宁年间由北宋官方颁布的一部建筑设计、施工的规范书。在南宋和元代均被重刊，在明代，还用于规范当时的建筑工程，可称为中国古代建筑行业的权威性著作。

经发掘，水关的上半部建筑已毁，遗留下来的基底部分保存较为完整。主要由城墙下过水涵洞底部的木桩、木枋，地面石、洞内两厢的残石壁、进出水口两侧的四摆手及水关之上残存的夯土城墙等部分组成。水关遗址呈南北长方形，北部为入水口，南部为出水口。距地表 5.6 米，南北长 43.4 米，中间宽 7.7 米，进水口和出水口均呈喇叭状，宽约 12 米。

水关遗址的地层堆积厚度 5—6 米，根据地层叠压关系及文化层中出土的遗物，可分为六层：第一层是现代堆积，为表土及近代杂土层；第二层是近代淤积，为黄褐色淤土层，无遗物；第三层是明清淤积，为黑色淤土层，出土有明清瓷片；第四层是元代中晚期堆积，为砂石夹淤泥层，该层内出土有较多金元时期的残砖瓦及陶、瓷残片；第五层是元代早期堆积，为黑色纯净淤泥层，主要分布在水关两厢壁中部的地面石以上，出土有金代陶、瓷等遗物；第六层是金代堆积，为砂石层，是水流冲积而成的砾石及散沙，在地面石的石板之上，出土遗物有金代铜镜及少量瓷片。从堆积叠压关系可知，该水关元代早期还在使用，至元代中

"金中都水关遗址"纪念碑

晚期被毁弃。其原因可能是元朝建立后，忽必烈另建元大都而废弃中都所致。水关上部结构（即承托城墙）可能是券拱，由于券拱在城墙废弃后露出地面太多，历史过久而遭破坏。

金中都水关采用古建筑常用的木石结构，应用"插木为基"的方法，底层为基础密植木桩，用直径15厘米左右、长1—2米的1800根柏木成排成行地插入地下，露出地面部分做成榫卯，木桩上铺排列整齐的衬石枋，即装上粗大的方形横木（衬木长10米，宽厚各40厘米），衬石枋上铺石板，石板为流水面。衬石枋与木桩用榫卯结构连接，衬石枋之间用银锭榫连接，衬石枋与石板用铁钉相连。也有的在条石中间凿一圆洞，用柏木钉插入地下，将石板固定。这样使木桩、衬石枋、石板上下左右紧密相连，形成一个坚固的整体。整个工程规模宏大，结构巧妙，关键部位如涵洞和四摆手均使用大量木桩和衬石枋，这些木构件从用材加工、夯筑工艺到木石结合构造，都充分体现了当时水关建筑的进步和成就，具有宝贵的历史和文物价值。

历史上，金中都城内有三条重要水系，一条为由今莲花池入城的莲花池水系，一条为由今玉渊潭向东南入城的玉渊潭水系，一条为中都北面高梁河进城的高梁河水系。三条水系中最主要的是莲花池水系。历史地理学家侯仁之先生在《北京建都记》一文中记述："中都城之扩建，将西湖即今之莲花池下游河道纳入城中，导流入同乐园湖泊及鱼藻池，又经皇城前龙津桥下，转而向南，流出城外。"从而描述了壮丽宏伟的金中都赖以生存的主要水系系统——莲花池水系。正是源于金中都水关的发现，由此溯源基本探清了历史上金中都城内这条主水系的发源、流经方向和位置。北京辽金城垣博物馆编写的《金中都水关遗址考览》一书，在论述发现水关遗址的意义时写道："由于发现了水关遗址，并用考古钻探的方法向北追寻古河道的方向，确定了'金中都'城自城西'西湖'（今莲花池）水进入中都城至鱼藻池（今青年湖）过龙津桥向南穿过丰宜门和景风门之间的南城墙下，流入金代护城河的确切水源路线。"

金中都水关遗址位于丰台区右安门外玉林小区40号，凉水河以北

50 米处。水关建于 1151—1153 年金中都修建之时，是金中都城内莲花池水系的出水水关，也是金中都金水河的出口，金水河与凉水河在此汇合。金代南护城河即如今的凉水河。水关遗址的发现，不仅揭示了金中都莲花池水系的脉络走向，还确定了金中都南城墙的方位，对研究金中都的城市布局和水文化具有相当高的价值。

目前，位于丰台区卢沟桥乡界内的三处地面城垣遗迹是金中都城垣仅存的地面遗物，均为夯土所筑，也是北京城现存最早的城垣遗址，现被列为北京市文物保护单位。位于万泉寺公园内的是金中都南城墙遗迹，厚约 2 米，长约 10 米，保护较好。位于三路居凤凰嘴村的是西南角城墙遗迹，是现存三处遗迹中最大的一处，东西长 20 余米，高 3 米多。位于东管头高楼村的是西城墙遗迹，也是三处遗迹中最小的一处，长不过几米。这些城墙遗迹与金中都水关遗址一起，共同成为金中都城垣的重要实物见证，依稀再现着金中都的旧日巍峨，诉说着一段段兴衰荣辱、悲欢离合的中都往事。

为保护好水关遗址，北京市政府在此建立了辽金城垣博物馆，进行原地保护和展览。1995 年 4 月开放，并列入市级文物保护单位，2001 年 6 月定为全国重点文物保护单位。

辽金城垣博物馆的建筑整体呈不规则多边形，形如古城堡，地上两层为展览馆，地下一层为水关遗址，建筑面积 2500 平方米，青灰色的外墙，灰瓦铺就的屋顶，再加上建筑上方装饰的吉祥瑞兽，远远望去仿佛金中都水关再现眼前。

博物馆中展陈的"北京都城发展史"由辽金以前的北京，辽南京，金中都的城垣、宫城、城市布局、漕运和金以后的北京等几部分组成，展陈各具特色的历代文物，介绍水关遗址的发现发掘经过以及水关建筑结构、有价值的实物、照片、图表等。

辽金城垣博物馆作为北京仅有的展示金代遗址的博物馆，填补了辽金史研究的空白，为研究辽金史的学者提供了珍贵的实物资料，对研究辽金时期的北京历史起着重要作用，是展示北京历史文化的重要组成部分。

（三）丽泽金融商务区在这里诞生

1. 从丽泽门说起

在繁华的北京西三环南路与丰台北路交汇处，有一座由八座匝道桥、两座通道桥组成的全互通式大型立交桥，为进出丽泽金融商务区提供着便利的通途，这就是丽泽桥。为什么这座桥要以丽泽桥命名呢？这还要从金中都丽泽门说起。

关于金中都丽泽门的具体位置，学界有不同的认识。于杰、于光度编著的《金中都》一书认为丽泽门"在凤凰嘴以北，此处向西通水头庄之路似其关厢一带"。2009 年，著名历史地理学家侯仁之、北京大学教授岳升阳等人经过几年的考察研究，绘制了最新的《金中都城图》，认定丽泽门位于马连道水源四厂北的蝎子门村，相比此前学者们认定的位置，北移了数百米。但不论哪种说法，丽泽门的位置都与今天的丽泽桥相距不远，这也正是丽泽桥名称的缘起。

"丽泽"二字源于《周易》第五十八卦之兑卦：丽泽，兑。丽，是并连的意思。丽泽便是"两泽相连"，《周易正义》说"两泽相连，润说之盛，故曰'丽泽兑'也"。那么丽泽又是怎样同城门扯上关系的呢？这首先要从北宋说起。以丽泽命名为城门大抵始于北宋仁宗时期。在宋仁宗庆历二年（1042），将大名府称为北京，在大名府的殿前设有东西两个门，东面叫凝祥门，西面叫丽泽门。到了宋徽宗政和三年（1113）的夏天，宋徽宗下令扩建东京汴梁的延福宫，将延福宫移至大内北拱辰门外。延福宫的东西两侧各设一门，东面的叫晨晖门，西面的仿照北京大名府，叫丽泽门。

金朝的海陵王完颜亮采纳了北宋都城的建筑制度，吸收其建筑风格，将中都城的西南门命名为丽泽门。之所以这样命名，主要还是同这个地方多泉源水泽，符合两泽相连的自然特色，而且符合《易纬·乾凿度》和《文王后天八卦》有关"兑"卦居于西方的卦象特征，因而它同北宋大名府、汴京延福宫的"丽泽门"一样都居于城西。

关于金中都丽泽门，金代著名文学家元好问（1190—1257）曾有诗提及："双凤箫声隔彩霞，宫莺催赏玉溪花。谁怜丽泽门边柳，瘦倚东风望翠华。"虽然史料中关于金中都丽泽门景象的直接记述不多，但从其仿照汴京城规制以及当年金中都之繁盛而推想，兼之至今丽泽地区仍保留的水头庄、万泉寺等与水有关的地名，可以想见当年金中都丽泽门的景致应与汴京丽泽门有遥相呼应之美，异曲同工之妙。

完颜亮迁都中都以后，金王朝中央统治机构迁至燕京，丽泽门扼守金中都外城西南方，是金中都进出西南、联络中原地区的必经之地。由于它在交通上的重要地位，丽泽门的名字留在了许多典籍的记载中。如《长春真人西游记》卷上载，金兴定四年二月，丘处机初至燕，"二十二日至卢沟，京官士庶僧道郊迎。是日，由丽泽门入"。《元史·王磐传》又载，元世祖至元中，太常少卿王磐致仕，"皇太子赐宴圣安寺，公卿百官出送丽泽门外，缙绅以为荣"。可见，当年丽泽门作为金中都城西南门户，见证了无数迎亲送友、商贾往来的繁荣场景。

丽泽地区的经济地位，可以从金中都的商业金融发展中体现出来。当时中都城的许多条大街和城门的关厢都设有店铺，销售各种货物，城里的市场也很繁荣，市场内经营粮食蔬菜、马匹、丝绵绢布、服装皮草、鞋帽、珠宝首饰、化妆品等等，一应俱全。直到海陵王统治时期，为适应北方大统一局面下商品交换的需要，金代开始印制纸币交钞和铸造铜钱，形成了钱钞并用的局面，并陆续制定了一系列有关货币发行、流通、回笼等方面的法律法令，建立起一套比较完备的货币制度。金代发行量最大，流通时间最长，使用范围最广的纸币是交钞。海陵王贞元二年（1154），在中央户部设立"印造钞引库"和"交钞库"，开始印制、发行交钞，这是金代最早发行的货币。交钞的发行使商品流通得以迅速而顺利地进行，有效推动了当时的经济发展和社会进步，在中国货币发展史上具有重要意义。

直至成吉思汗派大军攻陷中都城并大肆焚毁后，丽泽门也如同其他宫室、城门一样逐渐淹没在历史长河中。但"丽泽"这一名字却跨越800年的时空，诠释着丽泽地区的厚重历史文化基因。

152

首先看这里的自然环境。历史上的丽泽地区流水潺潺，草木茵茵，可以说水生丽泽，人勤物阜。元代以后，作为金中都的丽泽门尽管已不复存在，但丽泽关这一名称却一直沿袭到清代。在丽泽关的关头，后来形成村落，最初称"管头村"，后来管头分为东、西两村，即东管头和西管头。此外，至今这一地区仍然保留的"水头庄""万泉寺""凤凰嘴""玉泉营"等地名，可以佐证历史上的多水环境。"水头庄"村南原有泉水长年不断涌出，村落的名字即河水源头之意。《大明一统志》记载："百泉溪在府西南一十里丽泽关，平地有泉十余穴，汇而成溪，东南流入柳村河。""百泉溪"即众多泉眼汇流而成的凉水河上源,在今水头庄、凤凰嘴、柳村一带，"水头庄"则是凉水河的发源地。清《日下旧闻考》记载:"凉水河在宛平县南，由水头庄泉发源，东流入南苑内。"乾隆三十九年《御制凉水河作》:"凉水出凤泉,玉泉各别路。源出京西南，分流东南注……"其下注释说:"凉水河出右安门西南凤泉，东流经万泉寺，分为二支……"由此证明,水头庄一带的几十处泉水,最晚在乾隆时期已有"凤泉"之名。

"凤凰嘴"村的名字也源于村落所处的多水环境。由水头庄一带涌出的数十处泉水，顺着地势向东南汇聚形成了一条条小溪，它们的形态如同凤凰身上的一根根羽毛，所有泉溪构成的图案看起来就像一只惟妙惟肖的凤凰。众溪归一的位置恰似这只凤凰向东南突出的嘴部，在它北侧形成的村落随之以这个形象的比喻命名为"凤凰嘴"。

"万泉寺"明代成村，以多泉著称。据传以前村民一铁锹挖深了就有甘甜的水冒出。村中原有很多寺庙，其中以象征多泉的"万泉寺"名声最大。寺庙建于明朝天启年间（1621—1627），有房屋 17 间，是个规模较大的寺庙，村子也因此而得名。

再看这里的农耕文化。丽泽一带拥有丰富的水泉资源，为农业灌溉创造了有利条件。再加上这里土质柔软、肥沃，适宜蔬菜、花卉和经济作物的种植，这一地区即成为南郊一带重要的农业种植区。

到了明代，丽泽一带的农业生产兴盛起来，其中最突出的就是蔬菜和花卉种植。明朝永乐年间，明成祖朱棣下令建上林苑嘉蔬署。今天西城区的白纸坊以南，就是嘉蔬署所辖的菜地。因为菜地周边有很多菜户居住，菜户营村名也由此而来。菜户营、三路居、万泉寺、东管头村等直到 20 世纪 80 年代仍为北京重要的种菜区。

丰台花卉业的兴起也与丽泽周边多水的环境密切相关。丰台花卉种植最早可以追溯到金、元时期，是著名的花卉种植区域，人们常用"丰台十八村"概括，其中管头村、玉泉营、万泉寺、柳村均在现在的北京丽泽金融商务区内。明《帝京景物略》载："右安门外南十里草桥，方十里皆泉也……土以泉故宜花，居人遂以花为业，都人卖花担，每辰千百，散入都门。"《日下旧闻考》引孙国敉《燕都游览志》："草桥众水所归，种水田者资以为利，十里居民皆莳花为业。有莲池，香闻数里。牡丹、芍药栽如稻麻。"清代麟庆的《鸿雪因缘图记》记载："（丰台）前后十八村，泉甘土沃，养花最宜，故居民多以养花为业，而花中以芍药为最佳。"可见元明清时期丽泽水资源丰富，土地肥沃，花卉繁茂。

花卉产业的兴起，在明清时期催生了京城的"丰台十八村"花会，其中丽泽地区的就有前泥洼的"中幡会"、后泥洼的"少林会"、东管头的"五虎少林圣会"、西管头的"高跷会"和鹅凤营的"献音会"。这些乡土气息浓郁的民俗文化，是这一地区的人们生产、生活的智慧结晶，反映了农业实践的经验、教训和成功，表达了农民对丰收喜悦的美好愿望。

丽泽地区除了蔬菜、花卉的生产外，养鸭业也相当发达，北京填鸭的生产在北京占据了重要的地位。早在明清时期就有繁育北京填鸭的历史，京城护城河的水和水草为繁育填鸭提供了得天独厚的条件。1954 年，三路居成立初级农业社，将鸭农组织起来，在护城河边建起集体养鸭场。1957 年，莲花池改道向南，经过三路居，鸭场也从护城河转到莲花池附近，先后在河东、河西建成两个北京填鸭养殖基地。六十年代，内销市场扩大，外贸出口增加，三路居、东管头、西局建起了年产 10 万只规模的鸭场。三路居鸭场的活体和冻体北京填鸭远销港澳并出口到苏联、日本等国，为国家赚取外汇。七十年代，罗马尼亚、阿尔巴尼亚等国家外宾曾多次到三路居鸭场和社员家庭参观访问，开展民间友好交流。八十年代到达生产的顶峰，菜户营、三路居、东管头等鸭场的大批活鸭供应港澳市场。九十年代中期开始，养鸭的规模和数量开始逐年下降，到 2001 年前后，三环路以内禁止畜牧生产，鸭场停产。

历史车轮滚滚向前。进入 20 世纪 90 年代，随着北京城市建设的快速发展和丰台区城市化进程不断推进，丽泽地区也逐步从过去的农村、城郊驶入城市化的发展轨道，丽泽地区的人们彻底告别了脸朝黄土背朝天的农耕生活。丽泽地区的城市化建设始于卢沟桥东区旧村改造。1994 年 2 月 27 日，北京市政府发布《北京城市总体规划（1991—2010 年）》，将围绕中心城区的区域划分为十大边缘集团，丰台和南苑在其范围之内，而卢沟桥东区处在丰台的东部，靠近北京老城区，自然被划为北京城市新区的一部分。根据《北京市人民政府批转首都规划委办公室关于实施市区规划绿化隔离地区绿化请示的通知》，卢沟桥乡各村开始规划绿化隔离带建设。位于丽泽地区的菜户营、马连道、三路居、东管头这卢沟桥乡东部四村，恰好处于规划中的 5 号隔离地区（即市区中心大团与丰台集团之间的隔离带）内，因此首先启动了旧村改造。随后，太平桥、万泉寺、周庄子、岳各庄、小瓦窑等村也相继启动了旧村改造工作。

随着旧村改造的推进，丽泽地区的建设任务逐渐增多。为统筹推进丽泽地区的开发建设，1997 年 7 月，在区委、区政府的支持下，由卢沟桥乡东区四个村和卢沟桥农工商联合总公司联合组建了北京市东兴联房地产开发公司，加大了丽泽地区开发建设力度。随后，1998 年东区核心道路丽泽路改扩建工程开始建设，1999 年丰益城市花园经济适用房项目启动，为丽泽的开发建设注入了新的活力。但这一时期的主要任务，还是以"农民上楼、劳动力安置、实现绿化"，推进区域城市化为主要目标。优越的地理位置，北京三环内最后一块成规模待开发土地空间，让历史发展机遇再次眷顾丽泽地区。1991 年，长 87 米、宽近 30 米、高约 4 米的丽泽桥建成。1999 年，一条长 2.9 公里的城市快速路——丽泽路建成通车。此后，随着三环路、丽泽路、西站南路等一批交通干道先后建成通车，地铁 14 号线、16 号线、新机场线等轨道交通的规划建设，新机

水生丽泽（丰台区委宣传部供图）

北京菜户营桥绿化景观（丰台区委宣传部供图）

场城市航站楼的选址落地，丽泽发展的血脉被激活打通。北京市《关于促进首都金融业发展的意见》《关于加快推进北京丽泽金融商务区开发建设的实施意见》《关于丽泽金融商务区低碳生态建设的工作意见》以及《北京市城市总体规划（2016年—2035年）》等一系列政策和规划的逐步落地实施，丽泽地区作为新兴金融产业集聚区、首都金融改革试验区的功能与产业定位进一步清晰，对标英国伦敦金丝雀码头，打造首都第二金融街，与金融街一体化发展的方向基本确定。伴随丽泽金融商务区开发建设加速推进，如今的丽泽地区高楼林立，车水马龙，一个真实、立体、焕发生机的新兴金融商务新区逐步呈现在世人面前，在古老而又现代的丰台大地上生动演绎着金代一座门、现代一座城的壮丽篇章。

2. 丽泽金融商务区初现端倪

2003年9月，在第六届中国北京国际科技产业博览会上，丽泽商务核心区、北京国际汽车博览中心和青龙湖国际城等重点项目成为"新世纪丰台"展区的三大亮点，吸引了众人的目光。这是2002年丰台区提出"一五五"发展思路，明确丽泽地区要规划建设商务区之后，丽泽商务区正式亮相于世人面前，丽泽地区从此开始了新的征程。

（1）结缘商务

丽泽地区的发展与商务区真正结缘，还要从丰台区"十五"计划说起。丽泽路 1999 年 9 月 17 日建成通车，为丽泽地区发展打开了新空间。2000 年，丰台区在制定国民经济和社会发展"十五"计划纲要中，明确提出把丽泽路建成丰台标志性大街的任务。2001 年，区委、区政府委托清华大学建筑学院主持设计了丽泽路两侧城市设计方案，将该区域定位为丰台区商业、金融、商务中心区，文化、体育、居住重点地区。设计范围东起西二环菜户营桥，西至西三环丽泽桥，南北分别以丰草河和三路居路为界，规划总用地 412.48 公顷，总建筑面积 390 万平方米。2002 年，丰台区提出"一五五"发展思路，明确丽泽要规划建设商务区，以金融、商务、办公、居住为主，建设丰台重要的服务业集聚区，并成为丰台区的五个重点建设区域之一。由此，丽泽商务区作为北京市二环、三环之间唯一一块成规模未开发区域正式开启了整体开发建设进程。优越的地理位置，大面积的开发空间，为丽泽造就了难得的"后发地区弯道超车"的发展机遇，也让丰台人对丽泽商务区发展寄予了厚望。

随着规划定位的初步确立和在第六届中国北京国际科技产业博览会上的首次亮相，丽泽商务区的开发建设徐徐启幕。2001 年 5 月，在由中国北京高新技术产业国际周组委会办公室主办，北京市贸促会承办的第一届"中国上市公司峰会"上，丰台区搞了一个推介专场，推出丽泽城市花园、西客站南广场等五个系列重点招商项目。2003 年 9 月 16 日，金泰城项目土地签约仪式在人民大会堂北京厅举行，并于 2006 年推出占地 6.8 万平方米、总建筑面积 22 万平方米的"金泰城·丽湾"项目，提升了菜户营桥西区域的居住品质。2004 年 7 月 18 日，位于丽泽桥东的丽泽雅园项目开盘，开发建筑面积共 20 万平方米。同期，丽泽周边蓝景丽家大型建材中心、北京西国贸汽配基地等项目建成，西国贸大酒店、东方威尼斯国际酒店等高端配套纷纷开始建设，这些项目在一定程度上提升了丽泽地区城市形象，也带动基础设施配套加速完善。

2006 年，在丰台区国民经济和社会发展"十一五"规划中，丽泽商务区的规划建设被区委、区政府摆到更加重要的位置，成为着力打造的重要产业功能区，并进一步提出明确要求，强调指出：丽泽商务区要依托西客站南广场地区和西三环路、丽泽路、站前路等交通干道两侧的大中型公建设施，发展商务办公、金融保险等现代服务业。吸引社会大资本参与土地一级开发，加快项目运作速度。为此，区委、区政府进一步加大了丽泽商务区的开发建设力度，成立了加快丽泽商务区开发建设的议事协调机构——丽泽开发建设指挥部及其办公室。同时，提出要以建设北京南部重要商务中心为目标，进一步明确丽泽商务核心区的功能定位和空间布局，营造良好的空间环境，提高产业发展的承载力；重点发展会议展览、金融保险、专业咨询等现代商务服务业；推进丽泽生态花园、B6—B7 项目、金泰城公建和三路居 A8—A10 等地块的开发速度。

（2）定位金融

始于 20 世纪 90 年代规划的金融街，经过十余年的开发建设，1.18 平方公里的发展空间已经日趋紧张，至 2007 年底，按照 2001 年重新确立的金融街新规划方案的设想，金融街的全面建设已接近尾声；但有进驻意愿的金融机构却在持续增多，金融街扩容的呼声越来越高，与之相应的，是时值北京作为国家首都和快速发展的特大城市，金融组织体系、市场体系和服务体系已初步完善，金融产业实力雄厚、发展迅速，已经具备成为国家金融中心的条件。因此，北京市开始谋划打造具有国际影响力的金融中心的发展战略，并着手对首都金融总体空间布局进行规划。在这样的历史背景下，给正在谋求进一步明确核心功能定位的丽泽商务区提供了转型升级的宝贵机遇和方向。

在丽泽商务区转型丽泽金融商务区的这一进程中，一次高峰论坛和一份北京丽泽商务区定位研究报告起到了助力添火的作用。

2007 年，区委、区政府将丽泽商务区作为未来丰台区主要的经济亮点之一，强调要依据其功能定位，积极稳妥地推进工作，要注意解决好失地农民的安置工作，注意与各金融机构加强沟通，增进相互了解。同年 12

月 7 日，为进一步探讨丽泽区域如何承担起拓展和发展金融中心的使命，由京华时报和金泰地产共同举办了"丽泽·金融新中心高峰论坛"，与会政府官员、专家学者、媒体人士围绕北京金融产业布局现状、国内外金融中心比较、丽泽商务区打造金融副中心等议题进行了研讨。参会者普遍认为，丽泽商务区建设对于北京的发展具有重要战略价值，丽泽商务区发展金融，有一个非常好的优势，就是离金融街只有六公里，这个地缘优势是其他区域不能相比的；但在基础设施、商气人气等方面还比较薄弱，需要高标准规划，与金融街差异化发展，才有可能把丽泽打造成新的金融中心。

随着区委、区政府和社会各领域专家学者对丽泽商务区核心功能定位研讨的不断深入，2008 年 3 月 20 日，由北京市社会科学院中国总部经济研究中心与北京方迪经济发展研究院共同研究的"北京丽泽商务区定位研究报告"正式出炉。报告结合丽泽商务区发展实际，选择金融、商务服务等产业进行研究，将丽泽商务区总体发展定位为：北京西南商务中心区，后奥运北京新的增长极；功能定位为：集商务办公、金融服务、生态宜居等功能为一体，特色鲜明、形象独特的现代化、高水准、可持续发展的现代化北京西南商务中心区。在当天召开的"北京丽泽商务区定位研究"课题验收研讨会上，这一课题成果得到了与会市、区领导和相关部门负责同志，以及来自中国社科院经济研究所、中国城市发展研究会、区域经济研究所等研究机构专家学者的普遍认同。

2008 年 4 月 30 日，中共北京市委、北京市人民政府正式发布《关于促进首都金融业发展的意见》，第一次以市委、市政府文件的形式，明确要将北京建设成为具有国际影响力的金融中心城市。《意见》首次对首都金融总体空间布局进行了规划，提出了"一主一副三新四后台"的金融业空间布局。其中，将丽泽商务区确定为"三新"之一，规划为新兴金融功能区，目标是充分利用丽泽商务区的地理区位和交通便捷优势，加强规划，整体开发，突出功能，与其他金融功能区形成功能互补、合作共赢、协同发展的格局，建设成为现代化的首都金融发展新空间和新兴金融机构聚集区。这一定位首次明确了丽泽在首都金融产业发展中的重要战略地位，标志着丽泽商务区核心功能定位实现重大突破，丽泽商务区正式转型升级为丽泽金融商务区。

（3）绘制蓝图

2008年10月8日，丽泽金融商务区开发建设示范区B6—B7地块项目拆迁工程开工，标志着作为北京市新兴金融机构聚集区的丽泽金融商务区开发建设正式启动。同年11月26日—27日，在第十二届京港贸易洽谈会上，丰台区重点推介的北京丽泽金融商务区项目得到广泛关注，知名度明显提升。2009年，示范区B6—B7地块征地拆迁工作基本完成，与中国联通等五大运营商签订信息化战略合作协议，与国家开发银行等12家金融机构签订600亿元银团授信，国家金融信息中心（新华08）落户丽泽。

丽泽金融商务区开发建设的起步之初，就得到了北京市的高度重视。2009年3月17日，市政府发布了《关于加快推进北京丽泽金融商务区开发建设实施的工作意见》，初步明确了丽泽金融商务区的开发建设思路和目标，为打造丽泽金融商务区提出了18条具体措施。丽泽金融商务区定位为"立足北京、服务全国、面向世界"的新型金融机构聚集区，重点聚集银行、保险、证券等金融总部，私募股权基金、创业投资等新兴金融机构，交易所、金融期货市场等金融要素市场和各类金融投资机构，以及国内外大型企业总部。2010年11月26日，市政府办转发了市发展改革委等单位《关于加快建设北京丽泽金融商务区的实施意见》，进一步明确丽泽金融商务区的产业功能定位：即坚持"新兴、高端、低碳"原则，吸引聚集相关业态，以新兴金融产业为龙头，发展金融信息、金融文化、金融服务，构建独具特色和优势的金融服务产业体系。2011年发布实施的北京市"十二五"规划纲要，将丽泽金融商务区定位为首都"两城两带、六高四新"空间产业发展格局的"四新"之一，主要吸引新兴金融机构、金融信息、文化金融及商务总部等要素集聚，打造具有全国影响力和辐射力的新兴金融功能区。这些发展思路和发展目标，为丽泽金融商务区的开发建设指明了方向。

贯彻北京市的要求，丰台区在丽泽金融商务区开发建设之初，始终坚持规划先行。2009年4月13日，丽泽金融商务区全球招标规划设计方案"天赋丽泽"和"金融第三极"胜出。优胜方案体现八个特点：强调多功能复合利用，既宜业又宜居；布局紧凑，集约利用土地资源；地下空间的开发与交通组织有机结合；交通引导开发的TOD模式集中体现；立体化交通网络使交通集散疏解快速便捷；采取滚动型开发、分组团实施，实现成长性可持续发展；充分发挥生态优势，合理布局园林水系景观；保护与开发并重，实现现代金融与历史文化的完美融合。2010年1月，规划综合方案报经市政府专题会议审议通过。

丽泽规划建设特别注意保护和利用好金中都文化遗址，彰显北京深厚的历史文化特色，实现现代金融与历史文化的完美融合。金中都是中国古代的重要都城，同时它也是北京都城史上的重要发展阶段。元代大都城建立后，这座城池逐渐走向衰落。元朝灭亡后，它的东北部为明清北京城所继承，西南部则成为郊野，淹没于农田苇塘之下。丽泽金融商务区恰好处在金中都遗址西南角，范围内的遗址面积约3.3平方公里，内容包括城垣遗址、护城河遗址、街道遗址、房屋遗址，以及古河道、古水井等，既有地上遗迹，也有地下遗存，形式多样，内容丰富。规划设计者们认为金中都城垣遗址为营造生态的、文化的、高品质的金融商务区提供了良好条件，设计方案注重对商务区内城墙遗址及附属设施的修缮与保护，并将城垣遗址所在地设计成绿地，为此还规划了建设控制地段，形成富于人文内涵的街区景观。

根据丽泽商务核心区地下空间的功能需求，落实地下空间各项开发规模。综合考虑区域路网及重要节点情况，地铁14号线、16号线线位及站点布置，停车系统、市政管线、人防等各类设施的布局要求，分析落实研究区域内各类限制条件，合理安排地下空间的平面和竖向布局，确保规划方案的可实施性。因此，遵从了以下几点：实现竖向分层立体综合开发、横向相关空间联通，地上地下协调发展的一体化原则；创造方便、舒适、安全的地上、地面和地下多层次立体化人行系统；以地铁站为依托，形成地铁、公交、小汽车和慢行等多种交通方式的有机换乘

丽泽金融商务区控制性详细规划　　　　规划范围示意图

商务区
2.81km²

规划研究范围
8.09km²

丽泽金融商务区控制性详细规划（丽泽金融商务区管委会供图）

的立体化交通系统；地下空间开发建设是一个受多重因素影响的动态过程，注重近期远期结合，坚持动态发展的原则。

经过十年的艰辛探索和不懈努力，丽泽金融商务区核心功能定位破茧成蝶，整体规划设计耀世而出，丽泽这只蓄势已久的金凤凰，终于引吭而鸣，振翅欲飞！

3. 打造第二金融街

"这是伦敦昔日辉煌的印证，也是伦敦新生的寄托。"——这说的是伦敦金丝雀码头，它是全英最主要的两个金融中心之一。现在对标金丝雀码头，一座新的"金融不夜城"在丽泽揭开面纱。

（1）目标对准金融街

早在2006年11月9日，在由丰台区政府主办的"新北京、新丽泽——丽泽金融产业定位高峰论坛"上，与会专家就曾建议，丽泽商务区的产业定位一是要为北京市金融街进行服务配套；二是要承接金融街金融职能的延伸或创新。他们认为刚刚启动开发的丽泽商务核心区作为"金融街的配套或延伸"或是一种发展方向。

2007年"丽泽——金融新中心"论坛邀请北京城市规划相关领导、区域发展研究专家及资深地产人士，对丽泽商务区"金融新中心"的功能定位再次进行深入探讨，共商丽泽发展大计。

2008年5月，市委、市政府将丽泽确定为首都"一主一副三新四后台"金融业总体空间布局中的"三新"之一，定位为新兴金融功能区。但是，人们很容易把处于金融街延长线上的丽泽金融商务区与金融街进行对比，因此"新金融街"一词随之叫响。

2009年4月22日，在"丽泽金融商务区发展论坛"上，丰台区明确表示，要把丽泽金融商务区建设成为"立足北京、服务全国、面向世界"的新型金融机构聚集区。在这次论坛上，北京社科院中国总部经济研究中心主任赵弘提出把一些金融资源适当扩展到丽泽新金融街的建议。

2010年4月25日，丰台区丽泽控股与金融街建设集团签订战略合作意向书，双方充分利用各自的市场资源和信息优势，通过资源共享和优势互补，开展全方位的合作，达到共同发展。2012 年 12 月由原市规划委批复控制性详细规划和城市设计导则，规划研究范围总用地 8.09 平方公里，核心区总用地 2.81 平方公里。

根据北京新总规，丽泽是新兴金融产业集聚区、首都金融改革试验区，是北京未来发展"金角银边"的关键节点，更是丰台区域发展新的"增长极"。丽泽将承接金融街、北京商务中心区外溢配套辐射，不断提升区域品质。关于丽泽金融商务区的发展理念，从一开始就吸取其他金融商务区的经验，提出要把丽泽建设成生态商务区、立体交通网、信息高速路、金融不夜城的四大规划理念，尤其是提出不与其他商务区比建筑的高度、混凝土的厚度，坚持生态建设理念，提高商务区品质。当时的丰台区的主要领导更明确表示，丰台正在倾力将丽泽金融商务区打造成"北京金融产业第三极"。

（2）蔡奇书记指导丽泽发展

2017 年 12 月 7 日，中共中央政治局委员、北京市委书记蔡奇在推进全市金融工作改革发展调研时提出，要"推进金融街与丽泽金融商务区一体化发展"。2018 年 6 月 14 日，蔡奇书记专门听取了市规土委关于丽泽规划概念方案的汇报，对方案优化工作提出具体要求。6 月 15 日，蔡奇书记到丰台调研时再次强调，"丽泽金融商务区要与金融街一体化发展，主动承接金融街、北京商务中心区外溢配套辐射"。6 月 24 日，蔡奇书记又作出重要批示，"丽泽要成为第二金融街"。北京市战略性地明确了丽泽金融商务区的发展目标、方向和定位，为丽泽金融商务区的发展建设注入了新的活力和动力。

（3）对焦"金丝雀"

丽泽建设的"参照系"是伦敦金丝雀码头等国际一流金融功能区：金丝雀码头紧邻机场，地铁、轻轨穿行其中，公路桥梁相连，聚集着汇丰银行、花旗银行等金融机构，而占足后发优势的丽泽，"硬件"条件将更有吸引力。北京新机场线北延至丽泽，并将建设城市航站楼，从城市航站楼到达新机场的线路全长 41 公里只要 20 分钟，航站楼建成后，旅客可以在此办理登机手续，轻装前往机场直接登机。2018 年 10 月，由波士顿咨询（上海）有限公司、北京市建筑设计研究院有限公司组建的尖端团队，对区内规划方案进行全面优化升级，着力提高标准定位，注重职住平衡，强化交通组织，配备高标准公共服务和高品质商务服务配套，构建蓝绿交织、疏密有度、信息智能、宜居宜业的生态商务区，打造现代金融商务区的首都样板。

为便捷地块间的联通，丽泽商务区将建设全长 4.3 公里、有 22 个出入口的"目"字形地下环廊，使车站和十几个地块互联互通，形成"立体交通网"。届时，本就毗邻北京西站、南站和丰台火车站，以及京开、京港澳等高速公路的丽泽商务区，将成为四通八达的交通枢纽，与北京 CBD、金融街、中关村等重点区域的联系更加紧密。未来的丽泽金融商务区将被打造成金融不夜城，80 余栋大型写字楼、数家高端酒店、几万平方米购物中心，将把工作与生活结合在一起；近五公里长的莲花河和丰草河蜿蜒流过，装点出国内首个"园林式金融商务区"。

正在建设中的丽泽金融商务区（赵辉摄影）

丽泽金融商务区重点发展互联网金融、数字金融、金融信息、金融中介、金融文化等新兴业态，怎样聚集金融主导产业，丽泽下了大功夫。

规划优化、土地整理、设施建设、招商引资……在丽泽规划建设发展进程中，丰台发挥"集中力量办大事"的优势，做到企业"吹哨"，部门"报到"。为服务好金融企业，丽泽商务区管委会牵头，区金融办、区投促局、区工商分局、区税务局等部门配合，破解企业服务"碎片化"障碍。"丽泽生态环境好，营商环境更好，"华夏人寿保险副总裁邹明红说，"我们办理手续时，丽泽管委主要领导一直亲自帮我们协调，这让我们对未来更加有信心。"

2019 年 4 月 11 日，"服务实体经济助力新兴金融高质量发展暨金融机构丰台行"活动在丽泽金融商务区招商展示中心举行。活动由丰台区政府主办，北京丽泽金融商务区、丰台区金融服务办公室承办。此次活动从丰台的经济高质量发展、创新的国际化视角、优质的营商环境等方面，探讨新时代丰台的发展机遇。

活动中，40 余家驻京金融机构、金融企业的代表，以及投资专家顾问等 150 余人实地考察丽泽金融商务区，登高俯瞰丽泽全貌，真实感受丰

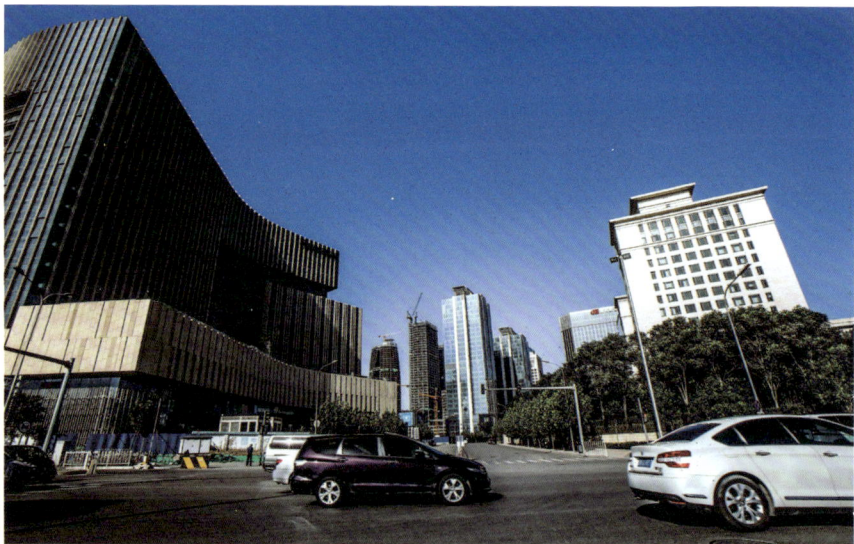

初具规模的北京丽泽金融商务区（原梓峰摄影）

台快速高质量发展的新面貌。通过对丰台基本情况、规划功能定位、产业空间布局、重大建设项目的相关情况，以及丽泽的最新进展、丰台产业发展基金情况的了解，与会金融机构、企业代表为丽泽金融商务区发展积极献言献策，助力北京"第二金融街"发展。中关村银行董事长郭洪表示，丽泽金融商务区起点高，站位高，水平高，规划和理念都非常新颖，呈现了一个现代化的金融新城的形象。丰台区组织此次"金融机构丰台行"活动，就是为了增进金融机构对丰台区、丽泽金融商务区的了解，搭建企业与金融机构对接桥梁，推进金融机构深度参与丰台区经济社会建设。

在塔吊林立和机械轰鸣中，一座"金融城"已经雏形初现，美好的发展前景吸引了中证机构间报价系统股份有限公司、中国人民银行数字货币研究所、中华联合保险控股股份有限公司等一批具有国际影响力、辐射力和创新力的新兴金融机构蜂拥而至。

（4）筑就发展新引擎

站在丽泽金融商务区的任何一个外围向核心区眺望，一片建筑群中颇夺人眼球的就是造型别具一格的"丽泽SOHO"，这个有着混血名字的大高个可是很有来头。

SOHO——Small Office（and）Home Office，是一种新经济、新概念，指自由、弹性而新型的生活和工作方式。SOHO族专指能够按照自己的兴趣和爱好自由选择工作，不受时间和地点制约、不受发展空间限制的白领一族。丽泽SOHO就是筑巢引凤吸引这些金凤凰到这里来创新、创业、创富。

丽泽SOHO的娘家是SOHO中国，其在北京所开发的建外SOHO、望京SOHO、银河SOHO、三里屯SOHO、长城脚下的公社、前门大街等项目都是北京城市建设中里程碑式的建筑，成为所处地域的经济引擎。

丽泽SOHO作为丽泽金融商务区的枢纽，位于丽泽桥东侧E04地块，2017年9月29日完成结构封顶，2019年正式投入使用。工程主要为办公楼，底部及局部地下室设置商业用房。项目总建筑高度199.99米，地上45层，地下4层，有地铁联络线隧道穿过地下室。总用地面积

14365.3 平方米，总建筑面积约 17.28 万平方米，项目钢结构用量达 1.83 万吨，相当于 2.5 个埃菲尔铁塔。

丽泽 SOHO 由已故英国建筑设计师扎哈·哈迪德（1905—2016）担纲设计。哈迪德是一向以大胆造型出名，被称为建筑界"解构主义大师"的世界著名建筑大师。设计灵感来自于丽泽 SOHO 周围独特的城市肌理和地块情况。建筑场地是地铁 14 号线和 16 号线的换乘站，丽泽 SOHO 设计以此为基础横跨地铁隧道，整座塔楼从中一分为二，分别坐落在地铁隧道的两边。结构为 DNA 双螺旋造型，巧妙化解地铁联络线将地块一分为二的影响，设计成盘旋上升、流线型的双塔。近 200 米高的中央中庭，由双塔围合而成，被誉为世界之最。鱼鳞状幕墙扭曲上升，大胆运用空间和几何结构，反映出都市建筑繁复的特质。多曲率弧形板边施工难度大，整体造型极为复杂，极具现代建筑设计风格，展现具有创新精神的时代特征。

伴随着丽泽 SOHO 的拔地而起，中华保险大厦、平安金融中心、首

丽泽 SOHO（陶冉摄影）

创中心、晋商联合大厦、新青海大厦、汇能集团等一批重点项目也比肩而立，各展英姿。这些以丽泽 SOHO 为地标而形成的新兴产业建筑群，像发射塔上的火箭一样整装待发，开启引领丰台经济腾飞的新征程。

4. 新机场城市航站楼助飞丽泽

在新中国成立 70 周年之际，2019 年 9 月 25 日，备受瞩目的北京大兴国际机场正式投运开航，标志着北京的航空运行迈进了双枢纽时代。而在距其 40 公里外的丽泽金融商务区，一个直接服务新机场的重大项目也在紧锣密鼓地规划建设中，这就是丽泽城市航站楼。

城市航站楼的概念来源于机场航站楼，是在城市内设置的可以实现部分机场航站楼功能的场所，是机场服务在城市的延伸。提供路侧交通与空侧交通的转换、机场航班信息查询、票务服务、旅客值机、行李托运等服务，将在机场等候的时间和空间置换到了城市当中，让机场回归城市。

新机场城市航站楼的规划建设，与新机场的定位和使命是密不可分的。

北京大兴国际机场定位为辐射全球的大型国际枢纽机场，远期规划年旅客吞吐量 1 亿人次以上，年货邮吞吐量 400 万吨，飞机起降 88 万架次，是一座规划了七条跑道的超大型机场，一座建设于 21 世纪的世界级工程，一道东方大国的新国门。

中共中央总书记、国家主席习近平强调："北京新机场是国家发展一个新的动力源。"

新机场的区位很特殊，这里到天安门直线距离 46 公里，距离天津市区 80 公里，距离雄安新区约 55 公里，处于京津雄三角形的中心。新机场也不同于以往任何一座机场，它以航空为中心，是集高铁、轨道、公路等多种交通方式于一体的大型综合交通枢纽，具有强大的辐射带动作用。北京新机场，不仅将对京津冀民航格局产生深远影响，也是加快中国民航基础设施建设的"牛鼻子"工程；不仅将直接助力雄安新区的"千年大计"，也是推动区域协同发展理念深刻变革的一个样本。

新机场城市航站楼花落丽泽，中间还有一段小小的插曲，这还要从地铁新机场线的规划建设说起。

　　2015 年 11 月 1 日，铁道第三勘察设计院对外发布了新机场线环评报告全本，明确新机场线全长 39.05 公里，北端终点为草桥站，全线设草桥、磁各庄、新机场北航站楼三座车站。远期全线将达到 41.9 公里，并延至南航站楼。虽然在第一次环评公示时新机场线的北端终点就被定为草桥站，但在这份环评报告中，也首度揭开新机场线北端终点曾有过北京南站和牡丹园站两个版本的细节。据环评报告书全本披露，在建设规划（2007 年—2016 年）中，新机场线北端终点曾定在北京南站，线路从南站引出，经过南苑地区在南苑设站后到达新机场。在待批的建设规划（2014 年—2020 年）中，新机场线的北端起点调整为牡丹园。最终未将终点定在北京南站的原因是受既有工程条件限制，线路无法进入站房下方设置车站，站位的场地选择困难，与枢纽和其他轨道交通线路的衔接换乘差。而牡丹园的方案虽然体现了规划层面新机场轨道交通直达中心城的设想，不过这一方案带来的工程难度也相当大，再加上工程投资要 400 多亿元，对于一条只服务于航空客流的专线而言造价过高。草桥方案则与之不同，新机场线在草桥站通过与 19 号线的衔接换乘接力进入中心城，这套方案大大降低了中心城段实施难度，两条线各自的工程特点也更加明晰。由于两线同步建设，有条件将草桥站的换乘衔接做到最优，也通过提高速度弥补换乘损失的时间，保证"半小时"到达中心城。从投资角度上看，草桥方案的投资可以减少 200 亿元，性价比更高，而且草桥站将与 10 号线、11 号线、新机场线和 19 号线共四条地铁线路同时实现换乘，并设城市航站楼，具备值机功能。最终，可研方案的新机场线起点调整为草桥。

　　时隔三年，中国铁路设计集团（原铁道第三勘察设计院）于 2018 年 11 月发布新机场线北延的二次环评公告，披露了北延工程详细的规划和进展。根据规划，新机场线将从一期工程终点草桥站继续向北延长 3.5 公里到丽泽金融商务区。新机场线为何北延？环评报告中披露了原因。

　　新机场线是北京大兴国际机场外部综合交通规划"五纵两横"中的"一

172

纵",这条地铁线的定位就是连接北京中心城与大兴国际机场,服务于机场航空客流的轨道交通专线。根据环评报告书,在新机场线工程实施的过程中,为利用丽泽金融商务区北区土地整理的契机,引入城市航站楼,有力带动区域发展,提升丽泽金融商务区品质,在广泛征求相关部门意见后,新机场线北延至丽泽商务区。在丽泽商务区北区选址建设的城市航站楼,可以随地铁站一起建设,更好地实现值机和行李托运功能。

丽泽城市航站楼位于丰台区丽泽金融商务区的核心地带,西二环至西三环之间,北至三路居南路,南至丽泽路,东侧紧邻莲花河西路,西邻丽泽中二路。

新机场城市航站楼落户丽泽,对丽泽金融商务区的发展意义非凡。丽泽金融商务区的一个重要规划理念是打造立体交通网,城市航站楼的规划建设,填补了丽泽立体交通的最后一块拼图,实现地上、地下、空中的四通八达。根据规划,未来 11 号线、14 号线、16 号线、丽泽—金融街直连线、新机场线将在这里实现"五线换乘"。强健的交通动脉,将丽泽与中关村、新首钢高端产业综合服务区、北京商务中心区(CBD)、望京等重点功能区直接连通,并通过北京南站、丰台火车站等重要对外交通枢纽,与雄安新区、天津滨海新区等连接。再加上丽泽地区以轨道交通为基础,公交快线、普线、支线相结合的分层公交系统,以及地下交通环廊等多层地下空间规划,有秩序、有层次地连接起商业、地铁、步行、车库等城市功能,形成规模庞大、功能齐全、四通八达的棋盘式立体交通网,实现了轨道交通、航空功能与城市功能的有效结合。丽泽城市航站楼的建设,拓展了新机场的服务范围,强化了北京国际交往中心的功能定位,也增强了丽泽金融商务区对外辐射作用,有效促进京津冀一体化协同发展,为丰台建设国际化打开新窗口。

随着丽泽金融商务区规划建设加速推进,优越的地理位置和国际化的便捷交通,将吸引越来越多的国内外金融企业汇聚丽泽,打造专属丽泽独特的核心竞争力。丽泽城市航站楼,将为丽泽建设成具有国际影响力的金融中心插上翱翔的羽翼,助力丽泽飞得更高更远。

卢沟映雪（陈虎翼摄影）

三、卢沟桥的民族精魂

卢沟桥，这一被马可·波罗誉为"无与伦比"的大石桥，这一被乾隆皇帝多次吟诗赞颂的美丽桥梁，历经了800多年的沧桑岁月。它横亘在波涛汹涌的永定河之上，宛如一道长虹连接着古都北京与外省之间的交通。卢沟桥建在古渡口之上，它的前身是木质浮桥，南宋著名文学家范成大在此留下诗句。金代定都燕京后，卢沟桥的战略地位迅速上升，加之永定河水经常泛滥，木质浮桥被冲垮，亟需建造一座稳定而坚固的石桥，卢沟石桥就这样应运而生。卢沟桥建成后，迅速成为北京地区的交通咽喉和兵家争夺的重要地方。为拱卫京师的安全，明代末年在卢沟桥东岸建造拱极城，作为京西重要的军事要地。卢沟桥一带景色优美，气象清新，商贾云集，瓦肆林立。金章宗将这里的美景命名为"卢沟晓月"，作为燕京八景之一。元代的《卢沟运筏图》表现两岸的旖旎风光及熙攘繁华的社会景象。到了清代，卢沟桥成为中央政权演炮、练兵的场所，同时也是商旅往来、举子入京赴考、文人吟诗对句必经之处，留下了许多名言佳句，"卢沟桥的传说"因此被列入国家级非物质文化遗产名录。

以上这些足以使卢沟桥闻名遐迩，然而卢沟桥的价值还远不止这些。这里是七七事变的爆发地，是中华民族全面抗战的起点。营长金振中曾带领官兵在这里拼杀，共产党人沈忠明在这里洒尽鲜血，宛平县長王冷斋在这里与日军针锋相对，全国各界在这里抗争和声援……卢沟桥表现的是威武不能屈的民族精魂。而今，这里建成了一座国家级的抗战纪念馆，成为全国爱国主义教育基地，这里有反映中华民族不挠不挠抵御外来侵略，珍爱人类和平的抗战纪念雕塑园。相信未来的卢沟桥景色更加优美，环境更加清新，不仅是京城的一处旅游观光的理想场所，更是民族魂、中国梦的追寻之地。

（一）"无与伦比的桥"

1. 范成大卢沟过浮桥

永定河是流经北京区域的第一大河，被公认为是北京的母亲河，对于北京的历史发展起到了至关重要的作用，著名的卢沟桥就横跨在这条大河之上。

在这里，首先介绍一下永定河的历史。永定河最早被称为"浴水"，这在先秦古籍《山海经》中有记载 [1]。我国第一部记述水系的专著《水经》把它称作"湿水"。北魏郦道元在《水经注》中称作"灅（lěi）水"[2]。到了三国时期，这条大河还有"桑干"之称 [3]。到了唐代，永定河又被称为"泸沟"。2002 年，丰台区长辛店以南的永定河河床中出土了唐代云麾将军李神德墓志，记载了李神德与夫人张氏在开元二十七年（739）十月初一"合葬于幽府城西南叁拾里福禄乡泸沟河西鹿村西北百步平原"，这就说明至少在唐代开元年间，永定河下游已被称为"泸沟"。

---

① 《山海经·北山经》记载："西望幽都之山，浴水出焉。是有大蛇，赤首白身，其音如牛，见则其邑大旱。"
② 灅（lěi）水，不作漯（luò）水，河南有"漯（luò）河"。
③ 《三国志·魏志·曹彰传》记载："彰北征，入涿郡界，叛胡数千骑卒至……战过半日，彰铠中数箭，意气益厉，乘胜逐北。至于桑干，去代二百余里，长史诸将皆以为新涉远，士马疲顿，又受节度，不得过代，不可深进违令轻敌。彰曰：'率师而行，唯利所在，何节度乎？胡走未远，追之必破。从令纵敌，非良将也。'遂上马，令军中：'后出者斩。'一日一夜与虏相及，击，大破之，斩首获生以千数。"

但这个"泸沟"与我们现在统一使用的"卢沟"似有不同含义，有人就认为从"泸沟"到"卢沟"中间存在一个演化过程。要想弄清真相，就不得不提到同音字异写的问题。由于我国古代地名书写时以记录语音为主，难免会出现同音异写的现象，东汉许慎在《说文解字》中说"瀘，水名"；"盧，饭器也"。现今，"瀘"与"盧"的简体字分别写作"泸"与"卢"。北魏郦道元《水经注·㶟水》指出"或云水黑曰卢"，表明"卢"字的义项已比东汉时增多了。由于"泸"是"卢"的同音异写，又是早有记载的水名，李神德墓志的书写者难免受其影响，采用了与四川泸水一样带有三点水旁的"泸"。也就是说"泸沟"与"卢沟"之间并不存在演化过程，只是同音异写，都是永定河的专有名称，但是"卢沟河"的出现还要略晚一些。

直到两宋与辽金南北并峙的时期，"卢沟河"才作为河流专名出现在出使北方的宋朝使者的诗文中，他们记录了永定河的多个同音异写或近音异写的名称。北宋大中祥符元年（1008）路振出使契丹，他在《乘轺录》中写道，十二月八日自良乡县北行，"三十里，过鹿孤河"。大中祥符五年（1012）王曾出使更名不久的辽国，其《行程录》称"度卢沟河，六十里至幽州"。熙宁八年（1075）沈括出使辽国，其《熙宁使虏图抄》记载，在良乡东北三十里"济桑干水，水广数百步，燕人谓之卢驹河"。所谓鹿孤河、卢驹河，都是卢沟河的同名异写，反映的只是记录者耳音的差别。南宋乾道六年（1170），范成大出使金国，他在《范石湖集》卷十二《卢沟》诗中自注："此河宋敏求谓之芦菰，即桑干河也，今呼卢沟。"与范成大同为南宋人的周辉也曾出使金朝，所撰《北辕录》准确解释了"卢沟"的语源："芦沟河即卢龙也。燕人呼水为龙，呼黑为卢，亦谓之黑水河。色黑而浊，其急如箭。"

这以后，"卢沟"二字有时被写作"芦沟"，明代至清代前期，官方历史文献中大量使用"芦沟"这一称谓，尤其是民国时期的文献，"芦沟"的写法最为常见，《毛泽东选集》的早期版本也写作"芦沟"，直到上世纪80年代才开始统一规范为"卢沟"。

永定河多次出现在古代诗文中，因它与北京城的起源和发展分不开。永定河作为古代南北交通的重要枢纽，很早就出现了古渡口。在原始聚落发展的时候，卢沟河渡口是太行山下通往华北平原的重要地点。辽代以后，永定河渡口位于今天的卢沟桥位置上。

卢沟古渡的浮桥最初是个什么样子呢？北宋许亢宗等《宣和乙巳奉使金国行程录》记得很清楚："离（良乡）城三十里，过卢沟河，水极湍激，燕人每候水浅深，置小桥以渡，岁以为常。近年，都水监辄于此两岸造浮梁，建龙祠宫，仿佛如黎阳三山制度，以快耳目观睹，费钱无虑数百万缗。"

永定河古渡口曾留下了很多文人的诗句。南宋诗人范成大出使金国时曾写下了七十二首七绝，其中《卢沟》一诗记述了这处古渡口：

草草舆梁枕水低，匆匆小驻濯涟漪。

河边服匿多生口，长记轺车放雁时。

其中"舆梁"是指能通车马的桥，"草草舆梁"就是指临时搭建的浮桥，因进出金中都必经浮桥，所以河边市镇上靠服务为生的人日益增多，而给人印象最深的是，秋天飞雁时节坐着轺车（指轻车）从这里经过的情景，而范成大一生中最为精彩的一笔，就是出使金国时的不畏不屈。

南宋初年，金军南下的进攻势头非常强盛，宋军接连败退，宋高宗一味屈辱求和，后来虽有岳飞、韩世忠等人坚决抗金，并取得在郾城、朱仙镇等地的军事胜利，但宋高宗、秦桧等竟不惜以杀害岳飞为代价，换取一时的苟安。南宋绍兴十一年（1141），宋与金达成"绍兴和议"，两国以淮水—大散关为界，宋割让之前被岳飞收复的唐州、邓州以及商州、秦州的大半，每年向金进贡银 25 万两，绢 25 万匹。当时在和议时规定金朝使者来宋，宋朝皇帝必须站立接受金朝国书。宋孝宗即位后，打算有所作为，想在对外礼节和主权上挽回一些面子。南宋隆兴二年（1164），宋孝宗和金世宗签订了"隆兴和议"，规定南宋皇帝对金朝皇帝不再称臣，改称侄皇帝，金宋双方由原来的"君臣之国"改为"叔侄之国"，原来的"岁贡"改称"岁币"，数量由原来的银绢各 25 万两、匹减为各 20 万两、匹。

然而，宋孝宗对于站立接受金朝国书这种仪式视为奇耻大辱，一直耿耿于怀，想要改变但又缺乏实力与金兵戎相见，只好希望通过外交手段达到目的。宋孝宗的计划是，正式向金国提出归还今河南地方的北宋皇陵之地，而改变屈辱的受书仪式这一条，却不作为官方要求写进书面条款，只是作为使臣的个人要求向金方提出。如果成功固然是好，就算不成功最多是使臣个人承担后果，不至于破坏两国和平状况。这样的计划几乎是将使臣送入虎口，必然凶多吉少，绝大多数文武官员不敢领命。关键时刻范成大挺身而出，对孝宗说"臣已立后，为不还计"，接下了这个充满凶险的任务。乾道六年（1170），范成大抱着必死之心，奉国书出使金国。

当他北上抵达燕山时正值重阳节，心有所感，于是写下了一篇《水调歌头·燕山九日作》：

> 万里汉家使，双节照清秋。旧京行遍中夜，呼禹济黄流。寥落桑榆西北，无限太行紫翠，相伴过芦沟。岁晚客多病，风露冷貂裘。　对重九，须烂醉，莫牢愁。黄花为我一笑，不管鬓霜羞。袖里天书咫尺，眼底关河百二，歌罢此生浮。惟有平安信，随雁到南州。

这首词写范成大途经东京汴梁（开封府），徘徊凭吊故国夜不成寐，内心呼唤着曾在此治水开疆、奠定华夏版图的大禹，抒发出抗击外侮、收复失地的爱国豪情。下阕写出重阳时节作者渡过卢沟河，虽身处险境但决心不辱使命的信念。全词表现了范成大不畏强敌、视死如归的无限豪情和为国献身、死而无憾的英雄气概。

这时他的行程已经快要抵达目的地，即将进行一场明知必败的交涉，这一副连南宋朝廷也不敢公然承当的重担，要以他个人的名义独力承担。

据清代学者吴乘权编撰的《纲鉴易知录》记载，范成大秘密写好了要求更改受书仪式的奏疏，藏在怀中。抵达金中都（今北京）后，朝见金世宗完颜雍，范成大呈上请求归还皇陵所在地的国书。金国君臣正倾听他的慷慨陈词，范成大忽然说道："宋金两国已经结为叔侄关系，但是受书礼仪却没有定下来，臣有疏请上达。"金世宗大怒，厉声喝道："这里岂是你献疏的地方？"范成大毫无惧色，坚持要将奏疏上呈。当时金国君臣都被他突如其来的举动惊得不知所措。金国太子完颜允恭恼羞成怒，当场就要杀掉范成大，被旁人劝解阻止。又有人建议扣留他，范成大凛然不惧。最终，因为范成大的顽强坚持，金世宗不得已接受了这封奏疏，虽然没有答应范成大的要求，却也不敢加害他。

范成大此次出使，不辱使命，让金国君臣刮目相看，最后保全气节而归。对此，《宋史》记载："成大致书北庭，几于见杀，卒不辱命。俱有古大臣风烈，孔子所谓'岁寒然后知松柏之后凋'者欤？"对范成大这次出使金朝，给予了很高的评价。

2. 金章宗敕建卢沟桥

北京地区东北、北、西三面环山，一面面向平原，地势平坦，河流纵横，水网相连，其中最大的河流永定河，出西山峡谷，如巨龙一般贯穿北京西南。精美壮观的卢沟桥，横跨在永定河之上，以其精巧的建筑艺术和在军事交通上的重要地位著称于世。

在卢沟桥未建成前，人们主要通过临时架设浮桥或木桥沟通两岸。永定河水令人捉摸不定，经常泛滥成灾，影响北京西南的通行。《水经注》引西晋时期的《刘靖碑》就有"洪水暴出，(戾陵遏)毁损四分之三，剩北岸七十余丈，上渠车箱，所在漫溢"的记录。《辽史·圣宗纪》载，辽圣宗统和十一年（993）七月，桑干河、洋河发生大洪水，毁坏庄稼无数，辽南京城居民的房舍大多被淹。

金代贞元元年（1153），为了巩固对中原地区的统治，海陵王完颜亮迁都燕京，改名中都，于是北京就成为金王朝的政治、经济、文化中心。

金兵南下中原，必经永定河，至金世宗时期，永定河的交通要道作用更加凸显，简单的浮桥已经不能满足都城及对南宋用兵的需要，因此修建一座永久性的石桥成了当务之急。这对于金国意义重大，既有政治和经济的考虑，更有军事与交通的因素。

从政治上来说，完颜亮迁都后，金中都已成为中国北部的政治中心。金国疆域南界淮河，北跨外兴安岭，"袭辽制，建五京"，中都需要密切与五京，尤其是与"南京"（开封府）的联系，但这些都因永定河的阻隔而不便。经济上，金中都皇室贵族、文武官员、戍守军队和平民百姓，每年要用上百万石粮食，但燕京地区粮食不能自给，中都的粮仓在南而不在北，要将淮北和华北平原的粮食运至中都，卢沟渡口成为中都的交通咽喉。军事上，金朝前期因蒙古尚未兴起，其主要敌人是南宋，对南宋的用兵必然要经过卢沟渡口，双方使臣往来也要通过这里。交通上，卢沟渡口自古以来便是燕蓟通往南方的关津，随着中都的发展、交通的频繁，浮桥或木桥已经不能适应需要。

怎样解决这些难题呢？

一个方案是在通州到中都之间开凿运河。因为当时水运粮食只能经潞河至通州，通州至中都城的一段路程无法通航。而陆运所费人力、物力甚巨，所以需要从通州至中都开凿一条人工河道。中都近畿主要有三条水系，即西部的永定河、北部的温榆河和东部的潞河。这条漕河需引西部永定河水，下注潞河，以济通州至中都的漕运。据《金史》记载：金大定十年（1170），朝廷商议引永定河水通中都漕运，使"诸路之物可径达京师"，并于次年十二月动工。这条漕河的西端，从金口（今石景山北）引水东行，经中都北城濠，东达通州，连通潞河。但漕河开成后，因地势西高东低，水流落差太大，水流湍急，河水浑浊，泥沙淤塞，不能行船，又恐雨季水势暴涨，殃及京师。因此，朝廷又下令将金口处河闸填塞，这条新开的金口河即被废止。后来又引京西玉泉山一亩泉水入北城濠，东流通州，注汇潞河，这条漕河（后称通惠河）或通或塞，而仅以车辆挽运粮食至中都。

另一个方案就是在卢沟河上修建石桥。由于金口漕渠没有成功，朝廷又商议要加强陆运，往来永定河上。如以舟船渡河，河水湍急不便行船，而以木桥浮渡，河水又经常泛滥，这都不便于通行。据《金史·河渠志》记载：金世宗大定二十五年（1185）五月，永定河大水泛滥，"卢沟决于上阳村。先是，决显通寨，诏发中都三百里内民夫塞之，至是复决，朝廷恐枉费工物，遂令且勿治"。又过了三年，至大定二十八年（1188）五月，金世宗下诏说，永定河是"使旅往来之津要"，下令修建卢沟石桥，但尚未动工，世宗便于次年病逝。金章宗继位后，于大定二十九年（1189）六月下诏修建石桥。金章宗明昌三年（1192）三月卢沟桥建成，金章宗赐名为"广利桥"，取"广而得利"之意，就是普天之下的人们都会因为这座石桥而受益的意思。然而，老百姓对广利桥这个名字却并不认同。一则是广利桥横跨在卢沟河之上，卢沟二字，人们已经叫惯了，约定俗成；二则是建桥之后不久，金章宗就命名了"燕京八景"，而八景之一的"卢沟晓月"就在广利桥这里。既然皇帝都以"卢沟"命名景观，那么百姓自然称这座桥为卢沟桥了。以后卢沟桥逐渐成了官称，"广利"二字反而被遗忘了。

卢沟桥建成后，成为南北交通的重要通道，每年来往的客商、官宦及进京赶考的举子很多，对当地和金国的政治、经济、军事、文化和交通都产生了重要影响。元代诗人蒲道源写诗赞颂道："卢沟石梁天下雄，正当京师来往冲……荷家介侧敞亭构，坐对奇趣供醇醲。"

卢沟桥修建至今，虽然结构坚固，但长时期经洪水冲击，风雨侵袭，也有部分损坏。特别是桥面和栏杆，因此几百年来卢沟桥已经多次修缮。关于历次修缮的记载，金代和元代尚未发现文献资料。从明代开始，卢沟桥修缮始见纪录。据统计，明、清两代有记载的修缮共 13 次，其中明代自永乐十年（1412）到嘉靖三十五年（1556）共修桥六次，清代自康熙元年（1662）至光绪三十四年（1908），共修桥七次。其中光绪年间的那次并不能算是修缮，而是拆装。因光绪帝于当年驾崩，送殡西陵，灵柩车宽，所以拆除了桥两侧的石栏，附搭木桥才得以通过。事后又拆除

云水卢沟（冯立华摄影）

木桥，恢复了原样。实际上，历次修缮以小修居多，真正算得上较大工程的，其实只有明正统九年（1444）、清康熙七年（1668）和清乾隆五十年（1785）这三次。就是这三次大规模的修缮也依然是对桥面加以修补而已，并未对桥的主体结构进行改动，这也从一个侧面说明卢沟桥的坚固耐用。

民国时期，因连年战乱，卢沟桥没有进行过大的修缮，仅修补了栏柱和石狮。新中国成立后，为了适应交通的需要，将石桥桥面加铺柏油路面，并进行了保护。

卢沟桥作为一座伟大的桥，历经800多年，依然屹立在永定河上，其设计者和建造者到底是谁，至今无从查考，他们就如同河边的石头一

般默默无闻。但可以肯定，它是由智慧的劳动人民集体创造的，又有谁能比他们的伟大创造更有力量、生命更长？

3. 马可·波罗赞美卢沟桥

卢沟桥，是我国古代桥梁建筑史上的一颗明珠，也是古代科学技术史上的一大奇迹。它是一座精美绝伦的桥，其规模之宏伟、结构之科学、造型之美观、技艺之高超、质量之完美，可称为国内古桥之最。中国著名古建筑大师梁思成，曾赞誉卢沟桥是"千古绝唱""举世无双"。1961 年，卢沟桥被公布为第一批国家重点文物保护单位。

这座我国华北最长的古代石桥刚建成时的风貌，至今没有发现任何历史记载，我们也无法得知它最初的样子，不能不说是个遗憾。但是从古代文人经过这里留下的赞美诗文里，约略可以看出早期卢沟桥的美丽容貌。元代文学家张野《满江红·卢沟桥》写道："凡几度，马蹄平踏，卧虹千尺……并阑干，惟有石狻猊，曾相识……"元代诗人卢亘《行卢沟之南书所见》写道："万里南来太行远，苍龙北峙飞云低。"

除了这些诗文记述，对卢沟桥最早进行具体描述的，是意大利旅行家马可·波罗。他出生于威尼斯的一个商人家庭，他的父亲、叔叔都曾到过中国。元至元八年（1271），年轻的马可·波罗随父亲和叔叔前往中国，经历长途跋涉，于至元十二年（1275）抵达元上都，受到元世祖忽必烈的召见。马可·波罗聪明谨慎，口才也很好，很快学会了蒙古语和汉语，深得忽必烈的信任与恩宠。忽必烈将马可·波罗带到大都（北京），

意大利旅行家马可·波罗

186

并委以官职，此后他的游历足迹几乎遍布中国。回国后，他于 1298 年完成了闻名世界的《马可·波罗游记》，他把中国和东方描述成神话般的国度，在西方社会引起了很大轰动，加强了欧洲人对中国和北京的了解。

最初，这部游记是用中古时期法意混合语写成，后来人们争相传抄，相继被译成拉丁文、意大利文等多种语言，传抄过程中，原稿丢失，现在流传下来的各种抄本有 140 多种。1938 年，穆勒和伯希和将英译本重新校订出版，题名为《马可·波罗寰宇记》，其他译本或作《东方见闻录》《百万先生书》《威尼斯市民马可·波罗的生活》《威尼斯人马可·波罗阁下关于东方各国奇事之书》等，通常称为《马可·波罗游记》。中国也曾先后出过四种汉文译本。

那么，马可·波罗是怎样描述卢沟桥的呢？书中写道：

离开都城走十英里，来到一条叫白利桑干河（永定河）的河旁，河上的船只载运着大批的商品穿梭往来，十分繁忙。这条河上有一座十分美丽的石桥，在世界上恐怕无与伦比。此桥长三百步，宽八步，即使十个骑马的人在桥上并肩而行，也不会感觉狭窄不便。这座桥有二十四个拱，由二十五个桥墩支撑着，桥拱与桥墩都由弧形的石头砌成，显示了高超的技术。

桥的两侧用大理石片和石柱各建了一道短墙，气势十分雄伟。桥的上升处比桥顶略宽些，但一到桥顶，桥的两侧便形成直线，彼此平行。在桥面的拱顶处有一个高大的石柱立在一个大理石的乌龟上，靠近柱脚处有一个大石狮子，柱顶上也有一个石狮。桥的倾斜面上还有一根雕有石狮的美丽的石柱，这个狮子离前一个狮子一步半，全桥各柱之间都嵌有大理石板。这与石柱上那些精巧的石狮，构成了一幅美丽的图画。这些短墙是为了防止旅人偶然失足落水而设置的。（梁生智编译《马可·波罗游记》，中国文史出版社，1998 年）

从这些文字中可以看出，马可·波罗对卢沟桥的宏伟、科学、创新与精美绝伦的东方石雕艺术做了详细的描绘，对卢沟桥给予了高度的赞美和评价，这座桥在西方也被称为"马可·波罗桥"。当时的卢沟桥距离金代建成此桥不过百年，因此所描述的应当还是最初的形貌。如书中所述，桥的位置在距元大都"十英里"（合 32 华里）远的地方，正与今天卢沟桥同北京（内城）的距离相合。只有桥拱的数目不一致，这可能是后来追记，或其他原因导致的错误。当然，也有很多专家和读者对《马可·波罗游记》中记载内容的真实性表示怀疑。客观地说，书中肯定存在错误以及夸大的成分，但马可·波罗只是一名商人，而不是历史学家或作家，来到中国的目的也不是专门为了撰写这本游记，他在监狱的恶劣环境中将多年以前的经历通过口述而著成书籍，能达到这个水平已经很不简单了，这些瑕疵并不能否认其记述的真实性。

马可·波罗之后，赞美卢沟桥的名人还有很多。如明初的谨身殿大学士杨荣以"石桥马迹霜初滑，茅屋鸡鸣夜欲阑"描述卢沟桥；明万历年间的顾起元以"最是征夫望乡处，卢沟桥上月如霜"表达心中的郁闷之情；清末戊戌变法的领导者康有为过芦沟桥写道："萧槭西风吹落日，羸驴驮我过卢沟"；谭嗣同则以"残月照千古，客心终不寒"抒发自己忧国忧民的壮志情怀。

1877 年，一个名为托马斯·查尔德的英国摄影师拍下了一张迄今发现最早的卢沟桥照片，照片中桥头的"卢沟晓月"碑亭完整可见。100 多年过去了，碑亭经岁月洗礼及日军轰炸，卢沟桥依然美丽壮观。

卢沟桥由白石砌成，分为河身桥面和雁翅桥面两个部分。河身桥面全长 213.2 米，加上两端引桥，总长为 266.5 米，桥面宽 7.5 米，连栏杆、仰天石在内共宽 9.3 米。桥面中央较东西两端稍高，约有 8‰ 的坡度，坡势平缓，适宜通行。雁翅桥面斜长 28.2 米，成喇叭口形状，最初入口处宽 32 米多，坡度较大，上下高差约 2.1 米，约为 35‰的坡度。这种桥面的结构，令人感觉通行顺畅又威严壮观，集美观实用于一身。卢沟桥共有 10 个桥墩，11 个桥拱，由于各拱相连，这种桥叫作"联拱石桥"。这座桥的工程结构以及装饰等方面有三个突出特点。

其一，桥基和桥墩非常坚固。它是建在密实度达 99.6% 的砂石层的河床之上，10 个桥墩之间的距离不等，所以 11 个半圆形的石拱长度不一，从 16 米到 21.6 米，由两头向中间逐渐加大。桥墩的砌筑十分科学，其形状犹如一只平面的大船。桥墩北侧迎水面砌有分水尖，如劈开激流的船头。每个分水尖安装有一块锐角朝外的三角铸铁，其边长约 26 厘米，形似一把利剑，人们就把它称为"斩龙剑"，在其之上又加盖了六层压面石板，称为"凤凰台"，这些结构不仅对桥墩起到了保护作用，而且也能抵御洪水和冰块对桥身的撞击。

卢沟桥桥基的构造，多少年来人们一直以为是采用的"插柏为基"①之法。1935 年北平市政府编辑出版的《旧都文物略》也认为，金人建卢沟桥时"插柏为基"。直到 1991 年,有关部门在对卢沟桥桥墩进行整修时，惊奇地发现，金人并未采用"插柏为基"法，而是将数根粗大铁柱打入河底的卵石层中，上端穿入打着圆孔的巨石，将它们连成一体，围以巨大石板，防止水流冲击。这种新的"铁柱穿石"法比"插柏为基"法更先进，筑成的桥基更加坚固，有效地防止了桥墩下沉。经专家实地测量，800 多年来，卢沟桥的 10 个桥墩中沉陷幅度最大的也没有超过 12 厘米。在当时的技术条件下,使用如此先进的方法,充分展示了我们祖先的智慧。

其二，桥的 11 个拱券采用纵联式砌筑法。这种砌筑方法与一般桥不同，是将整个拱券联结成一体。为防止券脸石向外倾塌，各拱均用八道通贯的长条石与券脸石交砌，又近似框式纵联的排列。同时还在桥墩、

①"插柏为基"是在河床桥墩下打入许多柏木桩做基础，再在桩基上面砌石为墩。墩下打桩是为了增加松软的泥沙河床的抗压力，减少桥基的沉陷。古人建桥大多采用这种做法。在北京地区，京南的珊瑚桥和修京石高速公路时发现的古桥都是"插柏为基"。

188

拱券等关键部位用银锭锁连接，增加了砌石之间的拉联力量，使桥分外坚固。

其三，桥面两侧石栏、望柱和石狮雕刻异常精美。这些石刻使整座桥成为一件令人叹为观止的艺术品。卢沟桥桥身两侧有白石雕成护栏望柱共计 281 根，北侧 141 根，

托马斯·查尔德拍摄的卢沟桥

南侧 140 根。望柱之间为石栏板共计 279 块，北侧 140 块，南侧 139 块，平均高度为 85 厘米，内侧刻有花纹。望柱柱高 1.4 米，柱顶为方形莲花座，莲瓣中间装饰着珠串，座下为荷叶墩。每个望柱柱头上都有金、元、明、清历代雕刻的数目不同、姿态各异的石狮，其中大部分石狮是明、清两代原物，金代的已很少，元代的也不多。

"卢沟桥的狮子——数不清"，这是几百年间人们一直流传的一句歇后语。明代蒋一葵的《长安客话》卷四《卢沟河卢沟桥》里说，卢沟桥"左右石栏刻为狮形，凡一百状，数之辄隐其一"。就连清代官方的《顺天府志》也说不清卢沟桥的石狮数目："栏上百狮，子母忽觅，不可数计。"

卢沟桥的狮子为什么数不清呢？原因有二：一是古代工匠雕刻技术精湛，雕刻的小狮子数量众多，或隐或显，形态各异，数清楚实属不易；二是由于历代修补，石狮数量不断变化。

卢沟桥的狮子有人数清过吗？清代查慎行编著的笔记《人海记》中记载，"卢沟桥石狮两行，共三百六十八"，但近代著名藏书家"藏园老人"傅增湘在《卢沟桥考略》又称"桥柱刻狮，凡六百二十有七"。这与现存的数量相比，相差悬殊。究其根源，在于大狮之上的小狮子，因每次修葺时数量发生变化，石狮总数都不相同。

卢沟桥的狮子究竟有多少呢？现代有关部门做过多次统计，数字也

不尽相同。比如上世纪 50 年代相关部门清点结果，全桥望柱上有大狮子 281 只，小狮子 207 只，共计 488 只。而 1962 年，北京文物部门对全桥的狮子进行清点，总数为 485 只，并认为已经把"数不清"的狮子数清了。而 1968 年桥面加宽工程完成后，狮子总数就增至 494 只，到了 1986 年桥面复原工程开工前清点共有大小狮子 491 只。上世纪 90 年代，人教版小学语文课本中，卢沟桥上石狮数起初是 492 只，后来变成 498 只。目前，比较权威的数据是由北京市丰台区卢沟桥文化旅游区对外公布的统计数据：501 只，其中，栏杆望柱上的大狮 281 只，小狮 214 只，桥两端华表顶上的 4 只，桥东端的顶桥狮 2 只，这算是给此事做了定论。

　　根据卢沟桥石狮的断代研究成果显示，卢沟桥石狮也不是一个时代完成的，前后跨越 800 多年，最年轻的狮子仅 20 几岁。这 501 只狮子中，金代石狮 1 只，元、明两代石狮 90 多组，清代石狮 126 组，新中国成立后增补 2 组。最早期的金、元两代石狮，身躯瘦长，面部狭窄，颈上系有飘逸的丝带，石料浅青黄色，风化较为严重，狮头上的卷毛花纹几乎看不出原来的细节。明朝的石狮在材料与雕刻风格上与金、元两代石狮非常相近，只是身躯较为粗短，足下踩有绣球或小狮，有的大石狮身上也带有小狮。清朝前期的石狮采用暗红色或青灰色石料，保存较为完好，

卢沟雄狮（陈虎翼摄影）

雕刻细腻但造型夸张,胸部饱满卷毛高突,附在身上的小狮凸显其乐融融的景象。清末民初的石狮则明显敷衍了事,石质颜色不一,雕刻工艺粗糙,却占有石狮中最大比例的数量,约为总体的四分之一。最新的石狮便是新中国成立后修缮增补的,一组为 1969 年补做,一大两小的造型取名"三狮齐吼";另一只则是 1988 年因遭雷击而毁坏,于 1997 年被修复的石狮,也是卢沟桥上最年轻的狮子。

为保护卢沟古桥,1985 年北京市人民政府决定,自当年 8 月 24 日起,卢沟桥上终止交通运行,禁止车辆通过。从此,一代名桥完成它的历史任务,正式光荣"退役",只在修缮后供参观、游览、凭吊之用。

卢沟桥,是一座历史之桥、科学之桥、艺术之桥、文化之桥,是一座当之无愧的伟大之桥。它历经 800 年风雨洗礼,仍屹立于永定河上,我们今天由衷地歌颂它、赞美它,它所体现的强大生命力,正是中华民族精神的象征。

4. "卢沟运筏图"与水陆交通

卢沟桥自 1192 年建成后,作为进出北京城的重要通道,每年官员进京、举子应试、商贾往来,一部分人都要经卢沟桥进出北京城。因此,历朝历代关于永定河、卢沟桥及其周边景致的诗歌非常多,同时也有不少绘画作品对其进行过细致的描绘。

《卢沟运筏图》就是其中的杰出代表。该图现藏于中国国家博物馆,是元代佚名画家创作的设色绢本画,纵 143.6 厘米,横 105 厘米,是现存最早描绘卢沟桥市镇风貌和北京景物写实的古画,对卢沟桥的历史研究有重要参考价值。

画卷中,南来北往的旅客或策马驱车,或步行挑担,河中运筏穿梭,河流两岸茶肆酒馆林立,反映了元代社会卢沟桥畔的繁华景象。从画面的布局来看,卢沟桥处于画面中央,两岸的房屋绝大多数都插着招幌,即便是远处隐藏在雾气中的一片建筑物,也隐约可见。简而言之,这是以卢沟桥为中心的商贸圈,这里还有运米面的骡车,运粮食的独轮车,有招徕客人住店的小二，有给客人喂马的伙计，有端茶送菜的跑堂等等。

在桥北东岸是一处停靠码头，有许多木材已装卸上岸，河边仍有木筏正在装卸。岸上山路两旁有许多牛、马、驴，似为搬运木材所用的牲畜。桥上交通繁忙，一辆轿车载着两名"达官贵人"正往东行，四名随从骑马前后相随；一辆满载着货物的四马大车已经往西下桥；桥西头一位骑马官吏正欲上桥，似是过桥进城者；桥东头有二人挑着行囊，正仰望着桥头华表，依依惜别……画家为了使桥上人物车马看得清楚，把比例放大了一些，因此与桥的比例关系显得有些失调。

自金、元以来，进出都城的行人总要在卢沟桥头饮上一杯。据历史文献记载，卢沟桥头有一个"苻氏雅集亭"非常有名。元代袁桷《卢沟苻氏酒亭》诗中写道："茅屋疏烟报午鸡，金沙清浅水亭低。羲和劝汝一杯酒，勿与行人东复西。"元代蒲道源有《卢沟桥苻氏雅集亭》诗，诗云："卢沟石梁天下雄，正当京师来往冲……苻家介侧敞亭构，对坐奇趣供醇醲……"从以上元代诗人对于卢沟桥头苻家雅集亭的描写，可以看出这个雅集亭的形式是一个桥头的空敞酒亭。可惜这个酒亭在元代以后就不存在了，但是从《卢沟运筏图》上还可以找出这个酒亭的线索。

从图上可以看出，桥东侧是市镇的主体。一条偏东北向的斜街延伸出去，店铺、酒亭、房舍等一个挨着一个建在大街两旁及河岸一带，足见那时的繁荣景象。其中有一座酒帘高挂的店舍，前面有凉棚，棚下有一长桌，桌旁有数人好像正在举杯畅饮，这也许就是元代诗人描写的"苻氏雅集亭"。店内主人正在做食物，店外的人放下手推车，准备就食；有的已经入店，有的还在店外。店外马夫正在木槽前喂牲口，店前有几个人正用小推车搬粮食往店里送，店旁还有手拄拐杖的老弱和乞讨的流浪人。桥上、街上，车马行人熙熙攘攘，周围栽有很多高大的树木。紧挨着桥头有一个热闹的广场，三个似身穿元朝官服的人，骑着高头骏马，手提马鞭彼此示意，奔跑前行。沿街东北不远处有一坐北朝南的大庙，可以清楚地看到山门、钟鼓楼和后面的殿宇，很是气派。而图中东北角上一组古刹更是林木幽深，门殿深邃，特别是最后一座两层高阁，斗拱

卢沟运筏图（局部）

雄大,出檐深远,存有辽金建筑的风格。庙宇再往东的街景图中并未绘出,再过去大概就是民居了。

　　而桥南两岸均有码头可以停靠。从西岸看去,是一个巨大的木材转运站,周围店舍酒亭密集。从画面上看,沿岸边木料已经堆积如山,车马正在装载,许多工人正在紧张地拖拽河中的木筏。场地正中坐着一个身着元代衣冠的官吏,似在监督工人工作。转运站中间的场地中,许多工人正在把木材装上车准备起运,其间已有几辆车装载完毕,由人拉着正向北边行进,有一骑马官吏正在马上边走边举鞭吆喝拉车的工人。旁边酒店里的店小二正招待着前来的客人。还有两个官吏,正在指挥岸边的运木工人。在东岸,是一片酒亭、客舍,长条形、圆形、葫芦形的招幌高挂檐前。有一所较为高贵的宅子,宅前坐一名官吏,似在坐场指挥岸边的运木工人。

《卢沟运筏图》未署画家姓名，亦无题款。从这幅图的笔法、风格、人物的服饰和生活特征来看，多数专家认为它创作于元朝。又因画中有顺流而下漂运木筏的景象，所以最初被定名为"元人运筏图"或"元代运筏图"。

1962年，中国著名古建筑学家罗哲文对这幅画进行了细致的研究。他从古建筑的角度，考证出画面中央的石拱桥正是北京丰台的卢沟桥。罗哲文认为，《卢沟运筏图》中的石桥与现在的卢沟桥非常相似。第一，石桥的11个拱券与卢沟桥完全一致，正中的一个拱券最大最高，两侧每边5个桥孔逐渐依次收小。石块的砌法也与卢沟桥相同。第二，画中每个望柱头上有一个石狮，各具姿态，极为生动活泼，栏板形制也与现在卢沟桥上早期栏板相似。第三，在桥的东端有石制华表一对（西端因桥头取景不宽，华表未能画上，应是与东端对称），表柱为八角形，其下承以须弥座，与现在卢沟桥头的石制华表相同。仅华表顶柱站立的不是石狮，而像是仙鹤之类的鸟，这点可能是画家按照以前华表立鸟的传统而绘的。第四，画上石桥的西端用一只巨大的石象顶住栏杆，东端用石狮，与今天卢沟桥上的东西两端完全一致。特别是西端的石象在形象和神情上均极为相似。唯东端石狮的方向与现在卢沟桥上的相反，或是当时画的方向有差，也可能桥上后来有更动。第五，画上桥的南面桥墩，其平面为向顺水方向收进的船尾形，与现在卢沟桥南面桥墩的形式一致，只是线条的曲度略有不同。因此，罗哲文比较肯定地说，这张画上所绘的十一孔石桥即是北京的卢沟桥。

罗哲文还认为，画面上部的山脉，就是卢沟桥北面的西山。确定了画中景物之后，他进一步将漂运木筏的场景与元代初年大都城的修建联系起来。元代兴建大都，工程中需要大量木材，同时大都居住者在日常生活中也需要大量木柴薪炭，永定河上游成为重要的原木供应地，当地林木遂被大肆砍伐。此前的辽、金，以及此后的明、清莫不如此。北京周边的林木资源几乎消耗殆尽，造成大量水土流失，永定河也因而成为威胁北京地区安全的主要水患。因此，罗哲文认为，画中描绘的是元初修建大都城时从西山砍伐木材，以木筏的形式沿着卢沟河运送至卢沟桥，再转陆路运至大都城里的场面。这一观点为学术界普遍接受，画的名称也因此重订为《卢沟运筏图》或《卢沟桥运筏图》。这之后，北京故宫博物院研究员、著名书画鉴赏专家余辉在对元代宫廷绘画的研究中判断，此画的作者应该是一位元代早期的宫廷画家，与马可·波罗来中国的年代基本吻合。美国学者乔逊进而认为，此画可能是元代初期宫廷画家何澄（1223—？）所主持的绘画作坊的作品。

有关卢沟桥的绘画，还有不少佳作。如明代王绂《卢沟晓月图》则是另一种意境：桥下流水，桥上行人，近树远山，一轮明月在晨雾中隐现，清新静谧，令人神往。此外还有清代乾隆年间张若澄的《燕山八景图·卢沟晓月》，嘉庆年间张宝刊刻《泛槎图》中的《卢沟晓骑》图，道光年间刊印的麟庆所著《鸿雪因缘图记》中的《卢沟策骑》等。不过，这些绘画大多为写意画，线条粗糙，桥及周边的景观也不是很细腻。有趣的是，这些以"卢沟"为题的绘画，没有一张是十一孔桥的，反而是这幅未署"卢沟"之名的运筏图最接近卢沟桥的实际。

《卢沟运筏图》是中国古代绘画的杰出代表，已故的张珩、徐邦达、韩慎先等书画鉴定大家对此画下的评语是：如果张择端的《清明上河图》是北宋时期东京城郊的一部分写照，那么这张无名氏的《卢沟运筏图》就是元代大都卢沟桥渡口的真实写照，一宋一元，两幅古画堪称姊妹篇。它们在历史价值上各擅其长，在艺术价值上相互媲美。

195

5. 乾隆御题"卢沟晓月"

卢沟桥不仅以其雄伟壮丽、坚固耐用而蜚声中外，又以"卢沟晓月"的美景闻名遐迩，正是这柔和的月光让卢沟桥添加了一份秀美之色。"卢沟晓月"是古代"燕京八景"之一。据《北平旧志》载金代明昌遗事，"燕京八景"始于金章宗明昌年间，当时所记名目为"燕山八景"。八景景名在金、元、明、清有所不同。元代《一统志》所记载的"燕山八景"有两处与金代的名称不同。明代《宛署杂记》则称为"燕台八景"，其中有三处与金代的名称不同。清代康熙年间《宛平县志》中首次出现了"燕京八景"的称谓，直到清代乾隆皇帝亲自主持更订了名目，御定八景为：太液秋风、琼岛春阴、金台夕照、蓟门烟树、西山晴雪、玉泉趵突、卢沟晓月、居庸叠翠，并在每一景点所在地树御碑一通，正面是钦定的八景名称，背面是七律诗一首，后世史料中多以乾隆钦定燕京八景景名为依据。

八景名称不论如何变化，"卢沟晓月"这一名称始终未变。那为什么被称为"卢沟晓月"呢？明代文人蒋一葵的《长安客话》卷四《卢沟河卢沟桥》记载："每当晴空月正，野旷天低，曙色苍苍，波光淼淼，为京师八景之一，曰'卢沟晓月'。"这里河水如练，西山似黛。明代的邹缉跋题的《北京八景图》解释说："桥之路，西通关峡，南达江淮，两旁多旅舍。以其密尔京都，行人使客，往来络绎，疏星晓月，曙景苍然，亦一奇也。故曰卢沟晓月。"在朝气朦胧之际，远处的京城若隐若现，天边的云翳忽远忽近，玉白的石桥泛着清冷的光，奔流的河水拍岸而过，这样略带孤独与幽冷的意境，如梦如画，充斥着诗意的美感，仿佛也唯有此时方可真正体会到"卢沟晓月"的魅力所在。

有画意必有诗情，如明代邹缉的"河桥残月晓苍苍，照见卢沟野水黄"，清代张宝的"一弯晓月过卢沟，轿手驮铃响未休"等等，而现存最早描写卢沟桥月色的是元代陈孚《咏神京八景》其四《卢沟晓月》："长桥弯弯饮海鲸，河水不溅冰峥嵘。远鸡数声灯火杳，残蟾犹映长庚横……"写出了卢沟残月的意境之美。诗篇将情、景、事融为一体，"西山笼雾晚苍苍，一线桑干万里长"的意境油然而生，情愫缠绵细腻，颇为动人。

不只文人喜爱吟诵卢沟桥，清代乾隆皇帝也曾多次来到卢沟桥，并留下了大量诗句，其中最著名的一首是《卢沟晓月》：

茅店寒鸡咿喔鸣，曙光斜汉欲参横。

半钩留照三秋淡，一蛛分波夹镜明。

入定衲僧心共印，怀程客子影犹惊。

迩来每踏沟西道，触景那忘黙尔情。

现在卢沟桥头共立有四座石碑，东西各有两座。那座著名的"卢沟晓月"碑就在桥东里侧。"卢沟晓月"碑刻于乾隆十六年（1751），汉白玉质，通高4.52米，碑身高3.66米，宽1.27米，厚0.84米，两侧及四边刻有二龙戏珠，造型别致，雕刻精美。碑阳上镌刻着乾隆亲笔御书的"卢沟晓月"四个大字，碑阴上刻着乾隆的那首《卢沟晓月》诗，碑亭的宝顶虽已不见，但碑文仍清晰如初，在阳光的映照下熠熠生辉。碑首为一个四注式的宝盖顶子，满身雕刻着云、龙、花叶、莲瓣等图案。石砌基台四角立汉白玉龙柱四根，刻工精致。

另外一座较为知名的石碑是位于卢沟桥西头外侧的乾隆四面御书碑，此碑原有碑亭（今已毁），现只有台基、踏步和四周柱脚的榫眼。碑阳刻着《重葺卢沟桥记》，碑阴是一首《过卢沟桥诗序》，是乾隆五十一年（1786）重葺卢沟桥所作。《重葺卢沟桥记》一文记述了乾隆时修桥的经过，非常详细有趣。大意为：这一年，发现卢沟桥有损坏，乾隆命人修缮，拆开桥的一面一看，发现桥拱结构"石工鳞砌，锢以铁钉，坚固莫比"，"实不易拆，且既拆亦必不能如其旧之坚固也"。乾隆由此感叹古人设计之精、用工之细，一面又推想"自前明以及我朝，皆重葺桥面而已，非重修桥身也"，意思是从前若干次"重修"，其实都是"重葺"，桥身本身从来就没动过。因而乾隆下令仅修缮了桥面、栏板和石狮。乾隆为什么要著文立碑呢？文末，乾隆表明心迹："吾之此记，不得不扬其旧过去之善，而防其新将来之弊。"一来表彰前代工程之坚固，二来防止将来有人借口"重修"而侵吞国库资金，以杜绝今后工程中的舞弊贪污行为。在全国范围内，同时拥有四块华表、四通御碑，祖孙两代帝王用满汉两种文字，楷、行两种字体，写就的三篇御文、五首御诗，约1200多字天子铭文的古桥，怕是只有卢沟桥了。

现在有许多人以为"卢沟晓月"最初同中秋赏月有关，实际上这是一种误解。"晓月"其实是指拂晓时的月色。卢沟桥地处北京西南之要冲，是从北京通往华北各地及南方各省的重要咽喉通道，而卢沟桥至京城三十余里，人们步行，一般要走上半天，如果是推车、挑担所用时间会更长。所以无论是出京还是进京，一般都要在卢沟桥畔临时歇脚，打尖住店，于是此处逐渐发展为京城西南的一个歇宿点。第二天拂晓，人们趁着月色动身，到了卢沟桥上恰好是踏霜见晓月的时分。"金鸡唱彻扶桑晓，残月娟娟挂林杪"，虽然都不是特意来看风景的，但这桥头的月色却让他们无法忘怀。中秋赏月真正与卢沟桥联系在一起，应当是在改革开放以后。1986 年的中秋节正值 9 月 18 日，是九一八事变 55 周年纪念日。而此时，卢沟桥畔的宛平城正在大规模重建，城内的抗日战争纪念馆一期即将建造完成，准备在 1987 年的 7 月 7 日，即七七事变 50 周年之际正式向游人开放。在这样一个重要的纪念日子里，北京各界民众自发地涌向卢沟桥举行中秋节赏月活动，并以此纪念伟大的全民族抗战，缅怀革命先烈和民族英烈，时任全国政协主席的邓颖超也亲自参加了活动。

为再现当年卢沟晓月的美丽景观，经过北京市和丰台区两级政府的不懈努力，2000 年的七七事变纪念日前夕，干涸了几十年的卢沟桥底注满清水，消失已久的卢沟晓月景色重现生机。

为了打造以"卢沟文化"为特色的文化品牌，2004 年 10 月丰台区文委举办"腾飞·丰台"文化论坛。2005 年 6 月，丰台区在抗日战争纪念雕塑园成功举办了"卢沟文化节"，充分展示了丰台独具特色的传统文化、光荣的革命历史、优美的城区面貌和良好的发展环境。2005 年 9 月，首届"卢沟晓月"中秋庙会在卢沟桥举行，使名桥古城再次成为老北京民俗文化胜景。由于卢沟文化节的影响日益深入人心，卢沟中秋赏月也随之成为北京文化生活的重要组成部分，越来越受到市委、市政府的重视。

2008 年 9 月，首届北京"卢沟晓月"中秋文化节在卢沟桥广场举行，至今已举办 12 届，成为首都中秋文化名片。文化节通过文艺演出、文化论坛、主题灯展等系列活动，突出欢乐祥和、团圆赏月主题，在弘扬文

卢沟桥夜景（李贺摄影）

化的同时，大幅提升了丰台区城市形象。2011 年，"卢沟晓月"中秋文化节活动被纳入北京市"我们的节日"系列传统节日重点活动。

2015 年，丰台区依托"卢沟晓月"资源禀赋，深挖中秋节传统人文精神与道德引领内涵，在活动中首次创立了点亮家灯、祝福祖国，传递家风家训，慰问回馈道德模范人物等线上线下互动环节，传播时代精神，传承中秋文化、共抒家国情怀，引领崇德向善的社会新风尚。2018 年起，全市统一以"月圆京城情系中华"为主题，开展中秋文化活动。丰台区以多种形式开展"赏月、吟月、伴月、品月、展月"系列群众文化活动，倡导文化过节、过文化节的理念，推动传统节日与现代生活的有机融合。中秋节当晚，在园博园举办"卢沟晓月"中秋音乐会，将卢沟晓月文化活动推向高潮。

2019 年 9 月，丰台区"月圆京城情系中华——卢沟晓月·中华圆梦"中秋文化活动在永定河畔的北京园博园倾情上演。作为北京市中秋文化活动主场活动之一，此次"卢沟晓月"中秋文艺演出紧紧围绕中华人民共和国成立 70 周年这一重要时间节点，以"阖家团圆、家国情怀"为主线，以"月"为主题，以爱国爱家为切入点，通过歌舞、器乐、诵读、戏曲、微视频等原创节目，用丰富多彩、民众喜闻乐见的文艺表现形式，抒发家国情怀，激励广大干部群众把爱国奋斗精神转化为实际行动，不断开拓进取，立足岗位，再立新功，深化群众对中华优秀传统文化的认知认同，增强文化自觉和文化自信。"卢沟晓月"品牌影响力得到进一步提升。

从"卢沟晓月"的历史变化中不难看出，赏月作为一种文化现象始终与国家的发展、文明的进步、民族的命运紧密地关联在一起。在古代，文人墨客的赏月主要是抒发悲婉哀凉之感，反映社会百态人生，讴歌过往旅客披星戴月奔忙不息的奋进精神。因此，他们笔下所描绘的多是一弯晓月、半钩明月、河桥残月。经历了近代风雨沧桑，饱受了列强的欺凌之苦，重新站立起来的中国人，再次来到卢沟桥头，他们笔下的月亮多是团圆之月、和平之月、宁静之月，因此这里不但凝聚着民族的历史和力量，也饱含了人民对美好生活的憧憬和希望。丰台区正以"创建文

北京第三届卢沟晓月中秋文化节赏月晚会（丰台区委宣传部供图）

明城区、建设美丽丰台"为目标，持续打造与中秋文化相结合的"团圆、幸福、和谐、快乐、希望"文化旅游理念，深入挖掘并集中展示富有特色的中秋民俗文化，努力将"卢沟晓月"中秋文化旅游节打造成为北京乃至全国最知名的中秋节庆文化品牌。

（二）拱卫京师一座城

1. 武俊督造拱极城

卢沟桥东侧有一座大家非常熟悉的古城：宛平城。谈起宛平城，许多人都会以为它是因宛平县所建的县城。其实这种说法不全对，因为这座城用作县城的时间并不长，前后算起来不过十年。这座古城在成为宛平城之前的数百年间，有着自己的名字：拱极城。从名字上就可以看出，这是一座非常重要的城邑。实际上它就是拱卫京师的一座卫城，到了1928年，由于国民政府将首都定在南京，北京改称北平。北京城内宛平、大兴两个县署外迁，其中宛平县署迁到卢沟桥附近的拱极城，这样该城才被称为"宛平城"。它是我国华北地区唯一一座保存完整的两开门卫城，与卢沟桥一并于1961年被列为首批全国重点文物保护单位，2005年被评为国家红色旅游经典景区。

其实，早在拱极城建造之前，卢沟桥这个地方就很受封建王朝的重视。元仁宗延祐四年（1317），就在卢沟桥设置巡检司，主要用于抓捕盗匪，维持地方治安。明代又设有卢沟桥抽分竹木厂，负责运输木料等事宜。明政府将这样沿河运来的木料，贮藏于卢沟桥附近的小屯厂之中，小屯村村名也由此而来。卢沟桥建成后，其战略地位愈加重要。明英宗正统年间，也就是土木之变时，瓦剌军就曾押着被俘的明英宗，在卢沟桥果园派人向明朝廷要挟。明崇祯二年，皇太极率军直扑北京，与明军中的申甫军在卢沟桥激战，申甫军全军覆没。与此同时，李自成的农民起义军又起，明廷受到多方威胁，因此迫切需要建造一座军事堡垒来拱卫京师。

201

拱极城始建于明崇祯十一年（1638），竣工于崇祯十三年（1640），至今已有380年的历史。全城东西长640米，南北宽320米，城墙高7.18米，周长1920米，总面积约20公顷，是当时全国最小的城池，由御马监太监武俊主持修建，其主要作用是为了拱卫京师的安全。清代于敏中等人编纂的《日下旧闻考》引《破梦闲谈》称："卢沟畿辅咽喉，宜设兵防守，又须筑城以卫兵。于是当桥之北，规里许为斗城，局制虽小，而崇墉百雉，俨若雄关，城名拱北。南曰永昌，北曰顺治。"并加按语："拱北城，本朝更名为拱极城，复改永昌门曰威严。屡事修葺，设西路捕盗同知及巡司、游击各员弁驻守。"从这段记载来看，宛平城最初称作"拱北城"。什么叫"拱北"呢？拱北也称拱辰，指的是拱卫北极星之意。为什么要拱卫北极星呢？因为中国古代把北极星称作"众星之首"，《论语·为政》中说："为政以德，譬如北辰，居其所，而众星共（拱）之。"以后人们就把拱北比喻成拱卫君王或四裔归附。长期以来，学者们一直相信《日下旧闻考》的说法，认为该城初建时叫拱北城，到了清代改名为拱极城。然而，1958年的一项考古发现否定了这一结论。

事情是这样的：1958年为便利交通拆除东城门瓮城的时候，在城门楼墙内发现明代拱极城工程主持人、御马监太监武俊埋藏的石碑一块，长1.58米，宽0.88米。石碑上文字详细地记录了当年施工时的经过和所用银两、工料以及城的丈尺及形制，还记录了当年捐款人的姓名官职，捐款来源和开支情况。1981年8月，在宛平城西门洞地下，发现一枚钟形腰牌，高11厘米，腰宽5.8厘米，底宽7.5厘米。腰牌铭文为"敕令"："钦差分守真、保、涿、易、龙、固等处地方详查台垣火具，清军募练兼勘山西开采事务，督理拱极城工，御马监太监武俊。崇祯十三年三月上吉日立。"铭文提到的"真、保、涿、易、龙、固"等地名，即真定（今正定）、保定、涿州、易州（今易县）、龙门卫（指今河北省赤城县龙关镇地区，唐代称龙门县，明代置龙门卫）、固安。此腰牌说明督理建工者是御马监太监武俊，修建的是拱极城，年份为"崇祯十三年三月"。这就清楚地说明，从它建成之日开始这座城就叫拱极城，并没有叫作拱北城。那么拱极是

202

什么意思呢？实际上拱极与拱北、拱辰一样都是拱卫北极星的意思，只不过是用词不一样而已。

有趣的是，武俊石碑还记录了当年修城时的一桩公案。

大明王朝到了崇祯年间，已是日薄西山，气息奄奄了。崇祯皇帝为了加强北京西南咽喉要道卢沟桥的防卫，同时为了防范李自成领导的农民起义军和清军的进攻，采纳了廷臣的建议，准备在卢沟桥东岸建造一座军事城堡，以拱卫京师的安全。这一意旨决定

明代御马监武俊的腰牌，1981 年于宛平城出土

后，命内官监太监苏元民、大司空刘遵宪、少司空魏忠乘等主管工程的官员们以及御史、府尹等 12 人共同估价，他们呈奏皇上的估价为 32 万多两纹银。崇祯皇帝认为所需银两太多，于是又让御马监太监武俊重新估算。这位武俊太监的生平事迹史书记载不详，《明实录》中仅记载他于天启六年（1626）同御马监太监孙茂霖、王莅朝等一同到山海关抚镇。因协助抚镇有功，获赏银二十两、彩缎一匹。武俊不仅对皇帝忠心耿耿，而且还是一位理财高手，还熟悉营建工程等相关事宜，知道该如何节省费用。因此经他估算，仅用银两 14.95 万两，还不及苏元民等人的估算数额的一半儿。崇祯皇帝十分高兴，便任命武俊主持这座卢沟桥城堡的建筑工程。而苏元民等人由此心生怨恨，打算伺机报复。武俊却没空考虑这些，他到任以后，马上开始着手筑城，工程于崇祯十三年八月竣工。竣工之后一计算，实际支出工料银仅 13.28 万两，比武俊自己提出的预算还节省了一万多两。这样一来，那些企图中饱私囊，任意多算工程造价的人就更坐不住了。他们便合起伙来，一块儿诬陷武俊，说他贪污工料银，偷工减料。工程验收官验收回来后，向皇上禀报，说武俊贪污了

1.72 万两银子。崇祯皇帝闻听大怒，也不进行调查，下令将武俊革职查办。武俊只得倾尽所有，交上 1.72 万两银子，才免除牢狱之灾。武俊蒙冤后，无处申冤，只得忍气吞声。他自知此事问心无愧，只可惜自己三年辛苦，一生忠君，却落得无立锥之地，实在冤枉，他越想越觉得窝囊，于是将这件事的始末写出来刻在石碑上，并藏于墙内，希望将来有机会给自己平反，恢复名誉。可他没想到的是，此时的大明王朝已经走到了尽头。就在拱极城完工后的第四年，李自成率领农民起义军攻破北京，崇祯皇帝在煤山自缢。同一年，满清的八旗军在吴三桂的引领下攻占了北京，开始了清王朝的统治。

说到这里，我们再回到拱极城这座城池本身的建筑形制。因拱极城当初是为军事目的而建，为屯兵之用，因而它的形制与普通县城有很大区别，整个城体紧凑而严密，防护性极强。根据武俊碑文记载，此城原有"城楼二座，闸楼二座，瓮城二座，角台四座，角楼四座，中心台二座，敌楼二座，小敌台四座，共有房屋十二间，马道八道，门楼八间，城上旗杆十二根"。该城没有一般县城的大街小巷、市场、钟鼓楼等设施，只有一条大道贯通东西。一般县城有东西南北四个城门，而拱极城只有东西两个门，门洞高 4.5 米，宽 4 米，设有瓮城和城楼。城内两座中心台，南曰"洪武"，北曰"北极"，台上有敌楼。城的四周有角台，上有角楼。城楼为重檐歇山式屋顶，面阔三间，城门为拱形券门，楼为碉楼式。箭楼为单檐歇山式屋顶，面阔三间，外侧开箭窗两排，上排六孔，两侧各附一小孔，下排七孔，上下交错而开。城墙基础铺六层条石，上面砌砖，内部填实黄土和碎石，顶上再铺面砖三层。城墙顶上四周外侧有矮墙垛口，上有望孔，下有射眼，垛口上还有一层盖板。这样既可以防守，又可以拒敌，敌强时可以拒守，敌弱时亦可出击。拱极城在明清两代皆为驻兵之所，清朝在这里曾设"拱极营"，并设置过参将、都司、游击等职官。当地有首歌谣："小小屯兵拱极城，城门三百三十钉。城上三百三十垛，城内三百三十兵。"在清代，顺天府曾设东、西、南、北四个厅，分管顺天府所辖的 24 个州县。其中，西路厅设在卢沟桥拱极城，设有西路同知，分管大兴、宛平、良乡、房山和涿州。顺天府的四路同知掌管捕盗，收各州县钱粮，其中西路同知还兼管永定河水利等。

关于拱极城的两个城门——东门"顺治"，西门"永昌"（清代改为"威严门"），历史文献中记载是分别向北、南两面开设，而实际上是东西方向，其中原委已不得而知。但两座城门却有一段非常有意思的掌故。清初官员赵吉士的笔记《寄园寄所寄》卷十引《万青阁偶谈》："余谓明崇祯间，筑拱极城于卢沟桥，前曰顺治，后曰永昌，一为本朝年号，一符闯贼僭号。"说的是"顺治"为定都北京的清世祖福临的年号，福临也因此被称为顺治皇帝；而"永昌"则是李自成建立大顺政权称帝后的年号。清代计六奇的《明季北略》有着类似的记载："（崇祯十一年）二月，城芦沟，名拱极城。太监督役，掠途人受工，民力为惫。城既成，向北京一门题额曰顺治门，向保定府一门题额云永昌门。数之前定如此，异矣。"近代学者夏仁虎所著的《旧京琐记》卷八《城厢》中说："明崇祯之际，题北京西向之门曰顺治，南向之门曰永昌，不谓遂为改代之谶。流寇入京，永昌乃为自成年号。清兵继至，顺治亦为清代入主之纪元。事殆有先定欤？"对于人们的种种猜测，只能说历史原本就充满了巧合，大明王朝的两个掘墓人大清和大顺政权，偏偏分别选中了"顺治"和"永昌"两个年号，拱极城城门或许真的有"先见之明"。

2. 康熙演炮卢沟桥

卢沟桥在建成之前，永定河两岸就已经是军事战略要地，历史上的各方势力在争夺燕京古城之时，往往会在这里展开激战。卢沟桥建成后，其南北交通大动脉的枢纽地位使其军事作用更加突出。因此，围绕永定河和卢沟桥形成了氛围深厚的军事文化，其中最具特点的就是演炮制度。

清朝占领北京之后，虽然很快平定了农民起义军和明朝的残余势力，天下一统，但是清朝统治者却没有放松军队的操练，而卢沟桥畔就成为清朝政府操练军队的主要场所之一。

康熙二十四年（1685），蒙古喀尔喀各部首领进京朝贡，康熙帝特命举行大阅，演习一批新型火炮，皇帝由紫禁城的午门出，经宣武门。八旗都统、各帅所部将士，纷纷身披甲胄，佩带弓箭，张开旌旗，从湾子里夹道分列，到达拱极城，前锋官军自卢沟桥夹道分列，到达王家岭山麓。康熙帝升座后，一声令下，红衣大炮相继轰鸣，场内靶子应声而倒，场面十分壮观。随同康熙帝参加大阅的蒙古各部落王公，从未见过如此阵势，不免惊惧，甚至有匍匐仆地，战栗不止者。康熙帝十分得意，但却假作安慰："阅兵乃本朝旧制，每年都是如此，没有什么大惊小怪的。"两年后，康熙帝又率众臣到卢沟桥阅兵，试放火器，这次场面更为宏大。显然，这样的大阅带有表演性质，清朝统治者让少数民族部落首领观看，只是为了免除他们的叛逆之心，更好维护国家的统一。

大阅之典的规模究竟有多大，原来没有具体数字，到雍正六年（1728）才正式定制。据清代《皇朝文献通考》记载，阅兵队伍前面有炮车、炮手、枪手、仪仗队等组成的大阵，气势恢宏，以汉军火器营打头阵，继之以八旗火器营及护军营、骁骑营等精锐军队，共有将士 18000 余人，其后又排列有三十四营的军队。仪仗队中大旗、抬鼓、鸣锣、海螺、蒙古画角（古代乐器）等成百上千，乐声喧闹，枪炮齐鸣，极为壮观。

这样的大阅之典大体上每三年举行一次，也没有固定场所。清初顺治之时，大阅的仪式主要在南苑举行，到康熙年间，逐渐移至卢沟桥。

除大阅之外，清政府还经常在卢沟桥操练炮兵，这种操练已经没有了表演的成分，而是真枪实弹的军事训练，清朝统治者也就不邀请其他人士参观了。清朝统治者对于在卢沟桥举行的军事操演十分重视，于是在每次的操演之前都要举行祭祀炮神的隆重仪式。《清史稿》记载："世祖奠鼎燕京，定制以岁季秋朔，陈炮位卢沟桥沙锅村，席地为坛，西向，以八旗汉军都统将事。分旗翼列，用果品、少牢。届时先镶黄旗炮位，都统御补服，上香，三跪九拜，三献，读祝。余七炮位亦如之。副都统以次陪祀……乾隆十四年，满洲火器营始祭八旗子母炮神，总统承祭，如汉军祀炮仪。其后定满洲祀炮依汉军例，季秋赴卢沟桥演炮，即以其日祭焉。三十年，祀炮始用祝版，并专设祭器。"据此可知，清朝祭祀炮神的仪式是从顺治帝定都北京之后即在卢沟桥畔举行。最初举行仪式的是汉军八旗的火器营，直到乾隆十四年（1749），满洲八旗才仿效汉军之制，也开始祭祀炮神。卢沟祭炮，典礼十分隆重，由清朝主管祭祀的太常寺主持，共设八座神坛，上列八门火炮，以应八旗之数。镶黄旗炮位放在最前面。每门炮位前都设有炮神神位，前置牲案、香坛，各陈一羊、一猪，五盘果实、二十只杯盏。清代在卢沟桥祭炮，并不是单纯的祭祀活动，而是每年利用祭炮机会举行一次大规模的军事训练。

这样的炮兵军事训练虽然没有大阅之典规模宏大，却也十分壮观。康熙二十八年（1689），康熙皇帝钦定卢沟桥演炮制度。《清史稿》记载："定演炮之制。每年九月朔，八旗各运大炮十位至卢沟桥西，设枪营、炮营各一，都统率参领、佐领、散秩官、骁骑炮手咸往。工部修炮车，治火药。日演百出，及进步连环枪炮。越十日开操。太常寺奏简都统承祭，兵部奏简兵部大臣验操。各旗演炮十出，记中的之数。即于炮场合队操演，严鼓而进，鸣金而止，枪炮均演九进十连环，鸣螺收阵还营。"乾隆五年（1740）七月，乾隆皇帝命八旗兵丁赴卢沟桥操演枪炮，定例三年一次，于九月内举行，自此成为定制，直到咸丰三年（1853）终止。这些军事操练，往往是由兵部官员负责考核其训练成绩，奖优惩劣，但随着时间的推移，训练的水准不是越来越高，反而有所下降。

对于这种军事训练，清朝政府有着较为详细的规定。据清人董诰等人编纂的《军器则例》记载可知，汉军八旗与满洲八旗的训练最初是分开进行的，汉军八旗操练在前，满洲八旗操练在后。

汉军八旗在卢沟桥的操练规制如下：八旗汉军每年秋季每旗各出炮九位（制胜炮二位、神威炮七位），共七十二位，即卢沟桥设置的固定炮位共有 72 个，分四次演放，每次放射 18 个火炮。

对于操练的时间，清朝政府也有明确规定：自九月初一日起，至初五日止，每日每炮演放三出，五日共演放十五出。每届三年。用于演放的火炮，分为一千斤的神功炮、五百斤的制胜炮和四百斤的神威炮共三等。除此之外，有时还演放两千斤以上的无敌大将军铜炮。其考核办法为：

每炮要演放十五出炮弹，能够中十出才算合格。如果所中炮数不够，少一二出，要将炮手打四十军棍。少中三出以上者，要打八十军棍。如能比十出多中一出，奖励炮手一两银子，多出二出以上，赏银二两。由此看来，这一考核方式还是很严格的。其射击合格命中率为67%左右，超额者赏以白银，不合格者则被责打军棍。

满洲八旗的火炮操演，其时间也为五日，即每年九月七日至十一日，"八旗满洲火器营子母炮四十位，每年秋季俟八旗汉军炮位演放完竣后，奏请带往卢沟桥，演放五日。派出翼长二员、管炮营参领八员、印务笔帖式一员、蓝翎长二十名、队长二十名、甲兵四百四十名前往。将满洲火器营大臣缮写绿头牌奏请钦点一员，前往验看。操演兵丁等每人每日给路费银一钱，其应用账房车价、祭炮、马匹，以及火药、铅子、铁子、木牌等项，俱由火器营移咨各该处领取"（《军器则例》）。火炮数量比汉军八旗要少一些，火炮种类也与汉军不同，为子母炮。其他待遇则与汉军八旗大致相同。

每次火炮操演都要耗费清朝政府的大量经费，如作为炮弹的铁块、铅丸，火药、火绳等，每次操演都要耗费掉许多。清朝军队在卢沟桥演放火炮的同时，还会演放枪，所需费用比火炮要少得多，但是也很可观。其后，由于费用支出太大，清朝政府将最初的每年一次操演改为三年一次，次数虽然减少了，但是操演的时间由原来的五天延长为一个月。其后，又曾一度将操演时间延长至四十五天。

清朝军队的火炮威力巨大，每当操演之时，枪炮齐鸣，声闻数百里。康熙帝曾与身边大臣谈到此事时说："古人云，隔里不同风，此言最确。又尝考验雷声，不出百里之外。《易》云'震惊百里'，若霹雳则不过七八里也。至于炮声，竟可闻于二三百里。从前卢沟桥演炮，天津皆闻之，此其验也。书籍所载，虽不可尽信，然亦有凿凿可凭者。"（《清圣祖实录》）由此可见，康熙帝对于火炮威力之大，是十分满意的。卢沟桥演放火炮的炮声是否可以一直传到天津姑且不论，至少比起霹雳惊雷是绝不逊色的。

3. 宛平县署迁卢沟

宛平县，其称谓最早出现于辽代。从辽开泰元年（1012）改幽都县为宛平县，到 1952 年宛平县撤销，其建制在中国历史上存在了近千年之久。对于"宛平"二字，清康熙《宛平县志》的解释为："宛平之为县也，始于辽，《释名》曰燕：宛，取宛宛然以平之义。"现在位于卢沟桥以东的宛平城曾经是宛平县署所在地。

宛平县地方很大，在明清两代，它包括今天的西城、海淀、石景山、门头沟四个区的全部，还包括丰台的一部分，大兴的一部分，面积有 2000 多平方公里，是今天丰台区面积的七倍多。

宛平之名自幽都县改名后，历经辽、金几个政权的更替并没有受到大的影响，各政权统治时仍用其名。元灭金之后，元世祖忽必烈决意建都于燕。至元元年（1264）改燕京为中都，燕京路亦改称中都路。至元四年（1267），于中都城东北部大兴土木，营建新都城，初亦名中都，至元九年（1272）改名为大都，中都路亦改称大都路。当时，丰台地区为大都的西南郊，东部（南苑乡）属大兴县，西部北公村以南属良乡县，中间大部分属宛平县。因宛平县地位十分重要，成为大都路总管府直辖的六县之一。

明代洪武初年，明军攻陷大都后改名北平，置北平府，设"北平布政使司"，宛平、大兴隶属北平府管辖，两县县治均设于府城内。永乐元年（1403），明成祖朱棣改北平为北京，建顺天府，府内所设宛平、大兴二县，以北京中轴线为界，东为大兴，西为宛平。明清两代，宛平县署一直在北京城内。明代在地安门积庆坊（今贤良祠附近），清代则在地安门西大街东官房。

1928 年 6 月，国民政府北伐胜利后，宣布将北京改为北平特别市，不再作为首都。北京（当时称京兆地方）所属的 20 多个州县一律划归河北省，而宛平县也自然归了河北省。这样一来，宛平县署就要从北京城里迁出来，迁到哪里呢？恰好卢沟桥边就有这样一处完整的拱极城，用作县署的办公地点很合适。这样，经河北省建设厅报请河北省政府批准，1928年12月，宛平县署正式由北京地安门西大街东官房迁至拱极城，并且把原顺天府西路厅办公的地点作为县署，拱极城遂改名为宛平城。

1937年卢沟桥事变爆发，中国人民开始了全面抗战。事变中，日军的侵略炮火摧毁了宛平城门和县衙，于是县政府迁至长辛店老爷庙。1945年抗日战争胜利后，中国共产党在宛平的西部和南部分别建立了平西抗日根据地和平南抗日根据地。1948年底，丰台、长辛店、南苑相继解放，中国人民解放军军事管制委员会丰台分会接管了国民党的宛平县政府。丰台、长辛店均划入北平（北京）市，成立丰台区、长辛店区。后来，长辛店地区又并入丰台区，河北省宛平县所辖区域大为缩小，县政府也移至今门头沟区的大台。解放后，北京市区划几经调整。1952年7月，宛平县正式撤销，其辖区先后分别划入丰台区、京西矿区、房山县、大兴县、海淀区、石景山区，宛平城地区划归丰台区卢沟桥镇，至此，延续近千年的宛平县建制正式结束。1991年，宛平城划归宛平地区办事处。

宛平城自建成起，历经无数风雨，见证了数百年的历史。1961年，国务院将宛平城列为第一批国家重点文物保护单位。1984年，丰台区政府公布宛平县衙为丰台区文物保护单位。1986年，中央决定在宛平县城内建中国人民抗日战争纪念馆，并将宛平县衙旧房拆除。

宛平城由于年久失修，1937年七七事变又遭日本侵略军的炮轰枪击以及以后的损坏，有些地方特别是城内设施，已失去原来的面貌。城楼、闸楼、中心楼、角楼、敌楼和部分垛口已倒塌，城墙顶面已毁，墙皮除日本侵略军的弹痕破坏外，还有大面积的酥碱，局部鼓起脱落。为消除交通卡口，1958年又将东、西城门和闸门拆除。为保护文物古迹，当时由国家计委和文化部文物局拨专款，从1984年起，在北京市人民政府领导下，对宛平城进行了首次修复，重建了两座城楼和瓮城。此次修复，尽量保留古迹。城墙的严重破坏处按原貌修缮。城墙因无遗存资料，系参照明、清卫城的形制结合使用的需要重建的。1987年，

位于宛平城内的宛平县衙（丰台区委党史办供图）

宛平城向游客开放。

2001 年，北京市文物局筹资对国宝级文物进行修缮，宛平城被列入名单。这是对宛平城的第二次修缮。在这次修缮中，还是本着修旧如旧的原则，除保留部分弹痕外，按原貌修缮，同时在城墙的基础上恢复四个角楼、四个敌楼、两个中心楼，使这座古城又重新恢复了往昔的风貌。同时，宛平城东西大街建成明清商业文化步行街，复建县衙、兵营、兴隆寺及驿站，新建马可·波罗宾馆等，形成有传统明清特点的购物、餐饮、服务、住宿等商业设施，进一步恢复宛平城原有历史风貌，开辟特色旅游景区，以老北京的市井文化为主，使古老的宛平城焕发了生机和活力。

从历史上看，宛平城是座不大的城。民间曾流传这样的俗语："卢沟桥最大的是风，最小的是城"，"城里最多的是土，最少的是兵"。但这座蕞尔小城却闻名全国乃至世界，因为它曾经见证中国军民英勇抗战的历史，而成为中华民族不屈精神的象征。

（三）打响全民族抗战第一枪

1.震惊中外的七七事变

　　1937 年 7 月 7 日，在北平西南的卢沟桥爆发了震惊中外的七七事变，该事变又称卢沟桥事变。这是日本军国主义全面侵华战争的开始，也是中华民族全面抗战的起点。

　　自 1931 年九一八事变后，日军侵占了我国整个东北地区，并一手炮制了伪"满洲国"，但其野心并没有因此而满足。日军不断增兵，并将侵略的矛头直接指向华北。1933 年 1 月，日军集结重兵，向山海关一线发动进攻，中国守军被迫撤退。2 月，日军向热河省发起全面进攻，并于 3 月，占领了热河省会承德。此后，日军继续南下，目标直指平津。

　　1935 年在日军授意下，白坚武在丰台火车站截取车辆，带领一帮流氓无赖，组织所谓"正义军"，企图攻入北平，控制华北政权，被国民党政府军迅速平定，此事件称"白坚武夺城事件"。1936 年 6 月和 9 月，日军在丰台镇制造了两起丰台事件，他们向中国军队肆意挑衅，无理扣押中方人员，并提出一系列不合理要求，国民革命军第二十九军军长宋哲元为避免事态扩大，只得步步退让，丰台兵营于是陷入日军之手。

　　日军占领丰台这一军事要地后，便将罪恶的魔爪伸向卢沟桥，卢沟桥处于交通咽喉地带，日军一旦占据卢沟桥，就会切断北平与外界的联系，从而使北平变成一座死城，日军便可借此吞并华北地区，把华北变成第二个"满洲国"。可以说，日军发动事变是实施全面侵华战略的重要步骤，为此日本军方可谓是蓄谋已久。

　　1936 年"二二六"兵变后，广田弘毅组阁，日本全面走向法西斯主义的侵略扩张之路。日本先后制定了《第一次北支（华北）处理纲要》《第二次北支（华北）处理纲要》等意图侵略华北的纲领性文件。时任日本陆军最高指挥官的杉山元狂妄地宣称，三个月就可以完全占领中国。1936 年 7 月，日本华北驻屯军开始在平津近郊演习。1937 年春夏，华北局势愈发紧张危急，驻丰台日军在卢沟桥一带的演习日益频繁，并以进攻占领宛平城为目标。在日本《中国驻屯军步兵第一联队战斗详报》中，记载了事变前后该联队的军事部署与活动，如事变前，联队长训示"联队全体官兵专心研究黄昏、黎明及夜间训练，对驻扎地附近地形，直至每一士兵都能暗记，达到夜间行动熟练；且指定奇袭中国军队首脑住所、兵营、城门计划，使干部逐一多次实地勘察"，并且"命令全体部下要高度注意，以防不测，随时做好出动准备，特别命丰台驻屯队

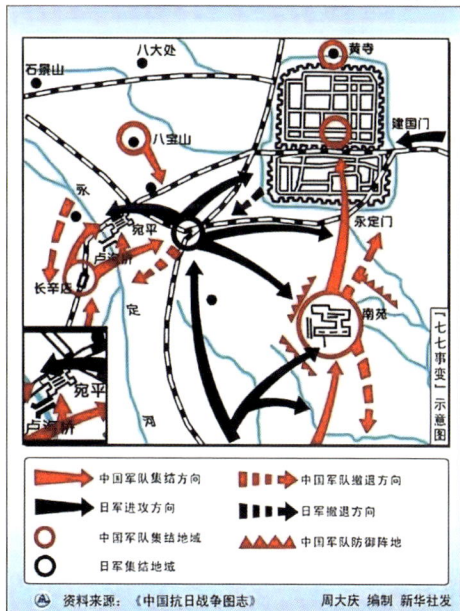

七七事变敌我攻防示意图

对有关中国军掘开碉堡及增强工事的情况予以注意"（原文译文引自中国青年出版社 2010 年出版的步平、荣维木撰写的《中华民族抗日战争全史》）。

事变前，日本在中国华北驻军的情况为：中国驻屯军司令官由田代皖一郎中将担任。下设一个步兵旅团、一个炮兵联队、一个骑兵队、一个战车队以及工兵队、宪兵队、通讯队等。步兵旅团由河边正三少将担任旅团长，下设两个联队。其中挑起卢沟桥事变的是第一联队，联队长是牟田口廉也大佐。中国方面，国民革命军第二十九军在此驻守。军长宋哲元，副军长秦德纯、佟麟阁。军部下设五个师、一个保安队。其中驻守卢沟桥、宛平城一带的是第三十七师一一〇旅二一九团三营，营长金振中，该营为加强营，兵力有 1400 人左右。事变前的兵力部署为：第十一连部署在卢沟桥铁路桥东段及以北的龙王庙一带；第十二连部署在宛平城以南；第九连部署在宛平城内；第十连为预备队，部署在卢沟桥

西端大王庙，即三营营部驻地；重迫击炮连配置在铁路桥西端；重机枪连在宛平城东北、东南两个城角；轻迫击炮连集结在宛平城东门内。

事变前夕，远在东京的日本政界中私下盛传着这样的流言："七夕之夜，华北将重演柳条沟（湖）一样的事件。"就在事变爆发前几天的1937年7月3日，时任关东军参谋长的东条英机向日本政府提议，立即给中国以打击。于是日军开始疯狂寻找挑起全面侵华战争的借口，1937年7月7日，这一借口出现了。

1937年7月7日19时30分，日军第一联队第三大队第八中队，由中队长清水节郎率领，在回龙庙以卢沟桥作为假想攻击目标，进行军事演习。半夜23时，日本特务机关长松井太久郎给中国冀察军政当局打来电话，声称日军在收队点名时发现失踪一名士兵（志村菊次郎），要求到宛平城内进行搜查。秦德纯随即告知宛平县长王冷斋，要求他到宛平城调查情况，然后回复日方。王冷斋急忙向金振中营长和警察局长了解情况，经查我军并无开枪之事，王冷斋于是前往日本特务机关将情况说明，并拒绝日军进城搜查。日方蛮横无理，一定要进城搜查，双方争执不下。凌晨2时，日军大队长一木清直赶到宛平城外，占领沙岗子（日军称"一文字山"）。5时，双方尚在交涉中，忽听得宛平城东门外枪声大作，日军首先向中国守军开枪，二十九军官兵被迫还击，七七事变就此爆发。

这里有一个鲜为人知的细节。事变当晚，日军对宛平城进行炮轰，令所有人吃惊的是，日军第一发炮弹就直接击中了宛平城行政专署办公大厅。人们不禁要问：日军的炮弹为什么能如此精确？事后这个谜团才被解开。原来在事变发生前的1937年1月，河北省宛平专署在宛平城成立，王冷斋被任命为督察专员兼宛平县县长，驻丰台日军大队长一木清直是第一个来专署表示"祝贺"的外国人。从表面看这是普通的礼节性拜访，但事后察觉是有其军事目的的。原来一木清直身为高级军官，平时外出总是骑着高头大马横冲直撞，可是这次到五里之遥的宛平城，却一反常态，一路步行至宛平专署。他身后跟着一个曹长，一进城门，那曹长便踢起正步，一副木偶似的动作，惹得城内百姓们不禁哑然失笑。可谁也

214

没有料到，这曹长竟是个老练的炮兵测距手。由于宛平城有三四丈高的城墙遮挡，日军无法测定炮击城内目标的距离，为此他们便借此"祝贺"之机，进城来步测距离。人们这才醒悟过来，日军原来早有预谋。

7月8日下午，牟田口廉也派大批日军开到卢沟桥附近，他们占领了重要路口及铁路桥、回龙庙等地。中国守军在一一〇旅旅长何基沣率领下，从北线进攻，夺回铁路桥和回龙庙。晚上，日军又向宛平城炮击，连续三个小时。中国军队英勇还击。9日，一木清直指挥日军在宛平城、卢沟桥周围射击，并出动十几辆战车，掩护步兵向卢沟桥进攻。守军第十二连奋力坚守，金振中营长命轻重迫击炮两个连消灭日军战车，并率领第九、第十两个连，由第十二连翼攻击日军左侧背，战至11时，金振中营全线出击。12时，日军被击退。10日至11日，双方在卢沟桥、宛平城一带多次激战，日军进攻均被打退。在作战中，营长金振中负伤。11日中午到下午，双方在卢沟桥一带展开肉搏战，二十九军大刀队施展神威，在短距离大量杀伤敌人，其中一名19岁的大刀队员陈永一个人就砍死13名日本兵，令日军魂飞魄散。

"卢沟桥！卢沟桥！男儿坟墓在此桥！最后关头已临到，牺牲到底不屈挠；飞机坦克来勿怕，大刀挥起敌人跑！卢沟桥！卢沟桥！国家存亡在此桥！"这是流传在二十九军官兵之中一首慷慨悲壮的《卢沟桥歌》，它反映出中国驻军不畏强暴，誓与阵地共存亡，抗战到底的决心，这是中国军队的呐喊，也是中华民族全面抗战的生动体现。

中国军队的顽强抵抗，大大出乎日本侵略者的意料。按照牟田口廉也和一木清直等人事先的预谋，事变一发生，中国政府就会妥协退让，平津随之唾手可得。在他们看来，中国驻军不堪一击，一旦打起仗来都会弃城逃跑，没想到会遇到如此猛烈的还击。牟田口廉也在他的手记中曾这样说："我当时一是想打一仗，出出威风，二是怕受到处罚，所以隐瞒了这个事实[1]，但是我确实没有想到就此引发了中国人民的全面抗日

①指失踪士兵志村菊次郎很快归队。

战争。"① 面对中国军队的奋起抵抗，一时准备不足的日军便玩起了假和谈的把戏，企图以此补充兵源，扩大侵华战争。11日晚，中日双方签订了停战协议《卢沟桥事件现地协定》，中方作出了让步：第二十九军代表向日军表示遗憾，处分负责官员，保证将来不发生类似事件；中国军队为避免与日本在丰台过于接近而惹事端，改以保安队在卢沟桥城厢及龙王庙维持治安；彻底取缔抗日团体。但这一切，并没有阻止日本扩大侵略的步伐，日军仍不断向卢沟桥一带增兵，并时常对中国守军进行挑衅，气焰十分嚣张。据长江、小方等著《从芦沟桥到漳河》(生活书店1938年)，中国的战地记者范长江在《卢沟桥畔》一文中愤怒地写道："丰台的中国人眼看着以中国的铁道，中国的头二等客车，中国人的司机，开着中国人民血汗买来的火车头，载着人家的军队，经过中国的领土，开到中国的卢沟桥附近去打中国人！"

就在双方签订协定的当天，日本内阁会议通过了陆军部制定的增兵华北的提案，并随即发表《派兵华北的声明》，声称卢沟桥事变"完全是中国方面有计划的武装抗日"，中国方面"无接受和平谈判之诚意"，宣称日本政府已"下了重大决心"，决定采取一切必要措施，向华北派兵。7月17日，日本陆军参谋本部制定了《在华北行使兵力时对华战争指导纲要》，日本政府决定动员40万兵力，妄图灭亡中国。

七七事变的爆发，激起了全国人民的极大愤慨。第二天，中共中央发表《中国共产党为日军进攻卢沟桥通电》，向全国疾呼："平津危急！华北危急！中华民族危急！只有全民族实行抗战，才是我们的出路！"号召："全中国同胞，政府，与军队，团结起来，筑成民族统一战线的坚固长城，抵抗日寇的侵掠！"毛泽东、朱德、彭德怀等致电蒋介石，表示红军将士愿与国民党达成谅解，接受国民政府的统一领导，共赴国难。同时，按照中央的指示和工作部署，中共北平市委立即召开会议部署抗战工作。当地居民也纷纷加入抗战的热潮中，老年人为部队当向导，给

---

① 俞歌春《平津抗战影像全记录》，长城出版社，2015年，第17页。

站岗的士兵送茶送饭；妇女们为战士们蒸馒头、烙饼、烧开水、洗衣被；长辛店工人把大批的铁轨、枕木、麻袋，赶运到前线，修筑工事；附近的农民，出粮、出草、出柴、出民工，帮助军队修路、送饭，送情报，抬伤兵。北平学校学生和教员组织抗敌救援会，成立战地服务团、募捐团、慰问队、看护队、义勇队，进行劳军、募捐、救护、宣传等活动。中共北平市委领导下的"民先队"、北平学联、华北各界救国联合会等抗日团体，纷纷组织各界人民抗敌后援会，发表声援二十九军抗战宣言：誓死反对日本武装侵略华北；拥护英勇抗战的二十九军保卫平津；立即驱逐日本驻屯军出中国；反对签订一切屈辱条约。

由于二十九军的坚决抵抗和全国抗战形势日趋高涨，尤其中国共产党所领导的抗日民族统一战线的推动，以蒋介石为首的国民政府不得不调整对日政策，由过去的一味妥协退让逐渐变得强硬起来。7月17日，蒋介石在庐山发表讲话，提出"战端一开，那就是地无分南北，人无分老幼，无论何人，皆有守土抗战之责任，皆应抱定牺牲一切之决心"。面对着二十九军军长宋哲元在战与和之间的摇摆不定，蒋介石立即致电宋哲元"卢案必不能和平解决……彼得寸进尺，绝无已时。中央已决心，运用全力抗战，宁为玉碎，不为瓦全，以保持我国家与个人之人格"①。

二十九军的"当家人"宋哲元，在对日作战的态度上也是越来越坚决。事变爆发之时，宋哲元正在山东乐陵老家，他得知事变的消息后，致电北平"相机应付，以挽危急"。他认为日本还不至于对中国发动全面战争，局部解决的可能性是有的，应力争和平解决卢沟桥事件。直到7月下旬，日军攻占廊坊，并向他发出最后通牒，他才彻底打消和谈念头，通电拒绝日方一切无理要求，命令二十九军官兵坚决抵抗。

7月27日拂晓，二十九军第一一〇旅加炮兵一个营在何基沣旅长指挥下向驻丰台的日军营地发起猛攻。二十九军官兵拼死冲杀，使盘踞在这里的日军慌作一团。中午时分，二十九军已攻下丰台的大部分，并占

---

① 《平津抗战影像全记录》，第 265 页。

领丰台镇，只有东南一角还有日军凭借坚固的防御工事进行顽抗。到了下午，日军的增援部队赶到，兵力对比顿时发生逆转，我军力不能支，只好撤出，丰台得而复失。在此前，日军已下达对二十九军的总攻命令。

7月28日，日军铃木混成旅配合酒井独立旅团3000余人，向南苑总攻。首先，日军40架轰炸机低空轰炸南苑。之后，日军在百余辆坦克车、装甲车掩护下，从西面、南面向南苑守军猛攻，另以一部切断南苑至北平的公路。中国军民英勇抵抗。二十九军副军长兼教导团团长佟麟阁、一三二师师长赵登禹，在前线指挥作战，最后壮烈殉国。28日，宋哲元委派张自忠代理冀察绥靖公署主任兼北平市市长。当晚，宋哲元偕冯治安、秦德纯、张维藩等离平赴保定，三十七师一一〇旅在宛平至八宝山一线掩护北平部队陆续经门头沟南撤。30日下午2时，日本侵略者扶持的伪北平地方维持委员会成立。至此，北平沦陷。同日，天津也被日军完全占领。

七七事变，是中国民族危机的顶点，也是中华民族由衰败走向振兴的重大转折。中国军民在这场斗争中，用自己的鲜血和生命，捍卫了民族尊严，显示出中国人民不屈不挠的英雄气概。卢沟桥抗战是中国全民族抗战的起点，它在中华民族反抗外敌侵略，争取民族独立和解放的历史中，写下了光辉的一页。

2. 共产党人冲在卢沟桥头

1986年，一位曾任国民革命军第二十九军二一七团副团长的老共产党员周树一写了一篇文章，叫《共产党员沈忠明打响抗日第一枪》，这篇文章向世人揭示了这样一段事实，即在卢沟桥头的殊死战斗中，在抗日正面战场的第一线，也有共产党人的身影，也洒下了共产党人的鲜血。这位英勇殉国的共产党人就是三营十连一排排长沈忠明。

沈忠明，1910年9月15日出生于安徽省濉溪县马桥区黄营子村，1933年投奔察哈尔抗日同盟军，后加入国民革命军第二十九军三十七师一一〇旅二九一团。1936年8月经中共地下党负责人周树一介绍秘密加

入中国共产党。1937 年 7
月初，沈忠明奉命驻防卢
沟桥畔永定河东岸的回龙
庙。7 月 8 日黎明时分，
日军出动四百多人的联队
并配有重火力、山炮四门，
企图包围回龙庙，抢占卢
沟桥。沈忠明排长与十一

沈忠明的革命烈士证明书

连的李毅岑排长奋力抵抗。当时，我守军只有六七十人的兵力，装备仅
为六挺轻机枪、七十条步枪。尽管如此，我军将士同仇敌忾，皆置生死
于度外，打起仗来勇猛异常。敌人发起进攻后，沈忠明率驻守战士奋勇
杀敌，但终因敌我力量悬殊，我军伤亡惨重。沈忠明虽身受重伤，但仍
在指挥战斗。敌人几次冲到我军阵前，双方展开近距离格斗，沈忠明忍
痛与敌人拼搏，身中两刀，壮烈殉国，年仅 27 岁。解放后，由安徽省人
民政府追认沈忠明为革命烈士，并颁发了烈士证书。

　　在卢沟桥抗战过程中，英勇杀敌，冲在前列的共产党人并不仅仅是
沈忠明一人。据中国人民抗日战争纪念馆研究员郭景兴的统计，在卢沟
桥抗战时期，二十九军内的共产党员有数十人，他们有的受党组织派遣，
在二十九军内部做抗战政策宣传和争取工作；有的则是在党的抗日路线
的感召下，革命理想与信念愈发坚定，被发展为中共党员。

　　1935 年华北事变后，民族危机进一步加重。面对形势的变化，中共
中央指示中共北方局："应该从学生中或其他同志中调出同二十九军的
官兵有关系的去同他们接近，坚持地向他们作抗日的宣传鼓动。"于是，
根据刘少奇的指示，中共北平市委及时把"打倒卖国贼宋哲元"的口号
改为"拥护宋哲元将军抗日""拥护二十九军抗日"的口号，大大激发
了二十九军官兵的抗日热情。接着又派出共产党员、民先队员和进步学
生利用赛球、联欢等方式接近二十九军广大官兵，在二十九军中广泛地
开展抗日宣传工作。宋哲元在日本和蒋介石政权的夹缝中图生存，在苦

撑华北危局之中想到了中国共产党。在这种情况下，宋哲元派刘子青到延安与我党秘密接洽，中共中央、毛泽东对此非常重视。毛泽东亲笔给宋哲元回信，对他的抗日态度表示赞赏。同时派张经武作为联络代表去宋哲元处，并派华北联络局负责人张友渔以北大教授身份到二十九军开展工作。此后，党组织与二十九军中许多高级将领分别建立了秘密联系。包括第二十九军副参谋长张克侠，军务处中校军官过家和，喜峰口战役中战功卓著的三营营长过家芳，军部副官李大波（李涛）等。他们在军中作了大量抗日统一战线的工作。中共党组织除了做上层统战工作外，还在下层官兵中进行工作，在二十九军四个团中秘密建立了士兵支部。

220

　　1936年秋，二十九军在南苑举办军训团，北平地下党组织一方面派党员、民先队员和学生前往报名投考，准备学习军事技术，练好杀敌本领；另一方面，又派地下党员冯洪国（冯玉祥之子）、朱军（原名朱大鹏）、曹洪勋、蒋明成、范秋菊加入军训团，并担任领导职务。1937年5月，宋哲元召集幕僚研究对日策略，并要求属下参谋人员拿出方案，张克侠及时将此事向北平地下党组织作了汇报。中国共产党抓住时机，决定由张克侠出面，向宋哲元提出了加强抗日思想教育、加强情报工作、争取伪

中共党员张克侠

军反正等建议和"以攻为守"的作战方案，得到宋的赞同并付诸实施，为反击日寇全面入侵进行了必要的准备工作。中国共产党在二十九军所做的工作，对于争取二十九军转向抗日起到了重大作用。

　　七七事变爆发后，中国共产党更是旗帜鲜明地表明团结一切可以团结的力量，建立起广泛的抗日民族统一战线，与日本帝国主义血战到底的决心。事变的第二天，中国共产党即通电全国，提出"国共两党亲密合作，抵抗日寇的新进攻"。1937年7月15日，周恩来在庐山将《中共中央为公布国共合作宣言》递交蒋介石，并举行谈判。8月，中共中央

制订了《抗日救国十大纲领》。9 月 22 日，这个《宣言》由国民党中央通讯社公开发表。次日，蒋介石发表了《对中国共产党宣言的谈话》，表示愿与中共"彻底更始，力谋团结，以共保国家之生命与生存"。国共两党合作终于实现，中国抗日民族统一战线正式建立。9 月 29 日，毛泽东发表了《国共合作成立后的迫切任务》，指出："共产党的这个宣言和蒋介石氏的这个谈话，宣布了两党合作的成立，对于两党联合救国的伟大事业，建立了必要的基础……这在中国革命史上开辟了一个新纪元。这将给予中国革命以广大的深刻的影响，将对于打倒日本帝国主义发生决定的作用。"以卢沟桥事变为起点的中国人民全面抗日战争，既是民族解放战争，又是一定意义的民主革命，与抗战胜利后建立一个独立、民主、富强、统一的中国的前途分不开。

221

3. 宛平县长王冷斋临危受命

在宛平县历任县长中曾经有这样一位人物，他铁骨铮铮，大义凛然；他坚持正义，勇斗邪恶；他为捍卫民族尊严和国家利益挺身而出，与侵略者巧妙周旋，面对面地进行斗争，他情系百姓，心向共产党，追求光明，他就是人们所熟知的抗日英杰王冷斋。

王冷斋，字若璧，笔名冷公，生于 1892 年，福建闽侯人，毕业于保定陆军军官学校第二期，早年曾追随孙中山先生参加辛亥革命和护国讨袁斗争。军人出身的王冷斋，生性耿直有胆识，又风度翩翩有文人气质。在讨伐张勋复辟成功之后，王冷斋脱离军界，在地方从事文化工作。他自办《京津晚报》和远东通讯社，以立言严正、敢于针砭时弊闻名京津。

1935 年，王冷斋应北平市长秦德纯的邀请，出任市政府参事。当时，正值日军制造华北事变，平津一带处于危急之时，宛平城和卢沟桥一带又是日军军事演习的主要活动地，这里随时会出现意料不到的突发事件。1935 年的白坚武事件，1936 年的两次"丰台事件"，使得时局更为紧张严峻，战争有一触即发之势。为了能便于与驻屯丰台等地的日军交涉，避免战事危机的发生，国民党政府决定成立河北省第三区行政督察专员公署（宛平专署），专门办理对日事务。1937 年 1 月 1 日，宛平专署正式成立，下辖宛平、大兴、通县、昌平四县，王冷斋被任命为督察署专员兼宛平县县长。

> 河山寸土属中华，保卫毫厘敢失差。
> 逆料风波终险恶，不教蹈隙与乘瑕。

这是王冷斋的抗战诗之一。它表达了华北事变后，平津已在日军包围之下，临危受命的王冷斋同军民一起，保卫宛平、保卫平津，与日军进行坚决斗争的决心。

在 1936 年冬的一次宴会上，日本特务机关长松井要求二十九军军长宋哲元允许日本人在大井村建一个"商用"机场。大井村当时位于丰台西北，是丰台、北平去往卢沟桥的必经之路，因此在军事上具有重要地位。宋哲元深知大井村的军事价值，拒绝了日军的要求。1937 年 1 月 8 日上午，日本华北驻屯军参谋官中岛中佐带着事先绘制的大井村南到卢沟桥之间 6000 多亩土地的地形图到宛平县政府，要求王冷斋按图签字割地，说："你们最高长官已经同意，我们要在大井村修机场，马上签字吧。"王冷斋洞悉日本侵略者的侵略阴谋，严正申明："图中的河流、桥梁、道路、田野等等，是中国老百姓世世代代居住的地方，割让土地是绝不可能的，况且我也没有接到上峰的指示。"日军头目威逼道："这是华北驻屯军司令部的命令。"王冷斋毫不示弱，拍案而起："我又不是你们日本国的官，不签！"中岛转身向特务机关派来的陪同斋藤撇了一下嘴，两人扛起准备量地的工具，愤愤而去。

硬的不成，又来软的。日本特务机关长辅佐官寺平又来劝说："我们建机场是为了日中两国共同的利益，占不了多少地，专员阁下要是同意了，大日本不会亏待你。"寺平的言外之意很明显，是在引诱王冷斋当汉奸。王冷斋坚定地说："出卖国土的事不但我不干，大井村的老百姓也不会答应，你就死了这条心吧！"经过一番争论，寺平见没有什么转机，便甩下一句话："请专员阁下考虑后果。"王冷斋回敬道："顶多一条命，我在宛平城任职期间，你们就别想得到大井村！"日本特务机关两次失败后，耍起了阴谋诡计，指使当地汉奸和地痞流氓暗中出高价收购大井村民的土地，唆使村民来县政府过契。王冷斋及时识破日寇诡计，当即派人到大井村调查，将为首的汉奸抓起来，并向广大村民宣传爱国主义思想，教育村民明辨是非，不要上敌人圈套。村民知道原委后彼此立约，决不出租出卖土地，如果日本人强占，必以流血相抵抗。王冷斋针锋相对的斗争，致使日寇阴谋再次落空。

在前后四个月的大井村事件中，日寇尽管使用了各种卑劣手段，但始终未能如愿。历史证明：大井村事件是七七事变的序幕，目的在于封锁北平，迫使中国守军投降。

> 挟持左右尽弓刀，谁识书生胆气豪。
> 谈笑头颅拼一掷，余生早已付鸿毛。

这是王冷斋抗战诗之二。通过这首诗可以看出王冷斋为了捍卫国家利益、民族尊严，与日方据理力争，威武不屈的高贵品质。

1937 年 7 月 7 日夜间，宛平城外的龙王庙附近突然响起一阵枪声。半夜时分，几名日军来到宛平城下，声称丢失一名士兵，要求进城搜查，遭到中国守城官兵拒绝。日军气急败坏地包围宛平城，并开枪示威。日军驻北平特务机关向冀察政委会外交委员会提出交涉。王冷斋的同学秦德纯，时任国民革命军第二十九军副军长兼北平市长，要求驻宛平部队严密戒备准备应战，并指示王冷斋"迅即查明，以便处理"。当晚，王冷斋住在北平，获知这一情况后，立即赶到宛平现场调查"日军失踪"事件。同时立即通知城内驻军，切实查询各守兵。经查，中国军队并无开枪之事，也未发现有所谓失踪日兵的踪迹。

接下来，就是与日方的谈判。作为中方代表的王冷斋首先声明，城内中方守兵并无开枪之事，所谓失踪日兵一名，经搜寻也毫无踪影。日方诡辩道:"城外搜寻不到失踪的演习士兵,必须进城搜索。"王冷斋怒道:"夜间宛平城门已闭,日兵在城外演习,怎么能在城内失踪?"日方以武力相逼,拿出一张地图给王冷斋说:"事态已经十分严重,现已不及等待调查谈判,只有请你速令城内守军向西门撤出,日军进至东门城内数十米地带再商量解决办法,以免冲突。"王冷斋反驳道:"此来只负调查使命,你所提我军撤出你军进城的无理要求,离题太远。"在与日军交涉周旋中,王冷斋坚持立场,凡涉及主权一事,寸土不让。日方一次次的威胁利诱,都遭到王冷斋的坚决回击。

8日凌晨,日军开始攻城。王冷斋在谈判破裂之后,即移驻到守军指挥所,协同驻军进行抗击。王冷斋在1938年7月7日写的《芦沟桥事变回忆录(纪载)》中写道:"(1937年7月8日)6时5分离开专署,出大门约10米远,敌人大炮已连珠而至,每炮均落专署之内,自专员办公室起以及客厅职员房屋均被毁,墙屋倒塌,器具粉碎,炮弹破片累累……乃至20日午后3时,日军复突以大炮攻城,且轰击长辛店,共达数百发,宛平城内各机关及民房几全被毁,死伤多人,长辛店附近落数十弹,死伤平民10余人……28日晚自9时30分起,敌复以大炮轰击宛平城及长辛店,至翌晨黎明止约达500余发,宛平县城之东北角城墙尽毁。"幸而王冷斋在日军攻击之前,及时转移了城内民众,避免了更大伤亡。日本侵略军占领平津后,王冷斋随二十九军撤退,在大后方继续参加抗战。

解放后,王冷斋历任中央文史研究馆馆员、北京文史馆副馆长,是第二、三届全国政协委员,他和李济深、章士钊、柳亚子、叶恭绰等先生来往颇多,歌咏酬唱,写下不少讴歌北京风物的诗篇。围绕卢沟桥抗战,他留下了《卢沟桥事变始末记》《七七事变的回忆》《卢沟桥纪事五十首》等著述。1960年王冷斋在北京病逝,终年68岁。

4. 八路军奇袭卢沟桥

"十团白团长,人称小白龙。鬼子吓破胆,抗日真英雄!"

这是一首歌颂抗日英雄白乙化的歌谣。这位令日军闻风丧胆的传奇英雄，这位身材高大魁伟、外表潇洒英俊的美男子，这位如同一条白龙出其不意攻其不备地打击日寇的八路军十团团长，就是被同志们亲切地称为"小白龙"的白乙化。他的英雄事迹不仅在平西平北人民心中广为传颂，他的革命生涯还与丰台地区的抗日斗争联系在一起，与卢沟桥结下了一段情缘。

白乙化，原名白荣欧，字野鹤，满族，1911年6月11日出生在辽宁省辽阳县石场峪村。1929年，白乙化考入北平中国大学政治系。在大学期间，他阅读了《共产党宣言》等许多马列书刊，寻求救国救民的道路，逐步确立了共产主义世界观。1930年秋，他光荣地加入了中国共产党。

抗日英雄白乙化

1931年九一八事变后，白乙化向校方提交了抗战申请："国难当头，先去杀敌，再来读书。"校方同意了他的要求。于是，白乙化在党组织的安排下返回辽阳。1932年5月，白乙化联络抗日志士，奇袭了辽阳伪警察局，夺取了10支步枪，建立一支抗日武装——东北青年抗日救国义勇军。这支队伍发展迅速，连战连捷，尤其在打下凌源县日本兵站和日伪警察署后，声势大振，部队很快发展到3000多人，获得了"平东洋"的称号。

1937年七七事变爆发后，白乙化根据当时的形势，当机立断，在垦区组织了武装暴动，成立"抗日先锋队"，并被推举为总队长，向抗日战场进发。1938年，白乙化率部到达雁北，组织部队学习和进行整顿，部队素质迅速提高，配合八路军三五九旅，粉碎了日伪对雁北抗日根据地的大举围攻。1939年4月，白乙化带领部队挺进平西，与冀东抗日联军合编为"华北抗日联军"，白乙化任副司令员。

卢沟桥是中华民族全面抗战的爆发地，为中外所瞩目。在艰苦卓绝

225

的抗日斗争中，如果能够出其不意地袭击卢沟桥，必将给日本侵略者以震慑，并以此鼓舞中国军民的抗战决心。中共北京市委党史研究室编《北京革命史话》记载："（1938年）7月，为纪念'七七'事变一周年，打击日本侵略者的凶残气焰，五支队根据晋察冀军区的部署，袭击了卢沟桥、宛平、石景山、香山等地。"到了纪念七七事变两周年之际，白乙化领导的八路军再次奇袭了卢沟桥。当时日本侵略军想向世人炫耀在华建立了"大东亚新秩序"。平西抗日挺进军为戳穿日本侵略者的欺世诡计，计划开展一次奇袭卢沟桥的战斗。在中共北平地下党配合下，事先邀请了一批有正义感的中外记者对这次战斗进行采访。1939年7月7日傍晚，白乙化把队伍隐蔽在卢沟桥附近的高粱地里。入夜以后，白乙化命一营营长王亢率领八路军小分队突然杀出青纱帐，攻占了卢沟桥。据王亢回忆："小白龙"一声令下，他便带领突击队直插卢沟桥，痛歼护桥日军，日军还没弄清怎么回事，卢沟桥就被我军占领了。然后架起机关枪随时准备阻击日本援军，掩护中外记者拍摄我军战士手持钢枪屹立于"卢沟晓月"碑前的英姿。战后，白乙化慨言，"中国人民抗日必胜"，"大东亚新秩序是黄粱美梦"。

当中外记者把背刀荷枪伫立在卢沟桥头的八路军雄姿拍摄下来之后，日军纠集战车和增援部队反扑。王亢看着受伤的战友，怒火中烧，正要组织部队反冲锋之时，侦察员送来了白乙化写给王亢的便条，上写："王亢同志，你杰出地指挥了这场特殊的战斗，中外记者已经拍摄了八路军战斗在卢沟桥的镜头，我们在政治上获得了很大的胜利；你们战斗在卢沟桥上的形象，向全世界说明了国不会亡！我们是不可战胜的。有点伤亡，付出血的代价是值得的。不要恋战，望抢回伤员之后，迅速撤出战斗……"战后，中外记者纷纷报道了八路军奇袭卢沟桥的实况，使日本侵略军的所谓"大东亚新秩序"的谎言在世人面前不攻自破。

日本侵略军恼羞成怒，拼凑大批日伪军向八路军平西根据地疯狂扫荡，并编出弥天大谎，说什么前些时候袭击卢沟桥的八路军已被"皇军"消灭完了。十几天后，白乙化指挥一支敌后武工队，又一次袭击了日本军队，并缴获了一辆装有军需给养的大卡车，八路军战士展开红旗鸣枪庆祝胜利。

1940年1月，这支队伍改编为八路军晋察冀军区步兵第十团，白乙化任团长。十团是一支不寻常的队伍，这个团最大的特点就是知识分子多，80％的领导是七七事变前后由平津一些大中学校的学生响应党的号召深入工厂农村，响应党的号召暴动搞武装，走上投笔从戎道路的。这个团排以上干部几乎都是大中学生，许多班长也是大中学生，当时被晋察冀军区称为"知识分子团"。此后，白乙化带领这样一支高素质的队伍，多次打败敌人的大"扫荡"，巩固了平西抗日根据地。

正当白乙化满怀雄心叱咤抗日战场之时，不幸的事情发生了。1941年2月4日，伪满"讨伐队"170余人向丰滦密根据地发动突然袭击。白乙化率部围歼，敌人很快被击溃，部分残敌退到长城楼子里负隅顽抗，白乙化见状，不顾危险，挥动令旗指挥部队冲锋。就在这时，一颗罪恶的子弹飞来，击中了他的头部。残敌消灭了，战斗胜利了，而"小白龙"——这位叱咤风云的抗日英雄，却无声地倒下了，实现了他生前的夙愿："如能死在抗战杀敌的战场上，余愿得偿矣。"他牺牲时年仅30岁。

在难忘的岁月里，在北平郊外的抗日一线，不仅有传奇英雄"小白龙"，也传颂着许多浴血杀敌、神出鬼没打击日寇的动人故事。在铁路旁，在青纱帐，到处可见抗日游击队员的身影，到处可听到武工队捣毁日伪据点、拔除敌人岗楼的传奇故事。其中，夜袭宛平县伪警察署夺取日伪枪支案最为传神。

那是1944年的8月，中共地下党特工人员获悉，被日伪军收去的部分枪支存在长辛店伪警察署。于是党组织平南办事处和四十三区队决定到长辛店了解情况，先侦察后夺枪。首先由县委派四十三区队的两名同志化装成学生，由皮各庄乡长韩天京带领到长辛店，住在他哥哥韩天功家里，因为韩天功是伪宛平县政府科员，住在他家较为安全。两名同志侦察了三天，把据点的出入道路、地形等全摸清了，回来后和县长刘广钰、区队长冰野作了详细汇报。冰野根据掌握的情报，制订了奔袭方案。

8月25日，冰野带领四十三区队开始行动，先头部队经过化装，在当日白天分头潜入长辛店镇。有的扮作商人、小贩，有的扮作赶集的农民，有的在火车站装着候车，有的赶着马车成了拉脚的车夫，有的以过往行人身份住进了小客店。大家约定晚上 10 点钟集结。傍晚时分，隐蔽在永定河东岸六合庄的大部队沿永定河大堤向北隐蔽前进。出发前，从六合庄要了两辆大车，车上放了两把大铁锤，准备砸仓库大门。队伍开到前后辛庄村附近，在河堤下芦苇丛中隐蔽到晚上，开始涉水过永定河。部队过河后，派人到良乡朱岗子村，找到了联系人，要了一辆马车随队伍前进。晚 11 时渡过小清河，很快通过长辛店公路街，并在长辛店南头和北头部署了兵力，以打两头来援之敌。

这时候，伪警察署的督察长还没有走，一名伪警察关切地说："督察长，您伺候日本人忙活一天了，晚上也不省心，还一直操劳，现在时间不早了，您先歇着去吧，这里有我们呢。"督察长说："这一千多条枪是日本人让收缴上来的，可收了他们又不及时拉走，真叫人不放心。你们夜里一定要用心看护好了，千万别出差错！"说完就走了。（此段文字参考《丰台地区革命斗争史料选编》第一册中邢锦棠《向伪警察署夺枪》一文）

晚上 11 点，冰野带领的部队各就各位，分别封锁了伪县政府、伪保安队和火车站，并重点看管了敌伪官员的住宅和警察所。采取围而不打的方法，尽力智取，避免不必要的伤亡。凌晨时分，一切部署就绪。此时四十三区队已经偷偷摸到了伪警察署后院，发现这些伪警察正在打牌，战士们轻轻推开伪警察所虚掩的后门（是八路军武工队的内线事先拨开门栓）突然进了院。三大队长李瑞增一颗手榴弹向上一举："谁反抗就要谁的命！"伪警察还没有弄明白是怎么一回事，就被缴了械，并被关到一间堂屋里。战士们随即打开存枪的库房，把枪支分别装在带来的马车上。约莫走出七八里地的时候，东山坡传来了一阵枪声，这是号令全体人员撤退。天亮时，到了金门闸，这儿有"御碑亭"，大家在这里稍作休息，在这儿看了看乾隆的碑，还照了相。

第二天上午八九点钟，四十三区队一直走到北蔡。到了村里，又动员了两辆大车，把这一车枪分装到两辆车上，以防敌人追击，然后感谢了朱岗子的车夫，让他赶着车回去了。冰野等人继续赶着两辆大车往南去，到了十分区司令部，把枪上交给了组织。

邢锦棠的《长辛店的"枪案"》一文引当时的督察长王冠雄的回忆说：当天夜里，伪警察所长和他分别得到报告，好像出事在他意料之中，他说："这疖子到底出脓了。"听到稀稀拉拉几声枪响，便赶到警察所，到处一察看，空无一人，只有拘留所内乱哄哄在嚷，近前一看，原来二十多名警察全被关在那里，外边被牢牢地锁住了，电话线也被剪断了，电灯也坏了。看来人家（八路军）情报十分准确，动作熟练，干得十分漂亮，没伤一兵一卒，就把这一千八百多支枪运走了，准是我们身边早有了人家的内线。这时，所长、督察长担心的是如何向县长和日本顾问报告，以便推卸责任。结果是换了一顿臭骂，斥责警察局戒备不严，把警察所长和督察长扣了一天加半夜，最后好歹没扣上"私通八路"的罪名，直到夜里才被放出来，算是拣了个大便宜。

在丰台这片土地上也有一位类似白乙化的抗日英雄，他就是刘启才。刘启才是丰台镇附近西管头村人，七七事变后，他和村里的许多青年被日军抓去当劳工，过着牛马不如的生活。不堪忍受凌辱和摧残的刘启才联合十几名工友，撬开了牢门，打死了日本哨兵，带着抢来的枪支连夜投奔了八路军。1940 年，八路军冀中军区派遣大批武工队员深入敌后，开展游击战。刘启才被秘密派回丰台组建抗日队伍，同日军展开针锋相对的斗争。在西管头的警察所，刘启才趁他们打麻将的机会，突如其来地闯进所里，缴了他们的枪支。在丰台火车站，刘启才等人趁着夜色，杀死了日军哨兵，换掉了开火车的司机，把车厢里的武器弹药、布匹、药品等全部偷偷运到抗日根据地。在丰台西仓库，刘启才等人剪开铁丝网，运出枪支弹药，并在北天堂打了一个漂亮的伏击战。战士们打着竹板，畅快地唱道："游击队真叫行，打了鬼子二十名，缴获战马二十匹，金钩钓鱼名不虚。"1944 年 10 月冀中十地委决定建立平南县，同年 12 月，组建平南支队，刘启才任副支队长。1945 年 8 月 15 日，日本宣布无条件投降，可是盘踞在丰台的日本残部借口国民党政府接收，拒不向八路军投降。刘启才于是带领平南支队边向群众宣传，边拔除日军的据点。丰台当地的百姓纷纷配合八路军的行动，结果仅仅几天时间，日军在丰台的据点就被全部扫除，受日军多年蹂躏的丰台人民终于迎来了抗日战争的胜利。

（四）不能忘却的民族记忆

1. 卢沟桥畔抗战馆

卢沟桥、宛平城是中华民族全面抗战的爆发地，1961 年就被国务院批准为全国重点文物保护单位，然而直到 20 世纪 80 年代这里都缺少一处弘扬爱国主义传统，宣传抗战精神，倡导人类正义和平的展示场所。尽管 1979 年建了卢沟桥文保所，但 70 多平方米的小规模展室与全民族抗战爆发纪念地的地位太不匹配。

20 世纪 80 年代初，日本右翼势力不断跳出来否认日本侵华历史，日本文部省公开篡改教科书。1983 年 8 月 15 日，日本内阁总理大臣铃木善幸等 16 名国务大臣参拜东京供奉着 14 名甲级战犯的靖国神社，放映《大日本帝国》影片，宣扬东条英机等军国主义分子，歌颂武士道精神，大赞日本帝国主义的侵略功绩。此事激起了全中国人民、世界各地爱国华侨和东南亚人民的极大愤慨。

在这种情形下，很多来卢沟桥参观的人都认为：卢沟桥事变是日本全面侵华的开端，也是中华民族全面奋起抗战的起点，在世界反法西斯战争中具有重大影响，这里应有表现全国抗战的纪念设施。比如苏联就建了一座高大的卫国战争胜利纪念碑及展现卫国战争的纪念馆，朝鲜也有类似的建筑。因美国在广岛、长崎投掷原子弹，日本也在广岛建了一座原爆纪念馆，纪念遇难者。相比之下，我们为抗击日本帝国主义的侵略，进行了 14 年艰苦卓绝的斗争，付出了巨大民族牺牲，才打败了日本侵略军，为什么我们就没有一处反抗外来侵略的宣传阵地？

1982 年 5 月，宋哲元的女儿宋景宪回国并专程前往卢沟桥参观，第二天，时任全国人大常委会副委员长的邓颖超接见了她。宋景宪提出建议，应在卢沟桥建立抗日战争纪念馆，邓颖超当即表示同意，认为纪念馆应该建大一些，虽说国家经济还有困难，但还是要做这件事儿的。6月 18 日，受邓颖超委派，北京市人大常委会副主任、政协联络委员会主任侯镜如，全国政协副秘书长杨思德，中共中央对台办王亿，北京市文物局局长刘子章等领导同志到卢沟桥视察。此后，中央和北京市的领导多次到卢沟桥视察。习仲勋、胡乔木等中央领导也都对此专门做出过批示，同意建设抗战纪念馆。几个月后，北京市政协委员、北京市文物局副局长陈鼎文给中宣部部长邓力群写了题为《抢救卢沟桥，筹建七七纪念馆》的信，提出卢沟桥应当退役保护，将史料陈列馆扩建成七七纪念馆。

1983 年 4 月 25 日，国家文化部和北京市人民政府联名向国务院上报《关于修复宛平县城墙和筹建七七纪念馆的请示》。《请示》指出：宛平县城位于卢沟桥头，东城门南北两侧的城墙上，至今仍留有当年日本帝国主义侵华战争的累累弹痕。现城墙基本完整，是北京郊区县城城墙保存较为完整的一座。宛平县城是七七抗战的实物例证，修复比较容易，同时与卢沟桥联结为一整体。以桥、城为中心，绿化整理附近有关地带建立七七纪念碑，在适当地方竖立几个雕塑，在当年作战的地方作出适当标志，可形成一个既有文物古迹，又有政治历史意义，还有山有水、环境优美，具有旅游价值的游览胜地。为此，建议修复宛平城两座城门楼和城墙，筹建七七抗战纪念馆，陈列有关抗日战争的文物史料。

1984 年 10 月 19 日，经中宣部、文化部批准，成立了中国人民抗日战争纪念馆筹备委员会。北京市政府也专门抽调精干力量，组建了抗战馆基建指挥部。北京市副市长张百发，市建委副主任王建明，丰台区副区长叶上诗及丰台区建委同志参与筹建指挥工作。11 月 9 日，北京市成立抗日战争纪念馆筹备处，由时任卢沟桥文物保管所所长的郭景兴负责筹备处工作。1986 年 7 月 7 日，抗战馆奠基仪式在宛平城内隆重举行。

1987 年年初，主体工程已经有了眉目，找谁题写馆名提到了议事日

231

程。此时，毛泽东、刘少奇、周恩来、朱德、彭德怀等老一辈革命家都已逝世，大家认为由邓小平同志题写比较合适。他既是我党我军第一代领导集体的成员，又是第二代领导集体的核心、改革开放的总设计师，并且在抗日战争中也是主要指挥员之一。小平同志知道后欣然同意，题写了"中国人民抗日战争纪念馆"的馆名。据当时的工作人员回忆，小平同志题字时，像小学生完成作业一样认真，反复写了多次，直到满意为止。小平同志题写的"中国人民抗日战争纪念馆"11个苍劲有力的行书鎏金大字，镶嵌在抗战馆主体建筑的正上方，金光闪闪，光彩夺目，字迹与建筑浑然一体，给人以庄严肃穆之感。

1987年7月7日，是七七事变爆发50周年，抗战馆于当天正式对外开放。抗战馆沿宛平城内东西大街坐北朝南，周边是以明清风格为主体的仿古建筑，正前方为和平广场，广场中央矗立着象征中华民族觉醒的"卢沟醒狮"，高达14米的国旗杆竖立在广场北侧。覆以乳白色大理石的展馆外墙与镶嵌着独立自由勋章图案的锻铜大门，使纪念馆尤显肃穆、庄严。在中国人民抗日战争纪念馆二级平台上安放着质地为锻铜的独立自由勋章雕塑，在此设立这一永久性纪念设施，是让

中国人民抗日战争纪念馆（原梓峰摄影）

人们永远铭记那些为了中华民族的独立和自由而英勇献身的先烈，更好地传承和弘扬中国人民为了追求和平正义、捍卫民族独立自由而不畏强暴、不怕牺牲的抗战精神，是让人们牢记历史，缅怀先烈，勿忘国耻，圆梦中华。

抗战馆现占地面积 35000 平方米，建筑面积 36100 平方米，陈列面积 13590 平方米，历经 1997 年、2005 年、2015 年三次改造，实现了三次大的飞跃。现存馆藏文物 30000 余件（套），其中一级藏品达百余件（套）。

基本陈列"伟大胜利·历史贡献"以"铭记历史、缅怀先烈、珍爱和平、开创未来"为主题，总面积 6700 平方米。展览分"中国局部抗战——揭开世界反法西斯战争的序幕""全民族抗战——开辟世界第一个大规模反法西斯战场""中流砥柱——中国共产党坚持正确抗战指导及其敌后抗战""日军暴行——现代文明史上最黑暗的一页""东方主战场——彪炳史册的历史贡献""得道多助——国际社会积极支援中国人民的正义战争""伟大胜利——日本法西斯侵略者遭到彻底失败""铭记历史——携手世界各国共建持久和平"八个部分，通过展示 1931 年至 1945 年期间中国人民英勇抗击日本侵略者的历史过程，大力弘扬"天下兴亡、匹夫有责的爱国情怀，视死如归、宁死不屈的民族气节，不畏强暴、血战到底的英雄气概，百折不挠、坚忍不拔的必胜信念"的伟大抗战精神，共展出照片 1170 幅、文物 2834 件。展览坚持用史实说话，用事实说话，以珍贵翔实的历史文物、照片及视频资料为主体，深入挖掘真实感人的抗战故事，直观展现中华民族 14 年抗战的光辉历史，深刻生动地宣传阐释伟大的抗战精神。展览立足于中华民族全民族抗战，全景式展现全国各民族、各阶级、各党派、各社会团体、各界爱国人士、港澳台同胞和海外侨胞英勇抵抗日本帝国主义侵略的光辉历史，以及国际社会对中国抗战的大力支持。展览突出展示中国共产党在抗战中中流砥柱作用，同时将中国抗战置于世界反法西斯战争大背景下，突出表现中国作为东方主战场，为世界反法西斯战争胜利作出的历史性贡献。

抗战馆作为全国唯一一座全面反映中国人民抗日战争历史的大型综

合性纪念馆，自建馆以来，始终秉承中央赋予的"三大任务"（爱国主义教育基地、抗日战争史料收集和研究中心、对外民间交流的窗口和联系港澳台同胞以及海外侨胞的桥梁），以传播抗战历史、弘扬抗战精神、开展和平教育为崇高使命，通过承办国家重大纪念活动、举办高品质主（专）题展览、推出爱国主义教育系列活动品牌、加强抗战史国际交流传播等，培育和践行社会主义核心价值观，积极发挥资政育人作用。迄今为止，接待海内外观众 3800 余万人次。历经 30 多年不懈努力和持续发展，抗战馆现已成为国家一级博物馆、全国首批国家级抗战纪念设施（遗址）、全国优秀爱国主义教育示范基地、全国关心下一代党史国史教育基地、全国廉政教育基地、全国国防教育基地、海峡两岸交流基地，是全国百家红色旅游经典景区，是国际二战博物馆协会倡议发起成立单位及秘书处常设单位，是中国抗日战争史学会秘书处所在单位、中国博物馆学会纪念馆专业委员会主任委员单位及秘书处所在单位、北京抗日战争史研究会主办单位、北京和平教育基金会主办单位。

特别是党的十八大以来，以习近平同志为核心的党中央高度重视抗日战争纪念、研究和宣传工作，国家以立法形式设立烈士纪念日、中国人民抗日战争胜利纪念日、南京大屠杀死难者国家公祭日，专门就国家纪念活动作出规定，中央先后数次在抗战馆举行纪念全民族抗战爆发和中国人民抗日暨世界反法西斯战争胜利纪念日活动，习近平总书记多次出席，并在不同场合发表弘扬抗战精神系列重要讲话，向全社会注入崇尚英雄、学习英雄、捍卫英雄、关爱英雄的强大正能量。举办纪念活动是对中国人民抗日战争历史的纪念，也是对以爱国主义为核心的民族精神的大力弘扬。中国抗日战争历史承载了极为深厚的历史意义和现实意义，承载了中国人民和世界爱好正义与和平人士无比深厚的情感和祈愿。但近年来总有少数别有用心的人罔顾铁的历史事实，无视在战争中牺牲的数以千万计的无辜生命，逆历史潮流而动，或以"精日"行径丑化、贬损、诋毁英雄，亵渎国家和民族情感；或以历史虚无主义错误思潮消解英雄的精神力量，扰乱人们的正确认知；"台独"势力搞"文化台独"，企图割断两岸情感，抹去两岸血肉联系；日本右翼势力竭力否认侵略战争，美化侵略历史，引发了包括中国人民在内的全世界爱好和平人民的强烈谴责。历史就是历史，事实就是事实，任何人都不可能改变历史和事实。任何人想要否认、歪曲甚至美化侵略历史，中国人民和各国人民绝不答应！

进入新时代，抗战馆将继续围绕中央赋予的三大任务，积极适应新形势，贯彻新要求，以"专业立馆、学术立馆、服务立馆"为办馆方针，紧贴时代发展，着力守正创新，自觉承担起举旗帜、聚民心、育新人、兴文化、展形象的使命任务，促进全体人民在理想信念、价值理念、道德观念上紧紧团结在一起，努力朝着建成国家纪念抗战胜利及全民族抗战爆发活动中心、中国抗战和世界反法西斯历史展示中心、中国抗战史料收藏研究中心、世界反法西斯战争东方主战场对外宣传中心发展目标迈进。

2. 宛平城外雕塑园

中国人民抗日战争纪念雕塑园，位于丰台区宛平城与京港澳高速公路之间的三角地带，北倚宛平城墙，西临卢沟古桥，距市中心约 15 公里。雕塑园是中国人民抗日战争纪念馆的配套工程，是国家 AAA 级旅游景区、国防教育基地、北京市重点爱国主义教育基地。

1995 年，为隆重纪念世界反法西斯战争胜利 50 周年，缅怀民族英烈的丰功伟绩，激励后人勿忘国耻，珍爱和平，经中央批准，北京市委、市政府在专家充分论证的基础上，根据《中国人民抗日战争纪念地总体规划纲要》，决定在全民族抗战爆发地——宛平城的南面建设中国人民抗日战争纪念雕塑园。1995 年 7 月 7 日奠基，2000 年 7 月竣工，8 月 16 日正式对社会开放。抗战雕塑园建筑雄伟，气势恢宏，是一处集历史、文化、艺术和爱国主义教育于一身的旅游观光胜地，也是新中国成立 70 年、改革开放 40 年来，爱国主义教育基地建设的又一杰作。

雕塑园占地 20 公顷，由中国人民抗日战争纪念碑、雕塑群区、中心广场、石鼓园、绿林、宛平城墙等主要景区组成。其中，中心广场占地 2500 平方米，是与宛平城内中国人民抗日战争纪念馆在同一轴线上的纪念性园区。设计者将它设计为下沉式，是为了营造一种沉静、肃穆，向长眠于地下的抗战英灵表示敬意的氛围。广场由花岗岩铺砌成精美图案，选用的石材来自中国抗日战争主要战场。中国人民抗日战争纪念碑高高耸立在雕塑园中心广场上，1999 年 7 月 7 日，时任国家主席江泽民为纪念碑题写了碑名。纪念碑碑高 15 米，宽 8 米，厚 6.6 米，由 298 块花岗岩和压碎的侵略者战争机器残骸铸铜雕塑组成。巨石体现了中国人民的力量，锈迹斑斑的武器残骸展示着侵略者的下场。纪念碑寓意着正义必胜，一切侵略者必然失败，具有强烈的纪念性、艺术性和时代性。

雕塑群区占地 22500 平方米，摆放着 38 尊柱形铜铸雕塑。每尊雕塑直径 2 米，高 4.3 米，重 6 吨，均由中央美术学院设计。群雕以《国歌》为主线，以中国传统碑林形式布阵，借鉴中国传统雕塑形式创作，给人以庄严、坚实、凝重的总体气氛，展示了中国人民荡激国魂、慷慨悲歌、奋起抵抗、不忘国耻的深刻寓意。群雕按中国人民抗日战争历史过程，分为"日寇侵凌""奋起救亡""抗日烽火""正义必胜"四个部分，表现了中国人民不屈不挠的民族精神和大无畏的英雄气概。贯穿全园的母亲河——"黄河"，是由 21681 个大小不等的鹅卵石铺成的长 660 米、宽 2 米"黄河"形状的甬道，共有九十九道弯，辅以红绿相间的花卉植物，象征了中华民族悠久的历史与灿烂的文化。园内绿化面积达 12 万平方米，其中绿林面积为 9 万平方米，种植树木三万余株，种植了雪松、白皮松、合欢、银杏、珍珠梅、连翘、西府海棠等数十种乔灌木和名贵草坪，绿树红花相映成趣。雕塑群区周围密种的整形绿墙，烘托出庄严肃穆的气氛，增加了雕塑园的凝重感。在以常绿树深色为基调的基础上又增加了红白两种色调的落叶乔灌木，为园内整体景观增色不少。白花纯洁高雅象征烈士的高尚品德，同时也表达了对抗战中牺牲英烈的追思与悼念，红花鲜艳夺目象征着中华民族不屈不挠的英雄气概。

"百名将军石鼓园"坐落在雕塑园内，堪称是园中园。"一石记耻不记仇，百鼓敲出警世钟"，此园是为纪念中国人民抗日战争胜利 60 周年而建，警示国人牢记历史，勿忘国耻，历时两年筹建而成，2004 年 7 月

236

中国人民抗日战争纪念雕塑园鸟瞰图（丰台区委宣传部供图）

7 日对外开放，每个石鼓都记录着当年日军在中华大地烧杀掠抢的滔天罪行，以示后人。这种石鼓，是一种经加工后的鼓形圆石，每石高 1 米，直径 70 厘米，重数百斤。鼓上镌刻有日军侵华暴行纪实日记，并注有三至八种外语译文，供国内外人士观看学史。鼓中间镂空，用鼓槌敲击即可发出沉厚鼓声，置身其间，恍若回归历史。石鼓侧面环刻日军在中华大地烧杀掠抢的具体历史资料，邀请全国抗战老将军、社会名流、知名书法家以"楷、隶、篆、行、草"多种字体书写并刊刻。石鼓园是一处集我国传统金石文化、书法艺术、爱国主义教育、国防教育和旅游观光于一体的大型艺术文化园。

抗战雕塑园无论从整体建筑布局上，还是从雕塑艺术的表现手法上，抑或是从它的使用功能上看，都表达同一个主题："缅怀先烈，强国兴邦，勿忘历史，珍爱和平。"雕塑艺术与巧夺天工的绿化设计完美结合，在人们缅怀先烈的同时，给人以视觉上的享受。这里是一个净化心灵的场所，是一个强国兴邦的课堂，是一本久读不衰的历史教科书。为了让更多的人了解抗战雕塑园，了解它独特的爱国主义教育功能，让更多的人来这里追忆历史，缅怀先烈，接受教育，十几年来园方坚持以"红色旅游"贯穿始终，利用地区优势，开展了百余次各种爱国主义教育活动：抗战胜利五十周年和六十周年活动，醒狮杯越野跑比赛，红色旅游类活动，迎奥运活动和传统节庆活动，参与人数达数百余万。

2005 年，北京市委、市政府、北京卫戍区与抗战雕塑园联合举办了大型"首都全民国防教育日活动"，来自国旗护卫班、礼炮兵、陆海空三军仪仗队及各界群众约 3000 多人参加了活动。三军仪仗队的英姿扬我国威，震撼全场。2005 年，与中央交响乐发展基金会联合成功举办了全国性的纪念世界反法西斯暨抗日战争胜利 60 周年大型交响音乐会，抗战雕塑园作为主会场，伴随着《黄河大合唱》的交响乐，现场观众爱国的激情再一次被点燃。2008 年 8 月 24 日晚，奥运会闭幕式焰火燃放点也选择在雕塑园。

北京市卢沟桥醒狮杯越野跑比赛，是由政协北京市委员会发起，由政协北京市委员会、北京市体育总会、北京市丰台区人民政府联合主办的以体育为载体的爱国主义教育活动。以"不忘国耻、振兴中华"为主题，自 1987 年起每年举办一届，其中在卢沟桥雕塑园就举办了十几届。此项活动集政治性、群众性和体育性于一体，旨在让人们牢记卢沟桥事变这一重要历史事件，纪念中国人民抗日战争胜利和世界反法西斯战争胜利，向广大人民群众特别是青少年进行爱国主义教育，同时促进全民健身活动的开展。此项活动每届都有数千名长跑爱好者参加，活动影响力延伸到周边省市以及港澳台同胞、海外华侨华人和外国友人。

2020 年 9 月 14 日，北京第 34 届卢沟桥醒狮越野跑活动启动仪式在中国人民抗日战争纪念馆举行。启动仪式上，群众代表表演了《我的祖国》配乐诗朗诵，现场队伍齐声高歌《黄河大合唱》。与以往不同，本届活动首次采用"线上 + 线下"方式，参加启动仪式的主会场统战队伍从抗战馆向卢沟桥健步走，奥林匹克森林公园、首钢园、通州大运河森林公园等五个分会场的参加队伍进行 7.5 公里的越野跑，另外还有 3000 余人通过"云上跑"形式参加活动。体育赛事振奋了民族精神，激励越来越多的人铭记历史，珍爱和平。

爱国主义教育是抗战雕塑园永恒的主题。踏寻先烈足迹，弘扬爱国精神，激励奋斗意志，让抗战雕塑园这座崛起的历史丰碑永远屹立。

3. 国家抗战纪念地

中国是第二次世界大战期间抗击日本侵略的最主要国家，也是世界反法西斯战争的东方主战场，在长达 14 年的艰苦卓绝的抗日岁月里，留下了许多令后人缅怀、瞻仰的抗战纪念地。在这些纪念地中，影响最大、价值最高的无疑是卢沟桥、宛平城和中国人民抗日战争纪念馆。因为卢沟桥、宛平城是全民族抗战爆发地，象征着中华民族英勇不屈，顽强战斗的伟大精神。抗战馆则记录着斗争的英雄史诗，收藏着无数抗日英烈的珍贵文物。

1945 年 9 月 2 日上午 9 时（东京时间），同盟国联合受降典礼在停泊于东京湾的美国军舰"密苏里"号上隆重举行。日本外相重光葵和日本参谋总长梅津美治郎分别代表日本政界与军方在投降书上签字，中国国民政府军事委员会军令部部长徐永昌将军、美国麦克阿瑟将军以及英国、苏联、法国和荷兰、澳大利亚、加拿大、新西兰的全权代表分别在日本投降书上签字确认，接受日本投降。日本投降签字后的第二天，即9月3日，作为中国人民抗日战争胜利纪念日而载入史册。

2014年2月27日，十二届全国人大常委会第七次会议经表决通过了《全国人大常委会关于确定中国人民抗日战争胜利纪念日的决定》，这是中国首次以立法形式将每年的9月3日确定为抗日战争胜利纪念日。当年，国家隆重举行了一系列庆祝活动，其中有一项重要活动安排，就是公布国家级抗战纪念设施、遗址和著名抗日英烈名录。

240

2014年8月24日，国务院发布通知，公布了第一批80处国家级抗战纪念设施、遗址名录，其中位于北京丰台的中国人民抗日战争纪念馆和宛平城、卢沟桥入选。国务院通知指出，各地区、各有关部门要加强抗战纪念设施、遗址的保护管理，深入挖掘抗战纪念设施、遗址的历史内涵和现实意义，广泛组织开展群众性参观瞻仰和纪念活动。

2014年7月7日，首都各界在中国人民抗日战争纪念馆举行隆重集会，纪念全民族抗战爆发77周年。习近平等党和国家领导人来到中国人民抗日战争纪念馆，同1000多名各界代表一起参加纪念仪式。习近平同参加过抗日战争的新四军老战士焦润坤、国民党老战士林上元，以及两名少年儿童一起，为"独立自由勋章"雕塑揭幕。习近平在讲话中强调，历史就是历史，事实就是事实，任何人都不可能改变历史和事实。付出了巨大牺牲的中国人民，将坚定不移捍卫用鲜血和生命写下的历史。任何人想要否认、歪曲甚至美化侵略历史，中国人民和各国人民绝不答应！

2014年9月3日，中国迎来抗战胜利69周年纪念日，也是法定的首个抗战胜利纪念日。习近平总书记再次来到中国人民抗日战争纪念馆，参加纪念活动。习近平发表《在纪念中国人民抗日战争暨世界反法西斯战争胜利69周年座谈会上的讲话》，指出："中国人民抗日战争异常惨烈，从战略防御到战略相持，进而发展到战略反攻，无论是正面战场还是敌后战场，中国人民同仇敌忾，共赴国难，铁骨铮铮，视死如归，奏响了气壮山河的英雄凯歌。杨靖宇、赵尚志、左权、彭雪枫、佟麟阁、赵登禹、张自忠、戴安澜等一批抗日将领，八路军'狼牙山五壮士'、新四军'刘老庄连'、东北抗联八位女战士、国民党军'八百壮士'等众多英雄群体，就是中国人民不畏强暴、以身殉国的杰出代表。正所谓'诚既勇兮又以武，终刚强兮不可凌。身既死兮神以灵，魂魄毅兮为鬼雄。'"习近平总结道："在中国人民抗日战争的壮阔进程中，形成了伟大的抗战精神，中国人民向世界展示了天下兴亡、匹夫有责的爱国情怀，视死如归、宁死不屈的民族气节，不畏强暴、血战到底的英雄气概，百折不挠、坚忍不拔的必胜信念。伟大的抗战精神，是中国人民弥足珍贵的精神财富，永远是激励中国人民克服一切艰难险阻、为实现中华民族伟大复兴而奋斗的强大精神动力。"习近平强调："事实就是事实，公理就是公理。在事实和公理面前，一切信口雌黄、指鹿为马的言行都是徒劳的。黑的就是黑的，说一万遍也不可能变成白的；白的就是白的，说一万遍也不可能变成黑的。一切颠倒黑白的做法，最后都只能是自欺欺人。前事不忘，后事之师。我们强调牢记历史并不是要延续仇恨，而是要以史为鉴，面向未来，大家来共同珍爱和平，维护和平，让中日两国人民世世代代友好下去，让各国人民永享太平。"

2015 年 7 月 7 日，纪念全民族抗战爆发 78 周年暨"伟大胜利·历史贡献"主题展览在中国人民抗日战争纪念馆举行。习近平等党和国家领导人来到中国人民抗日战争纪念馆，参观纪念中国人民抗日战争暨世界反法西斯战争胜利 70 周年主题展览。习近平等领导同志拾级而上，步入纪念馆序厅，并依次从花台上拿起鲜花，敬献在象征中华民族团结抗战的大型浮雕《铜墙铁壁》前。随后，习近平等走进展厅参观展览。展览以"铭记历史、缅怀先烈，珍爱和平、开创未来"为主题，通过 1170 幅照片、2834 件文物和大量视频影像，全景式展现了中华儿女冒着敌人炮火共赴国难，英勇抵抗日本军国主义侵略的光辉历史。那一幅幅图片、一张张图表、一件件实物、一段段视频，吸引了习近平等领导同志的目光。他们不时停下脚步仔细观看，认真听取工作人员讲解，并详细询问有关情况。习近平强调："全党全国各族人民要牢记由鲜血和生命铸就的中国人民抗日战争的伟大历史，牢记中国人民为维护民族独立和自由、捍卫祖国主权和尊严建立的伟大功勋，牢记中国人民为世界反法西斯战争胜利作出的伟大贡献，珍视和平，警示未来，坚定不移走和平发展道路，坚定不移维护世界和平，万众一心把中国特色社会主义推向前进。"

2020 年 9 月 3 日上午，纪念中国人民抗日战争暨世界反法西斯战争胜利 75 周年向抗战烈士敬献花篮仪式在中国人民抗日战争纪念馆举行。党和国家领导人习近平、李克强、栗战书、汪洋、王沪宁、赵乐际、韩正、王岐山，同各界代表一起出席仪式。北京西郊卢沟桥畔宛平城内，中国人民抗日战争纪念馆雄伟庄严。纪念馆前广场上，鲜艳的五星红旗高高飘扬，"独立自由勋章"雕塑格外醒目。纪念馆正门上方悬挂着"纪念中国人民抗日战争暨世界反法西斯战争胜利 75 周年"横幅。大门两侧，威武的三军仪仗兵持枪伫立。9 时 57 分，习近平、李克强、栗战书、汪洋、王沪宁、赵乐际、韩正、王岐山等来到这里。习近平等在中国人民抗日战争纪念馆前的平台上肃立。参加过抗日战争的老战士和抗战将领亲属代表、抗战烈士遗属代表，为中国人民抗日战争胜利作出贡献的国际友人遗属代表，解放军和武警部队官兵代表，首都各界群众代表，面向纪念馆肃立。10 时整，向抗战烈士敬献花篮仪式开始。中国人民解放军军乐团奏响雄壮的《义勇军进行曲》，全场齐声高唱中华人民共和国国歌。国歌唱毕，全场肃立，向在中国人民抗日战争中英勇牺牲的烈士默哀。默哀毕，军乐团奏响深情的《献花曲》，14 名礼兵抬起 7 个花篮，缓缓走进中国人民抗日战争纪念馆序厅，将花篮摆放在象征中华民族团结抗战的大型浮雕《铜墙铁壁》前。习近平等缓步登上台阶，走进纪念馆序厅，在花篮前驻足凝视。习近平迈步上前，仔细整理花篮上的缎带。随后，其他领导同志和各界代表依次进入纪念馆序厅献花。中央党政军群有关部门和北京市负责同志，各民主党派中央、全国工商联负责人和无党派人士代表等参加了仪式。

这些纪念活动引起社会各界的强烈反响，这是对中国人民抗日战争历史的纪念，也是对以爱国主义为核心的民族精神的大力弘扬。

牢记历史，是为了开创未来。中国人民抗日战争纪念馆和宛平城、卢沟桥，作为国家抗战纪念地担负了传播抗战历史、弘扬抗战精神、促进世界和平的重任。这里将建设成为国家纪念抗战胜利及全民族抗战爆发活动中心、中国抗战和世界反法西斯战争历史展示中心、中国抗战史料收藏和研究中心、世界反法西斯战争东方主战场对外宣传中心，为实现中华民族伟大复兴提供更多的精神支撑。

北京园博园湖光阁影（丰台区政府供图）

四、长辛店的红流绿舟

在京西永定河畔，有一座历史悠久的古镇——长辛店，这里密布着多处红色遗迹，构成一个红色遗迹群，勾勒出一幅红色地图，讲述着红色故事，传承着红色基因，诠释着中国共产党人的初心。

这里是进出京城的咽喉要道，出现了中国早期的铁路工厂，是马克思主义在中国传播最早的区域之一。劳动补习学校旧址、工人夜班通俗学校旧址、警察局驻地旧址、长辛店留法勤工俭学预备班旧址、二七烈士墓、长辛店二七纪念馆等坐落于此，2018年1月27日，这些旧址均被列入首批"中国工业遗产保护名录"。

这里有当时比较先进的铁路工人群体，中共早期领导人李大钊、毛泽东、邓中夏曾经在这里宣传革命真理，播下了革命火种；何长

园博园秋色（丰台区委办公室供图）

工、毛遇顺等革命先驱从这里走出；这里被誉为"北方的红星"。毛泽东指出："中国工人运动还是从长辛店铁路工厂开始的。"

这里有丰富的红色资源和优美的生态环境。古镇长辛店、百年二七机车厂、长辛店的红色遗迹共同见证了长辛店的变迁，长辛店二七大罢工旧址列入国家文物保护单位，是激励我们开拓创新的精神力量，二七厂华丽转身成为冬奥奖牌的"孵化地"，北宫国家森林公园走出了一条由"靠山吃山"向"养山就业"转变的发展之路，每年十月的北京园博园变身为戏曲大观园，为市民献上丰富多彩的传统文化大餐。

（一）马克思主义与中国工人的最初结合

1. 中国早期的铁路工厂

长辛店是一个古老的村镇，历史悠久，至少在明代就已成村。《明实录·宪宗实录》卷二四〇"成化十九年五月丙午"："提督山厂工部尚书万祺奏：彰义门外、义井、新店、赵村、义河一带官路低洼，又因山水骤涨，运车皆为所阻……"这则材料证明早在成化十九年（1483）以前，长辛店一带就有一个叫"新店"的村子，处在出京南下的官路上。又《明实录·熹宗实录》卷一七"天启元年十二月乙酉"："御史李日宣以防御久弛，寇盗公行，议于都门前抵良乡界约五十里，如长店、大井、柳巷、五里店、太平坞等处，五里筑一高墩，盖一小堡。"可以肯定，在天启元年（1621）以前，长辛店一带还有一个叫"长店"的村子，是一处军事要地。

通过查阅历史地图和方志记录可以得知，上述两则明代史料记载的"长店"与"新店"是两个相邻很近的村落，"长店"在南，"新店"在北。随着社会发展，南北交流日益扩大，这两个村子和村前街道空前繁荣起来，酒肆店铺摊棚林立，天长日久连成了一片，逐渐形成了"长新店"村。

到了清雍正六年（1728），铺设北起彰义门（今广安门）南至长辛店南关的石道，这条石道宽两丈，由六尺多长、两尺多宽、一尺多厚的花岗岩石铺成，逐渐成为北京城通往南方各地的咽喉要道。后来，随着南北交流的日益频繁，这里商铺林立，日趋繁华，这条路承载了很大的交通流量，"长新店"逐渐衍化为"长辛店"并保留到今天，寓意商旅长途跋涉，一路艰辛之意①。

明清两代的长辛店，毕竟只是一个村落，而作为北京重要工业基地的长辛店镇的形成与铁路密不可分。

1896 年 10 月，清政府在北京建立铁路总公司，委派盛宣怀通过"借

---

① 施爱东《长辛店历史与文化》，中国社会出版社，2018 年，第 3 页。

款筑路"的方式筹建"卢汉铁路"。1897年，清政府从比利时借款，聘请英国工程师先期勘测设计"卢保铁路"段，即卢沟桥至保定的一段铁路。铁路动工前，先在卢沟桥畔建造一个小型工程机厂，用来生产一些简易的铁路配件。三月完成测定，四月开工兴建，工程部首先在卢沟桥附近架起一座铁桥，没过几天，河岸上就搭起了一个棚子，几辆马车运来了一堆奇形怪状的钢料和一些叫不出名字的洋东西，很快在河畔建了一个小型的简易工程机械厂，厂房是用木头搭的架，四周围芦席，上盖瓦楞铁，工厂的围墙是用三合土打成的，这就是二七老厂最早的前身。

很快，修路与修桥同时开工了，工厂只有一个小厂房，厂里有铁匠木匠油匠，从此每天都听到这里叮叮当的敲打声。这个突如其来的稀罕事，惊动了附近的村民，有些人还特意跑过来看热闹。看来看去，人们竟然看不到中国的东西，工厂里的设备几乎都是由英国运来的，不但机器是外国的，就连钳工用的手锤，木工用的刨子、锯、斧头，铁匠用的大锤和钳子，即使小火车头上用的添煤铁锹和扫地笤帚，也没有一件是中国造的。

到了1899年，这个小工厂已有一台四十马力的蒸汽机以及一些简单的机器设备，厂里共有铁匠、木匠、油匠工人200多人，他们就成为京汉铁路的第一批铁路工人。1900年，义和团打出"扶清灭洋"的口号，5月27日和28日，他们先后将长辛店、丰台路段的铁路拆毁，在卢沟桥机厂又拆又砸，最后一把火烧毁了这个小型工厂。

八国联军侵入北京后，为了延续和扩大列强在华利益，解决京汉铁路的路用车辆的维修问题，决定恢复机车厂。1901年初，由法国人图耶主持设计，在长辛店三合庄重建工厂，该厂占地40公顷，最初建的是动力科，只有厂房一栋，安装了四台锅炉，只有一台五十马力的发电机。主要机器设备大都从法国采购，历时一年多才运到工厂，加上原卢沟桥机厂中一些残存机器设备和材料，形成了基本的生产能力。随着原卢保铁路南伸北延，工厂名称改为"京汉铁路长辛店机厂"。

1901年秋天，长辛店机厂正式开工了。接到的第一项生产任务是制作皇家銮舆御车——"龙车",为的是迎接在庚子事变中逃往西安的慈禧太后回京。

这辆龙车是在从国外运过来的四号包车和六号包车车厢的基础上改装的。当时工厂没有会雕刻的木匠,就四处找人,把长辛店附近有名的木匠全都招进厂里,工厂的人数一下增加了很多。那时厂房还没有建好,木匠们都集中在长辛店著名的木匠王翠家里干活,雕龙刻凤的活都是在他家里完成的,曾任北京新世纪认证有限公司市场总监的张桂玲家里,至今还保存着祖父留下的两件精致的木工作品,一个是结构精巧、雕花细腻、形似"如意"的针线盒,另一个是历经百年仍然完整如初的擦饸的擦子。这两件传世精品见证了一位手艺人高超的木工技艺,讲述了那些靠手艺养家糊口的匠人与"龙车"的故事。

经过这些能工巧匠的精心打造,龙车终于改造好了。造好的龙车,车体是黄色的,两侧雕刻着龙和凤,寓意"吉祥如意""龙凤呈祥",车内全用杏黄色的贡缎包起来,贡缎上面不但绣着形态各异的龙凤图案,还有做工极为精致的"八宝图",处处体现皇家气派,车内不仅有雕龙刻凤的"龙椅",还有客厅、餐室、洗澡池等。

完整的一列龙车共有 21 节,其中特等车 3 节("龙车"),供慈禧太后、光绪帝及皇后乘坐;头等车 4 节,供王公大臣及太监总管李莲英乘坐;二等车 3 节,供侍人和太监乘坐;事务车 1 节;铁路人员使用 1 节;货车 9 节。平均每节车的造价是 10 万两白银,相当于日本同类车辆的 4 倍,其昂贵的造价是世界上绝无仅有的。长辛店机厂制作的是两节特等车("龙车"),其余的车由唐山和天津制造。

除了 1901 年秋天从西安回銮,慈禧还在 1903 年 3 月乘坐"龙车"到清西陵祭祖。1929 年,孙中山的灵柩移至南京,也用过这辆龙车。

为了保管"龙车",1902 年,清政府专门在长辛店建了一处龙车房,由专人看管。作为中国机车车辆制造的杰作,作为长辛店机厂工人智慧的结晶,龙车被载入史册,可惜的是龙车没有被保存下来,只有龙车房还能见证这段历史。

见证长辛店机厂兴衰的还有一幢幢百年欧式建筑，由于长辛店机厂建厂初期的厂长、总监工、工程司等重要职务都由比利时、法国两国人担任，在工厂的规划设计中，划定了一片供高级职员居住、休闲娱乐的生活文化区，占地面积六万多平方米，呈丁字形布局，有住宅30余幢，另有礼堂、酒吧、浴室、幼稚园等公共设施10余处。所有建筑都各成一体，配有前后花园，几处规模较大的住宅设有地下室，兼作酒窖。区内主干道为东西走向，道路南侧是住宅，北侧是公共处所，俨然一座法国风情小镇。

花园洋房外面的世界充斥着机器轰鸣。隶属于京汉铁路局厂务处的长辛店机厂，主要负责京汉路全线七十多辆机车、三千多辆客货车的修理维护任务。具体情况，我们可以通过北洋政府交通部工程师钱世禄在1913年参观长辛店机厂时写下的企业现状考察报告，一窥百年前长辛店机厂的真容。

长辛店机器厂附属于京汉铁路局之厂务处，内分修机厂、修车厂、材料所三处，修机厂专修机关车及一切机械之破损并一切铁工作事项，修车厂专修客货车之破损及一切木工作事项，材料所专管一切材料出纳事项。修机厂内有木型工厂、铸物工厂、锻冶工场、机器工场、打磨工场、锅炉工场、装车工场、原动力室等八处合造为一室。修车厂有干燥室、木工场、场内装车场、场外装车场、油漆厂等处。以上修机修车两厂俱备有夜作业用电灯。

就当时的条件而言，工厂里的设备已经十分先进了。但是，工厂对工人的管理十分苛刻，每天早6点上班，中午休息1小时，下午6点下班。也就是说工人每天要工作11个小时，普通工人工作一天的工资只有几毛钱；而外国厂长、员司每天工作8小时，每周休息一天，他们的工资却是工人的几倍、几十倍甚至更高。

因此，提高工资、八小时工作、每周休息一天的这些基本要求，成为长辛店铁路工人在中国共产党领导下开展工人运动，成立工会组织，争人权、争自由的重要内容。

2. 留法勤工俭学预备班

一百多年前，帝国主义势力在中国为所欲为，国内封建势力腐朽昏暗，中国人民遭受严重的苦难，过着水深火热般的生活。为探寻知识和文化救国之路，"输世界文明于国内"，一些有识之士，开始探索国家复兴和强国之路。1912 年，在蔡元培的倡议下，李石曾、吴玉章、吴稚晖等在北京发起组织"留法俭学会"。为了使勤工俭学学生在赴法前学会一些粗浅的法语和简单的劳动技能，方便他们到法国后的工作和学习，蔡元培、李石曾、吴玉章等于 1917 年在国内成立了华法教育会。一年后，各式各样的留法预备学校在长辛店、河北蠡县（今高阳县）布里村、保定育德中学等地如雨后春笋般建立。这些留法勤工俭学预备学校培养了近 1600 名青年学生，这些学生中的大部分后来远涉重洋赴法进行勤工俭学，探寻救国救民的真理。在赴法勤工俭学的学生中，有老一辈无产阶级革命家周恩来、邓小平、蔡和森、赵世炎、陈毅、李富春等人，他们后来成为中共早期党员，并在中国革命的实践中起到领导作用。

长辛店留法勤工俭学预备班，正式名称叫高等法文专修馆长辛店分馆工业科，是北京高等法文专修馆的一个分支机构，建校初衷是为了安置到京的湖南学子，解决他们生活、学习的困难。由于毛泽东、蔡和森等人大力宣传留法勤工俭学的好消息，湖南来京同学有八十多人，当时的预备学校只有保定育德中学有一个能容纳四五十人的大教室，显然不能完全接纳湖南来京的学生。在这种情况下，蔡和森通过杨昌济与华法教育会进行交涉，希望开办其他预备学校来接收湖南来的青年，蔡元培、李石曾等人发动社会各界的力量，才有了长辛店留法勤工俭学预备班。

为什么选择在长辛店建立预备班呢？

首先，长辛店铁路工厂提供了勤工的机会。留法勤工俭学预备班在长辛店开设不仅可以让学生们有一个安定的学习环境，更为难能可贵的是，经过蔡元培和李石曾等人的协调，为赴法勤工俭学学生争取到一个在长辛店铁路工厂半工半读的机会，学生们每月可以挣三元钱的伙食费，暂时解决了他们的生活困难，这也是长辛店优于其他预备学校的最大特色。

其次，长辛店处在便利的地理位置上。由于铁路的开通，长辛店相较于其他预备班，与外省市的联系更加方便快捷，这也是它优于其他预备学校的地方。

最后，长辛店有现成的房屋作为教室。长辛店留法勤工俭学预备班使用的教室，是一座法式的二层红砖小楼，是京汉铁路局火车房总管郭长泰的私人住宅。留法俭学生、华法教育会干事彭济群口述回忆："刘兰塑胡同的留法预备班开班后不久，我又去长辛店京汉铁路修械厂联系，打算在该厂中附设一个留法预备班。修械厂除了总务处，其他各处的负责人，正职都是法国人，中国人只能任副职。我先与机务处一位姓范的副处长联系，他对预备班学生到工厂实习不能作主，犹豫不决。又与处长马尔丹商量，他倒痛快地答应了。当时说定，学生宿舍由勤工俭学会租房解决，法文教员也由我们负责聘请，工厂给留法预备班提供教室，并为学生在工厂中学习技能提供方便。"[1] 初步商定后，蔡元培、李石曾等人做通了厂方和郭长泰的工作，这座小楼改为留法勤工俭学预备班的教室。

长辛店预备班于 1918 年秋天开班，学生大部分是从湖南来的，保定育德中学附设留法预备班也转来一部分，学生们被分成铸造、机械、钳工三个班。他们上午工作四小时，何长工在《勤工俭学生活回忆》中说："每天虽然只做工半天，也够紧张的。早晨，天上还闪着星星，我们就上工去了。到了车间，有人站在旋床面前，眼睛还睁不开呢"；下午学习法文和生产技能，"教员都是长辛店铁路工厂的工程师，他们多是留法或留比的学生，无论讲机械、几何、三角、代数……都用法文。他们都很热心，巴不得我们多学点东西出国去，所以，就像填鸭似的，拼命往里塞。讲的人冒汗，听的人也冒汗。哪能记得住？我搞了一个生字表，一百一百地记。一面做工，一面记生字，就像小学生识方块字那样，一面写中文，一面写法文；看中文，念法文，看法文，念中文。上厕所

---

[1] 原留法俭学生、华法教育会干事彭济群口述《回忆留法俭学会、留法勤工俭学会、华法教育法》，见郑名桢《留法勤工俭学运动》，山西高校联合出版社，1994 年，第 148—149 页。

长辛店留法勤工俭学预备班旧址（丰台区委宣传部供图）

念，走路也念，有的人半夜起来念，还是记不住。幸好不久保定育德中
学法文班的二十多个毕业生，也参加到这一班来了。他们有相当的法文
基础,和我们混合编组,作我们的法文辅导员,这样学习进度才快了些。"[1]
对于从未接触过工艺的学生来说，这些内容太辛苦太艰难了，但是好处
也是显而易见的，教授学生们技能的是长辛店铁路工厂的工程师，理论
和实践的结合使得教学不再是纸上谈兵，特别是工艺技能的学习，有了
实践环节相辅助，学生们可以一边学习一边实习，为学生赴法勤工俭学
作了很好的准备工作，对于他们将来赴法尽快适应工厂生活打下了良好
的基础。

　　但是，工人们并不是一开始就接受了学生。何长工回忆说，"我们
的车间主任，是个有二十年工龄的老工人，高个子，麻脸。他的挫工
很好，闭着眼睛也挫得很平。但他的个性很强，不要人说他。进厂后

[1] 何长工《勤工俭学生活回忆》，工人出版社，1958年，第13页。

他嫌我们这些'洋学生'碍手脚，不爱搭理。东西消耗了，问他要，他说没有了。我们感到如果不搞好关系，就学不到本事。于是主动去接近他，到他家去玩，替他跑腿，给他讲天下大事。大概他觉得我们并不是来'玩票'，对我们温和多了"[1]。学生们在预备班学习期间既经受了劳动锻炼，又直接了解工人们的生活状况，这是长辛店预备班比起其他预备学校具有的无法比拟的优势，也为我国留法勤工俭学运动留下浓墨重彩的一笔。

长辛店勤工俭学预备班最大的特色在于实习时间最长，长辛店预备班的学生们每天要做六小时的工，上四小时的课，几乎是语言学习时间的两倍，生活十分艰苦。不过，学生们也有着自己的乐趣，特别是互助精神让大家倍感集体主义的温暖。何长工回忆："有人病了，大家赶快请医生，煎药，还有人看护他。经济困难，互助捐助。至于日常杂务，都是自己做；洗衣、缝补、做饭、打扫卫生等等，各有专责。罗喜闻看起来像个书生，戴个眼镜，斯斯文文，可是却能跑路，钱用光了，多半是他进城去想办法，他成了我们的'外交官'，又是'财政总长'。戴盖三又高又大，针线活做得比谁都好，他还负责煮饭，而且煮得很好。一个姓段的同学管炒菜，周爱资管采购。何长工负责杂活，打扫房间、擦洋油灯、上灯油、糊窗子。"[2]这样的生活虽说穷苦，大家一起想办法还是能够度过去的，最大的困难还是缺钱。何长工说："记得有一次，天上已经飞着雪花了，大家还穿着夹衣。我们的'外交官'不得不进城去想办法。当时，我们吃的烧饼、菜、饭，都是赊来的，穷得连买火车票的钱也凑不起来，他只得步行到北京。但是大风大雪穿夹衣走路时会受冻的，于是我们有三四人就睡在床上，把衣服都脱给他，一重重穿上。就这样，他一步一步地走到北京，借了钱回来，给我们每人缝了一套棉衣。"[3]

255

---

① 何长工《勤工俭学生活回忆》，第13页。
② 何长工《勤工俭学生活回忆》，第14页。
③ 何长工《勤工俭学生活回忆》，第14—15页。

长辛店勤工俭学预备班最重大的意义在于开拓了知识分子与劳动人民相结合的途径，打破了"工学界限"，学生们在铁路工厂半工半读，脱下知识分子的长衫，穿起了工人的衣服，和工人共同劳动，共同生活，朝夕相处，学生们在接受马克思主义思想影响的同时，也受到了近代工业的劳动锻炼和工人阶级思想感情的熏陶，学生们在思想感情上逐渐和工人接近了，大家都感到劳动的伟大，厌恶游手好闲。学生们除了教工人识字、算术、常识之外，也讲些爱国救国的道理。除此之外，他们还在长辛店做了一些公益事业。原来从火车站往北没有马路，学生们课余时间就组织起来去修马路。1919 年流行鼠疫，传染得很厉害，死的人很多。他们冒着生命危险去抢救病人，用石灰帮老百姓消毒等，老百姓都欢迎这些学生。

在学习和实习的过程中，预备班的学生和长辛店的铁路工人结下了深厚的友谊，学生们临走的时候，工友们和家属们像送别亲人一样，依依不舍地送到长辛店车站，看着他们走上了追求民族独立和自由民主的道路。长辛店预备班的学生们带着探寻救国真理的理想走出国门，走向世界，学习先进的科学和人文知识。

一百年后的今天，长辛店留法勤工俭学预备班旧址成为全国重点文物保护单位和北京市爱国主义教育纪念地，小楼的二层开辟为展览室，陈列着当年留法勤工俭学预备班的部分图片及文章，能让广大党员群众缅怀革命先驱光辉事迹，探寻红色文化轨迹的同时，弘扬爱国精神，激发爱党深情。

长辛店留法勤工俭学预备班开创了先进的知识分子与工人阶级密切结合的方式，学生们在长辛店工厂受到了劳动锻炼和工人阶级思想感情的熏陶，工人们在学生那里懂得了什么叫"反帝爱国"。从此，中国工人阶级的觉悟迅速提高，先进知识分子的世界观也在发生变化，中国新民主主义革命的条件逐步成熟。

3. 党的早期领导人传播革命火种

在长辛店铁路中学的院里，一栋充满了历史沧桑感与厚重感的二层小楼矗立眼前，走在狭窄的楼梯上，听到脚下鞋底与木板相互摩擦的声音，让人仿佛回到了百年前的留法勤工俭学预备班课堂。百年前的一个初冬之日，长辛店留法勤工俭学预备班来了一位穿粗布长衫的书生，他个子修长，目光如炬，身材挺拔，操着一口浓重的湖南口音，面容温和儒雅，他就是留法勤工俭学预备班湖南籍学员的负责人毛泽东，为了解决学员的学习和生活困难，筹措资金，毛泽东两次到这里看望留法勤工俭学预备班的学员。正是这两次意义非凡的看望，使毛泽东的名字与长辛店铁路工厂的光荣历史紧紧连在一起。

1918 年 6 月，毛泽东在湖南省立第一师范学校毕业后和新民学会会员商定：走出湖南，向外发展，以求救国救民之道。如何"向外"？正当他们寻找机会之时，"福音"飞来：可以赴法勤工俭学。"福音"是他们的恩师、北大教授杨昌济用信传来的：蔡元培、吴玉章、李石曾等人组织的华法教育会在北京、保定、高阳县等处开办了留法勤工俭学预备班，正在招生，这个消息激发了这些热血青年的希望。于是，新民学会开会，最后达成共识：湖南"连年南北军阀混战，教育受摧残殆尽，省内无法就业与升学，唯一出路是向外发展。留法勤工俭学就是千载难逢的机会"。会议决定，派蔡和森先到北京与杨昌济老师联系，了解情况①。

蔡和森在北京的活动很成功：他不仅联系好了赴法青年出国的预备学校，而且还从在京湘绅熊希龄、章士钊的"湘省善后款"中，争取到了 25 个借支助学的名额。蔡和森将这些情况传回长沙，还点了毛泽东的将——到北京主持勤工俭学事宜，即作"驻京办主任"。

毛泽东立即着手准备，在做好湖南学子赴京的准备工作后，1918 年 8 月他率领 24 名学生奔赴北京。第一批出国的罗学瓒，在当年 10 月 16 日从北京寄给叔祖父的信中赞扬"毛泽东组织预备班，出力最多，他的才智学业，均为同学所服"②。

1918 年秋冬，毛泽东一边做北大图书馆管理员，一边履行"驻京办

---

① 《青年毛泽东之路（18）："驻京办主任"》，中国共产党新闻网，2013 年 12 月 4 日。
② 李丽《将肩挑日月——毛泽东和罗学瓒》，《党史文汇》，2016 年第 4 期。

主任"义务：他多次走访赴法勤工俭学发起人蔡元培、李石曾，请他们向预备留法的学生介绍留法勤工俭学等事宜；与蔡和森接待从湖南来京的青年学生，安置他们的住宿、进留学预备班。毛泽东、蔡和森通过杨昌济与湘籍名人熊希龄、范源濂和章士钊联系，争取从湖南存在北京银行的一批款子中抽出部分作湖南留法勤工俭学的旅费，共筹款21000元，解决了部分在北京、保定、高阳县预备班学生的生活费。第二年在上海，还得到了章士钊为留法学生的筹款2万元①。

解决好经费问题后，毛泽东终于有时间深入学员中，一方面看望湖南籍学员，另一方面调查长辛店工人的状况。1918年11月，毛泽东第一次到长辛店看望留法勤工俭学预备班的学员。老一辈革命家何长工是当时的学员之一，他回忆道：毛泽东同志很关心我们长辛店这个班，他先到工厂调查了解情况，和厂方商量能否增加点预备班的学生，然后到我们预备班的教室看了一下，晚上住在我们宿舍。他和我们坐在土炕上，问我们的学习和生活情况，有什么困难。记得他还特别问我们湖南人学法文会不会卷舌头发嘟噜音，并教我们怎样发音，让我们学点音韵学，学康熙字典上反切拼音。他是学师范的，师范学生都懂音乐，会唱歌。他还用唱歌的音韵教我们怎样卷舌头。毛泽东同志特别强调我们联络工人，注意工人运动，了解工人的生活、工作情况，要我们帮助启发工人的救国心，鼓励我们坚定信心，一定千方百计地筹备，一定能够出国。在工作之余，毛泽东时常到北京大学去旁听，并加入北大的哲学研究会和新闻学研究会，还参加了邓中夏等进步青年组织的北大平民教育讲演团，并以新民学会在京会友名义，请蔡元培、陶孟和、胡适等做报告及解答问题。在北京，毛泽东阅读了李大钊的《庶民的胜利》等宣传十月革命和马克思主义的文章。在李大钊的帮助下，毛泽东的思想迅速发生变化，开始朝着马克思主义的方向发展。

知易行难，只有把理论知识运用于指导实践才能做到知行合一。

---

① 《青年毛泽东之路（18）："驻京办主任"》，中国共产党新闻网，2013年12月4日。

毛泽东到长辛店宣传革命真理（吴休与韦江凡、周思聪合作，145 厘米 ×270 厘米，北京画院藏）

1919 年 3 月，毛泽东第二次来到长辛店。当时永定河里的冰刚刚解冻，西面的山坡还残留着白雪。毛泽东这次来和第一次一样，一到长辛店就先进了厂房工棚，与工人攀谈，然后到学员宿舍，传播进步思想，谈资本家怎样剥削工人的血汗，剥夺工人的合法政治权益和经济利益，他唤起民众，要团结起来拯救中国。他还嘱咐学员要帮助工人建立夜校，提高工人觉悟，组织起来，结成坚固的劳工团体，与官僚资本家做斗争，达到减工时增工资、改善生活待遇、打倒压迫者的目的。就这样，毛泽东在长辛店铁路工厂的工人群众中深深地播下了革命的火种。

在中国共产党的创始人中，毛泽东是最早来长辛店的一位。在毛泽东之后，邓中夏、李大钊等人也相继来到长辛店进行革命宣传，开展工人运动。李大钊曾在 1919 年底到 1920 年初，写文章号召"劳工阶级、无产阶级联合起来，为核心组织，以反抗富权阶级、资本阶级"。他还强调，工人阶级要改变自己的悲惨处境，第一步就要组织起来，成立工人自己的团体，为工人阶级的切身利益而斗争。北京大学的进步青年们在李大钊的号召组织下，开始在人力车工人和北大印刷工人中开展成立工会的活动，以此唤起工人的觉悟，凝聚工人阶级力量。由于警察的干扰和工头的阻挠，活动没有成功，但是李大钊和学生们并没有气馁，而是把开展工人运动的工作重点转向了北方最大的铁路工人集聚地——长辛店。

1920 年春，北大学生邓中夏带领北京大学平民教育讲演团来到长辛店，经过一段时间与铁路工人的接触，学生们学会了用通俗的语言向工人宣传革命道理，受到工人们的欢迎。

1920 年 10 月，北京"共产党小组"成立后，李大钊派邓中夏来到长辛店开展工人运动，他们几次同工人骨干商量办法，决定在原来工人夜校的基础上，筹办一所"劳动补习学校"。在此基础上，党的早期领导人在长辛店成功组织了第一次五一大游行，成立了工会组织，发展了第一批工人党员，为轰轰烈烈的京汉铁路工人运动做好了思想上、组织上的准备，长辛店也由此成为中国工人运动的摇篮。

4. 长辛店劳动补习学校

长辛店劳动补习学校被誉为"北方红星"升起的地方，它的创办为中国北方工人运动培养了大量骨干。今天劳动补习学校的旧址还静静地隐藏在祠堂口胡同内。当人们从一条小巷子进入，便可看到一户木质门窗、青砖灰瓦的小三合院，这里分为教室、办公室、休息室三个区域。走进不大的教室，排列着整齐的桌椅，教室黑板上写着"劳工神圣"四个字。

教室里学习的是新知识新理念，教室外是军阀混战的旧社会旧思想，中国共产党的创始人已经意识到工人群众中蕴含着巨大的力量，要用教育唤醒劳工觉悟，训练斗争能力，一大批先进的知识分子为了改变工人的命运而奔走。1920 年冬，李大钊领导北京共产党小组，总结了前一阶段在人力车工人、印刷工人中开展工作的经验教训，决定走出市区，去产业工人最集中的长辛店创办一所劳动补习学校。

为了从理论上宣传马克思主义，培养工人运动的骨干，邓中夏负责创办了一个以工人为对象的通俗周刊《劳动音》，该刊于 1920 年 11 月 7 日正式创刊，邓中夏以"心美"为笔名写了"发刊词"。他在发刊词中写道，今日世界上各国的社会都有一种最不合理的现象，就是劳动人民终年辛辛苦苦，然而生活困难，朝不保夕，父母妻子不能饱暖。相反，那些不从事劳动的人——如官僚、政客、军人、资本家、警察、教士等专在社会上做寄生虫，把劳动同胞所生产出来的东西用强力侵占了去，供他们快乐！这是一种多么不公平的事情！在《劳动音》杂志中，邓中夏没有照本宣科地讲解马克思的书本知识，而是用通俗的语言启发工人的认识和觉悟："工友们，一个人像条虫、五个人像条虎、十个人像条龙，咱们团结起来好比泰山，谁也摇不倒、推不动。"邓中夏的话像一簇火星迸发到中国第一批产业工人的胸中，工人心中的烈火熊熊燃起。邓中夏找到了播撒种子的大地，他的眼睛更亮了。

邓中夏把马克思主义的观点渗透在《劳动音》这本工人杂志里，当创刊号一出版，2000 多册就销售一空，很快在长辛店等地的工人中传播开来，被誉为"劳动者的喉舌"，被剥削被压迫的工人兄弟们读着

"长辛店 1921 红色党课"主题教育活动宣讲员为游客讲述长辛店劳动补习学校创办前后的情况（丰台区委党史工作办公室供图）

为工人说话的杂志，就像是找到了自己的知心人，发行量持续增加。到了 1920 年 12 月，每期发行 2000 份，后增长 4000 份。由于北洋军阀的干涉，《劳动音》被迫停刊，改名《仁声》继续出刊。后来又因为经费缺乏而停刊。

为继续保持党组织在工人中的影响，传播革命真理，启发工人的阶级觉悟，北京共产党小组首先在长辛店开展工人运动。1920 年 12 月 19 日，邓中夏、张太雷等人受李大钊的指派来到长辛店，为的是发动这里的工人投入到伟大的工人运动，希望中国工人能像俄国工人一样站起来进行无产阶级革命。那天，长辛店各界正在为工头邓长荣捐款办"国民学校"表示祝贺并为邓长荣挂匾。邓长荣听说匾上的"乐育英才"四个字，是北大教授陈独秀写的，便设办丰盛的酒宴感谢大家。邓中夏等人也借这个机会，召开真正属于工人自己的"劳动补习学校"筹备会。长辛店方面参加的工人史文彬、陶善琮、张珍、武明科、陈励懋以及工头郭长泰、邓长荣等出席了会议。

会议确定 1921 年 1 月 1 日正式开学，并通过了劳动补习学校简章。简章用一半的篇幅列出办学预算，根据 1920 年 11 月 21 日《劳动界》刊物中的说明，我们可以看到办学预算主要包括修理校舍、杂费、校舍房租、教员工资、书籍文具等费用，共计 706 元。尽管有北京大学学生会和李大钊的捐款，但是开办经费还是太少。

为了解决开办经费问题，邓中夏等人巧妙地借助了工头邓长荣的势力。邓长荣还沉浸在陈独秀题字的喜悦中，听说邓中夏等人办的"劳动补习学校"要在报纸上刊登办学启事，发起人的名字也会登在报纸上，便要求自己也当个发起人，邓长荣还自告奋勇，去找长辛店颇有势力的郭福祥拉赞助。

学校的开办费用解决后，在接下来的招生工作中却遇到了难题，因为这个学校不收学费，职工和职工子弟报名的人数超过了预定的名额，原定开学日期决定向后推迟，同时采取考试和检查身体的方法进行了暂时的限制。最后，劳动补习学校延迟到 1921 年 1 月 11 日开学。

学校开学时，来得最早的是工人史文彬、杨宝昆、王俊、陈励懋等二十多名工人，其中的几名骨干都成为长辛店工人中的第一批共产党员。"劳动补习学校"课堂里的学习条件非常简陋，讲台是土坯垒的，几条旧板凳和几张旧课桌是工人捐的。工人们就是在这样的学习环境里学习政治理论，学习文化知识。

用什么课本教工人呢？有人说："用平民常用字课本就行了。"邓中夏摇摇头说："不用他的。我们应该根据工人生活、劳动的情况，自己编一个工人识字课本，把工人劳动常用的工具、器物编在课本上。让工人知道'老虎钳'三个字怎么写，'锉刀'是哪两个字……"大家都同意邓中夏的意见。此后，劳动补习学校教材都由教员自己编写，内容取材于《共产党月刊》《向导》《苦力》《劳动界》及国际通讯英、德、法文版本资料。

开办初期，中国共产党北京支部的重要成员李大钊、邓中夏、罗章龙、张太雷、高君宇等人轮流担任教员。他们以通俗的语言、生动的事例，讲工人为什么受苦受穷、为什么要组织起来，讲外国工人怎样与资本家作斗争，讲怎样组织工会和政党。

邓中夏每周到校讲课两次，他在长辛店劳动补习学校讲授"工人最伟大"一课时指出，世界上的一切都是劳动人民创造出来的，火车、飞机、工厂、房屋，都是工人生产出来的，离开工人谁也活不成。有工人问他，工人为什么这么穷？他回答说：工人穷不是八字不好，也不是命中注定，而是军阀、厂主剥削工人劳动所造成的。他告诉工人，要想不穷，大伙就得抱成团。

为了进一步启发工人的思想觉悟和斗争自觉，1921年春节前，李大钊在邓中夏的陪伴下来到补习学校，在外面迎候李大钊的是一位个子矮小，戴着一顶北方毡帽头的工人，他就是铁路机厂的钳工史文彬。李大钊急忙迎上去，高兴地伸出了双手，紧紧握住了史文彬长满老茧的手，连声笑着说："久闻大名、久闻大名……"史文彬是位性格内向的中年工人，平常话就不多，见到京城有名的教授李大钊，简直拘束得不知道说些什么好了。李大钊自然理解史文彬此时的内心活动。他松开那双生满

263

老茧的手，随便地走进了充满旱烟味的矮小屋子里，坐在仅铺着一张破炕席的炕沿上，亲热地和史文彬闲扯起来。李大钊叫了一声"史师傅"，又微笑地问："劳动补习学校在上课吗？我想和工人师傅们见见面，好吗？"这时史文彬才想起来，工人们都在学校里等着呢！他忙说："李先生，工人们都在，尔康老师正教他们认字呢……"

李大钊随着史文彬走进教室，受到了工人学员们的热烈欢迎。李大钊走上讲台，微笑着伸出双手，示意大家安静地坐下。接着，他看了看满屋穿戴褴褛的工人，和蔼地笑着说："职工兄弟们好啊？你们要好好地学文化、学技术。你们可不要觉得自己比别人矮一头，工人够得上天那么高呀！大家说对不？"看到工人们有些不解，李大钊继续启发工人们说："职工弟兄们！你们都明白这样一个道理，资本家永远把工人当机器、当工具看待。可我们工人呢，应当把自己当人看待！要团结起来争取做人的权利！"听讲的工人们信服地点着头。他拿起粉笔在黑板上竖着写了"工人"二字，转身问道："大家认识这两个字不？"大家回答："认识！念工人。"李大钊再问："大家看，工字和人字接起来念什么？"大家回答："念天字！"李大钊接着说："对，是念天。"并形象地说："工人的工字，上边一横是天，下边一横是地，中间的一竖是工人，工人顶天立地，工人就是最伟大的阶级。"李大钊于是通俗地讲了工人阶级的历史作用以及俄国革命后工人当家作主的情况。他又引申出："咱们工人深受帝国主义、军阀、资本家的重重压迫，如同牛马，饱受煎熬。心里憋足了仇恨，好似闪电，只要有一股阳电引来，就会发出震撼中国的巨响，这个阳电就是马克思的思想，一马当先的马，克服万难的克，思前想后的思……"

李大钊还教导工人们："不仅要关心自身的解放，更要关心国家的兴亡。咱们中国有四万万同胞。两万万男子，两万万女子要并肩前进！将来一同建设社会主义，建设一个好的中国！"

正是在李大钊、邓中夏等人的倡导、影响和教育下，一批又一批的知识青年走进工厂、矿山，去广大的北方农村，深入实际，了解国情，与工农民众相结合，为工人运动的发展做出了贡献。广大工人通过夜校学习真正地觉悟起来、团结起来，为实现民主自由、平等公正而自觉地进行斗争。马克思主义在工人中潜移默化地发生着影响，一座即将喷发的火山正在凝聚能量。

学校是培养人才的摇篮，长辛店劳动补习学校如同长夜中的一盏明灯，不仅照亮了工人们的心，为工人运动的发展指明了方向，同时也为即将成立的中国共产党培养出工人骨干力量。这些工人骨干是我们党的宝贵财富，是领导工人运动进行反帝反封建革命运动的主力军，尽管劳动补习学校开办仅两年多的时间，尽管随着京汉铁路大罢工的失败，学校被反动当局查封，但当年由李大钊、邓中夏等人在学校所点燃的革命火种并没有熄灭，它成为长辛店地区革命斗争的重要标志，为后人所崇敬、所传承。这所补习学校旧址也就自然成为长辛店地区著名的红色纪念地。

5. 党领导下的第一个工人党小组

1920 年 10 月，北京"共产党小组"成立后，邓中夏等人在长辛店筹办劳动补习学校的过程中，便介绍思想进步、工作积极的工人骨干加入共产党小组。中共一大前后，发展了工人骨干史文彬入党，他较早地接受马克思主义思想，是最早加入共产党小组的工人，后来还成为北京地区最早加入党组织的工人党员，还曾参加李大钊发起组织的"马克思学说研究会"。

1921 年 7 月，中国共产党正式成立后，遵照中共一大确定的工作任务和中央局提出的发展党员的要求，北京党组织在知识分子和工人中培养和吸收了一批先进分子入党，尤其注意在产业工人中发展党员。为了使党的工运方针和每一时期的斗争策略，更好地在京汉铁路工人运动中贯彻，各地党的组织十分注意在京汉铁路工人中发展党员，建立基层支部的工作，使工人运动的领导权牢牢掌握在工人阶级先进分子手中。邓中夏、罗章龙、朱务善等在长辛店工人骨干中又发展了一批党员，其中有王俊、陈励懋、康景星、杨宝昆等。党员队伍中产业工人的增加，为第一次工人运动高潮的到来准备了骨干力量。

　　1921 年 10 月，长辛店建立了党小组，这是中共党史上成立的第一个以工人为骨干的党组织。第一任党小组组长是北京大学派去的学生党员吴汝铭，党小组设在北大第一院内。这样既便于北京党组织及时了解长辛店的工运发展情况，总结斗争经验，研究党的工运策略，又便于及时将工运政策付诸实施。吴汝铭，1919 年就读于北京大学法学院，开始接受新思想。他第一个报名到长辛店担任劳动补习学校的教员，1921 年加入中国共产党，做过较长时间的工运工作。但是，吴汝铭并不是一个坚定的马克思主义者，后来脱党，并参与国民党江西省党部活动，镇压工人运动。解放后被判处无期徒刑。1959 年死于狱中。

　　1922 年 8 月，中国共产党长辛店支部成立，史文彬担任书记，委员有吴汝铭、王俊、陈励懋，党员有洪永福、吴春溪、张德惠、崔玉春、卜润舟。这是京汉铁路工人中的第一个党支部。党支部成立后，长辛店的工人运动便在中共北方区委和劳动组合书记部的直接领导下开展起来。

　　在这个过程中，一批工人党员发挥了举足轻重的作用。

　　史文彬是长辛店党支部的第一任书记，他在斗争中进步，逐渐成长为工人运动领导人。1922 年 4 月 9 日，京汉铁路总工会第一次筹备会在长辛店召开，史文彬被选为筹委会副主任。同年 8 月，在劳动组合书记部的领导下，史文彬等人组织"八月罢工"，并取得胜利。1923 年 2 月 1 日，史文彬当选京汉铁路总工会副委员长，2 月 4 日，受党的派遣，回到长辛店组织罢工斗争。他号召工人们誓死保卫总工会，绝不能向军阀势力妥协。经过三天多的较量，敌人的威逼利诱根本不能阻挡工人的罢工斗争，直系军阀派大批军队镇压罢工，有人劝史文彬躲起来。

　　史文彬不能扔下 3000 多名工友不管，面对军阀残害，绝不能在敌人面前没骨头。2 月 6 日夜，史文彬被捕，军阀制造了二七惨案。在狱中，史文彬经受

长辛店工人运动领导人之一——史文彬

了近两年非人的折磨，他对党的忠诚始终没有动摇，始终未暴露党的机密，他不悲观、不动摇，反而经常鼓励、教育、帮助别人，还在狱中建立党小组，秘密领导被捕难友坚持斗争。经党组织营救出狱后，史文彬继续领导工人运动。但是磨难接踵而至，由于特殊历史原因，史文彬被开除党籍，与党组织失去了联系。此后，他回到山东老家，当地警察局见他来路不明，便又把他抓起来，多亏亲朋作保，才被释放出狱。出狱后，他在老家清苦度日，他每时每刻都在挂念着党的前途和命运，他以对党的绝对忠诚，盼望着共产党胜利的那一天，重新找到党组织后，党中央指示地方党组织将史文彬护送到延安工作，可惜的是，史文彬在去延安途中染病，于当年冬天在山东博兴病逝。1984年清明节，中共惠民地委和惠民行署，将史文彬的骨灰移放到地区烈士陵园，并举行了隆重的安放仪式，悼念这位中共早期党员，中国工人运动的先驱者。

长辛店工人党小组中还有燕赵人民的好儿子王俊，他在幼年时就饱受农村中封建地主阶级的重利盘剥和政治压迫。王俊带领工友积极参加学习，在新课堂里他懂得了不少革命道理，很快成了一名积极参加工人运动的骨干分子。中共一大召开后，北京支部决定在长辛店工人骨干中发展一批党员，王俊是其中的优秀代表。从此，王俊便在党的领导下，投身于工人运动之中。在以后的工运生涯中，王俊身先士卒，不怕牺牲，坚守信念，参与领导了二七大罢工，留苏回国后秘密从事党和工会工作，被捕后坚持与敌人斗争，在狱中坚贞不屈不惧酷刑，始终没有暴露自己的党员身份。1937年，长辛店沦陷，王俊被日军抓去做苦役，因遭受摧残，于1940年病逝。

长辛店党支部还先后派出党员和工运骨干到京汉路各站和北方各铁路线开展工作。康景星作为长辛店工人队伍中最早的党员之一，被党组织派到正定铁路工作。到正定后，他积极开展俱乐部（工会）的组织活动，发起组成正定铁路工会。"八月罢工"消息传到正定后，康景星十分气愤，立即召集俱乐部委员们开会研究，并针锋相对地提出：罢工就要坚持到底，一定要打败这些工贼和走狗，成立敢死队，准备武力斗争。在他的带领下，53 个俱乐部会员都参加了敢死队。他们把几个车厢推出南闸口，挡住南来的列车，三个人把守一个闸口，每人手里拿着一把铁叉子，并对工头们说："谁要敢私自开车，破坏罢工，就叫他白叉子进去，红叉子出来。"由于铁路工人们的共同努力和斗争，罢工取得了胜利，并为全路工人争得了每人每月增加三块钱、短牌换长牌（短牌是临时工，长牌是正式工人）、年终余利工人应得花红等权益，极大提高了俱乐部的威望，工人们都踊跃加入。不久，正定俱乐部改为正定铁路分工会，康景星任委员长。二七大罢工失败后，康景星被关押在保定监狱，面对敌人的严刑拷打，康景星始终严守党的机密。在狱中，他和史文彬等人秘密成立了党小组，领导狱中斗争，并介绍张士汉等先进分子入党。被党组织营救出狱后，康景星打入黄色工会，后来被特务发现了他的共产党员身份。1932 年秋天，康景星在熟睡之际，被敌人暗杀于河南郑州，年仅 41 岁。

随着二七大罢工失败，史文彬等人被军阀逮捕，长辛店党支部停止了活动，但是党在长辛店铁路工人中播下的革命火种，没有因二七革命斗争的失败而熄灭。罢工失败后的第三天，党组织在北京城里的草场胡同建立了京汉铁路临时党支部，长辛店铁路工厂的共产党员杨宝伦、杨宝嵩迅速与党组织接上了关系，他们及时传达了党组织关于"减少损失、尽快复工"的命令，并开展遇难烈士和被捕同志家属的救济工作。

1924 年，杨宝昆受党委派，以丰台的铁路工作为掩护，把丰台和长辛店的党组织重新整顿了起来，建立了联合党支部。同年 10 月，受国民革命影响，直系军阀内部的冯玉祥发动北京政变，推翻了贿选总统曹锟政权，将清废帝溥仪赶出紫禁城，并发表通电，邀请孙中山北上共商国策。中国共产党趁直系军阀倒台之机，迅速将关押在保定陆军监狱的史文彬、康景星、刘炳坡等 14 人营救出狱。1925 年，"五卅运动"爆发，全国上下掀起反对英、日等帝国主义的浪潮，英勇不屈的长辛店工人又重新抖擞精神，投身到新的反帝爱国运动的洪流之中。

（二）"中国工人运动还是从长辛店铁路工厂开始的"[①]

1. 长辛店工人声援五四运动

第一次世界大战后，1919 年 1 月 18 日，战胜的协约国集团在法国巴黎召开所谓的"和平会议"。由于在战争期间，中国宣布对德作战，因而战后中国以战胜国身份参加会议。然而，这丝毫没有改变中国在列强面前受奴役的地位，巴黎和会中，在日本的强硬威胁和恫吓下，操纵和会的劳合·乔治、克里蒙梭等人决定把德国在中国山东的特权，全部转让给日本。中国政府代表顾维钧尽管在和会中慷慨陈词，极力捍卫主权，终究无济于事。

消息传来，举国愤慨！

5 月 3 日，长辛店留法勤工俭学预备班的学员们与北京大学的学生取得联系，预备班学员们到北京大学图书馆西侧参加写标语的活动，以行动支持爱国运动。

5 月 4 日，伟大的五四爱国运动爆发了。长辛店留法勤工俭学预备班第一时间作出反应，运动当天，预备班的学员和艺员养成所（工厂技工训练班）、车务见习所（车务人员训练班）的学员参加了北京的游行。据何长工回忆："5 月 4 日那天早晨，我们长辛店预备班的学生和一些工人，有的骑毛驴，有的步行到天安门参加反帝爱国大会。"[②]

天安门前，北京高校 3000 多名学生代表，高呼"还我青岛""废除二十一条""拒绝在巴黎和约上签字""抵制日货"等口号，举行抗议示威活动。会后分几路举行大示威游行，其中一路去声讨曹汝霖、陆宗舆等卖国贼，放火烧了曹汝霖的住宅——赵家楼。长辛店这一路去了东交民巷，包围日本领事馆。

269

[①] 1956 年 3 月 6 日，毛泽东在听取铁道部部长滕代远汇报铁路工作时曾指出："中国工人运动还是从长辛店铁路工厂开始的。"他的这一评价是对长辛店工人运动历史地位的肯定。长辛店的工人运动对于总结 20 世纪 20 年代中国早期共产主义运动的道路模式具有重要的样本意义。

[②] 《何长工回忆录》，解放军出版社，1987 年，第 5 页。

这里有个问题需要解释，五四运动为什么直指曹汝霖、陆宗舆、章宗祥三人，把他们视为万夫切齿痛恨的卖国贼呢？这是因为他们在袁世凯和段祺瑞执政期间，丧失民族立场，参与了同日本政府的秘密谈判。他们向日本签押借款，把我国铁路、矿产及其他权益出卖给日本，并"欣然同意"日本政府继续占领济南、青岛和控制山东的要求。这些关于"山东问题"的条约、换文在巴黎和会上被日本据为口实，拒不把山东交还中国，从而引起全国上下的一致愤慨，纷纷要求严惩这三个卖国贼。

预备班学员回到长辛店之后，立即向市民、工人、农民进行宣传讲演，报告北京城集会游行的情况，并转印了数万份传单，在长辛店、丰台地区及京汉铁路旅客中散发，将北京的运动情况迅速传播到了京汉铁路沿线。

5月6日，长辛店工人在预备班学员爱国行动的影响下，积极行动起来。长辛店组织了"救国十人团"，每十个人自由结合在一起，参与救国行动，组成一个个的十人团，每个十人团选出一名干事，名为"十人干事"，每个部门再选出一名总干事。工界组成了"工界十人团联合会"。其中车务见习所是由盛成、吴宗祥组织；艺员养成所由陶善琮、武明科、张珍组织；机务由郭长泰组织；大厂由史文彬、陈励懋、李茂银组织；学界由孙正芳、王显中组织；商界由欧阳启华等人组织；女界由须永德的爱人许宝英组织。他们到工厂车间向工人宣传，到车站向旅客宣传，到近郊向农民宣传。

刚开始，工人们还不理解学生们的行动，有个老师傅说："起初，我把你们当成啥也不懂的毛孩子，谁知道，你们竟敢上北京去惹总统！"经过一些宣传和实际行动后，厂里的大多数工程师和技师也支持"十人团"的活动，唯独副厂长刘家骥猖狂地反对学生们的爱国活动。

时任长辛店机厂副厂长的刘家骥，是曹汝霖的女婿，他平日里经常欺压工人。北京学生们火烧曹汝霖的住宅后，他对此恨之入骨，公开谩骂工人和学生："你们这些穷小子，爱什么国呀！不好好读书，光会闹事。

你们真是劣马害群，再闹我要开除你们！”①这些话引起了公愤，预备班学员们都被激怒了，长辛店机厂的工人坚定地站在预备班学员们一边，坚决反击卖国贼爪牙对爱国行动的污蔑和破坏。

5月7日，长辛店机厂一部分工人罢工。罢工工人和留法预备班、艺员养成所、车务见习所的学员一起包围副厂长刘家骧的住宅，去质问他为什么阻拦长辛店机厂工人和预备班学员的五四爱国运动，愤怒的人群准备烧毁他的住宅。刘家骧事先闻风逃跑，游行群众义愤填膺，有人向他院子里扔石头，还把洋油倒在他家门上，点火就烧，吓得他老婆在阳台上苦苦哀求，才得以幸免。

对于日益高涨的反帝爱国运动，以北洋军阀为首的北京政府十分恐惧。6月1日，北京政府连下两道命令，一道是“表彰”被民众斥为卖国贼的曹汝霖、章宗祥、陆宗舆；一道是取缔学生的爱国行动，从而激起学生们的强烈愤慨。6月3日，北京的学生再次走上街头进行讲演，北京政府出动军警镇压，两天之内，有870多名学生被捕，学生的爱国行为引起了全国各界民众的广泛同情和支持。6月5日，上海工人自发举行政治性罢工，支持学生的爱国行动，棉纱厂、码头、商店的工人纷纷加入进来，壮大了队伍声势，高潮时达到10万人以上。6月5日上海等地工人大罢工，标志着五四民主爱国运动发展到了一个新阶段。至此，五四运动不再仅限于知识分子的范围，而是形成了有无产阶级、城市小资产阶级和民族资产阶级参加的具有广泛的群众基础的反帝爱国运动，而在声援爱国学生的工人队伍中，长辛店铁路工人是最早的。

在上海工人发动大规模罢工的同时，长辛店工界也在酝酿着一场罢工风暴。6月9日，长辛店各界救国联合会的会长到了天津“德胜龙”商号，取得了天津各界人士的支持，准备拨出对天津贩卖日货商人的罚款2万元，作为长辛店铁路工人罢工的经费。曹汝霖的女婿刘家骧闻知此讯，赶忙告诉曹汝霖，曹汝霖采取退避策略，多次向大总统提交辞呈，以图

---

① 《何长工回忆录》，第6页。

保全自身。北京政府也害怕事态越来越大，难以收拾，便在 6 月 10 日相继免去了曹汝霖、章宗祥、陆宗舆等人的职务，因广大民众要求惩办卖国贼的要求初步实现，长辛店工人的这场罢工宣布中止。

6 月初，工界、商界、学界、女界等四个界别的联合会组成一个更大的"长辛店各界联合会"，由留法勤工俭学预备班的盛成担任会长，盛成出国以后，就由孙正芳接任会长，史文彬为委员，下设宣传组和交际组。联合会成立之后，爱国热情更加高涨。学员们打着"长辛店救国宣传队"的旗帜，三五个人一组，到车间或乡村去做宣传工作，每天带上几个窝窝头，早出晚归，一天跑几十里路，向工人、农民进行演说，进行爱国宣传，劝老百姓抵制日货。

救国十人团还从北京大学学生那里找来"火烧赵家楼"的剧本，在娘娘宫进行演出。须永德饰演曹汝霖，曹汝霖的小老婆苏佩秋由一个姓王的男学员饰演，曹汝霖的老太太由张珍饰演，盛成、高凤藻、郭维海演北大学生，在台上痛打曹汝霖。正式演出时，他们在娘娘宫院子里临时搭了一个大戏台，看戏的人特别多，把娘娘宫的大门都挤坏了。学员们还把刘家骥夫妇请来看戏，当演到学生放火烧曹宅，曹妻磕头求饶的丑态时，刘家骥夫妇坐不住了，趁着台上掩灯换景时，偷偷溜走了。

十人团的爱国行动不仅在长辛店取得积极成果，还影响到全国其他地区的爱国行动。上海全国各界救国联合会成立时，长辛店救国十人团联合会派盛成、高凤藻、郭维海三个代表到上海参加联合会成立大会，学习外地的斗争经验，了解苏联十月革命的情况，对长辛店的工人运动起了很大的推动作用。

7 月上旬，长辛店各界救国联合会给天津各界联合会、各报馆发出通电，倡议成立国民联合会。通电中说："团结重在精神不在形式，我国团结之病多在形式，故一旦有事意见不能一致，进行多生阻碍矣。使以精神团结则不然，万众一心，亿兆同志可以坚持自始至终，虽横逆之来，无碍也，且足试其坚耳……其势大，其力坚，其气充，其神凝，可以对内监督政府，可以对外抵制强邻。背公理讲强权者，我国民群起而攻之，则最后之胜利非他属，似我国民属也。团结力之法尚矣。"由此可见，工人阶级已经觉醒，并自觉地以救国救民为己任。

10月1日，长辛店救国十人团联合会派遣武明科、张珍到北京参加周恩来、郭隆真、施洋等领导的直、鲁、晋、豫、苏、鄂等省的请愿团，遭北洋政府镇压，武明科、张珍和其他代表同时被捕。后经多方援救，11月7日被释放。11日，救国十人团召开欢迎武明科、张珍回到长辛店慰劳大会，宣传救国主张，揭露北洋军阀反动罪行。

为了进一步提高长辛店工人的素质和觉悟，长辛店救国十人团武明科、史文彬等人于1919年11月提出倡议，成立长辛店平民学校，作为宣传教育群众的基地。随后，史文彬等在长辛店娘娘宫筹办了工界学校，由北京大学的学生任校长和教员，每星期一、三、五晚上组织工人学习。

当年担任长辛店"救国十人团联合会"会长的盛成回忆道："五四以后，我们还联合办了一个民众识字班。因为大厂里的工人有很多不识字的，我们可以在识字班里向工人、农民宣传反对二十一条，抵制日货，反对卖国政府等救国道理。反动派也不敢干涉我们。我们画了一个表，分配谁在什么时候到什么地方去（指车务见习所、艺员养成所、留法预备班）宣传。长辛店大街娘娘宫的北屋，是工人识字班夜晚上学的地方。我们还经常轮流带着小黑板到琉璃河、卢沟桥等地方和长辛店附近的农村里，给农民办识字班，向农民宣传反帝爱国的道理。"[1]这就为后来邓中夏、罗章龙等人到长辛店开展革命活动提供了舞台。

2. 长辛店工会组织的创办

随着劳动补习学校的持续开办，长辛店工人的觉悟日益提高了，在与工头的斗争中，工人们越来越感觉到组织团体的重要性。特别是1921年3月中旬，长辛店机务、工务、车务三处三千多名工人因生活困难，

---

[1] 盛成《回忆长辛店救国十人团各界联合会》，见中共丰台区委党史资料征集办公室编《丰台地区革命斗争史料选编（第一册）》，1993年内部发行，第6页。

人不敷出，在劳动补习学校教员贾祝年的领导下，向路局提出加薪要求，但是未获成功。事实再一次让工人们认识到结成团体进行斗争的必要性。教员们因势利导，帮助工人骨干进行组织工会的筹备工作。火车房的康景星、工务处的谢德清、修车场的洪永福和王俊、机厂的史文彬和陈励懋等分别联络了平时要好而且有一定觉悟的工人，建立了工会小组。

劳动补习学校开办四个月的时候，工人们要求组织起来的愿望越来越强烈，北京共产党小组了解到这些情况以后，李大钊派邓中夏到长辛店，召开教员和工人积极分子会议。会议决定：在庆祝"五一"节纪念大会上，正式成立工会。

1921年5月1日，长辛店娘娘宫前召开了庆祝"五一"国际劳动节大会，一千多工人隆重集会，除本地的铁路工人外，还有北京、天津、保定等地派来的工人代表和学生代表。这是中国工人纪念"五一"劳动节的第一次大会。

上午八点半，摇铃开会了，首先由陶善琮上台推举大会主席，由主席报告大会程序，接着由劳动补习学校和工界国民学校的学生一齐高唱《五一纪念歌》，"美哉自由，世界明星；拼吾热血，为它牺牲。要把强权制度一切消除尽，记取五月一日之良辰"，"红旗飞舞，走上光明路。各尽所能，各取所需。不分贫富贵贱，责任唯互助。愿大家努力齐进取"[1]。

邓中夏应邀在会上作了热情洋溢的演讲。大会开得非常成功，介绍了五一劳动节的历史，散发了北京共产党小组编印的《五月一日》和《工人的胜利》两种小册子，提出了"工作八小时""教育一小时""休息八小时"的要求。

大会做出最重要的决议，就是"恢复工会"。早在五四运动时期，长辛店成立过各界的救国十人团，当时的工界就是以工会的名义参加的各界联合会，此次成立工会也被认为是恢复工会，选出的会长是邓长荣（工头），

---

① 中车北京二七机车有限公司编《大道无疆——纪念中车北京二七机车有限公司120华诞》，中国工人出版社，2017年，第58页。

副会长是谢德清（工头），其他委员是史文彬、陶善琮、武明科、陈励懋、李茂银、马富、施五常，这种形式上的恢复也为日后工会更名埋下了伏笔。在"共产党北京支部"的帮助下，长辛店工会制定出《京汉铁路长辛店铁路工人会简章草案》共七章29条。简章公开申明："本会的目的是：联络感情，实行互助，谋改良地位，增高生活，得到共同幸福。"

会后进行了示威游行，工人手执写有"工会成立""平等""工会是最好的法子""官僚是公仆""工人是神圣""我们的仇敌就是不劳而食的人"等内容的五颜六色的小旗，从娘娘宫出发经长辛店前街绕到后街，沿途高喊"劳工神圣""劳动万岁""八小时工作""八小时休息"等口号，散发由北京共产党小组印制的《五月一日》《工人的胜利》等小册子。围观人群纷纷拍手欢迎，一时口号声、唱歌声、欢呼声几乎把火车的汽笛声都给压住了，显示出组织起来的工人阶级的伟大力量。

这次大会，是五四运动后的北方工人第一次大规模的集会活动，会上成立的长辛店工会是中国共产党领导的最早的工会组织。北京共产党小组在长辛店建立"劳动补习学校"，实现进一步团结工人开展工人运动的目的。

当天晚上，邓中夏出席长辛店工人联欢晚会，观看劳动补习学校排演的新剧《火烧赵家楼》。睡前，写诗一首：

> 如今世界太不平，重重压迫我劳工。
> 一生一世作牛马，思想起来好苦痛。
> 北方吹来了十月的风，惊醒我们苦弟兄。
> 无产阶级快起来，拿起铁锤去进攻！
> 红旗一举千里明，铁锤一举山河动。
> 只要我们团结紧哪，冲破乌云满天红！[①]

长辛店工会组织成立后，为提高工人的工资和改善工人的待遇，与

[①] 冯资荣、何培香编著《邓中夏年谱》，中国文史出版社，2014年，第82—83页。

厂方直接交锋，组织了两次斗争，均取得胜利。

一次是 7 月中旬，工会代表向厂方提出书面要求，按路局规定，"凡期满二年的工人一律加薪"，并要求厂方限期答复，否则罢工。厂方被迫答应工人的全部要求。

还有一次发生在 7 月 28 日，长辛店工会又领导修车厂四百多工人，罢工两小时，反对总管谈继先克扣工人工资、鲸吞奖金以及他违背短牌工改长牌工、发给工人乘车免票、星期日放假不扣工资等诺言。结果，谈继先被迫答应工人全部条件。

这两次斗争的胜利，都是在北京共产党小组直接领导下取得的。中国共产党第一次全国代表大会上，北京代表在《北京共产主义组织的报告》中总结了长辛店工人运动的经验。当时《共产党》月刊盛赞长辛店工会为"北方劳动界的一颗明星"。党的一大后，中国劳动组合书记部作为我党公开领导职工运动的总机关，积极引导各地工人成立工会组织，捍卫工人的合法权益。

长辛店铁路工会组织成立之初，为了扩大对外影响，减少内部阻力，吸引更多的工人到工会组织中来，不得不允许一些工头加入工会，并担任领导职务。然而，随着工会组织的迅速发展，工会内部的矛盾和分歧也越来越明显。部分工头从中捣乱，导致会务不能正常进行，有时甚至处于停顿状态。比如，工会会长邓长荣就是个从中捣乱的工头，自称"在长辛店中间跺脚，两头就得乱颤"，他在担任工会会长之后，总想一手垄断工会大权，企图利用工会势力谋取他个人的名利，他在委员和会员中拉帮结派，制造矛盾，排挤进步工人在工会的领导权。工人们了解到工头的阶级本性之后，自觉地同他们决裂。1921 年 10 月 20 日，北京党组织与史文彬、王俊、洪永福等商议，召集了机务、工务、车务三处工会代表，决定改组工会，另外成立"长辛店工人俱乐部"，不让工头和职员参加，借此将邓长荣、李茂银等工头清除出去，并把"长辛店铁路工人会"改名为"京汉铁路长辛店工人俱乐部"。

为什么不叫工会而叫俱乐部呢？邓中夏为此解释道："工人们说，

工会是工头共同发起的，现在我们独立组织了，不要那个名称，要由另外一个来分别。由此可见当时群众的情绪。在中国职工运动的初期，'工人俱乐部'这一名称，相习成风，成为当时全国各地（广州除外）工会通用的名称。"①

这次会后，修改了工会章程，重新选举了俱乐部委员。史文彬当选为委员长，委员会由正副委员长、正副总干事、秘书、宣传委员、交际委员共九人组成。工会刚刚成立的时候，在祠堂口的"劳动补习学校"内办公，改为俱乐部时，已经有了 800 多名会员，原来的会所显得太小，活动就有了困难，后来就在长辛店大街 174 号的刘铁铺租了一个四合院，连门道共有 14 间房屋，比原来的会所扩大了一倍。

在北京党组织的领导下，长辛店工人俱乐部不断发展壮大，特别是清除了邓长荣等人之后，不到三个月，会员增长到 1800 多人。为了将长辛店工人运动和工会工作经验传播出去，以长辛店京汉铁路工会的名义出版发行了《工人周刊》。这是一份四开四版的报纸，除了共产党员的稿件外，还刊登工人自己写的稿子。京汉铁路工会的每项活动、每一次斗争都能得到及时的报道和宣传。长辛店工人俱乐部的一切活动，都尽量在此刊物上宣布，这样一来，使得北方各铁路工人知道长辛店有个俱乐部，羡慕之心油然而生，在当时工人们仿佛觉得长辛店是工人的"天国"，于是各地纷纷派代表前来长辛店参观。从此，长辛店工人俱乐部与北方各地工人的来往更密切了。

3. 京汉铁路工人大罢工中的长辛店

长辛店工人俱乐部建立之后，具有很强的示范效应，影响所及，自北而南，蔓延到各站，有好几处也成立了工人俱乐部。共产党人通过工人俱乐部这种形式，帮助工人改善生活待遇，争取各种权利。1922 年 4 月 9 日，长辛店工人在上坡店特别补办了一场工人俱乐部的成立大会，

---

① 邓中夏《中国职工运动简史》，人民出版社，1949 年，第 15—16 页。

同时也是京汉总工会的第一次筹备会议。这次会议由邓中夏亲自主持，会期三天，参加会议的工人多达 1500 余人，会上重申长辛店工人俱乐部的宗旨，号召工界互相接近，以尽工友们爱国的天职。1922 年 7 月，中共二大在上海召开，大会通过了宣言、决议和党的第一个章程，提出了反帝反封建的民主革命纲领，从而推动了工人运动的持续高涨。正是在这样一种运动高涨的形势下，邓中夏亲自组织和领导了长辛店"八月罢工"。

领导长辛店八月罢工的邓中夏

长辛店的"八月罢工"经过长期的酝酿和充分的准备，从 1922 年 7 月间邓中夏深入到长辛店，先后召开多次骨干分子会议，提出了斗争的初步方案，秘密交给全体会员进行讨论，由会员提出了 32 条具体要求，再经过俱乐部委员会的讨论，归纳成人事任用、增加工资、短牌工（临时工）改为长牌工（永久工）、八小时工作制、每星期休息一天、盖工人公寓、发放工伤工资等八项要求。

这些要求并不高，可是，呈文提交了一个多月，京汉铁路局局长赵继贤采取拖延策略，一直不予理睬。工人俱乐部向北京党组织请求，经李大钊同意，在邓中夏的亲自主持下，8 月 20 日发出通告，要求赵继贤在三日内给予答复，否则罢工。直到 8 月 23 日晚，赵继贤仍未答复。为了加强罢工领导，邓中夏从北京来到长辛店，召集工人代表开会，决定罢工。

8 月 24 日早晨，三千多名工人手持写着"不得食不如死""打破资本专制"等口号的白旗，在娘娘宫举行誓师大会。面对军队的武力镇压威胁，长辛店工人坚决不退让。郑州铁路工人发动声援式的罢工，使京汉铁路南北交通完全中断。京绥、京奉、正太等线铁路工人也纷纷声援长辛店铁路工人的罢工，并表示如三日内不答应罢工工人的要求，各路即开始总罢工。罢工影响越来越大，赵继贤不得不接受了工人的全部条件。至此，"八月罢工"取得全面胜利。

"八月罢工"的胜利，大大提升了共产党在群众中的威信，当时长辛店曾经流传一首歌谣："头顶共产党，怀据革命心，手拿团结刀，别离妻子，死也光荣。"[1] 8 月 27 日，长辛店 3000 多名工人和许多家属在娘娘宫召开了庆祝胜利大会。邓中夏在大会上讲话，他指出："我们现在已经走了第一步，应该准备好走第二步。"[2] 那么，邓中夏所说的第二步是什么呢？他当时没有公开说明，组织示威游行的吴容沧也只是示意地指了指"赞成苏维埃的国家"那面旗帜。显而易见，邓中夏所说的第二步，就是要从经济斗争转向政治斗争，由要求改良经济待遇转向谋求政治权力的斗争。正是在这一正确思想的指导下，1922 年 12 月 12 日，长辛店工人俱乐部成立"工人讲演团"，指出，讲演团的目的是"使工友们确实了解自己所站的地位，得点充足的知识和善良的方法，以期巩固工人团体的努力，并预备阶级作战的工具，好消灭那班不劳而获的生命"[3]。此时，在中国共产党的领导下，正在酝酿成立京汉铁路总工会，一场大规模的罢工风暴即将开始。

长辛店工人的罢工斗争在中国共产党的战略部署下，由要求改良经济待遇转向谋求政治权利的斗争，同时，中国共产党领导的中国劳动组合书记部，推动建立京汉铁路总工会，中国工人运动迎来了新的一页。

1923 年 2 月 1 日，京汉铁路总工会成立大会在郑州普乐园举行。长辛店工人俱乐部的代表史文彬、张德惠、陈励懋、洪永福、王俊、吴春溪、崔玉春参加大会。会议进行中，郑州警察局长黄殿辰率人闯进会场，阻挠总工会。工人代表们群情激奋，同黄殿辰讲理，黄殿辰说："非我不准大家开会，是奉命办理的。"于是工人中有人大声呼喊："劳工万岁！"这时，白色恐怖笼罩着郑州，直系军阀头子吴佩孚命军警包围会场，监

279

---

[1] 杨绍英《二七罢工斗争》，通俗读物出版社，1955 年，第 8 页。
[2] 长辛店机车车辆工厂厂史编委会编《北方的红星》，作家出版社，1960 年，第 117 页。
[3] 《工人周刊》第 57 期，1922 年 12 月 17 日。

视工人代表居住的宾馆,总工会在"万年春"所订的饭菜军警也不准出售。同时一部分军警冲进总工会驻地,砸碎工会牌子,毁坏工会财物和文件。工人代表们完全失去自由,饮食不得。当天晚上,林育南、史文彬、罗章龙、项德龙(项英)等人在郑州花地岗的一个工人家里召开大会党团会议,决定在2月4日举行京汉路全体总同盟罢工。

1923年2月3日晚,史文彬、王俊、陈励懋等代表返回长辛店,连夜召开工会委员扩大会,史文彬介绍了京汉铁路总工会在郑州召开的成立大会情况,以及大会被吴佩孚部下摧残的事实,号召大家按照总工会要求在4日举行罢工。由于有了"八月罢工"的经验,长辛店工人俱乐部分别向纠察队、调查团、演讲团布置任务,决定由纠察队拿着旗帜作为罢工信号,各厂工人见到三角小白旗就立刻停工,一齐到娘娘宫参加大会。工会还利用自己的油印机,连夜印刷罢工宣言和各种传单,为罢工做好了充足的准备。

4日上午10点左右,工会派纠察队长崔玉春和小队长郭连登等人,按照事先约定好的暗号,每人带一面三角小白旗,走到工厂各个车间,高声喊着:"大家都出来开会呀!"大厂、工务小厂、火车房、车站等厂的工人们,一齐向娘娘宫涌来。工人们挥动手中写着的"争自由""争人权""惩办赵继贤"等口号的小白旗,会场上已经集合了三千多人。

大会开始后,史文彬声泪俱下地向大会报告了郑州情况,宣读了总工会罢工宣言中提出的五项要求,接着宣布了罢工通告:

最亲爱的工友们!

我们这次横遭军阀官僚的摧残,忍痛实深。使我们忍无可忍,不得已于今日上午全体罢工。我们这次罢工,是被逼而成。我们罢工的理由,是光明的,正大的。亲爱的工友们!我们要顾及光明的罢工,要保全我们神圣的名誉。在罢工期内,应遵守一定秩序,一定规约,我们遵守秩序和规约,是表现我们工人真正的精神,保全我们纯洁的人格。今订临时规约如下:

（一）罢工期间，须遵从工会一切的命令，不得自由行动。

（二）须遵守秩序，不得扰乱地方安宁。

（三）罢工期内，须静居家中或工会，不得三五成群在外闲游。

（四）罢工期内，一切事务均由委员会办理，私人不得接洽或交涉。

（五）罢工期内，遇紧急事时，不得退缩或躲避。①

现场的工人群情激奋，大家高呼："坚决服从总工会命令！""罢工！""罢工！""不答应全部条件，决不复工！"

纠察小队长郭连登手中拿着锃光瓦亮的月牙斧，一纵身跳上讲台，喊道："不胜利绝不上工！"说到这里，把手中的月牙斧一晃："咱就拿这个对付！"四面的工人们纷纷发出呼声："罢工！罢工！罢工！"呼声一浪高过一浪，像是海潮的声响一般。

罢工开始后，纠察队员腰掖月牙斧，工人们手持木棒，一起奔向车站，都站在道心上，迎着飞驰的列车，阻挡他们前进，火车司机听到罢工命令，立即拉闸停车。但是，押车的军警们一见工人们拦车，就端枪拦截。有个绰号叫"小屎蛋儿"的工人，大声地对军警们说："枪毙我，你往这儿打！你往这儿打！"在罢工工人的英勇斗争下，军警屈服了，火车停住了，整个京汉路，从南到北三千多里，仅三个多小时的时间就全被卡死了。

工人罢工的目的是争自由争权益，他们没有为难被拦下的旅客。旅客们受到了工人的优待，演讲团员向他们散发"敬告旅客"的传单，并解释道：这次工人罢工是由军阀官僚的逼迫，旅客受到损害实际上是军阀官僚造成的，希望旅客们能够同情工人，与工人一起与军阀官僚斗争。工人们为想走的旅客代雇车马，把当天不能走的旅客都接到工人家里住宿，争取了广大群众对工人罢工的同情和支持。

长辛店工人的罢工斗争，使得北洋军阀政府极度恐慌。当时领导工人运动的中国劳动组合书记部总部就设在北京，书记部的北方分部主任

① 中华全国总工会工运史研究室编《二七大罢工资料选编》，工人出版社，1983年，第129页。

罗章龙直接负责长辛店罢工斗争，这使北洋军阀直系首领曹锟深感芒刺在背，欲除之而后快。

2月5日，京畿卫戍司令部总司令王怀庆向大总统黎元洪呈文称："本月四日长辛店工人纠察队，强迫罢工，且有北大学生赴该处开会援助，京汉罢工工人宣言裁兵，以攻击军阀为名……若不及早遏止，恐影响所及，愈难收拾。应请派队前往严拿首要，分投阻止解散。无论学生工人如有暴乱行为，即请律以内乱，严重惩办，国家幸甚……除已派游缉队张统带国庆带骑步兵各一营，驰往长辛店沿路一带，切实弹压相机办理外，其关于此次滋事首要之不法工人学生等，如果查明确有扰乱情事，至必要时拿获到案。可否照内乱罪尽法惩办之处，伏乞。"

在大总统黎元洪的默许下，2月5日，王怀庆派游缉队长张国庆率四郊游缉队一营开赴长辛店，严密监视罢工工人的动静。

2月6日下午，京汉铁路局局长赵继贤、宛平县县长汤晓秋及警察厅督察长等协同第十四混成旅旅长时全盛、四郊游缉队长张国庆在长辛店车站紧急协商，酝酿镇压计划。晚9时左右，时全盛、张国庆等率领十四旅二团三营、游缉队一营及铁路警察闯入长辛店铁路工人家中，开始逮捕共产党人和工会骨干。

长辛店工会党团组织连夜召开会议，一名调查团的队员对史文彬说："现在大兵们要对咱们动武了……"史文彬镇静地说："咱们争自由、争人权，光明正大，往前进，咱们就会有自由、有人权；一旦往后退，咱们就会重新变成奴隶！"党团员们听了他的一番话，心更齐、眼更亮、胆更壮了，齐声高喊："争不到自由，争不到人权不罢手，死也不能屈服！"

当军警抓捕史文彬时，他大声斥责道："干革命就不怕死，怕死就不干革命。"当天夜里，史文彬、陈励懋、李玉、吴春溪、吴祯等11人被抓走了！

此时工会委员还在工厂值班，工人纠察队副队长葛树贵得到消息，怒火中烧。他向工会提议说："把他们要回来！"众人纷纷响应："对，要回来！"

2月7日拂晓，中共北方区委委员、中国劳动组合书记部副主任罗章龙接到长辛店的紧急报告后，火速赶到长辛店领导罢工斗争。当得知史文彬等人被军警抓捕后，他与杨诗田、葛树贵等人商议，立刻集合工人奔向火神庙的警察署，要求军警当局放人。上午，葛树贵手握一把大锤，走在队伍的最前列，三千多工人紧随其后。"还我们工友！""还我们自由！"喊声震天。

在喊声中，杨诗田大旗一摆，领着孙臻、辛克红、刘炳波等登上台阶，向军警们冲去。葛树贵手举大锤高声喊道："工友们！他们用武力，我们也用武力对待，他们有枪，我们有血，打死一个有十个！"他说完就带头冲上去。时全盛一看情况不妙，后退了几步，把手中的盒子枪一挥，命令军警开枪，子弹打向冲在前面的工人，葛树贵和辛克红中弹倒在地上。这时崔玉春正向军警冲去，杨诗田一手高举着大旗，一手将崔玉春拦腰抱住，坚决地说："崔大哥，赶快下去，到劳动组合书记部去报信。咱们不能都死在这儿，留下根报仇。"杨诗田说完，把大旗一横冲大兵扑去，敌人的盒子枪又响了，杨诗田倒在了血泊中。巡警拿了绳子过来捆人，时全盛又调来马队，下令骑兵向工人冲锋，三千多工人被马队冲散，当场牺牲三人，重伤三十多人，轻伤无数……

这场流血惨剧，长辛店牺牲的烈士有葛树贵、杨诗田、辛克红、刘宝善、赵长润、李玉、高顺田、刘老贤八人，加上后来牺牲在狱中的吴祯，共有九人因罢工而牺牲。

震惊中外的二七惨案，使中国工人阶级在血泊中猛醒，要想实现工人阶级的翻身解放，要想获得生存与自由，就必须团结起来，与军阀势力进行英勇斗争，不能幻想帝国主义和反动军阀对人民大发慈悲。二七惨案的发生，也使处于幼年阶段的中国共产党认识到：中国工人阶级是斗争最坚决、革命最彻底的阶级，是中国革命的主力，然而仅靠工人阶级单枪匹马不可能取得革命胜利，必须要在中国共产党领导下建立起农民、小资产阶级和民族资产阶级在内的广泛的统一战线，才能打倒帝国主义、封建主义和反动军阀势力，把革命引向成功。为此，中国共产党

283

长辛店二七惨案的发生地——长辛店火神庙（丰台区委党史办供图）

及时调整策略，推动国共合作。二七惨案后不久，中国共产党在广州召开第三次代表大会，确立了建立革命统一战线的方针，为日后开展轰轰烈烈的大革命运动做了思想和组织上的准备。

4. 二七精神薪火相传

二七革命斗争充分显示了中国工人阶级坚信党、永远跟党走的坚定决心，敢于斗争、不怕流血牺牲的高贵品德。在这次政治罢工斗争中，从长辛店工人所表现英勇斗争精神可以看出，中国工人阶级不愧为中国新民主主义革命的先锋，不愧为革命的领导阶级。

二七大罢工虽然失败了，但它所体现的二七革命精神薪火相传，生生不息，一直延续至今。什么是二七精神呢？它所体现的深刻内涵究竟包括哪些？由中国铁路史编辑研究中心主编的《二七革命斗争史》一书，给出了如下答案：一是伟大的牺牲精神，二是披荆斩棘的革命先锋精神，三是团结一致严守纪律的精神，四是前赴后继持之以恒的坚毅精神，五是全心全意为人民服务的奉献精神，六是艰苦奋斗的主人翁精神。该书所总结的六点内容是二七精神的魂，也是长辛店铁路工人奋斗历程的写照。京汉铁路工人大罢工被镇压后，面对着白色恐怖，英勇的长辛店工人没有因此而畏缩，而是继承葛树贵、吴祯等烈士的遗志，继续战斗。

1924 年 2 月 16 日，李大钊发表《追悼列宁并纪念"二七"》一文，指出："二七"被难同志虽死了，然"二七"同志们仿佛常常在我们面前，他们的精神，还是像车轮——京汉火车的车轮，不息地在工友方面转，好像指导我们后死者要不断地前进。

1925 年 6 月 10 日，长辛店铁路工人列队至天安门举行讲演大会，抗议英、日帝国主义制造"五卅"惨案暴行，提出惩办凶手、收回租界等七项要求，表示"愿作政府外交后盾"，工界同胞奋力投入反帝洪流，成为反帝力量的中坚，极大地打击了帝国主义的嚣张气焰。长辛店工人以其叱咤风云的革命气魄和同敌人血战到底的革命献身精神，发挥了极为卓越的先锋模范作用，成为罢工斗争的骨干核心力量。

1929 年，长辛店工人运动领导人史文彬在《中国工人》第 6 期发表《"二七"的精神是甚么？》一文，充满激情地说："'二七'的真精神，直到现在，还可以做我们全国工友的模范！我们如果有了这个精神，我们就该不怕环境困难了，不怕敌人的强硬了，一切都不怕了！"他鼓励中国工友："只有团结你们的队伍，充实你们的气力，锻炼你们的战术，拿出你们的勇气，踏着'二七'先烈的血路，勇往直前吧！一切的胜利，都在争取中去取得呵！"1930 年春，中共北平市委派胡胜生同志来到长辛店，化装成卖烧饼果子的小贩，准备重建长辛店工人党支部。胡胜生在工厂和子弟学校门口叫卖，慢慢和工人们熟络起来，逐渐得到工人们的信任，工人们在厂子里有什么事情都愿意跟他说。胡胜生成了工人们的知心人，大家都叫他"胡大哥"。在胡胜生的影响下，一些觉醒的工人加入了党组织，长辛店工人党支部又组建了起来。不久，厂里出现了红红绿绿的小传单，上面写着：

反对军阀混战，反对军阀提取路款！反对黄色工会，工人成立自己的工会！工友们，打死出卖工人利益的黄色工会委员！拥护中华全国铁路总工会！

胡胜生亲自编写《告工友书》，由此掀起了一场轰轰烈烈的讨薪运动，黄色工会委员被愤怒的工友打得狼狈不堪，工人们取得了按月开整支的权利。中共中央北方局对这一斗争非常重视，特发紧急通知，动员北方铁路工人援助长辛店工人的斗争，认为"这次斗争是北方铁路工人反军阀战争政治罢工的信号"。

这次与黄色工会斗争的胜利，极大地鼓舞了长辛店工人阶级，他们的斗争水平迅速提高，1930 年 12 月，中共北平市委派平杰三到长辛店，秘密组织了赤色工会组织，积极开展"争自由、争人权"的斗争。平杰三以找同乡的方式，迅速与几位工人建立起联系。他在工人资助下摆小摊，白天一边售货一边观察各方面的情况，晚上就到工人家里串门，借机向工人们宣传赤色工会是共产党领导的，是为工人谋利益、求解放的群众组织。有的工人说："黄色工会不给我们工人办事。"平杰三说："我们自己来成立工会，先成立小组，一个小组一个小组地搞。"他还向工人宣传了南方中华苏维埃的建立情况，有多少红军，打了多少胜仗，工人们听后进一步减少了顾虑。就这样，不到一个月的时间，平杰三秘密串联起二三十人，建立了赤色工会小组，初步恢复了工会组织。

1948 年 8 月，长辛店解放前夕，北平党的"学委"派李津林同志来到长辛店，领导地下党员赫承凯、顾启祥等人。在中国共产党领导、教育并以工会的形式组织起来的长辛店工人，继承和发扬了二七革命斗争的不怕流血牺牲的革命战斗精神，开展了一场保护二七厂的斗争。赫承凯利用技术员的身份，在工人和技术人员中开展工作，宣传敌我斗争形势，传播党出版的《战报》，很快就团结了一批工人。1948 年 12 月 11 日，地下党接到上级指示："解放军很快就要来到长辛店，马上组织工人保护机器，保护工厂，防止敌人破坏。"地下党员们立即行动起来了，秘密组织群众掌握武器，到处监视坏人活动，同时他们了解到工厂警务所已经有了 140 多条枪。如何解除他们的武装，成了护厂的关键问题。

赫承凯通过材料股的弓麟找到了警务所所长申拯民，就在弓麟的家里，对申拯民展开了攻心战，向他分析了形势，并宣传党的政策，指出了立功赎罪是他唯一的出路。申拯民在党的政策感召下，认清了自己的前途，于是答应留下来，率领警务所与工人一道保护工厂。13 日晚，在赫承凯的授意下，厂长贾象乾与副厂长郑文铸召集了股长、主任以上干部会，要求所有工人正常上班，保护好机器设备。

厂内的问题解决了，厂外还有虎视眈眈的国民党军队，他们调来二〇八师（一半军人一半特务）和〇七六〇部队（全是特务），把魔爪伸向了工人群众，随时准备镇压工人的护厂行动。地下党立刻制定了对策，要求党员一旦得知某人是特务，就及时告知群众，让大家提高警惕。就这样，群众不再轻易上当，特务被孤立起来了，只得在解放军到来前灰溜溜地逃走。14 日夜，解放军晋察冀军区某团的三个营，打败了从保定溃退下来的国民党残兵和军警，解放了长辛店。15 日凌晨两点，赫承凯带领地下党员和部分工人，把解放军迎进了工厂，长辛店机厂完整无损地回到了人民手中。早晨 7 点钟，工厂照常拉响了上班的汽笛，工人们盼来了亲人，迎来了解放的曙光。

北平和平解放后，1949 年 2 月 7 日，中国共产党组织北平工人举行首届公开的大规模的二七纪念大会。有 80 多个单位三万多职工参加。当年曾参加京汉铁路大罢工的长辛店老工人李连山登台讲话，他代表工人们

长辛店铁路工人与解放军共同欢迎解放（丰台区委党史办供图）

豪迈地表示："解放军打到哪里，我们就把铁路修到哪里。我们在后方多生产，支援前线。我们要在毛主席指导的道路上走，共产党的前途是光亮的。"2月15日，北平各界20多万人举行大集会，庆祝北平和平解放。据《人民日报》1949年2月15日报道，工人代表李连山号召："一切劳动的生产者团结起来，跟着毛主席走，多生产，支援解放军，打垮敌人。"新中国成立后，每年2月7日前后都要举行隆重的纪念活动，以此缅怀在京汉铁路大罢工中英勇牺牲的革命先烈。

新中国成立后，为了纪念二七先烈的斗争精神，长辛店铁路工厂的二七老工人在1954年呼吁修建纪念馆，但因各种原因，修建计划被搁置。1959年2月7日前，工厂由建筑车间按照现代剧场的标准，在新改建的俱乐部二层建立了二七文物展览室，室内悬挂着二七烈士的照片，展示着二七斗争主要旧址火神庙、劳动补习学校、工人俱乐部——刘铁铺的三座木质模型，50余张历史照片和二七老工人献出的二七斗争时期的各种文物，再现了二七斗争的历史原貌。

改革开放后，为了更好地传承伟大的二七精神，二七人建立专题性革命博物馆的愿望越来越强烈。经过多方努力，1983年2月6日，全国纪念二七大罢工六十周年大会在北京二七机车厂俱乐部召开，时任国家副主席王震为纪念馆奠基，人大常委会委员长彭真题写馆名。1987年2月7日，由全国总工会、铁道部、北京市共同投资兴建的，记录中国共产党建党初期领导京汉铁路工人开展工人运动史实的革命博物馆——长辛店二七纪念馆正式开馆。

二七纪念馆自开馆以来，共接待了国内外参观者一百余万人次。1993年被北京市人民政府命名为"北京市青少年教育基地"；1995年被铁道部、中华全国铁路总工会、铁道部团委命名为"铁路爱国主义教育基地"；1997年被丰台区委、区政府命名为"丰台区青少年教育基地"；2012年被北京市总工会命名为"北京市职工爱国主义教育基地"；2016年被北京市委教育工委命名为"北京高校青年教师社会实践基地"。二七纪念馆成为对广大党员干部、部队院校和中小学生进行党的历史、中国革命史、工运历史以及革命传统教育的大课堂。

党的十八大以来，各级党组织更加重视对党员干部和职工的思想政治教育，这里已经成为缅怀二七先烈，重温二七精神的神圣殿堂，更是教育和引导广大干部和党员通过学习重温革命历史，唤起革命初心的地方，成为进行党史教育和爱国主义教育的重要基地之一。

5. 创业年代的二七赞歌

新中国成立后，国民经济迅速恢复，特别是到了第二个五年计划初期的 1958 年，铁路运量猛增，国家需要更多的机车，长辛店机车车辆修理工厂提出制造内燃机车的计划，得到了铁道部和北京市的支持。

代理厂长黄英夫带领工程技术人员多方搜集有关资料，并从集宁借调来一台匈牙利进口的 ND1 型机车作试制样机。工厂还成立了内燃机车办公室，统筹试制工作。厂里的工程技术人员和车间工人夜以继日地开展测绘工作，唐山铁道学院、北京铁道学院、北京工业学院的师生也闻讯赶来帮助解体、测绘，他们用最快的速度完成了解体、分类、测量、校对，计算了几万个数据，绘制了上千张图纸，编制了试制工艺文件，做足了前期的技术和生产准备。

内燃机车零部件精度高，工艺要求复杂，制作和机械加工难度大，工厂又没有精密机床和专用设备，但是困难难不倒英雄汉，从厂领导到普通职工都在积极动脑筋、想办法，大搞技术革新，解决了一个又一个技术难题。铣床工于洪贵负责加工精度要求高的柴油机凸轮，在误差不能超过一根头发丝的三分之一的精度要求面前，他克服没有专用机床的困难，主动到北京汽车制造厂学习。但是汽车制造厂不能满足内燃机车凸轮数量多、质量高的要求，他回到家里剪模型画草图，一连几昼夜想出了用靠模加工的方法，终于加工出一批合格的凸轮。翻砂车间铸工模型班成立了"青年突击队"，为试制内燃机车完成了 155 项合格的胎膜和铸件。机械加工的老工人刘承甲、范继勋在加工配件过程中，创造了 80 多种胎卡具，使每一个加工的零件都达到了质量要求。

功夫不负有心人，经过 88 天的艰苦努力，1958 年 8 月 31 日，凝聚着全厂干部职工心血和汗水的 600 马力电传动内燃机车组装完毕。

9 月 5 日，在试车过程中还出现一个插曲。沉浸在胜利喜悦之中的干部职工，正在等待机车试运归来，兴高采烈地筹备第二天的出厂仪式，万万没想到，开到保定的机车意外地不能反向行驶了，这意味着机车有可能回不来了。正在大家焦急万分的时候，负责技术的孟广义冷静地判断出可能是线路问题，他对 4000 多条电气线路进行逐一检查后，找到了被接错的线头，机车终于返回了工厂。

1958 年 9 月 6 日，是新中国内燃机车发展历史上一个值得纪念的日子，新中国第一台内燃机车——"建设型 1 号"600 马力电传动内燃机车在长辛店机车车辆工厂（俗称"二七厂"）正式诞生。全车三万多个零部件都是国内和工厂自己制造的，结束了中国不能制造内燃机车的历史，掀开了中国人依靠自己的力量自主研发、生产内燃机的新的篇章。回想起 88 天的攻坚战役，工厂职工们自编了一首歌：

> 天上的星星再多，
> 比不上我们的奇迹多，
> 谁见过六十年老厂，
> 制造出内燃机车，
> 我们的时代啊，
> 总有唱不完的赞歌。[1]

20 世纪五六十年代，一批又一批二七厂工人，响应党的号召，奔赴大西北。他们大都是二三十岁的年轻人，有的举家西迁，有的独身一人，他们是工厂的骨干、技术的尖子、岗位的能手，孟广义就是其中的一位。由于家有老人又有自己的房子，因此家人没有一同迁往兰州，像这种情

---

[1]《大道无疆——纪念中车北京二七机车有限公司 120 华诞》，第 224—226 页。

况的人还有很多，他们都
住在单身宿舍。在那个通
信不发达的时代，书信是
唯一与家人联系的方式，
孟广义用书信的方法教育
孩子，督促孩子们学习，
他与家人的信永远在路
上，一封信刚收到，另一
封信已经寄了出来。他要

1958 年，长辛店二七厂研制成功中国第一台内燃机车

求孩子们各科成绩都要到 95 分，如果达到这个要求，就可以来兰州看爸
爸。这个要求对日夜思念爸爸的孩子们起到了巨大的激励作用，孟家的
孩子个顶个的学习好，都是少年队里的三道杠，出来进去都让邻居的大
人孩子们羡慕不已。殊不知，这样的光荣与自豪背后，有过多少不眠之
夜，有着怎样的心酸和苦涩。那一年，孩子们终于可以去兰州看爸爸了，
18 岁的大女儿，带着弟弟妹妹来到了兰州，在那个漆黑的夜晚，当他们
几经周折见到站在雨中的爸爸时，没有拥抱，没有欢笑，有的只是互相
的对望，呆呆地，不知所措。草帽、工作服、瘦弱的身躯，雨水混合着
泪水，滴滴答答，那个情景成为孩子们挥之不去的兰州记忆。

　　二七厂工人创新的脚步没有停歇，他们沿着铁轨走向祖国各地，把
先进技术带到非洲。二七厂抽调了 200 多名骨干，远渡重洋援助坦赞铁
路建设，支援了当时的世界革命，为中非人民的友谊做出了贡献。1971
年 2 月 18 日，首批远赴坦桑尼亚的谭家乃在《为中坦人民友谊做出贡献
的二七人》一文中深情地回忆了那段令人难忘的岁月：援外建设困难重
重，人们原来想象的住处都是高楼大厦，但到那里一看，宿舍驻地竟是
一片椰林草地。我们每天从接待站搭乘兄弟单位的翻斗车去工地，首先
用铁丝网把工地周围封闭起来，自己伐树做屋架，油毡做下墙，尼龙网
布当上墙，四周一围，房顶盖上瓦楞铁，就算一间宿舍。为防止毒蛇钻入，
地基四周还砌了一道砖墙。当时援建工人们完全是凭着自己的双手盖起

了能容纳 30 多人的集体宿舍。这些同志在国外分别工作两年或四年，他们协助基建队搞建设，安装设备，带徒弟，教技术，教管理，和当地工人建立了深厚的感情，为增进中坦友谊做出了贡献。

1966 至 1970 年，二七厂平均每年修理蒸汽机车 283 台。1969 年开始，按照毛主席"331"的批示，用一年零九个月时间，设计试制出我国第一台 6000 马力液力传动干线货运内燃机车。转产计划开始后，二七厂工人以"站好最后一班岗，修好最后一台车"的实际行动，提前半个月完成了修理 150 台蒸汽机车的任务，从此二七厂开始由修理向生产内燃机车的转变。

1975 年 6 月 18 日，二七厂隆重举行具有划时代意义的交车大会。时任铁道部工业局副局长刘宝瑞说："从蒸汽机车修理到转产内燃机车制造，是二七厂的一件大事。国家铁路运输牵引动力至今仍有 84% 还是蒸汽机车，内燃机车和电力机车牵引只占 16%。二七厂根据全路内燃化的发展需要，结束了蒸汽机车的修理，开始投入内燃机车的制造。这是一个很大的转变，从形式上看是蒸汽转内燃，而实际上是一场革命……"①

会后，二七厂交出了最后修理的一台前进型 1265 号蒸汽机车，标志着结束了七十四年修理蒸汽机车的历史。同时，二七厂生产的第一台交付机务段的北京型 3002 号内燃机车面世，揭开了二七厂转入生产内燃机车的序幕。

6. 国家领导人情系长辛店

新中国成立后，党中央非常重视保持和发扬同工人群众间的紧密联系，注重发挥工人阶级在社会主义建设中的主力军作用。毛泽东主席在青年时代曾两次来长辛店开展革命活动，因此对这一"北方的红星"感情颇深。新中国成立后，毛泽东主席尽管没有再到长辛店，但长辛店铁

---

① 《大道无疆——纪念中车北京二七机车有限公司 120 华诞》，第 320 页。

路工厂所取得的每一个进步都得到他的重视，尤其是对铁路牵引动力内燃化的进程给予特别的关注。1969 年 3 月 31 日，毛泽东就二七工厂是否上马内燃机车的问题作出指示："二七厂的生产问题，当前以修为主，制造为次，可以搞点制造，多搞几次试验，方向要往这方面走。"[①]

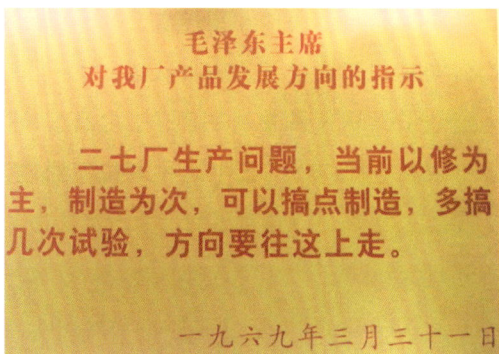

毛泽东主席对长辛店二七厂的指示（长辛店二七厂供图）

　　为落实毛泽东对二七厂产品发展方向的指示，周恩来总理要求李先念、余秋里召集铁道部、一机部、国家经委、北京市革委会、物资总局、驻厂军宣队负责人开会，落实人、财、物等具体事宜。很快，第一台 12V240ZJ 型柴油机于 1969 年 7 月 15 日在二七厂完成组装，随后又完成了第二台柴油机，并送往北京环形铁道进行试验。1970 年 9 月 30 日完成试制了中国第一台 6000 马力的大功率液力传动货运柴油机车，正式命名为北京型，车号 6001，是当时世界上单节功率最大的液力传动内燃机车。

　　根据周恩来总理"进京旅客列车不冒黑烟"的指示，1970 年 10 月，二七厂开始试制 3000 马力液力传动客运内燃机车。1972 年 1 月，周恩来同志就工厂柴油机实验问题指出："柴油机的燃烧状况能不能到西南去试？要集中力量打歼灭战，要搞好协作，争取早过关。"[②] 1974 年 6 月，在总结之前试制经验基础上制造了第九台 12V240ZJ 型柴油机，并成功完成 100 小时可靠性试验和 500 小时的耐久性试验，解决了"二高一黑"（爆发压力高、排温高、冒烟黑），使柴油机在标定转速每分钟 1100 转、持续功率 2700 马力的情况下平稳运转。经过重大改进后，12V240ZJ 型柴

---

① 《大道无疆——纪念中车北京二七机车有限公司 120 华诞》，第 289 页。
② 《大道无疆——纪念中车北京二七机车有限公司 120 华诞》，第 290 页。

油机于同年9月通过部级鉴定、批准定型并投入批量生产。此后，二七厂按照周总理的指示，加强科研力量，打技术歼灭战，于1975年6月18日召开了内燃机车转产大会。二七厂停止修理蒸汽机车业务，转为内燃机车专业制造厂，批量生产以首都的名字命名的"北京型"内燃机车，实现了周总理"进京列车不再冒黑烟"的愿望，自此十余年"北京型"一直是我国铁路进京旅客列车的主型机车。毛主席及中央领导乘坐的专列都是"北京型专运机车"，北京西客站开通的首列机车也是"北京型"牵引的。

在党和国家领导人中，朱德同志是来长辛店次数最多的一位，据二七厂老工人的回忆，朱德同志曾六次来长辛店，其中的三次给人们留下的印象特别深。

294

1950年4月17日，朱德视察长辛店铁路工厂。在货车场，他号召大家，要发扬二七革命传统，尽快把被敌人破坏的机器设备恢复起来，多修车，多造车，为全中国的彻底解放做贡献，为新中国添砖加瓦，再立新功！

1958年10月17日，朱德第三次来到二七厂视察工作，他对二七厂25天造出首都第一台蒸汽机车，88天造出新中国第一台600马力的电传动内燃机车感到非常满意。朱德高度赞扬了二七厂全体职工的冲天干劲，并嘱咐在场的领导和职工说："国家的石油多了，你们要大量地制造内燃机车。"当汇报到机货车和钢水的生产计划时，他还指示说："你们还要多炼钢。"朱德还视察了锅炉、部件、加工、货车、锻工等车间，他走到哪里，哪里就一片欢腾，掌声、欢呼声此起彼伏，广大职工沉浸在无比的幸福欢乐之中。朱德非常关心新厂的施工进度和工厂发展方向，聚精会神地观看了二七厂发展的远景方案和施工蓝图，要求工厂要坚持多快好省的方针。在视察新厂（北厂）的过程中，厂长黄英夫说，因施工中缺少琉璃河水泥[①]，影响到整个施工进度。朱德当即让随行的人员指示有关部门帮助工厂解决了1000吨琉璃河水泥的困难，对二七新厂起了非常大的促进和鼓舞作用。

[①] 即琉璃河水泥厂生产的水泥，当时琉璃河水泥厂是北京最大的水泥生产企业。(编者注)

1959 年 11 月 2 日，已经当选为全国人大常委会委员长的朱德第四次来到长辛店机车车辆工厂视察，他非常关心工厂的变化情况，问："工厂的任务吃饱了没有？""明年怎么搞？""工厂怎么上？"他强调：全国各方面都翻了番，铁路运输应该赶上去。明年怎么计划？要拿出更大的干劲来！明年 1 月，要比今年 12 月更大！明年一季度要比今年第四季度更高！①

此后，朱德又两次来厂，这里成了他深入基层、开展调查研究最重要的联系点。他十分关心工厂的发展，多次做出重要指示，对工厂所取得的成绩总是及时给予鼓励，心系工厂、二七人，与二七厂有着深厚的感情。工厂在新中国成立后近 30 年里所取得的每一个成绩，都离不开朱德的关心和支持。二七人从朱德委员长身上真切地感受到了党密切联系群众的优良作风，无不为这位老革命家高风亮节的品质所感动。

邓颖超也对二七厂情有独钟。1970 年 10 月 11 日、13 日、18 日，她受周总理的委托，三次到北京二七机车车辆工厂视察工作，并做调查研究。她仔细参观了工厂刚试生产的第一台 6000 马力货运内燃机车，并详细地听取了汇报。当她知道这台机车是当时世界上最大的内燃机车，是完全自主设计，全部零件都是国产的，并仅用一年零九个月时间设计制成时，高兴地对在场的同志们说："好啊，你们走独立自主，自力更生道路，为国家做出了大的贡献，以后还要继续发扬这种精神。"②

长辛店铁路工厂是近代中国工人运动的一面旗帜，办夜校、建工会、组织罢工、发展党的组织力量、支援卢沟桥抗战、进行护厂斗争等等，使长辛店在人们心中留下难以磨灭的印象，一提到长辛店，人们总是把它同二七大罢工，同毛泽东、李大钊、邓中夏等人传播革命火种联系在一起。也正是这个缘故，党和国家历任领导人始终情系长辛店，关心、关怀铁路工人的生产、生活，关注二七厂的成长发展，留下了许多感人至深的生动故事。

①《大道无疆——纪念中车北京二七机车有限公司 120 华诞》，第 230 页。
②《大道无疆——纪念中车北京二七机车有限公司 120 华诞》，第 301—302 页。

（三）长辛店地区生机从这里焕发

1. 长辛店二七大罢工旧址列入国家文物保护单位

　　纵览 20 世纪 20 年代中国第一次工运高潮，长辛店工人运动在时间上不是最早的，在规模上也不是最大的，但却是马克思主义和中国工人阶级相结合的典范。长辛店作为中国北方工人运动的摇篮，对于中国共产党的诞生起到了重要的推动作用，在北京共产党小组的代表向党的"一大"所作的报告中，有近三分之一的篇幅在谈长辛店工人运动的情况。

　　京汉铁路工人大罢工是中国共产党领导的第一次工人运动的高峰。在这场惊心动魄的斗争中，长辛店是重要的罢工地点，这里的罢工由中国劳动组合书记部亲自领导，罗章龙作为书记部副主任冲在罢工第一线。北京政府也特令京畿卫戍司令部派重兵镇压，足见这里的重要性。长辛店是中国共产党人把马克思主义普遍原理与中国革命具体实践相结合、与工人运动相结合的重要场所。

　　长辛店二七大罢工，凝聚着全国劳苦大众之心声，荡涤着腐朽没落的封建军阀和帝国主义，是革命工人用鲜血和生命刻下的一座伟大的丰碑，其所孕育的革命精神蕴含了无私无畏、团结拼搏的献身精神，追求正义、自由平等的民主精神，坚定信念、勇于奉献的奋斗精神。在推进新时代中国特色社会主义建设的今天，这种革命精神仍具有鲜明的时代意义！

　　见证这段历史的红色文化资源包括二七机车厂近代建筑遗存、劳动补习学校旧址、长辛店工人俱乐部旧址、工人夜班通俗学校旧址、警察局驻地旧址、长辛店留法勤工俭学预备班旧址、二七烈士墓等革命遗址，形成了一个完整的长辛店红色文化体系。早在 1976 年 1 月，丰台区和北京市文化局就曾联合向市委递交报告，建议修缮二七大罢工革命遗址，其中就包括位于长辛店大街的祠堂口一号长辛店劳动补习学校旧址。1984 年 3 月，丰台区征购长辛店二七工人运动旧址，即长辛店大街 174 号私家住宅，准备修复开放。1991 年 4 月，北京市人民政府将包括长辛店劳动补习学校在内的长辛店二七革命遗址列入市级文物保护单位。为了保护好这些红色文化资源，以便更好地开展革命传统教育和共产主义理想信念教育，2004 年 3 月，丰台区政府集中力量对国家和市级文物保护单位进行抢救性的修缮工作，二七革命旧址列入修缮重点，修缮工程到该年的 11 月完工。这七处革命遗址于 2013 年 3 月被国务院公布为第七批全国重点文物保护单位。这些红色文化资源作为当代重要爱国主义教育基地，不仅是那段历史的见证，同时也对研究中国革命史和中国共产党党史有重要的意义。

二七机车厂近代建筑遗址位于长辛店杨公庄 1 号二七机车厂内，1923 年 2 月 7 日，在这里爆发了震惊中外的二七大罢工运动，现存部分厂房及办公建筑。厂房建筑为典型近代厂房建筑形式，清水砖墙砌筑，坡屋顶上覆铁皮瓦；办公建筑为清水砖墙砌筑，两坡顶覆铁皮瓦屋面，近代门窗装修，山墙上部作三角山花，四周线脚装饰，中央置圆形通风窗。现为北京二七轨道交通装备有限责任公司管理使用。

劳动补习学校旧址位于长辛店大街南段的祠堂口胡同 1 号，是在中国共产党直接领导下组织起来的，是京汉铁路工人运动的发源地之一，也是北方工人运动的起点。1920 年，北京共产党小组成立后，为开展工人运动，邓中夏、张太雷、杨人杞等人来这里筹办劳动补习学校，帮助工人学习文化和革命理论，1921 年 1 月开学，传播共产主义思想以唤醒工人大众，向资本家及反动统治者进行斗争。在这里造就了一大批工人运动的优秀骨干，史文彬就是其中最杰出的代表。此处遗址为小型三合院，坐南朝北，包括上房（东房）三间，南北厢房各三间，现院落和房间保存基本完好。为缅怀革命先烈，纪念二七大罢工运动，1976 年重修后，将室内复原，并陈列展出。2002 年市文物局投资对其进行修缮。2013 年 6 月，被北京市爱国主义教育基地领导小组命名为"北京市爱国主义教育纪念地"。现由北京二七轨道交通装备有限责任公司进行管理。

长辛店工人俱乐部旧址位于长辛店大街 174 号，原为刘姓铁匠铺，所以又称刘铁铺。1921年10月，党组织为了更加广泛地吸引群众参加工人运动，专门召开了工人代表联席会，决定改组工会为工人俱乐部，并从祠堂口1号迁到刘铁铺。工人俱乐部成立后，会员人数得到很大发展，并开展了多次胜利斗争，在北方工人群众中产生了极大影响。1922年4月9日，在这里召开了京汉铁路总工会第一次筹备会，一时成为早期工人运动中十分瞩目的地方。为了配合工人罢工运动，俱乐部组织了纠查队、调查团、讲演团，积极开展各种活动。在1922年"八月罢工"和1923年的二七大罢工时，这里都是领导罢工斗争的指挥部。大罢工失败后，被军警封闭。旧址为小型四合院，包括大门一间，两侧倒座房各二间，上房（东房）五间，南、北厢房各三间。2002年市文物局投资对其进行修缮。2013年6月，被北京市爱国主义教育基地领导小组命名为"北京市爱国主义教育纪念地"。

工人夜班通俗学校旧址位于丰台区长辛店大街135号长辛店第一小学校园内。1919年五四运动后，留法预备班的学员和长辛店铁路工厂的进步工人一起在这里开办了夜班通俗学校，邓中夏同志带领的北大平民教育讲演团常来这里宣传讲演。晚上，工人收工后，进步工人们就会到这里听预备班的学员给他们讲课。1919年12月，长辛店各界人士在此举行"抗议驻福州日本军队开枪打死国人大会"。1921年5月1日，长辛店工人在这里举办纪念五一国际劳动节活动，宣布成立工会。1922年"八月罢工"和1923年二七大罢工都曾先在这里召开了大会。旧址是娘娘宫，建于清代，坐西朝东，临街曾有高大的门楼，里面为宽敞的大院，西面是高大宏伟的正殿，殿前有月台，南北各有三间配殿，早年有道士看管，香火很盛，每年四月里有一次庙会，不少人前去烧香求子，现仅存北配殿五间。1992年和2012年先后对北配殿进行修缮，现由长辛店第一小学管理使用。

警察局驻地旧址位于长辛店大街196号，二七大罢工时，此地是警察局驻地，反动军警在此处镇压罢工运动，制造了长辛店二七惨案。旧址是火神庙，建于明代，坐东朝西，整座庙宇保存完整，现存有山门三间，门额刻有"敕建延祚善庆宫"石匾，雕二龙戏珠，还存有天王殿（即正殿）三间，建筑形式属于明末清初的风格。2007 年区财政局曾拨专款对山门进行修缮。2010 年底市文物局投资修缮了火神庙正殿。2014 年市财政拨款对正殿安装消防设施。现由长辛店派出所管理使用。

长辛店留法勤工俭学预备班旧址位于长辛店德善里 18 号（今长辛店一中校园内）。1918 年夏，由华法教育会蔡元培、李石曾等人在长辛店机厂建立"高等法文专修馆长辛店分馆工业科"。毛泽东曾两次来到这里了解留法预备班学员的学习、工作、生活情况。1919 年末预备班结束后，学员们陆续前往法国，他们中间有许多人走上了革命道路。现旧址为一座二层法式小楼，清水砖墙，坡屋顶，保存完好。2001 年市文物局拨款对其进行修缮，同时将二楼布置为爱国主义教育使用。

二七烈士墓位于长辛店桥西花园南里甲 1 号长辛店公园内。这里安葬着二七惨案中被反动军警杀害的工人调查团团长吴祯和工人纠察队队长葛树贵两位烈士的遗骨。为纪念葛树贵、吴祯敢于斗争、不怕牺牲的革命精神，继承和发扬二七革命斗争的光荣传统，长辛店二七机车车辆厂于 1966 年 7 月在长辛店公园内为葛树贵、吴祯修墓立碑。并排而立的两块墓碑上，分别镌刻着"二七烈士葛树贵之墓"和"二七烈士吴祯之墓"。两位烈士长眠在他们战斗过的土地上，他们的名字将永远载入中国工人阶级的革命史册中。

长辛店红色资源是中国共产党领导工人阶级反帝反封建的民族民主革命斗争产物，体现光荣的革命传统和党的红色文化，是中华儿女共同的历史宝库和精神财富。它蕴含了中国共产党人的崇高理想和坚定信念。习近平总书记强调："一个有希望的民族不能没有英雄，一个有前途的国家不能没有先锋。"无论时代怎样变化，英雄始终是我们内心的坚守、追随的真理、讴歌的对象！多年来，丰台区始终把二七烈士墓作为举行烈士纪念日公祭活动的重要场所，区四套班子及社会各界干部群众、学校师生代表参加公祭活动，继承先辈遗志，在缅怀中汲取砥砺奋进的力量。

长辛店二七烈士葛树贵墓、吴祯墓（丰台区委宣传部供图）

2016 年，为迎接中国共产党建党 95 周年，深入开展社会主义核心价值观教育，丰台区以长辛店地区红色文化资源为依托，充分挖掘长辛店留法勤工俭学预备班、劳动补习学校等红色文化资源，推出"长辛店1921"红色党课教育活动。红色文化宣讲团的宣讲员以微党课形式讲述了长辛店留法勤工俭学故事和劳动补习学校故事，讲述了毛泽东、李大钊、何长工等老一辈革命家与长辛店的历史渊源，此次活动还为广大党员干部安排了重温入党誓词的环节。"长辛店1921"红色党课教育活动采取多种形式全面阐述了长辛店地区工人活动对中国共产党成立的重要作用和历史地位，深入展现了中国共产党早期团结引导工人阶级、走好群众路线的历史渊源，充分发挥了党史资政育人的作用，积极弘扬爱国精神，激发广大人民群众的爱国、爱党热情。

2. 二七老厂区的华丽转身

"二七厂"是北京人对长辛店铁路工厂的惯称。它包括二七机车厂、二七车辆厂、二七通信工厂等，其中，二七机车厂的规模最大。在新民主主义革命时期，二七厂的工人们冲锋在前，不怕流血牺牲，前赴后继地同反动军阀势力、国民党反动派、日本侵略者进行不屈不挠的斗争，在社会主义建设时期，二七厂的工人们奉献在前，不怕艰难困苦，兢兢业业地生产每一台机车，每一件零部件，出色完成了党和祖国赋予长辛店二七厂的特殊使命。在民族工业的发展道路上，在中国铁路运输事业的建设上，在党领导的工人运动中，在反抗侵略者的艰苦岁月里，在新中国机车车辆工业走向强大的光辉历程中，二七人永远都是前进队伍中的排头兵。

2017 年是中车北京二七机车有限公司建厂 120 周年，也是该厂发生重大历史转折的关键之年。按照北京市疏解非首都功能的总体要求，老厂整体退出制造业，进行产业转型升级。

2017 年 7 月 18 日，中车北京二七机车有限公司与中国青旅文化产业发展（北京）有限公司举行"二七机车 1897 科创城"项目合作框架协议签署仪式暨科创城启动仪式。协议签订后，双方以二七机车公司老厂区部分区域为核心，通过工业遗存保护再利用，充分展现传统与现代、历史与科技的有机融合，整个园区 1.8 万平方米以二七文化公园的形式，规划成三个区域，分别为二七文化公园、二七纪念公园、艺术公园。以传承二七革命精神、二七红色文化、百年历史文化和机车工业文化为使命，打造独具二七特色的充分融合文化创意与科技创新的示范园区，在改造的过程中以建筑外形"不长高不长胖"为原则，保留百年历史风貌厂房建筑，结合历史遗址与机车轨道等特色元素，形成了具有二七特色的文化亮点。

2018 年 1 月 9 日，丰台区提出：要统筹利用疏解空间、老工业厂房、集体建设用地，发展文化创意产业，建设"中车二七厂 1897"科技文化创新城等文创功能区。这标志着"二七厂 1897 科创城"也成为区级重点立项项目。

"二七厂 1897 科技文化创新城"项目的启动与实施，是二七厂退出制造业的主动转型尝试，项目聚焦科创文化产业，总占地面积约 6 万平方米。低密度、园林式、百年别墅建筑风格，2000平方米中央景观区超大草坪，高负氧离子，一步一景，高端商务氛围十分浓厚。通过融合二七历史文化与西山永定河文化，打造多元发展、绿色环保、舒适健康、充满活力的科技文化创新城，建设宜居宜业的产城融合示范区，势必成为丰台区疏解转型升级的亮点，助力区域经济发展。

2018年3月31日，是留给二七厂全面完成制造任务的最终时间节点，带着所有人的不舍，最后两台为邯郸钢铁集团有限责任公司生产的GK1E内燃机车终于出厂交付用户了。

百年二七制造业完美收官！

二七老厂在经历了百余年制造业生涯之后，终于迈出了跨行业升级的第一步，"二七厂1897科技文化创新城"正以全新的姿态迈向第三产业，本次的转型也为自己迎来一次全新蜕变。

当转型到来时，很多老二七人的愿望是保留一份历史记忆。"园区内的建筑我们一栋不拆，全部原样保留。"二七厂相关负责人说。于是，二七厂许多尘封多年的老仓库，又重新出现忙碌的景象，"废铜烂铁"派上了大用场。在铺设道路时，厂里设想利用废旧铁轨做路牙，既坚固又能凸显二七厂的铁路情结。当工人们精心打磨旧铁轨的时候发生了令人惊喜的事，露出本来面目的铁轨上面印着的年份是"1897"。也就是说，这几根铁轨是建厂那年从英国漂洋过海运过来的。

像老铁轨变成了新路牙这种创意设计，在如今的科创城随处可见。"知水暖"的小鸭子，是三通和拨叉焊接而成。大草坪上有许多黑白相间的大奶牛，那是废旧工业铁桶组装的。在建厂之初，喜欢喝牛奶的欧洲人，不远万里运来奶牛，在二七厂饲养。喷泉瀑布由老镗床改装而来，老镗床是生产内燃机的重要设备。还有用内燃机喷嘴、机床垫铁拼接起来的小狗，利用旧天车建起的观景凉亭。至于其他各类带有工业元素的小鸟、小猪、小昆虫等装饰物，在如今的二七厂内比比皆是。

既然叫科创城，只有工业装饰物是远远不够的，二七厂在2017年，把旧厂房进行了大规模的整饬，变换出适合高科技创新、文化创意、生

长辛店二七厂老厂区（丰台区委党史办供图）

态休闲以及相关配套产业入驻的新空间。2018 年，二七厂一边改造，一边开放，各式各样的厂房，按照客户需求进行灵活多变的装修。一栋建筑也不拆，"二七"老品牌会延续；二十世纪初比利时人修建的小洋楼，变身企业家俱乐部；废旧的机床被改造成流水景观……鸟语花香，机械与文艺共生。目前已入驻设计工作室、园区配套、未来交通创新平台、智能发电、智能家居等相关科技创新企业。

在"二七厂 1897 科创城"顺利推进的同时，2018 年，二七厂积极与国家体育总局合作，与国家体育总局冬季运动管理中心、北京体育大学签订了三方共建中车二七国家冰雪运动科研训练基地项目的协议，为 2022 北京冬奥会全力备战。该协议的签订，代表着二七厂在响应北京市非首都功能疏解号召、盘活利用老旧厂房的道路上又走出了坚实的一步。

2018 年 9 月，曾经的老厂区内，巨大的钢结构建筑拔地而起，大道速滑馆等三个主要建筑同时开工。国家冰雪运动训练科研基地包括大道速滑馆、轮滑馆、运动员公寓等多个单体建筑及配套设施，一期规划总建筑面积 62283.58 平方米，其中地上 60695.14 平方米，地下 1588.44 平方米。

2019 年 9 月，大道速滑馆顺利建成并投入了使用。10 月 10 日至 12 日，国家体育总局在这里举办了国家速滑队"直通国际"选拔赛，北京电视台冬奥频道对比赛进行了全程直播。

2020 年，基地后续的轮滑馆、运动员公寓、康复医疗中心、风洞实验室、六自由度实验室等其余建筑将陆续建成，这里将会成为国家队备战 2022 年北京冬季奥运会的重要训练基地，帮助运动员训练冲击冬奥会金牌。

在二七厂转型文创产业的建设过程中，丰台区领导多次调研，要求各级部门主动对接，解决企业的实际困难；对于企业梳理出的待解决事项清单，各部门通力合作，主动对接。"1897 科创城"项目落地后，区政府对此项目非常重视，对于项目涉及到的设施建设、周边环境、资金统筹等方面工作进行深入调研，不断跟踪进度，为项目排忧解难，为企业在项目引进、产业定位、政策支持、人力资源等多方面提供绿色通道。

未来，二七厂将以"二七厂 1897 科创城"和国家冰雪运动科训基地两项目的落地实施为契机，带动周边产业发展，打造优质营商环境，对区域经济发展起到良好作用。

3. 北宫国家森林公园

北宫国家森林公园位于丰台区西部，公园境内，地形起伏，群山延绵，坡峰错落，悬岩梯叠，林木茂盛，山水相依，鸟语花香。主峰廊坡顶海拔 349.8 米，巍峨挺拔，雄伟壮观，它的东面与举世闻名的卢沟桥遥遥相望，西面隔过大罗圈便是戒台寺，南面可看到云岗科技航天城，北面则是门头沟区的石门营镇，这里距北京市中心仅 20 公里，是距离市中心最近的国家森林公园。公园始建于 2002 年，规划面积 914.5 公顷，2005 年 12 月被国家林业局正式批准为国家级森林公园，2007 年正式对外开放，是"国家 AAAA 级旅游景区""北京市级精品公园""城乡最佳旅游景区"，是一处"天观北斗、地赏北宫"的旅游胜地。

就是这样一处山峦叠翠、灵光秀丽的园林景区，它的前身竟是一片荒山野岭，任何一位走进北宫国家森林公园的游客，都很难想象多年以前，这里是何等模样。

北宫因爱新觉罗·绵亿的墓葬而得名，绵亿是乾隆皇帝第五子永琪的儿子，排行也是第五，乾隆四十九年（1784）袭封多罗贝勒，嘉庆四年（1799）晋封多罗荣郡王。绵亿生前的事迹并不多，最值得称道的就是嘉庆十八年（1813）天理教起义时，绵亿请嘉庆皇帝速回京师主持大计，从而得到嘉庆帝的赏识。绵亿在嘉庆二十年病逝，葬于京西大灰厂金顶山下，这个地方原称"北工上"，后简称"北宫"。

北宫所在的大灰厂村 ① 是个古老的村镇，烧制石灰的历史有千年之久，村名也有 400 年以上的历史。明代修建北京城，有一部分石灰就由大灰厂提供，清代时，大灰厂同磁家务、石梯、长沟、张坊合称为房山县五大镇。20 世纪 50 年代，北京市灰石厂落户在这里，成为北京规模

---

① 大灰厂村 1952 年以前由房山县管辖，1952—1956 年由房山县划入京西矿区，1956 年划入丰台区管辖。

最大的石灰生产企业，放炮声终日不绝，甚至把一道山梁之隔的戒台寺里"哼哈二将"的手臂生生震断。一直到本世纪初，烧白灰、采石板仍是这里的主业，直到近几年才转型升级。除生产石灰外，这里还曾建有电石厂、小煤窑，开采过景山石，烧制过青砖和红砖。

大灰厂由于地处浅山区，物产资源较为丰富，因此该村的工矿、副业较好，尤其是大规模开垦当地资源，使大灰厂村的经济一度繁荣。2001年大灰厂村年集体经济总收入突破9000万元，村民人均收入达到7000多元，是丰台区河西地区的富裕村。但因开山采石的缘故，这里留下许多堆积达数百年之久的灰坨，200米高的石山山体只剩下了一半，裸露出六万多平方米的石灰岩断面；面积约三平方公里的山场内，凹陷出数十个大坑，到处是拇指厚的页岩残片和灰石块；只有一些勉强生存的"老头树"散落在山间；村东不到一里的地方，是一片垃圾场，秽物遍地，臭气熏天，村民们在家里都不敢开门窗。

因"吃"得太猛，把曾经的青山绿水"吃"成穷山恶水——满是灰尘覆盖的树木和建筑，因烧制"臭电石"而被污染的牤牛河水，突兀的岩石，荒芜的沟梁，使得大灰厂成为北京环境污染的重灾区，不得不花巨资、花精力用于修复和治理。自2002年起丰台区逐步关停非煤矿山，大灰厂村采石厂首当其冲，缺乏就业门路的村民人均年收入一度只有600元左右，成为北京市和丰台区的重点扶贫村之一。

正当大灰厂村民为日益恶化的生存环境发愁时，当时的丰台区林业局主动找上了门来，要为北京奥运会献上一份绿色厚礼。2002年8月，区林业局的一行人不顾酷热潮湿，在没有山路的情况下，顶着烈日多次往返爬上山顶，现场勘察选点，先后对大灰厂周边十几个村庄和六万亩山场资源进行反复踏查和调研，结合绿色奥运理念及北京市修编规划政策，区林业局经过认真研究，提出了"建设北宫森林公园"的设想。随后，区林业局以农村绿化为切入点，立足河西废弃矿山多、荒山荒坡广、环境污染重、基础设施差等特点，提出了"让山绿起来、让农民富起来、让经济活起来"的任务目标。从此,北宫踏上了"石上绣花"的艰苦历程。

把廊坡顶这片荒凉寂寞的野山坡建造成美丽迷人的森林公园，其难度是可想而知的。不过，要想把梦想变成现实，除了锲而不舍的坚持和脚踏实地的奋斗之外，还要有科学的规划和符合客观规律的实践。北宫森林公园的建设者们，经过反复调研，通过对大灰厂地区的地质、水文、气候、土壤成长以及物产分布的综合分析，认为在这里建造一座森林公园还是有一定的基础条件的，首先这里是京西重要河流牤牛河的发源之地，这股河流就是在北宫附近的山中流出，廊坡顶的山脚下曾建有一座小型水库，它就是今天北宫公园内小江南的前身。其次，廊坡顶一带曾为大灰厂林业队的驻地，林业队在这里种植了大片林木，其中有枣树、杏树、核桃树、柿子树等，这些都为森林公园的建造创造了条件。

经过不懈努力，建设北宫森林公园的申请终于批下来了。

2003 年春天，一支近百人的爆破造林队伍开进了大灰厂村山场。为了避免山体的二次破坏，炸药用量微乎其微，树坑大都由工人们一钎一锤地开凿，一个深 80 厘米、直径 60 厘米的树坑，一个壮劳力一天只能凿两个，而这样的树坑至少凿了十多万个。山上没有土，卡车从两公里外把土方运到山脚，工人们用编织袋背土上山，一袋土重百十斤，背到坡顶至少需要一个小时，而要填满一个树坑，至少需三袋土，得来回搬运四个半小时。山上没有水，在铺设一万米的管道引水上山前，工人们扛着 30 公斤重的水桶上山，一桶一桶倒进树坑。树苗根部带着掺了生根粉和保水剂的大土坨，重达一吨多的油松被十几个工人抬着上了山。对采石形成的峭壁，先用麻袋装土垒出缓坡，然后覆盖铁丝网，用螺纹钢固定，再将掺杂了各类草籽的营养基质，用高压喷播机灌注进山体……在每年 3 月底至 4 月中旬的造林时节，一百多名绿化工人加上临时征用的一百多位村民，吃住在工地，通宵达旦猛干。连续四年，15.6 万株油松、侧柏、黄杨、元宝枫染绿了 2400 亩荒山，林木成活率达到 93%，植物种类由原来的 120 多种提高到 250 多种，山林里又重现了灰雁、白鹭、山鸡、野兔、蛇、黄鼬等野生动物的踪迹，至于蚂蚱、蝈蝈、蝎子、蜻蜓、彩蝶等昆虫更是到处可见。

北宫国家森林公园（丰台区委宣传部供图）

北宫森林公园在原有林木的基础上，栽植银杏、白蜡、油松、黄栌、楸椴、杜仲、木瓜、碧桃、元宝枫、金丝柳等大规格树木几十万株，新增南北方优质树种二十多个品种，共建全国人大林、中韩友谊林、团结林、青年林等大型义务植树基地六座，酸枣、荆条、扁担木、杠柳都是这里的灌丛优势种，莞花、菊花、胡枝子、野葡萄、常春藤漫山遍野，刺槐、白杨、核桃、桑树参天蔽日，好似一幅碧绿传情的画卷，彰显出绿色的生命力。

在北宫森林公园建设过程中，人们综合利用新技术修复山体 1300 亩，采取挂网喷播、铺生态垫、堆积金字塔、削坡建平台等国内外先进技术和本土操作方法，为廊坡顶景区 300 亩石板场、石板山周边 500 多亩乱石岗、利丰山庄 400 多亩伤残山体进行生态抚平，再现了山的灵性、水的灵气、大自然的灵魂。

北宫国家森林公园在增强城市绿化功能、改善基础设施条件、营造优美健康的旅游环境上，充分发挥了森林公园的生态效益、社会效益和经济效益。

为了达到生态效益最大化，公园的建设者们就把做好"水"文章的问题列为重点课题加以研究，从公园的规划、设计、选址到公园的建设、形成，以及营造美丽的生态景观，产生生态、经济、社会效益等诸多方面，都反复强调水的作用。区林业局的同志算了一笔账，森林公园廊坡顶景区面积 3000 亩，多年平均降雨量 548 毫米，全年可产生地表水 30 万立方米。3000 亩的绿化美化和护林防火用水，经过测算，实际用水量为 35 万立方米。为了解决公园水资源供需矛盾突出的问题，采取修坝、筑堤、建湿地和小型蓄水池等多种方法将雨洪拦截、蓄住，从山顶到山脚一共修建了大大小小 13 道拦水坝，山脚下一个原本不大的鱼塘被扩成 3 万平方米水面的水库，山上山下还营造出 15000 平方米的节水型湿地景观。

除此之外，北宫国家森林公园借助自身生态环境优势，通过举办以"传承中医药文化、服务大众健康"为主题的北宫中医药健康养生季活动，树立和打造"要养生、到北宫"的品牌文化，并以"旅游＋养生＋

文化"为载体，着力打造中医药健康服务创新产业，向广大游客提供一种新型的观光体验旅游产品，弘扬我国优秀的中医药文化。2016 年，北宫国家森林公园成为北京中医药文化旅游示范基地。

如今，北宫国家森林公园已呈现出"春有花、夏有荫、秋有果、冬有绿"的园林美景，成为继香山、八大处之后的第三大红叶观赏区。通过公园的建设和绿化美化工作，安置了河西五百多名农民就业，仅公园建设就解决了二百多名村民的就业问题，使农民共享了生态经济带来的实惠。在北宫国家森林公园建设的带动下，一条由"靠山吃山"向"养山就业"转变的发展之路越走越宽广。北宫国家森林公园已经成为"绿水青山就是金山银山"的生动诠释。

4. 园博园与戏曲文化

丰台区以永定河为界，划为河东和河西两大地区，河东地区靠近北京城，经济发达，河西地区则多以低山与丘陵为主，原始生态较为突出，产业发展相对薄弱。如何振兴河西地区经济和文化，一直是萦绕在北京市和丰台区领导脑海中的战略问题。上世纪 90 年代，丰台区实施"居中西移"战略，重点扶持长辛店、王佐两镇。2009 年，北京市提出了投资几千亿元的城南行动计划，并实施建设永定河绿色生态发展带战略。河西地区如何乘上南城发展战略的东风，踏上建设永定河生态发展带时代列车，丰台区在苦苦地求索。一个机会来临了，2009 年，第九届中国国际园林博览会开始接受国内城市的申办。丰台区和市园林局达成共识：申办第九届园林博览会，这是彻底改变永定河畔这片方圆 5 平方公里的荒芜之地的绝佳选择。

园博园选址区域原来是永定河的老河道，二十世纪七八十年代由于挖砂，形成了深达 30 多米、面积 150 多亩的大沙坑，后来逐步变成了建筑垃圾填埋场，曾经有两千多名拾荒者在这里聚集，私搭乱建近两万多平方米，形成了一个小社会，环境非常恶劣。施工之初，从谷底到谷顶，杂乱地排列着上千个拾荒者垒建的简易窝棚，垃圾遍地，气味难闻。经过艰苦的层层动员，拾荒者搬迁了，留下了满目狼藉的巨大垃圾坑。

北京园博园江苏园（丰台区委宣传部供图）

　　要在垃圾坑上植树种花恐怕比在戈壁滩上还难，这片一望无际、高低不平的沙坑荒滩，有的地方建筑垃圾厚达几米，有的地方垃圾、碎石、钢末与渣土混杂，很难找到一块好土，建设者们昼夜不停地施工，一车车垃圾、渣土运出去，一车车熟土运进来，共清理垃圾110万吨，运来160多万方好土，将上百公顷的废地一层层填平，一层层夯实，直到一望无垠的沙坑、垃圾场被富有腐殖质的新鲜土壤全部覆盖。上万辆次的卡车、板

车夜以继日地穿梭不停，将 3000 万株乔木、灌木、花卉运进园博园，并然有序地种植在展园旁、河湖边、山坡上。

园博园点石成绿，化绿为金，已成为继奥林匹克森林公园后，北京又一个大型绿色生态休闲地，成为永定河生态发展带的有力承载和永定河流域的生态示范，创造性地将飞沙走石的风沙源、危险源变成鸟语花香的大花园、生态园，生动诠释了"化腐朽为神奇"的理念。

2013 年 5 月 18 日，北京园博会盛大开幕，皇家园林、巴渝园林、苏州园林、岭南园林、闽南园林展示了我国不同类型的园林风情，欧式园林、伊斯兰式园林等主题特色展园可以让游客领略浓郁的异域风情。在以后的半年时间里，来自全球 28 个国家 48 个城市的演出队伍，直接参加表演的人员 4.8 万人次，为中外游客奉献了 1200 余场绚丽多彩、宏大震撼的精彩演出。11 月 18 日，北京园博会完美落幕，展会期间共接待中外游客 615 万人，达到了历届园博会之最。

园博会的举办推动河西地区道路交通高速发展，新建 8 条城市标准道路，地铁 14 号线西段的提前通车，使京城西南又有了一条通往核心区的快捷通道。园博会的举办实现了河西地区基础设施跨越式发展，混合变电站、中水处理厂、河道桥梁及水、电、气、热、通信等大批市政基础设施建成完工，带动地区发展跨越了至少 10 年历程。园博会的举办改善了河西群众的居住环境，数千户居民实现了搬迁上楼，并促进了旅游业的聚集、发展，为当地群众创造了就业机会。

北京园博会留下的不仅是一场国际园林的盛会，它从申办、筹办到举办，以扎扎实实的足迹向世人宣示着美丽中国的时代强音，唱响了一首绿色的歌，一首化腐朽为神奇的歌。随着环境品质的提升，白鹭、珠颈斑鸠等三十余种鸟类飞来定居，区域生物多样性得到有效恢复，呈现了"落霞与孤鹜齐飞，秋水共长天一色"的景象。

自 2014 年 4 月 1 日重新开园以来，北京园博园凭借优质的场地资源和优美的生态环境，连续承办了戏曲文化周、端午游园会、铁人三项赛、彩色跑等大型文化体育活动。特别是承办的北京戏曲文化节后来升级为中国戏曲文化周，更是为丰台区戏曲文化发展注入了新的活力。

能够承办高规格的戏曲文化活动，除了场地资源优势之外，还因为丰台是中国戏曲文化的发祥地 ①，拥有丰富的戏曲资源。全市 12 个主要戏曲院团中有四个在丰台，是名副其实的"梨园之乡"，中国戏曲学院是中国戏曲教育的最高学府，北京戏曲艺术职业学院是北京唯一的戏曲艺术高等职业学校。丰台戏曲人才梯次结构合理，人才荟萃，1200 多人的从业人员中梅花奖得主就有 24 人。

早在 2008 年，丰台区就发出"戏曲教育从娃娃抓起"号召，开始自主探索，通过参与市教委京剧进课堂项目、学校与中国戏曲学院自主合作、幼儿园与专业院团合作、引进戏曲专业人才等方式开展课内外一体化的戏曲教育活动，积累了一定经验。2016 年 5 月，丰台区 17 所戏曲教育基地校的 2000 名中小学生圆满完成北京戏曲文化周开幕式表演任

① 关于戏曲文化和丰台区的关系，丰台区委宣传部相关负责人说："丰台可以说是中国戏曲文化的发祥地。"中国昆曲研究会秘书长丛兆恒曾论证，王国维在其《戏曲考源》开篇就明确指出戏曲起源于金元杂剧。原北京市文物研究所所长、北京市考古学会会长齐心也指出，丰台区曾是金中都所在地，金中都是金代戏曲文化中心，可以说，丰台是中国戏曲文化的发祥地，丰台打造中国戏曲文化中心是深远的历史在今天的回响和光大。

2017 中国戏曲文化周活动现场（欧阳树辰摄影）

2020 年 10 月，小蚂蚁昆曲传承艺术社团表演戏曲舞蹈《云手》（贺勇摄影）

中国戏曲文化周·地方园地方戏：北京园上演北京曲剧《正红旗下》（欧阳树辰摄影）

务，"千人唱京剧"成为戏曲文化周的最大亮点。2017 年、2018 年丰台区五所戏曲基地校依托中国戏曲学院的平台连续两年登上"新年戏曲晚会"的舞台为党和国家领导人表演。

为进一步发挥学校教育对弘扬中华优秀传统文化的阵地作用，坚持传承与发展并重，营造戏曲教育发展的良好环境，扩大戏曲教育"丰台样本"的影响力，丰台区教委于 2018 年 11 月 18 日举办"丰台区教委、北京国粹艺术传承促进会戏曲进校园首场演出暨合作框架协议签约仪式"活动，并发布《丰台区戏曲进校园三年行动计划（2019—2021 年）》。

三年行动计划以立德树人为根本任务，根据行动计划安排，丰台区确定一批戏曲教育特色校，建设一批戏曲教育基地校，扶持一批多剧种发展学校，统筹开展戏曲进校园工作。2019 年，实现全区每个学生每年免费欣赏一场优秀戏曲演出。戏曲进校园实现常态化、机制化、普及化，基本实现全覆盖。预计到 2021 年，丰台区将实现"个十百千万"教育目标，即争创一个戏曲类金帆艺术团，推出十门精品课程，建成三十所戏曲特色校，打造一百个戏曲社团，打造千名专兼职师资保障队伍，培育万名小戏迷小票友，覆盖十万中小学生，辐射数万社区群众。

丰台区在深入推进戏曲进校园活动的同时，把戏曲文化周打造成永不褪色的"金名片"。2019年10月2日至8日，中国戏曲文化周在北京园博园成功举办。65家专业院团为游园群众奉上了370余场戏曲及周边艺术表演，19万游客近距离感受戏曲艺术魅力，"沉浸式"体验中华优秀传统文化的博大精深。

2019年戏曲文化周紧紧围绕庆祝新中国成立70周年这一主题，在园博园三号门广场举办国庆戏曲专场演出，每天开展红色题材戏曲快闪活动为国庆献礼，举办"七十绽放沉郁芬芳——2019丰台戏曲文化展"，在中国园林特有的美学意境里阐释戏曲艺术，创建"沉浸式"艺术环境，打造"沉浸式"戏曲体验，使观众沉浸其中，变"走近"为"走进"，变"感受"为"参与"，把戏曲文化周打造成市民体验戏曲文化的盛大节日，唱响了中华优秀传统文化传承的最强音。

2020年10月23日至29日，以"中国梦·中华魂·戏曲情"为主题的"2020（第四届）中国戏曲文化周"于北京园博园精彩上演。36家专业院团及民间社团参加演出，拥有13处演出空间，举办了180场展演，近5万名游客入园观看，线上直播和网络视频播放量超过2000万。该届中国戏曲文化周继续编织"园林中的戏曲"与"戏曲中的园林"情境，北京市演出有限责任公司作为此次设计搭建与氛围营造板块的执行单位，在效果呈现上秉承凸显这一主题特色，打破传统园林设计模式，整体规划全面打造沉浸式、体验式、互动式的"戏曲园林"，让剧情融入园林环境，切实做到移步换景、园林搭台的呈现效果。立足推动中华优秀传统文化的传承与发展，秉承传统兼切合当代，研磨精品文化艺术盛典，为游客和观众打造属于中国戏曲的特色嘉年华——中国戏曲文化周已成为北京市弘扬优秀传统文化的亮丽名片。

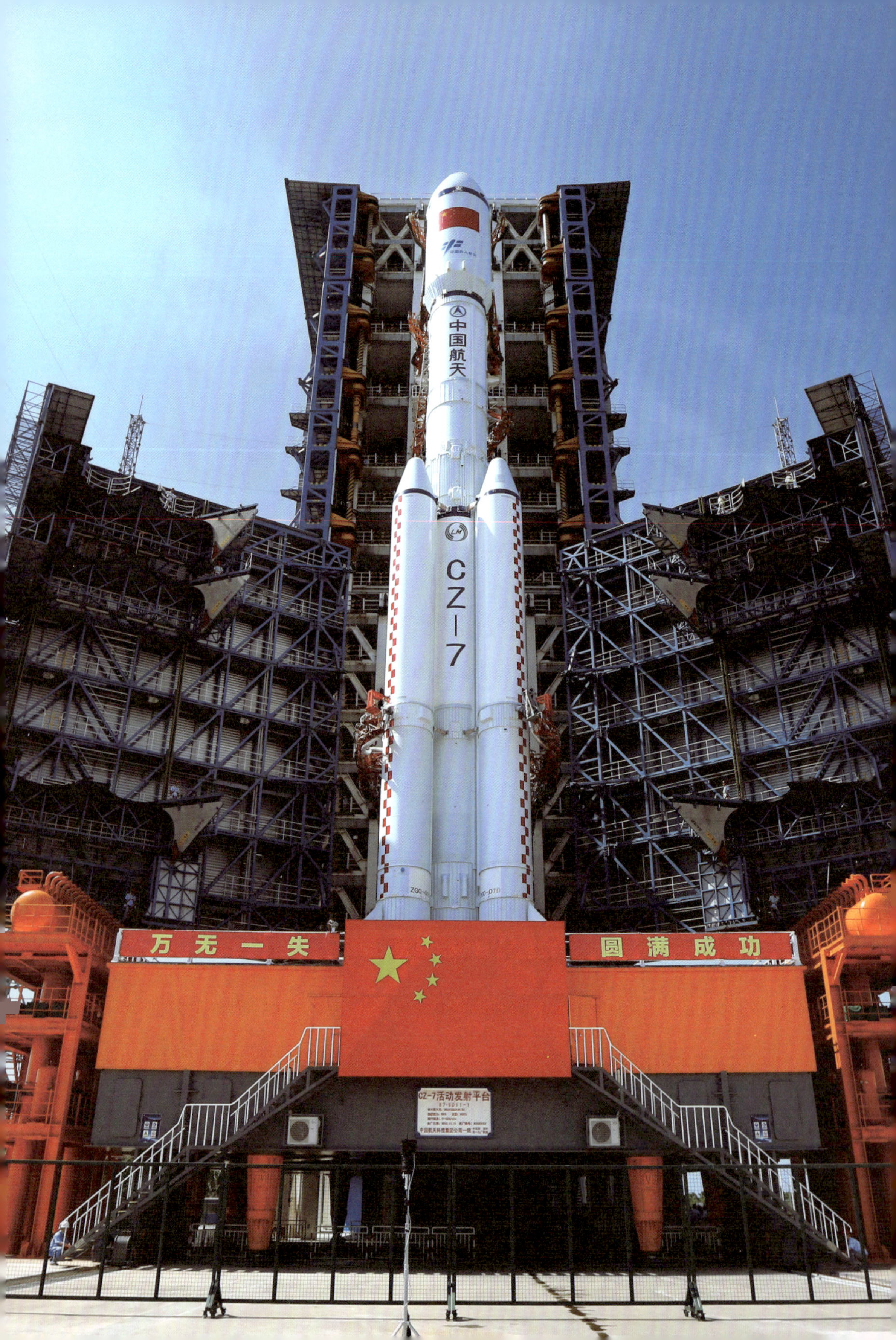

中国航天
CZ-7
万无一失
圆满成功
CZ-7活动发射平台

五、京西南的创新发展

地处北京西南的丰台区是一个科技大区和强区。说它大，主要是体量大。航天部一院和三院两大航天科技机构都坐落在这里，被誉为"中国航天事业的发祥地"，也被称作"中国最早有导弹的地方"；毛泽东、邓小平、江泽民、胡锦涛、习近平等历届中央领导人无不对这里投入巨大的心血，关心和爱护每一位航天人。丰台区境内科研机构众多，人员数量仅次于海淀。说它强，一是指这里的科技人才的实力非常强，我国著名科学家钱学森就在航天部一院担任院长，任新民、屠守锷等"两弹一星"的元勋就在这里产生。二是指科研成果非常强，中国长征系列火箭在这里研制成功，中国航天史上的诸多第一都与这里息息相关。除航空航天外，这里的轨道交通科技创新也领先于世界，突显中国速度，中国高铁智能化运营水平领跑全球，落户于丰台科技园的中国通号就是中国轨道交通控制系统行业的领跑者。中国轨道铺设技术领先全球，能在沙漠中、高原上、高寒冻土地区修建高铁，中国高铁没有禁区！地坑式同步架车机作为高铁维修的重大设备，为高铁列车长时间安全行驶提供了保障，用中国技术擎起高铁脊梁。在高铁"走出去"战略和"一带一路"倡议支持下，中老铁路、中泰铁路、印尼雅万高铁都有中国铁路的技术支持，中国高铁已经成为"一带一路"上的"烫金"名片。

丰台的科技之强还体现在丰台科技园的成长壮大。这里是中关村最早的"一区三园"之一，是首都重要的产业功能区和高新技术创新基地，这里较早地运用"总部经济"的概念，建立起总部基地。这里是全国高端商务功能区和花园式高科技园区的典范之一，历经二十多年的发展，形成了"2+4"的高精尖产业结构，打造了具有国际影响力的创新产业集群，重点发展轨道交通、航空航天等产业。丰台科技园融合科技、人才、仪器设备及区位空间等资源优势，形成了一个不断有新企业孵化、新人才出现、新项目产生的"孵化成果聚集地"，走出了一条低成本投入、高效回报的孵化器产业快速发展的成功之路。丰台区为企业量身定制了"访送扶助"服务包，对接、跟进、协调、解决企业经营、发展过程中遇到的实际问题，用越来越好的营商环境推动区域经济更上一层楼。

（一）中国航天事业的摇篮

1. 丰台与航天的邂逅

"大鹏一日同风起，扶摇直上九万里"，诗仙李白的诗句似乎为中国航天做了"浪漫注脚"。中国人对于"飞天"的向往和梦想，从流传至今的诗词里可见一斑。2016 年 4 月 24 日被列为首个"中国航天日"，这一天，习近平总书记作出重要指示："探索浩瀚宇宙，发展航天事业，建设航天强国，是我们不懈追求的航天梦。"从第一颗导弹的研制到神舟系列载人飞船升空，从第一颗人造卫星的发射到嫦娥一号成功登月，一批批航天人不断探索，让梦想的实现更加铿锵有力，而鲜为人知的是，逐梦的源头却在丰台这片丰沃的土地上。

说起丰台与航天的邂逅，首先要谈航天机构的选址。1956 年 10 月 8 日，国防部五院在北京西郊宣布成立。1957 年 11 月 16 日，国防部五院成立一、二两个分院，钱学森被任命为国防部五院院长兼一分院院长。

中关村丰台园（郑庆祥摄影）

在任务分工上，一分院承担各类导弹总体设计和弹体、发动机的研制任务；二分院承担各类导弹控制系统的研制任务。后来，随着航天事业的壮大与任务的调整，一分院的体制与任务也随之发生变化，主要研制长征系列火箭，因此航天一院后来被称为"中国运载火箭技术研究院"。1957年12月3日，一分院从原来的西郊搬迁到长辛店马列学院二分院，代号为"机电设计院"。但是，长辛店的面积有限，满足不了长远发展的需要，一分院还需要另行选址。在四处查访与综合考量后，京郊的南苑，这块当时稍显荒凉的土地进入了人们的视野。南苑曾是五代皇家狩猎场和元明清三代皇家园囿，清末逐渐发展成北京郊区的军事重镇，更为重要的是，中国第一座飞机场、第一所航空学院校、第一家飞机修理厂（二一一厂的前身）都在这里。1958年年初，在苏联专家的参与下，最终确定了一分院的选址方案：二一一厂以东的南苑地区。6月，二一一厂划归国防部五院，作为导弹试制总装厂开始了大规模的技术改造和改建、扩建。7月以后，一分院开始搬迁到南苑，比邻二一一厂，一分院在京郊重镇安营扎寨，直至今日。1959年2月，二一一厂归属一分院建制。

想要拉开中国航天活动的序幕，运载火箭就是天梯。研制大推力运载火箭，是独立发展空间技术的首要条件。纵观中国运载火箭技术研究院的发展历程，大体分为四代共15型运载火箭。

第一代运载火箭起步于导弹武器的研制。长征一号火箭是在东风四号导弹的基础上发展而来的。我国首颗人造卫星的升空，就离不开长征一号火箭的助力。1970年4月24日，我国第一颗人造地球卫星终于发射到预定轨道，卫星的质量为173千克，比在中国之前自行发射卫星的苏联、美国、法国、日本这四个国家第一颗卫星质量的总和还大。可以说，长征一号火箭的研制成功，揭开了我国航天活动的序幕，而"东方红一号"卫星的准确入轨，开创了中国航天史上的新纪元。此后，火箭院不断攻坚克难，成功研制出一批长征系列火箭。长征二号火箭是我国运载火箭的鼻祖，很多火箭都是由它衍生而来。1975年11月26日，"长征二号"运载火箭成功发射我国首颗返回式遥感卫星，其重量是"东方红一号"卫星的 10 倍，使我国成为世界第三个可发射返回式卫星的国家。

第二代运载火箭主要是长征二号系列，包括 CZ-2C、CZ-3 和 CZ-2E 等。CZ-2C 是我国真正意义上的第一型实用性运载火箭，也是我国第一枚"金牌火箭"。CZ-2E，是为我国第一次发射国外商业卫星而研制的火箭，从立项到首飞成功仅用了 18 个月，创造了世界航天史上的奇迹。CZ-3 首次将有效载荷送入地球同步转移轨道，就是我们说的高轨道，把中国火箭技术推向世界先进水平。第二代运载火箭总体性能与第一代相比，有了较大提升。1984 年 4 月 8 日，"长征三号"（即 CZ-3 系列）运载火箭成功将"东方红二号"试验通信卫星送入地球同步转移轨道，标志着我国掌握了极为复杂的氢氧发动机与低温燃料使用技术。我国也成为世界上少数几个有能力发射地球同步轨道卫星的国家。1990 年 4 月 7 日，"长征三号"运载火箭成功地将美国制造的"亚洲一号"卫星送入预定轨道，完成了我国首次国际商业卫星发射任务。同年 7 月 16 日，我国首枚大推

中国运载火箭技术研究院研制的长征二号 F 火箭"神箭"（中国运载火箭技术研究院供图）

力捆绑式运载火箭——长征二号 E（CZ-2E）首飞成功，使我国火箭近地轨道运载能力几乎翻了两番，也意味着我国火箭的运载能力足以发射载人飞船。

第三代运载火箭主要是长征三号系列，包括 CZ-2F、CZ-3A、CZ-3B、CZ-3C 等。主要是为了满足载人航天任务、GTO 轨道或重量较大的 SSO 轨道有效载荷发射任务需求而研制。CZ-2F 在继承 CZ-2E 等运载火箭成熟技术基础上增加了逃逸救生系统，成为我国唯一一型载人火箭。CZ-3A 系列运载火箭，包括了 3A、3B、3C 火箭，是我国目前发射 GTO 轨道（地球同步转移轨道）的主力火箭。2007 年 10 月 24 日，"嫦娥一号"发射成功，实现了我国首次深空探测，实现了中华民族的千年奔月梦想，实现了中国航天事业的三大成就：发射人造地球卫星、载人航天、嫦娥探月。

第四代运载火箭是我国的新一代运载火箭，承担我国现役运载火箭

2017 年 4 月 20 日，由中国航天科技集团一院抓总研制的长征七号火箭成功发射天舟一号货运飞船（中国航天科技集团一院供图）

中国科工三院 306 所海鹰特材公司职工正在进行 C919 大型客机首架机后机身后段 79 框装配（中国航天科工三院供图）

的更新换代的历史重任，全面提高我国进入空间的能力，满足空间技术发展的需求和国防现代化建设要求，承担进入航天强国行列的重任。第四代运载火箭已经首飞的包括 CZ-5、CZ-7 和 CZ-11 运载火箭。正在开展立项研制的火箭包括 CZ-5B、CZ-8、CZ-7A 和 CZ-9 运载火箭。2015 年 9 月 25 日，我国首枚具有工程实用价值的固体运载火箭——长征十一号（CZ-11）首飞成功，火箭发射场准备时间缩至 24 小时，领先世界。2016 年 6 月 25 日，我国新一代中型运载火箭——长征七号（CZ-7）首飞成功，拉开了我国中型运载火箭更新换代的序幕，成为我国未来的主力火箭。2016 年 11 月 3 日，火箭院十年心血研制出的长征五号（CZ-5）运载火箭成功首飞，从而使我国火箭运载能力跃居到世界第二位，我国开始由航天大国迈向航天强国……从"长征一号"运载火箭成功发射"东方红一号"卫星，到 2016 年 11 月 10 日长征十一号运载火箭再次飞天，49 年间，火箭院抓总研制的长征系列火箭完成了 159 次航天发射。上述日程表貌似枯燥无味的一本"流水账",但是背后的艰辛、紧张,共和国始终不会忘记。

　　除了南苑,丰台另一个地方也与中国航天渊源颇深,它就是云岗地区。1957年5月,原驻云岗地区的东方马列学院二分院奉中央指令迁出,学院的建筑设施及部分工作人员划归国防部第五研究院。不久,国防部五院进驻丰台云岗地区,秘密进行"导弹教导大队"工作。那个时候,"导弹"一词是不能随便说的,连哈军工都用"部件"代替"导弹",因此教导大队被称作"炮兵教导大队",这也是中国人民解放军最早的一支导弹部队(第二炮兵部队的前身),其任务就是接受苏军导弹及其装备,学会导弹武器的使用操作、维护保养,负责培训导弹部队初、中级指挥员和技术干部,从而为仿制生产试验导弹和组建中国导弹部队做准备。

　　中国的航天事业最初是在苏联的援助下开始起步的。1957年10月15日中苏两国签订《国防技术新协定》规定:苏联提供 P-2 导弹等几种导弹样品和有关技术资料,派遣技术专家帮助中国进行仿制……就这样,仿制苏联导弹工作正式开始,接到密令的各路人马秘密集中到云岗,同年12月24日,苏联100多名官兵到达云岗,负责教导大队的讲课和导弹的测试、维护和操作训练。与苏军官员一起秘密到来的,还有两枚 P-2 导弹,一枚放在国防部五院,一枚秘密移至教导大队作为教学使用,于是云岗地区也就成为中国最早有导弹的地方。

　　1958年5月29日,聂荣臻、黄克诚、钱学森等一起到五院部署代号"1059"导弹的仿制任务,要求在1959年10月完成导弹总装出厂,争取国庆十周年试射成功。聂荣臻指出:"仿制是爬楼梯,爬上楼梯才是平地,那时再学跑步。我们要通过仿制爬楼梯,大练兵,再向独立设计发展。"

　　1960年6月,就在中国航天人热火朝天地开展仿制"1059"导弹的时候,由于中苏关系恶化,苏联方面宣布撤走全部援华专家。失去苏联的援助,迫使第一批航天人毅然暗下决心:走自力更生道路,一定要把"1059"仿制成功。功夫不负有心人,同年11月5日清晨,随着"点火"一声令下,导弹腾空而起,发射现场掌声雷动。仿制的成功,实现了"知其然",但要"知其所以然"就必须自行研制，于是提出中近程导弹"东风二号"①的总体设计方案。然而在"东风二号"第一次飞行试验偏离弹道坠毁爆炸后，补做导弹地面试验被提上重要日程。1963年6月全弹试车台全面竣工，这座高数十米，由近万吨混凝土浇筑而成的钢塔结构"全弹试车台"，乃是亚洲最大的全箭系留试车台，矗立在云岗北部的山坡上，与镇岗塔遥相呼应。1964年2月，成功进行"东风二号"导弹地面热试车，1964年6月，中国首枚国产导弹"东风二号"在酒泉导弹试验基地终于发射成功。

随着中国航天事业的发展，原有机构急需调整改革。1961年9月，国防部五院三分院成立，主要承担空气动力研究与试验、液体火箭发动机与冲压发动机的研制与试验、试车台进行发动机与全弹试验等任务。三分院成立伊始，适逢国家三年自然灾害，科研人员租用周边农村老百姓的住房，白天在铺板上设计画图，晚上卷起图纸休息睡觉。就是在这种条件下，经过几年努力，三分院建起了空气动力试验各型风洞和全国第一流的发动机试验设备，以及全弹试车台；完成了我国战略和战术导弹发展初期的空气动力和各类发动机的研究试验任务。1965年1月22日，三分院组建为飞航导弹研究院。从此，飞航导弹研究、设计、研制、生产走上了正规发展道路，其中典型代表当属鹰击八号。1984年，在建国35周年阅兵仪式上，在通过天安门前的海军部队方阵里，出现了中国新一代飞航导弹——鹰击八号。这种被称为"中国飞鱼"的飞航导弹，因其是最早的小型导弹，还被戏称为"小二黑"。作为"玲珑一代"的小型飞航导弹，"小二黑"最显著的优势就是使用固体发动机，体积小，重量轻，超低空掠海飞行，抗海浪和抗电子干扰性能好，能钻进敌舰肚子里爆炸，就是这样一个小巧玲珑的飞航导弹，它的研制工作要追溯到十多年前。

20世纪70年代，由发动机研究所和总体设计部的十多位科研人员组成"志愿战士"，开始研制"鹰击八号"型号飞航导弹。1973年10月，"小二黑"的主发动机样机研制出来，但这时还没有建起配套的试车台，

329

---

① 在1964年3月，"1059"导弹被正式命名为"东风一号"。

点火试车只能在极为原始的山沟里露天进行。在三院西北角的一条荒沟，挖一个坑，把发动机的头部埋在土里，冒火的屁股朝天，为免晃动、跑掉，再用铁丝固定在两棵树上，然后点火，这种用砖头支锅做野炊的办法进行的高科技燃烧，竟然成功了，这也表明小推力、长时间的固体发动机终于研制成功。想要躲过敌舰雷达的眼睛，"小二黑"必须贴近水面飞行，这就要求能克服海浪、电波干扰的新型末制导雷达来大显身手；而要保证"小二黑"像冲浪手一样能够随着海浪起伏，就需要靠驾驶仪系统的高度表，这种高度表能使导弹贴近浪尖飞行，始终与水面保持一定距离，安全地隐蔽在敌舰雷达盲区，直至扎进敌舰肚子。经过控制专家们的艰辛劳动，高度表定型前的一切研究和试验似乎都没有问题，但当装上军舰驰进大海，做定型试验的时候，第一发中靶了，第二发、第三发却接连失败，被海浪吞没了。控制专家的心情格外沉重，全部从黄海之滨撤回北京，重新对控制系统加装了高阻尼减振设备和其他防振措施。经过一番努力，1985 年，一艘装有导弹的快艇重新驶入试验海区，导弹呼啸而过，六发六中，"小二黑"终于赢得了发发皆中的战绩。1985 年，鹰击八号通过定型试验，之后正式服役，标志着中国飞航导弹技术的成熟。

1991 年，海湾战争爆发。"战斧"巡航导弹首次亮相，千里奔袭，精确打击，一时间震惊全球。"我们也要有自己的巡航导弹！"中央坚决表态。随即，一支由三院为主的"国家队"悄然集结，巡航导弹研制大门紧急开启。2009 年 10 月 1 日，中国的巡航导弹方队庄严地驶过天安门广场，向世界宣布中国已成为继美国、俄罗斯之后拥有自己研制的巡航导弹的国家。

作为属地，丰台区委、区政府自从国家航天机构落户丰台伊始，即责无旁贷地担负起服务于航天事业发展的使命和职责。不仅为航天城的建设提供场地，投入大量资金建成商业、服务业、教育事业等网点、机构及道路等市政设施，还为两座航天城各设立一处街道办事处，负责生活区党的建设、居民管理和服务。东高地街道工委和办事处在日常的社区管理和服务的同时，主动参与居住区环境的建设和改善，与航天一院达成了"大事共商、难题共解、活动共办、文明共创、资源共享、互利共赢"的共识，共建航天人的美好家园。先后协助航天一院等单位完成了万源路休闲广场、东高地文化园、东高地危改一期、市政自来水入户等多个工程建设，并正在积极推进老年活动中心及青少年科技馆建设、东高地危改二期、万源路旧区改造及生活区安全监控和门禁系统改造等一系列民生工程，大大改善了航天人的生活质量和周边的环境。

云岗街道工委、办事处以为航天人服务为宗旨，与航天人共创美好家园。街道注重打造"平安云岗"，协调航天三院等驻区单位筹备资金，建立了科技防范监控平台，为航天人提供安全、祥和的生活环境。他们还以丰富多彩的文化活动建设"幸福云岗"，创建"学习型街道""学习型社区""学习型家庭"，让人们享受在学习中生活、在生活中学习的快乐。2006 年，云岗街道被评为全国和谐社区建设自主创新先进街道。

2. 领导人关怀航天事业

中国航天科技 60 多年的发展历程，离不开几代航天人的奋力拼搏，离不开全国各行各业对航天事业的支持和奉献，更离不开党和国家领导人的关怀和期盼。

新中国成立之初，百废待兴，毛泽东主席就将目光投向中国航天科技发展上，而发展航天科技，没有人才是万万不能的。1955 年，著名爱国学者，世界知名空气动力学家钱学森克服千难万险，由美国回到自己的祖国。1956 年 1 月 30 日至 2 月 7 日，中国人民政治协商会议第二届全国委员会第二次全体会议在北京召开。这次会议除原有 545 位委员外，新增 119 位委员，从美国归来才三个多月的钱学森，名列新增委员之中，应邀出席这次大会。这是钱学森首次在中国政治舞台上亮相。会议期间，1956 年 2 月 1 日晚上，毛泽东举行宴会，宴请全国政协委员。钱学森收到了鲜红的毛泽东主席签署的请柬，上面写着他的席位在第三十七桌。到了宴会厅，钱学森在第三十七桌却找不到自己的名字牌。这时，工作人员领着他来到第一桌，在紧挨毛泽东座位的右面——第一贵宾的位置，写着钱学森的大名。原来,毛泽东主席在审看宴会来宾名单时,用红铅笔把钱学森的名字从第三十七桌勾到了第一桌。钱学森在毛泽东右侧坐下来,顿时成为整个会场的焦点。宴会一开始,毛泽东就指着钱学森,笑着对大家说:"他是好几个的'王'呢!什么'王'?工程控制论王,火箭王。各位想上天,就找我们的'工程控制论王'和'火箭王'钱学森。"此后,毛泽东曾六次接见钱学森,其中一次是在 1964 年 12 月 26 日,那一天是毛泽东的生日,一向反对过生日的毛泽东,让工作人员给他列出宴请名单,用自己的稿费庆祝。钱学森也在邀请名单之列,并且仍和毛泽东在一张桌子就座。

在航天事业初创时,周恩来总理曾举全国之力为航天研制团队"招兵买马",他曾对聂荣臻说:"需要哪些人,你写报告,我批!"正是有了周恩来总理的大力支持,国防部第五研究院创建时期的技术骨干队伍很快形成。这支队伍由两部分人组成:一部分是从全国各地"讨要"来的专家、教授等精英人物,这些当年三四十岁的专家、教授,在此后航天事业发展历程中,大都成为"名将""名帅";另一部分是分配来的年轻学生,他们很快进入工作状态,在国防部第五研究院创建时期起到了关键作用,成长为航天领域的栋梁之材。除了调配人员,周恩来总理甚至还为航天人开具了"特别公函"。1969 年,中国正值"文化大革命"的动乱岁月,很多科学家遭到批判,一些工程和技术人员也受到了波及;航天一院作为导弹和火箭的研制单位,也受到了一定的影响。中央文献研究室编著的《周恩来年谱》中有这样的记载,1969 年 8 月,周恩来总理专门要求有关负责人切实起到政治保障作用,并明言:"他(指钱学森)和其他专家要是被抓走了,不能正常工作,我拿你是问。"此后,他还批准了一份需要重点保护的几百名工程技术人员名单。正是在他的保护下,才有了 1970 年 4 月 24 日中国第一颗人造地球卫星"东方红一号"发射成功这一震撼世界的壮举。周恩来总理曾多次来航天部一院视察工作,仅"文革"时期,就有 37 次之多。他提出的"严肃认真、周到细致、稳妥可靠、万无一失"十六字方针,成为整个航天事业的座右铭。

作为我国改革开放的总设计师，邓小平也极为关心航天事业的发展。在公开的一幅邓小平在家中生活的照片中，可以看到墙上挂着一幅长征二号捆绑式火箭载着卫星拔地腾空的图片，这幅图片透露着他对中国航天事业的关怀和期望。早在 20 世纪 50 年代中期，他就参与在中国发展火箭技术的决策。60 年代初，国家面临暂时的经济困难，国防科研部门也面临着"下放""下马"的危险。邓小平及时指示：国防部五院的同志就不要"上山下乡"了，要集中力量，确保导弹上天。因此在国家困难时期，航天事业非但没有受到冲击，反而取得一系列重要成就。除了在决策上支持，他更是身体力行，多次视察一线科研工作。1960 年 3 月，邓小平同志和国务院副总理陈毅等，到位于云岗的 507 工区视察试车台，他们亲切地向航天专家询问试车台的有关问题，关心工人师傅的生活困难。十一届三中全会以后，邓小平更加关心航天事业的发展，他主持批准航天部门加紧研制向太平洋全程发射远程火箭、从潜艇水下发射战略运载火箭和通信卫星工程三项重点任务。特别令人难忘的是，1986 年 3 月，邓小平批准制定了《国家高技术研究发展规划纲要》（即"863"计划），把载人航天技术提上日程，最终于 2003 年 10 月神舟五号载人飞船成功发射，实现了中华民族的千年飞天梦想。虽然邓小平同志未能亲眼看到这一举世瞩目的壮举，但他却为中国载人航天开创了胜利之路。

"星空浩瀚无比，探索永无止境"，党的十八大以来，习近平总书记多次会见航天工作者，就航空航天事业的发展作出指示。神舟十号发射、天宫二号对接、嫦娥四号登月……激动人心的瞬间背后总有习近平关注的身影。2013 年 5 月 4 日，他在中国空间技术研究院参加纪念五四青年节活动，站在东方红一号总装的历史图片前，习近平深情地回忆起当年："我当时在延川县梁家河村当知青，听到了发射成功的消息，非常激动！"习近平为祖国的科技成就而自豪激动，既反映了一位热血青年的爱国之情，也充分体现了浓浓的航天情结。2013 年 6 月 24 日，习总书记在北京航天飞行控制中心同正在天宫一号执行任务的神舟十号航天员聂海胜、张晓光、王亚平亲切通话时指出："航天梦是强国梦的重要组成部分。

随着中国航天事业快速发展，中国人探索太空的脚步会迈得更大、更远。"2016年4月24日，习总书记在首个"中国航天日"之际作出重要指示强调："探索浩瀚宇宙，发展航天事业，建设航天强国，是我们不懈追求的航天梦。"

经过几代航天人的接续奋斗，我国航天事业创造了以"两弹一星"、载人航天、月球探测为代表的辉煌成就，走出了一条自力更生、自主创新的发展道路，积淀了深厚博大的航天精神。设立"中国航天日"，就是要铭记历史，传承精神，激发全民尤其是青少年崇尚科学、探索未知、敢于创新的热情，为实现中华民族伟大复兴的中国梦凝聚强大力量。2016年12月20日，习近平总书记会见天宫二号和神舟十一号载人飞行任务航天员及参研参试人员代表，强调广大航天人建立的卓越功勋，党和人民永远不会忘记。2019年1月3日10时26分，嫦娥四号探测器顺利在月球背面预选区着陆，并通过"鹊桥"中继星传回了世界第一张近距离拍摄的月背影像图。此次任务实现了人类探测器的首次月背软着陆、首次月背与地球的中继通信，开启了人类月球探测新篇章。2019年2月20日，党和国家领导人习近平、李克强、栗战书、汪洋、王沪宁、赵乐际、韩正等在北京人民大会堂会见探月工程嫦娥四号任务参研参试人员代表。习总书记指出："伟大事业都始于梦想。梦想是激发活力的源泉。中华民族是勇于追梦的民族。党中央决策实施探月工程，圆的就是中华民族自强不息的飞天揽月之梦。月球探测的每一个大胆设想、每一次成功实施，都是人类认识和利用星球能力的充分展示。在建成社会主义现代化强国、实现中华民族伟大复兴的征途上，每一个行业、每一个人都要心怀梦想，奋勇拼搏，一步一个脚印，一棒接着一棒，在奋力奔跑和接续奋斗中成就梦想。"习总书记特别强调："探索浩瀚宇宙是全人类的共同梦想。中国航天积极推动国际合作，同多个国家和国际组织开展了富有成效的合作，嫦娥四号任务圆满成功就包含了许多参与国的贡献。我们愿同世界各国一道，坚持共商共建共享，加强基础科学研究国际交流，推动大科学计划、工程和中心建设，扩大创新能力开放合作，推动人类科学事业发展。"

3. "航天之父""导弹之父"——钱学森

经常看军事频道的人会发现,某项"航天技术"、某种"导弹"的新闻层出不穷,但鲜为人知的是这两个人们再熟悉不过的词语,是由中国著名科学家、中国运载火箭技术研究院首任院长钱学森发明的。在此之前用得比较多的词是"空间技术",也有人用"航空"。钱学森说:"航空是在空气里飞。火箭已经在空气上面了,怎么还能叫航空呢?"钱老在20 世纪 60 年代时首创了"航天"这个词。一

旅居美国时的钱学森

开始还有争议,后来全国人大批准成立航天工业部,"航天"就成了通行的叫法。此外"导弹"这个词,也是钱老的创作。20 世纪 50 年代时有人叫"控制系统",因为"导"这个字很传神,后来"导弹"也就这样传开了。

钱学森于 1911 年出生于上海,祖籍浙江省杭州市临安区。1929 年考入铁道部交通大学上海学校机械工程学院铁道工程系,1934 年毕业于国立交通大学,6 月考取清华大学第七届庚款留美学生。1935 年秋,钱学森赴美国麻省理工学院学习,第二年获硕士学位;1939 年又获航空、数学博士学位。校方看中他的才识,决定留校任教。接着,他又被加州理工学院聘为助理研究员、理论教员,为喷气技术训练班执教。钱学森还被美国军方授予上校军衔。他深入浅出的教学深受欢迎,培养的学生大多成了美国研制火箭的人才。

1944 年,美国决定由冯·卡门负责,研制"下士"火箭。冯·卡门决定让钱学森当自己的助手,负责导弹分析、燃料理论等研究工作。1945 年,当冯·卡门调任美空军咨询团团长时,也未忘记自己的好助手,立即点名要走了钱学森。

1949 年,欣悉新中国诞生,钱学森立即辞去了美国海军炮火研究所顾问的职务,退出了美空军科学咨询团,准备回国效力,然而,一向标

榜民主自由的美国，不仅剥夺了钱学森搞科研的权利，还指控他为美国共产党。当时美国海军次长金波尔恶狠狠地说："我宁可把这家伙枪毙了，也不让他离开美国。无论在哪里，他都抵得上五个师。"（出自《钱学森》传记作者祁淑英的回忆文章及相关资料）当钱学森带着妻子、儿女将要动身时，美方竟然将他一家非法软禁了五年之久，直到1955年，在周恩来总理的亲自过问下，钱学森才回到了他向往已久的祖国。

钱学森回国后在参观哈尔滨军事工程学院时，院长陈赓大将第一句话就问："中国人搞导弹行不行？"钱学森坚定地说："怎么不行？外国人能干的，咱们中国人为什么不能干？"1956年，在周总理的亲切鼓励下，钱学森向国务院提出了《建立我国国防航空工业意见书》，为我国的火箭、导弹技术发展献出了实施方案。同年10月，聂荣臻元帅宣布国防部第五研究院成立，钱学森任第一任院长。从此，他开始了思虑已久的振兴中华的伟业。他在导弹专业训练班上讲的第一课是"导弹概论"。他说："过去我为美国喷气技术训练班的学生讲了近10年的课，那是培养他们的人才；现在培养的是祖国自己的人才，我现在所做的工作，就是希望能重振中华民族的国威、军威。"1957年11月16日，成立国防部第五研究院一分院，即今天的中国运载火箭技术研究院的前身，周总理签署命令，任命钱学森兼任分院院长。

1958年5月29日，聂荣臻、黄克诚部署了我国第一枚近程导弹的仿制工作。钱学森一面加紧理论辅导，一面以教导大队人员为主组织力量，认真学习苏联提供的"P-2"导弹的结构、性能等基础知识和操作维护。1960年，由于中苏关系恶化，苏联方面单方撕毁协议，钱学森捶着桌子大声地说："自己动手，从头做起，一定要拿出争气弹来！"他带领广大科技人员艰苦拼搏，日夜攻关，1960年11月5日，我国第一枚导弹仿制成功了，尽管它的射程只有500多公里，但却开创了我军武器装备的新纪元。

在发射基地，流传着许许多多钱学森的故事，临危不乱而从容决断，细致严谨而自信果敢，关键时刻，难题面前，他就是大家的依靠……

1966 年 12 月 26 日 11 时，首发东风三号导弹点火发射，但飞行到 111.2 秒时，发动机二分机推力突然大幅度下降，致使弹头实际落点与理论值偏差很大。次日，钱学森在技术阵地与七机部东风三号试验队的同志座谈，对这次试验进行现场总结。他说，第一发东风三号的发射试验，证明导弹各系统工作协调，飞行参数符合设计要求，作为研制方案，是成功的，但也暴露了问题，由于动力系统的问题，落点偏差过大。钱学森对试验队进行了调整，并部署了第二发东风三号导弹的试验任务。

1967 年 1 月 12 日，第二发东风三号导弹发射。当飞行到 129.2 秒时，发动机二分机推力又下降，弹头落点的偏差也较大。为此，钱学森在 1967 年 2 月 7 日召开了第二发东风三号导弹的故障分析会，由于"文化大革命"的干扰和破坏，正常的组织机构已无法行使职能，在困难的形势下，钱学森顶住压力，和东风三号导弹的研制人员一起，一一排除了发动机故障的疑点，找到了故障原因，提出了改进意见，经改进后的东风三号导弹于 1967 年 5 月运抵基地。

1967 年 5 月 19 日，第三发东风三号导弹进入发射程序，但发现气管连接插座底板变形，不能给推进剂贮箱加压，导弹先后两次中止发射。5 月 24 日，钱学森再度亲赴基地，立即组织技术人员进行故障分析和现场技术处置。由钱学森坐镇，技术人员在现场一一排除故障。比如，在推迟发射、泄出推进剂时，操作人员因过于紧张，忘了开通气阀，造成导弹箱体内真空，在大气压力的作用下，弹体瘪进去一块。在现场，大家十分紧张，很多人认为，这无疑是一个大故障，导弹肯定不能发射了。但是，钱学森听完汇报，亲自爬上了发射架，仔细查看故障情况，经观察，他认为壳体的变形并未达到结构损伤的程度，他结合自己在美国做圆柱壳体研究的经验认为，点火发射后，箱体内会充气，弹体内压力会升高，壳体就会恢复原来的形状，所以他主张发射照常进行。参试人员，包括试验基地的指挥员，从未经历过这种情况，虽然钱学森的话很有道理，但大家仍心存疑虑，一时间，意见得不到统一。最后，钱学森决定，由自己署名，将这一情况向上级报告，报告递交后，很快获得上级的认可。

1967 年 5 月 26 日和 6 月 10 日，东风三号导弹第一批第三、第四发弹先后发射成功。

钱学森没有满足于已有的成绩，他说，这射程太短，更不能用以发射原子弹、氢弹。在他的指挥下，经万名科技人员、工人、解放军指战员的共同努力，1966 年 10 月 27 日，在我国西北本土成功地进行了中国第一次导弹核武器试验；1980 年 5 月 18 日，我国的洲际导弹首次成功地射向太平洋预定海域。两天后，美国合众国际社在其向全球播发的《中国导弹之父——钱学森》一文中说："他的名字叫钱学森，在这个名字的背后，有着任何科幻小说的作者都无法想象出来的、不同寻常的经历。"

1991 年 10 月 16 日，钱老被授予"国家杰出贡献科学家"荣誉称号和"一级英雄模范奖章"。在答谢词中，八十多岁的他讲到自己的三次激动：突破封锁、学成回国；光荣加入中国共产党；和雷锋、焦裕禄、王进喜、史来贺等人同列为共产党员的优秀代表。朴实的语言，表达了他对祖国、对党最真诚的热爱。2009 年 10 月 31 日上午 8 时 6 分，"中国航天之父"钱学森安详离世。钱老把对祖国的热爱转化成攀登科学高峰的力量，在艰苦的年代不负民族使命，在长期的科研生涯中不断坚定为祖国贡献力量和智慧的理想与信念，数十年如一日地艰苦探索，推进我国航天事业取得了巨大成就。

钱老去世后，社会各界纷纷举办悼念活动。丰台区也充分挖掘利用

钱学森青少年航天科学院模拟火箭发射（丰台区教委供图）

区域航天资源，整合各方力量，竭力宣传航天精神。2011 年 3 月 26 日，在纪念我国航空事业奠基人钱学森诞辰 100 周年之际，依托东高地青少年科技馆，在市教委、市科委、市科协、中国运载火箭技术研究院、丰台区政府的支持下，"钱学森青少年航天科学院"揭牌了。从此，丰台少年的航天梦从"看"升级为"参与"，少年们的航天科技研究起航了。2016 年 11 月 10 日，"丰台少年一号暨少年梦想一号"在酒泉成功搭载长征 11 号运载火箭发射升空，这是我国首颗由中学生参与研制的科普卫星。该卫星是丰台区东高地青少年科技馆钱学森青少年航天科学院实施的"青少年小卫星计划"项目，这是中国首颗、世界第六颗由中学生参与研制并成功发射进入太空的卫星。

4. 航天精神与两弹元勋

"伟大的事业孕育伟大的精神，伟大的精神创造伟大的成就。"中国航天人在几十年的奋斗中，培育形成了"航天三大精神"——航天传统精神、"两弹一星"精神、载人航天精神。

1956 年 10 月 8 日，国防部第五研究院成立。聂荣臻元帅提出了"自力更生为主，力争外援和利用资本主义国家已有的科学成果"的建院方针，成为航天精神的奠基石。1986 年底，原航天工业部党组提炼、归纳出了"自力更生、大力协同、尊重科学、严谨务实、献身事业、勇于攀登"的航天传统精神。后根据聂荣臻元帅倡导的"自力更生、艰苦奋斗、大力协同、无私奉献"的精神，将航天传统精神进一步表述为"自力更生、艰苦奋斗、大力协同、无私奉献、严谨务实、勇于攀登"。

1999 年 9 月 18 日，在"表彰为研制'两弹一星'做出突出贡献的科技专家大会"上，江泽民总书记提出并精辟阐述了"热爱祖国、无私奉献、自力更生、艰苦奋斗、大力协同、勇于登攀"的"两弹一星"精神。江泽民指出："两弹一星"研制者们高举爱国主义的旗帜，怀着强烈的报国之志，自觉把个人的理想与祖国的命运紧紧联系在一起，把个人的志向与民族的振兴紧紧联系在一起。他们用自己的热血和生命，写就了一部为祖国为人民鞠躬尽瘁、死而后已的壮丽史诗。"两弹一星"的研制工作者们，是一支特别能吃苦、特别能战斗的队伍。他们所具有的惊人毅力和勇气，显示了中华民族在自力更生的基础上自立于世界民族之林的坚强决心和能力。江泽民强调，"两弹一星"精神，是爱国主义、集体主义、社会主义精神和科学精神的活生生的体现，是中国人民在二十世纪为中华民族创造的新的宝贵精神财富，我们要继续发扬光大这一伟大精神，使之成为全国各族人民在现代化建设道路上奋勇开拓的巨大推进力量。

2003 年 11 月 7 日，在"庆祝我国首次载人航天飞行圆满成功大会"上，胡锦涛同志指出，在长期的奋斗中，我国航天工作者不仅创造了非凡的业绩，而且铸就了"特别能吃苦、特别能战斗、特别能攻关、特别能奉献"的载人航天精神。2005 年 11 月 26 日，在"庆祝神舟六号载人航天飞行圆满成功大会"上，胡锦涛同志把载人航天精神进一步概括为：热爱祖国、为国争光的坚定信念，勇于登攀、敢于超越的进取意识，科学求实、严肃认真的工作作风，同舟共济、团结协作的大局观念，淡泊名利、默默奉献的崇高品质。胡锦涛特别强调："载人航天精神，是'两弹一星'精神在新时期的发扬光大，是以爱国主义为核心的民族精神和以改革创新为核心的时代精神的生动体现。在全面建设小康社会、加快推进社会主义现代化的征程上，我们一定要在全社会大力弘扬载人航天精神，增强全民族的自信心和自豪感，凝聚全民族的智慧和力量，紧紧抓住发展机遇，积极应对各种挑战，战胜前进道路上的艰难险阻，不断开创中国特色社会主义事业的新局面。"

以现代京剧讲述中国航天人故事《航天颂》首演
（丰台区教委供图）

"航天三大精神"反映着不同时期航天事业的特征，体现着一脉相承的伟大民族精神，是中国航天事业之魂。经过几代航天人的接续奋斗，我国航天事业创造了以"两弹一星"、载人航天、月球探测为代表的辉煌成就，走出了一条自力更生、自主创新的发展道路，积淀了深厚博大的航天精神。

以任新民、屠守锷为代表的"两弹元勋"，正是这些航天精神身体力行的践行者。

任新民是中国卫星通信工程的总设计师，他在重庆兵工学校大学部学完兵器制造后，以优异的成绩考取了美国密歇根大学研究院的研究生，先后获得该校机械工程系硕士和工程力学博士学位。1949 年 7 月，他毅然放弃优越的工作、生活条件回到祖国，到南京华东军事科学研究所工作。1952 年 5 月，他奉调参加哈尔滨军事工程学院的筹建。鉴于国际、国内形势，他深感中国发展新式武器的重要性，于是带领有关科技人员，起草了《我国研制火箭武器和发展火箭技术的建议》，以任新民等三人的名义于同年 12 月上报中央军委。

1956 年 8 月，任新民奉调进京，参加国防部第五研究院的筹建工作，同年 10 月 8 日，他被任命为国防部第五研究院总设计师主任。1975 年 6 月 30 日，任新民被任命为第七机械工业部副部长，分管卫星通信工程。1977 年 9 月，卫星通信工程列入我国 20 世纪 80 年代前期航天技术三项重点任务，任新民被任命为该工程的总设计师。

要将通信卫星送上 3.6 万公里的地球同步轨道，发动机是关键。采用常规燃料发动机，风险小；采用氢氧发动机，风险大，但可攀上当代火箭发动机的技术高峰。长征三号火箭第三级室究竟采用何种发动机，意见不一，争论十分激烈。任新民斩钉截铁地说："中国要想在本世纪末成为火箭大国，甩掉落后帽子，眼睛必须瞄准当代火箭发动机技术的高峰，不应因循守旧，故步自封。要说风险，航天事业本身就是个大风险。如果怕困难，怕失败，那还搞什么航天？"

不幸的是，1978 年初，氢氧发动机首次试车发生爆炸。不久在一次工作会上，将常规燃料发动机作为第一方案，氢氧发动机作为第二方案。

341

正在日本参观访问的任新民得知后，谢绝了日方为他安排的参观游览，立即回国向国防科委领导坦诚地阐明了自己坚持氢氧发动机为第一方案的观点，得到领导的赞许。同年9月氢氧发动机50秒短程试车成功，氢氧发动机又由第二方案改为第一方案。

研究氢氧发动机难度大、技术关键点多，任新民深入第一线亲自为技术关键搭脉、把关。经广大研制人员的奋力拼搏，1983年仲夏，氢氧发动机全系统试验成功。1984年1月29日，长征三号火箭点火升空，但由于第三级第二次点火仅3秒后发动机便熄火了，卫星未能进入同步转移轨道。

任新民只有一个信念，没有过不去的关。他和张镰斧、谢光选一起组织试验队人员判读数据，提出了有针对性的三项改进措施。经请示张爱萍将军后，同意抓住4月份的发射窗口，进行第二次发射。4月8日，长征三号载着东方红二号试验通信卫星发射成功，4月16日18时，卫星成功定点于东经125度赤道上空。70天打了一个翻身仗，中国航天人创了奇迹，世界同行大加赞赏。

成功了，任新民在喜悦，但却不满足，已被任命为实用卫星通信工程总设计师的他，又信心百倍地去迎战航天科技新的艰难历程。1986年、1988年、1990年东方红二号甲实用通信卫星先后发射成功，为我国的通信、广播、电视、教育数据传输提供了有效的服务，取得了显著的社会效益和经济效益。

另一位"两弹元勋"则是被称为洲际导弹总设计师的屠守锷。1945年，中国抗日战争刚刚胜利，屠守锷就毅然回到祖国，想用他在美国学到的飞机制造技术为国效力，但国民党的腐败无能使他失望。1947年接触了共产党人后，他坚信，只有共产党才能救中国。1948年，他在清华园秘密加入了中国共产党。

1956年，聂荣臻元帅亲自点名将屠守锷调到国防部五院工作。1961年，屠守锷任国防部五院一分院副院长，主持发展导弹技术的组织领导工作。1965年2月，由周恩来主持的中央专委（中央专门委员会，负责国防尖端项目两弹一星的领导、决策的专门机构）决定：要在很短的时间内搞出我们自己的洲际导弹，并要求发动群众制定发展规划。同年 3 月，七机部一院上报了"八年四弹"规划。洲际导弹既是巩固国防的战略武器，又是托举各类航天器的重要工具。我国的洲际导弹是两级液体导弹，是一项复杂的系统工程。屠守锷是总设计师，承担这项任务既感光荣，又感责任重大。

为确保第一发洲际导弹的出厂质量，在总装测试中，屠守锷等人严格按照聂荣臻元帅倡导的"三严"（严格的要求、严肃的态度、严密的方法）作风办事，不放过一个微小的问题。一次，脱落插头的小钢球丢了。为使导弹不带多余物上天，现场全体人员硬是跪在大厂房地上寻找，直到在铁轨缝里找到钢球为止。又一次，笔录仪上出现一个不该有而又时隐时现的"毛刺"。为查明原因，屠守锷就在那仪器前认真观察了十几个小时，直至弄清是相邻车间瞬间用电载荷导致突变为止。1971 年 6 月 25 日，周恩来总理听取了屠守锷和王永志的汇报，同意导弹出厂进行发射试验。9 月 10 日，我国自行研制的首枚洲际导弹在酒泉基地进行低弹道飞行试验，一举获得成功。1980 年 5 月 9 日，新华社奉命向全世界庄严宣告：中华人民共和国将于 5 月 12 日至 6 月 10 日，在中国本土向太平洋南纬 7 度 0 分、东经 171 度 32 分为中心、半径 70 海里圆形海域的公海上进行发射洲际导弹的试验（当时对外公布的是远程运载火箭的试验）。5 月 18 日上午 10 时，伴随一声惊天动地的巨响，洲际导弹穿过云霄，飞向太平洋，越过赤道，仪器回收舱准确溅落在预定海域，并迅速回收，发射获得圆满成功！

5. 航天史上的诸多"第一"

自 1956 年国防部第五研究院成立以来，中国航天事业正式起步，随后的六十多年间，中国航天人研制出第一颗导弹；发射第一颗人造卫星；成功发射美国亚洲一号卫星，第一次步入国际舞台；中国人实现第一次步入太空；实现太空第一次对接；圆梦华夏第一次探月；实现人类探测器首次月背软着陆等，创造了中国航天史上的多个"第一"。位于丰台的中国火箭技术研究院，作为中国航天事业的发祥地，自然不会错过航天史上这些大事的每个瞬间。

第一件大事就是自主研发第一颗导弹。1960 年 10 月 23 日，航天一院依据苏联 P-2 导弹仿制的首枚近程地地导弹——"1059"从南苑出发，奔赴酒泉发射场。11 月 5 日 9 时 2 分，"1059"导弹点火升空，7 分钟后，弹头顺利命中 550 公里外的目标区。仿制的成功，为我国自行研制导弹奠定了基础。1964 年 6 月 29 日，"东风二号"导弹飞行试验获得圆满成功，标志着中国具有了自行研制导弹的能力，也意味着它将有资格承担一项石破天惊的任务，即"两弹结合"。经过周密的准备，1966 年 10 月 27 日上午 9 时，载有原子弹的"东风二号甲"导弹在大漠中跃起。不久，发射现场来报：导弹飞行正常，核弹头在预定的距离，精确地命中目标，实现核爆炸！"两弹结合"取得圆满成功！除了第一颗导弹的研制成功，中国航天人在发射人造地球卫星、载人航天和深空探测这三大领域，同样表现亮眼。

"我们也要搞人造卫星！"这是毛泽东主席在 1958 年发出的号召。要想把人造卫星送上太空，就不能没有大推力火箭。1970 年 4 月 24 日 21 时 35 分，"长征一号"运载火箭在酒泉卫星发射中心点火升空，将重达 173 千克的"东方红一号"卫星送入预定轨道，一时间，《东方红》乐曲响遍全球。至此，我国"两弹一星"的宏伟蓝图全部实现，火箭院出色地完成了其中的两项重要任务，在我国发展航天事业的路上，做出了巨大的贡献。

除了第一颗人造卫星永载史册外，长征系列火箭成功发射的另一颗卫星，也在中国航天史上留下浓墨重彩的一笔。1990 年 4 月 7 日 21 时 30 分，我国自行研制的"长征三号"运载火箭在西昌卫星发射中心成功将美国休斯敦公司制造的

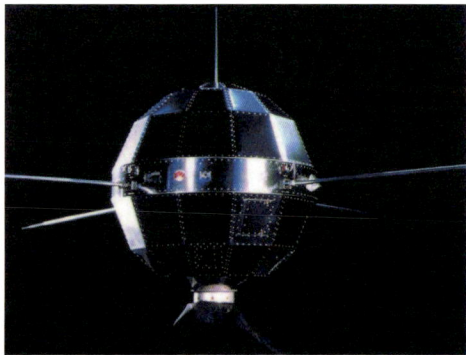

中国第一颗人造地球卫星——东方红一号

"亚洲一号"卫星发射升空,这标志着中国由此进入国际卫星发射服务市场。"亚洲一号"原本是太空的"流浪儿",它的原名叫 Westar6。1984 年 2 月 Westar6 的首次发射脱离航天飞机后,未能进入预定轨道,从此流浪在太空中。幸运的是,八个月后,Westar6 被成功收回,并被赋予一个新名字"亚洲一号"。正如它的名字一样,它创造了许多第一:亚洲地区第一颗商用通信卫星;我国长征系列运载火箭第一次发射的国外制造的商用通信卫星;第一颗为我国广播电视业提供传输服务的商用通信卫星……"亚洲一号"曾为 1990 年北京亚运会提供信号传输,并为《人民日报》提供版面传送服务。很快,"亚洲一号"卫星的转发器被订购一空,为日本至地中海国家超过 25 亿人口提供完善的通信服务,直至 2003 年 2 月光荣退役。

人造地球卫星能够让我们对浩瀚宇宙有更直观的认识,但要真正实现飞天的梦想,则需要开拓载人航天这一新的领域。我国的载人航天工程由八大系统组成,其中,较为关键的运载火箭系统就是由中国火箭技术研究院负责,主要研制能把飞船升上天的金牌火箭。从 1999 年 11 月 20 日,神舟一号飞船由长征二号 F 运载火箭发射成功起,到 2002 年底又相继研制并发射成功神舟二号、三号及四号等三艘无人试验飞船,所有的一切都只为迎接神舟五号的到来。2003 年 10 月 15 日,航天员杨利伟搭乘神舟五号飞船由长征二号 F 运载火箭发射入轨;在轨飞行 21 小时后,于 10 月 16 日安全返回,这标志着中国成为世界上第三个独立掌握载人航天技术的国家,实现了中华民族千年飞天的梦想。而 2005 年 10 月 12 日成功发射的神舟六号,则承载中国载人航天工程的又一重大突破——它标志着中国的载人航天进入了真正有人参与的空间科学试验新阶段。正如俄罗斯宇航员罗曼连科所说,"宇宙是一块大磁石……你一旦去过,以后就总想再去"。从"神五"到"神六",中国的宇航人期待着向宇宙更深处迈进。与一人一天的"神五"相比,"神六"主要解决多人多天的航天飞行技术。二者的另一个重要区别在于,"神五"航天员的活动范围仅限于飞船返回舱,而且航天员几乎是一直坐在航天椅上;而"神六"航天员除在返回舱活动外,要首次进入轨道舱生活和工作,开展空间科学实验与应用项目的操作。2008 年 9 月 25 日 21 时 10 分 04 秒，神舟七号由长征二号 F 火箭发射升空。此次飞船共载有三名宇航员，其中指令者翟志刚出舱作业，实现了中国历史上第一次太空漫步。"神六""神七"相继飞天意味着中国载人航天技术又向前迈出了重要一步。此后，中国的载人航天技术将逐渐进入发射空间实验室以及建立长期空间站阶段。

想要建设空间站，首先要解决的就是交会对接问题，因为空间站不可能一次性发射上去，这就必须发射目标航天器，以用作空间实验室，而这是至关重要的第一步。天宫一号就承担着目标飞行器的任务，是飞船在太空中交会对接的目标。"天宫"的名字来源于《西游记》孙悟空大闹天宫的典故，这个重 8.5 吨、设计服役年限两年的庞然大物，由实验舱和资源舱组成，实验舱用来保证航天员生存的条件，资源舱则为天宫飞行提供能源。天宫一号于 2011 年 9 月 29 日 21 时 16 分由长征二号 F 火箭发射成功，接下来就是默默等待与它交会对接的"神舟八号"的升空。一个月后，神舟八号于 2011 年 11 月 1 日 5 时 58 分也由长征二号 F 火箭顺利发射升空，11 月 3 日，在距离地球 343 公里的轨道上，"神八"与天宫一号目标飞行器完成了意义重大的"太空之吻"，这标志着中国成为继美国和俄罗斯之后第三个掌握交会对接技术的国家。

在完成首次交会对接任务中，已经圆满执行过七次任务的长征二号 F 火箭功不可没。相比于之前承担的载人航天任务，此次火箭要在一个月内分别将天宫一号和神舟八号送入太空，这对长征二号 F 火箭而言是一个不小的挑战，而神舟八号任务对发射精度更是提出了严格要求。为了实现"高精度"的目标，此次火箭首次采取了迭代制导的控制手段。为什么要在发射神舟八号时采取迭代制导的入轨方式呢？如果把天宫一号和神舟八号的对接看成是一场接力比赛，运动员沿着直线追上被对接的队员显然比绕着追赶更加省力。神舟八号飞船和天宫一号目标飞行器的对接也是如此，必须确保两者在一个轨道面。乘坐过飞机的人都知道，受气流因素，飞机航行时经常发生颠簸、偏离航道等情况；对于火箭而言，受大气等因素的干扰，火箭在飞行中同样也很难做到完全按照预定的轨迹飞行。此外，"天宫"在宇宙中以每秒 7.8 公里的速度运行，这意味着，错过一秒，"天宫"就已经在天上"前进"了 7.8 公里，神舟八号就要通过消耗自身燃料去"追赶"目标飞行器。为了避免这种情况，这就需要火箭在飞行中不断修正轨道，迭代制导的目的就是在火箭点火 350 秒后发挥作用，让火箭在飞行的过程中实时做出轨道修正，确保把神舟八号精确送入轨道。随着神舟九号、神舟十号飞船陆续升空，空间站建设大幕已经拉开，对于中国航天人来说，即将书写新一轮的航天辉煌。

"明月几时有？把酒问青天。不知天上宫阙，今夕是何年？"几千年来，人类不断探索无穷宇宙，而作为与地球关系最为紧密的月球，自然成为世界各国争相追逐的焦点。月球探测工作也是我国迈出航天深空探测的第一步，此项工程得名为"嫦娥"。早在 1994 年，中国航天人就对探月活动做过必要性和可行性研究，经过 10 年的酝酿，2004 年，中国正式启动探月工程，最终确定"嫦娥工程"分为"绕、落、回"三步走战略[1]。

2007 年 10 月 24 日，荣获"金牌火箭"荣誉称号的长征三号甲火箭，以极高的入轨精度成功发射了嫦娥一号月球探测卫星。11 月 20 日卫星发回第一幅月面图像和三维影像，实现了国人千年奔月的梦想。2010 年 10 月 1 日，长征三号甲系列运载火箭又将嫦娥二号发射升空，出色完成各项工程目标和科学探测任务。2013 年 12 月 2 日 1 时 30 分，于西昌卫星发射中心发射的嫦娥三号，是我国探月工程"绕、落、回"三步走中的第二步，也是承前启后的关键一步。12 天后，嫦娥三号成功软着陆于月球雨海西北部。长期以来，人们一直好奇月球上到底有没有水。对于这个问题，嫦娥三号给出的答案是：没有。这是首次明确证明月球地表层没有水。嫦娥三号的另一个重要任务，就是观察它的故乡——地球。着陆器上安装的全球首个极紫外相机，是专门用来观测等离子体层变化的设备，为空间天气预报提供了大量依据，保障了地面通讯，以及地面

---

[1] 第一步为"绕"，即发射我国第一颗月球探测卫星，就是绕月飞行。第二步为"落"，时间定为 2013 年下半年，即发射月球软着陆器，突破地外天体的着陆技术。第三步为"回"，时间在 2014 年至 2020 年之间，即发射月球软着陆器，突破自地外天体返回地球的技术，进行月球样品自动取样并返回地球。

与航天器之间的通信安全。2018 年 12 月 8 日，由航天一院研制的长征三号运载火箭成功将嫦娥四号送入预定轨道，2019 年 1 月 3 日首次实现人类探测器月球背面软着陆，为探月工程再立新功。如前所述，长征三号甲系列运载火箭已成功将嫦娥一号、嫦娥二号、嫦娥三号、嫦娥五号T1 "再入返回飞行试验器" 送入预定轨道，可以称得上是 "嫦娥" 奔月的 "专属列车"，也是我国目前高轨道上发射次数最多、成功率最高的火箭系列。2019 年 4 月 20 日 22 时 41 分，我国在西昌卫星发射中心用长征三号甲运载火箭，成功发射第四十四颗北斗导航卫星。这次发射创造了中国航天史上又一项纪录：这是长征三号甲系列火箭完成的第 100 次发射，也成为我国第一个发射任务次数过百的单一系列火箭，至此，长征三号甲系列运载火箭已通过 36 次发射，成功将 44 颗北斗导航卫星送入预定轨道。

从 "东方红，太阳升……" 的乐曲声第一次由卫星传遍世界，到中国运载力最大的长征五号系列运载火箭（"胖五"）的成功发射，我国航天事业创造了以 "两弹一星"、载人航天、月球探测为代表的辉煌成就，走出了一条自力更生、自主创新的发展道路，中国正从航天大国向航天强国迈进。而被誉为 "中国航天的发祥地" 的丰台，也在默默为祖国的航天事业做出自己的贡献。航天一院、航天三院、航天十一院、航天六院 101 所就坐落于此，丰台东高地街道、云岗街道更是为航天而设立。近年来，丰台着力促进雄厚的军工科技资源带动区域经济快速发展，全区航空航天产业总产值占全区工业总产值的 1/4。航空航天产业作为丰台区的优势产业，当之无愧地成为丰台区工业经济增长的重要支撑和技术创新的主要动力。

（二）中国速度的助推器

1. 铁路与丰台镇的不解之缘

从清末第一个火车站的诞生到现代化的亚洲第一大火车站的问世，丰台与铁路有着太多的中国 "之最" 及 "第一"。从晚清算起，历经一百余年,丰台始终是中国北方重要的铁路枢纽之一。现有京九、京广、京沪、京哈、丰沙、南环、京原等七条重要铁路线在丰台交汇,另有铁路专用线53条。丰台之于北京铁路交通枢纽的地位不言而喻。

中国历史上的第一个火车总站就与丰台有关。早在1888年,时任直隶总督的李鸿章就提出修建天津至通县的铁路作为"滨海征兵运械之路"的建议,因朝廷内的保守势力将铁路"骇为妖物",修筑计划迟迟没有实现。1895年清政府被迫与日本签订《马关条约》,受丧权辱国的刺激以及面对全国上下掀起的救国图存的浪潮,清政府于是将视线重新转移到铁路事业上,便复议了李鸿章修建津通铁路的奏折,并决定将最初设定的终点,由通县移到卢沟桥。1895年津卢铁路(天津至卢沟桥)全线开工,并于年底修至丰台,1896年,津卢铁路由丰台站延至马家堡车站,中国第一座火车总站由此诞生。这个历经百年春秋的车站,最引人瞩目的,则是见证了慈禧太后西巡回京的时刻。

1900年,八国联军入侵北京,慈禧太后仓皇逃往西安。1901年,清政府同英、法、美、日、德等11个国家签订了丧权辱国的《辛丑条约》,中国完全陷入半殖民地半封建的深渊。条约签订后,慈禧太后得知帝国主义势力仍然承认以她为首的清王朝,便长舒了一口气,在西安待了一年的她,开始着手准备回銮事宜。慈禧太后到达保定后,决定从此改坐火车回京。为确保良辰吉日抵京,大队人马冒着严寒,点着火把,顺利在保定启程,时任直隶总督的袁世凯也同车护驾回京,车行不及一日,即到达马家堡车站。此时的车站虽遭毁坏,但经英国人修复后仍可使用。官员们为了迎接太后,还在车站搭建了一个彩牌楼。这趟火车体验给慈禧太后留下了很好的印象,1903年,慈禧前往西陵祭祖,也是从马家堡火车站上的车。可见,马家堡火车站当年的规格和等级是非常高的。此后,因铁路改线等原因,马家堡火车站逐渐衰落废弃。昔日的马家堡火车站站址在马家堡村东北隅,即今马家堡路与南三环相交处往南约100米路东,据丰台地方文史专家高世良考证:当时的马家堡火车站由英国人监造,为西洋建筑风格;它有东西两个站台,东站台上建有一座宏伟的三层楼房，因而此地原名洋楼台，西站台比东站台略小；东站台遗址在今马家堡路 80 号院 3 号楼东北角，原水泥站台上，盖了居民住房，西站台旧址在今南三环路南空军汽车修理厂一带。上世纪 50 年代末期，马家堡火车站尚有废弃的一段窄轨的旧铁道，后被拆除。

除了第一个火车总站，中国人自主设计的第一条铁路京张铁路的起点，也设在丰台。这条北京开往张家口的铁路于 1905 年 9 月 4 日正式开工，它是中国人自主设计、修建的第一条铁路，未使用任何外国资金及人员。修路的消息一经传出，在华列强中的英国与沙皇俄国为争修这条铁路闹得不可开交，最后达成协议：如果清政府不借外债，不用洋人工程师，双方就都不参与。在他们看来，落后的中国人不可能有自行设计建筑铁路的能力，到头来，清政府只得求助他们。然而，一个人的出现让他们的如意算盘落空了。他就是詹天佑，京张铁路的总工程师。

詹天佑是广东南海人，12 岁就留学美国，1878 年考入耶鲁大学土木工程系，主修铁路工程。他有很强的爱国意识，1881 年，学成回国后，先在福州水师学堂任职，后在广州博学馆和广州水陆师学堂教英文。1888 年，他在天津担任铁路工程师，从此开始将毕生的心血，献给中国的铁路事业。清政府决定修建京张铁路后，詹天佑被任命为总工程师兼会办，他亲自带人勘察实地。他在设计京张铁路时曾经勘测过三条线路，最终选定起点为北京丰台，

京张铁路的总工程师詹天佑

经由西直门、南口、青龙桥、康庄、八达岭、宣化至张家口的线路。徐启恒、李希泌撰写的《詹天佑和中国铁路》写道："光绪三十一年十二月十二日，京张铁路开始从丰台铺轨……詹天佑在群众的欢呼声中在轨道上钉下第一根道钉。"其实詹天佑钉下的第一根道钉在柳村 60 号桥处，柳村在丰台以东三公里的地方，京张铁路就是从这里开修的。如今柳村线依然存

在，并能够正常使用。1909 年 8 月，京张铁路提前两年建成，并于同年 10 月 2 日在南口站举行隆重的通车仪式，从而宣告了中国人自主设计建造铁路的时代来临。

随着津卢铁路、京张铁路的修建，丰台站的规模不断扩大。与此同时，清末北京三大铁路干线之一的京汉铁路，也在一番坎坷之后建成。为使京张与津卢、京汉两线于丰台接轨，1906 年修建了丰柳支线。至此，丰台站成为三条干线的连轨站。

随着铁路和车站的修建，大量货物在丰台倒装，各路车辆大小、多寡不均，往往使大批货物滞留车站，这就促进了货栈业的兴起。再加上客商、劳工云集丰台，又带动了饮食、服务行业的发展，极大地促进了丰台地方的繁荣，实属"火车一响，黄金万两"。久而久之，车站门前及东西两侧逐渐形成一条商业街巷，这就是正阳大街的雏形，此后逐渐形成以正阳大街为中心的丰台镇。

线路四通八达，客货运输畅通的丰台站，自然成了军事、政治上的战略要地。1922 年的第一次直奉战争，丰台是主要战场之一。1924 年的第二次直奉战争，丰台仍为直系军阀控制的重要军镇，后被奉军所占据。1928 年 6 月，国民革命军占领丰台等战略重镇后，进入北京，改北京为北平。1933 年 5 月，《塘沽协定》签订后，日本开始将侵略的矛头指向华北。他们屡屡制造事端，企图夺占丰台。1935 年 6 月，白坚武组织所谓的"正义自治军"，并自称总司令，他纠集匪徒 300 余人抢占丰台车站，炮击北平市区，后经驻军迎击而溃散逃往通县以南燕郊一带。11 月 27 日，90 余名日军强占丰台车站，他们美其名曰"共同驻防"，后又不断寻衅滋事。1936 年 6 月，日军分批开进丰台，后又发动两次"丰台事件"，使丰台陷入日军之手。日伪统治时期，出于军事运输和资源掠夺的需要，日军对占领地区的铁路设备进行了大量的扩充和改建。抗日战争胜利后，国民政府接收北平、保定、丰台等军事要地，北平联合办事处接收丰台火车站。1946 年 5 月，丰台站发生国民党空军中尉孙浪涛枪击工人徐亚平事件，引起工人的强烈愤慨，由此爆发大规模罢工运动。1948 年 12 月，中国人民解放军东北野战军第五纵队占领丰台，丰台火车站也回到人民手中。

新中国成立以来，铁道部先后对丰台站进行多次技术改造，成为华北地区重要的枢纽。但丰台西站和北京西站的建成，逐渐分流了丰台站的客货运及编组任务，使得丰台站的地位功能大大下降。2010 年 6 月 20 日起，丰台站停办客运业务，115 年的运营宣告结束。不过，随着改造方案提上日程，新丰台站的建设紧锣密鼓地展开了。新丰台火车站综合交通枢纽位于城市中心区的南部，东临三环新城、葛村西里，南临刘家村，北临东营里小区、前泥洼村，西临部队用地，站房建筑面积 39.88 万平方米。按照设计规划，丰台站采用平屋面带柱廊建筑造型，融合铁路、地铁、市政、公交及相关配套设施，地上四层，地下三层，采用普速车场和高架车场双层车场设计。新丰台站设计规模为 12 台 22 条到发线，可与北京南站相媲美。新丰台火车站将于 2020 年底完工。届时，改建后的丰台站将接入高铁、铁路普速客车和地铁三种交通方式，它优化首都交通运输结构，完善首都综合交通体系，强力带动区域社会经济发展，并为雄安新区建设提供有力保障。

从 19 世纪末中国第一个火车客运总站在北京诞生起，北京铁路走过一百余年的历程，这期间，铁路车站不断升级改造，一座座功能多样的火车站在此兴建，北京境内现有的五个特等站，就有四个在丰台①。

除了上述的丰台站，历史较为久远的当属位于北京西南郊卢沟桥畔的丰台西站。这座建于 1956 年，1962 年初步建成使用的车站，不仅是北京唯一的特等编组站，还是中国铁路史上第一个自动化驼峰编组站。所谓"驼峰"是指地面上的建筑犹如骆驼峰背形状的小山丘，设计成适当的坡度，上面铺设铁路，利用车辆的重力和"驼峰"的坡度产生的位移辅以机车推动，来解体列车的一种调车设备。尽管普通市民对丰台西站知之甚少，但它却和首都百姓的生活密切相关，像北京所需的煤炭、食用油、储备稻谷及猪肉等，绝大部分都在丰台西站卸载和集散。虽然

352

① 北京西站、北京南站属于特等客运站；丰台站为特等客货运站；丰台西站为特等编组站。

北京西站南广场（丰台区委宣传部供图）

建成时间不长，但丰台西站却屡获荣誉：1960年丰台西站被评为北京市红旗单位和铁道部一级车站，1992年中华全国总工会授予丰台西站"全国五一劳动奖状"，1997年丰台西站荣获外贸部、铁道部供应港澳鲜活冷冻商品三趟快车"先进集体"称号，又获北京铁路局"先进优质车站"称号。

除了特等客货运站的丰台站及特等编组站的丰台西站，丰台还聚集两个特等客运站，分别为北京西站及北京南站。1993年除夕前，时任国务院总理李鹏为北京西站奠基。北京西站建设历经三年，于1996年竣工，成为当时亚洲规模最大的现代化铁路客运站，有"亚洲第一大站"之称①。如今，从北京到中南、华南、西南与西北等地区的客运列车都从北京西站出发，除了东北三省省会和台北外，北京西站开出列车可到达中国其他各省会城市。此外，作为京九铁路的龙头工程，从这里开出的旅客列车可直达香港九龙。随着旅客人流日益增多，新北京南站的建设方案开始

① 2008年8月1日，北京南站正式投入使用，取代北京西站成为亚洲第一。

提上日程。2006 年 1 月，距老南站^① 约 500 米处，新北京南站主站房工程破土动工，并于 2008 年 8 月 1 日正式开通运行。同一天，中国首条高速铁路客运专线——京津城际高速铁路正式投入运营，从此开启了中国高速铁路的大门。北京南站，这座亚洲第一大火车站，充分展现了"高铁时代"的最强音。

现如今，中国高铁已经成为代表"中国速度"的靓丽名片，而丰台百年沧桑的铁路发展史也为丰台烙印了深厚的铁路文化基因，进而吸引了以中国高铁为代表的千亿轨道交通产业集群汇聚丰台，构筑起引领国家轨道交通产业科技创新的坚实高地。

2. 轨道交通的大脑——列控系统

随着中国高铁网的日益完善，越来越多人选择以安全、舒适、便捷著称的高铁出行。我们在宽敞明亮的高铁列车上时，也许会思考：一条高铁线上同时运行数列，甚至几十列高铁，是什么在保障这些高铁安全、有序、高效地运行？在风、雨、雪等极端天气条件下，又是什么在控制高铁列车保持安全速度，平稳运行？位于丰台科技园的中国通号给出了答案。

高铁运行速度非常快，不可能靠人眼瞭望、人工驾驶来保证行车安全，因而当列车时速大于 160 公里时，必须装备列车运行控制系统。这个被称为高铁的"大脑"和"中枢神经"的列控系统，通过信号技术控制列车，指挥列车的一举一动，成为决定高铁运行表现的"定海神针"。而目前投入使用，代表最高水平的，则是由中国通号自主研发的 CTCS-3 级列车运行控制系统。

CTCS-3 级列车运行控制系统代表中国高速铁路安全控制最高水平，是保障高速列车安全运行，提高运输效率的核心安全装备，主要解决高铁能够跑多快、跑多密、跑多少和互联互通等技术难题。系统的关键在

---

① 1957 年，在距马家堡站以西一公里的地方开始修建永定门客运火车站（老北京南站），以分流北京站客运业务，1958 年正式开通使用。

于两个重要的设备，一个在地面，一个在车上。地面的叫无线闭塞中心系统，指挥列车该走的时候走，该停的时候停；车上设备叫列车超速防护系统，连续不间断地对列车实行速度监督，实现超速防护。CTCS-3 级列控系统，现已满足高速铁路列车最高运行时速 350 公里以上、最短运行间隔 3 分钟的运营要求。

这种高铁列车运行控制系统的核心技术，此前被德国、法国、日本等少数国家垄断。为了实现突破，中国通号在丰台科技园建设了全球仿真规模最大的轨道交通列控系统综合实验室。累计积累的案例库超过40000 个，超过国外企业总和。经过多年努力，中国通号终于实现了技术突破，并建立了自己的"列车运行控制技术标准（CTCS）"，彻底摆脱了对国外技术的依赖。中国通号这一新技术，实现了系统平台及关键技术 100% 国产化，实现了核心软件 100% 国产化，实现了成套列控装备的100% 国产化，打破了列车运行控制核心技术长期被国外公司垄断的局面。截至目前，在轨道交通领域，中国通号建设高铁里程全球第一，先后参与了京津城际、京沪高铁、武广高铁、哈大高铁等国内全部重大高铁项目建设，超过 90% 的高铁、60% 的地铁线路由中国通号提供核心控制系统和装备。

2018 年 4 月 29 日，国资委宣布一个重磅消息：中国高铁即将进入自动驾驶时代！由中国通号研发的全球首套时速 350 公里高铁自动驾驶系统（C3+ATO）顺利完成实验室测试，即将进入现场试验，标志着我国高铁自动驾驶技术取得重大突破，高铁的自动驾驶时代到来了！此前，在中国通号自主化中国铁路通信信号民族技术产业的助推下，我国城际铁路、地铁、中低速磁悬浮、货运场站等轨道交通全面进入自动驾驶时代，标志着中国轨道交通自动控制技术已经走在全球前列。首条自动驾驶的高铁线路会出现在哪里？将于 2019 年全线开通的京张高铁，将成为中国首条智能铁路，所使用智能动车组于 2018 年底完成样车试制组装，2019 年上半年完成调试及试验验证。京张高铁将实现一证通行，刷脸进站。沿线高铁站内将配备各种智能机器人，像随行小秘书一样为你服务，既能帮你运行李，也能为你导航。京张高铁作为复兴号列车的智能升级版，在世界上首次实现了时速 350 公里的自动驾驶。

列控系统不仅在高速铁路上发挥重要作用，在城市轨道交通领域，以列控系统为主导的中国通号同样表现抢眼。其中，中国通号成功装备的北京地铁 8 号线，彻底打破国外公司的垄断，全面替代国外设备。2010 年之前，中国的地铁信号系统设备全部来自西门子、阿尔斯通等企业与中方所组建的合资公司或联合体，核心技术均掌握在外方之手。2009 年起，为了追赶国际先进水平，中国通号启动了已成为行业主流的 CBTC 系统的自主创新之路，并最终完成了 FZL300 型 CBTC 系统的研发。

2011 年，刚刚研发成功的 FZL300 信号系统得以在北京 8 号线二期工程投入运营。这其中还有一段故事，原来 8 号线已经选择了某外资企业的信号系统，到 2011 年初，该公司已经为二期工程安装了地面设备，以及一半的车载设备。后来因为费用与工期原因，北京地铁公司找到了中国通号，提出租用其刚刚研发成功的 FZL300 信号系统两年，用以填补外资信号系统投用工期与地铁投用工期之间的时间空白。中国通号仅用了 8 个月时间即完成了正常情况下两年半的工作量，装好了 8 号线一期及二期北段（回龙观东大街站—北土城站）的所有设施。2011 年 12 月 28 日，上述路段通车，其后两年，8 号线二期南段陆续通车。按照原计划，此时外资品牌的信号系统已经安装完毕，FZL300 系统应该拆除，然而，由于中国通号产品各项指标均优于该外资品牌。因此中国通号的过渡系统得以全面投入应用在 8 号线的三期工程招投标中，中国通号顺利中标。2015 年 12 月 21 日晚，北京地铁 8 号线的信号控制系统全面完成升级，自此 8 号线的最短发车间隔将由三分钟缩短至两分钟以内。

2016 年 3 月 30 日，第十三届中国土木工程詹天佑奖颁奖仪式在京举行，表彰了 38 项优秀科技创新工程，中国通号上海工程局承建的北京地铁 9 号线通信工程获此殊荣。詹天佑奖是中国土木工程领域以推动科技创新为宗旨的最高奖项，由中国土木工程学会与詹天佑土木工程科技发展基金会于 1999 年共同创立，2000 年获国家科技部批准。北京地铁 9

号线是贯穿北京市南北方向的交通骨干线路，全长 16.5 公里，纵贯丰台、海淀两区，沿线周边环境复杂，下穿房屋、道路桥梁和市政管线众多，先后穿越南四环、丰台火车站编组站、西三环、长安街、地铁 1 号线和玉渊潭等重大风险点。施工过程中，上海工程局北京分公司以领先、成熟的技术和不断创新的精神，高质量、高效率地完成施工任务，在北京地铁市场创造了良好的品牌信誉。

中国通号因铁路而生，因高铁而兴。作为驻丰台区的央企，中国通号自 1953 年成立以来总部一直设在丰台，其自主研发的调度指挥系统实现了全国铁路网的集中调度指挥和管理，每天为 8000 多列旅客列车、近 20000 列货车提供开行计划，打造了准时准点、安全高效的"中国铁路"品牌。中国通号建立了中国高铁列控系统技术标准体系，实现了我国高铁路网的互联互通，保证了时速 160—350 公里高铁的不停车跨线运营，实现全路"一张图"，便利了人民群众出行，让全国货运、客运一站直达成为可能，大大提高了铁路运输效率，为国民经济持续健康发展提供了可靠的运输保障。2019 年 7 月 22 日，中国通号作为首个中央企业和 A+H 股公司成功于上交所科创板首批上市，开启了企业创新发展的新局面。

3. "三高"轨道铺设技术的破冰者

生活在北京，几乎随处可见"中铁 ×× 局""中国中铁向首都人民问好"的标志，其实不只是北京，全国各地都可以见到"中国中铁"的字样，可以这样说：中国中铁业务范围几乎涵盖了所有基本建设领域，包括铁路、公路、市政、房建、城市轨道交通、水利水电、港口与航道、机场等工程，甚至在中铁官网有这样一句话："中国中铁能够提供建筑业'纵向一体化'的一揽子交钥匙服务。"简单来说，抛开我们生活中的"衣、食"来看，部分"住"及近乎所有的"行"都有中国中铁的身影。

这样一个国之重器的企业，自然成绩斐然。作为全球最大建筑工程承包商之一，中国中铁已连续 13 年进入世界企业 500 强，2018 年在《财富》世界 500 强企业排名第 56 位，在中国企业 500 强排名第 13 位。中国中铁旗下现有七家重量级公司总部设在丰台，分别为中铁电气化局集团有限公司、中铁建工集团有限公司、中铁工程设计咨询集团有限公司、中铁华铁工程设计集团有限公司、中铁高新工业股份有限公司、中铁投资集团有限公司、中铁置业集团有限公司，涉及铁路、房产、基建等多个领域。可以说，中国中铁是丰台区轨道交通企业当之无愧的龙头代表。

中国中铁作为中国铁路建设的主力军，先后参与建设的铁路占中国铁路总里程的三分之二以上；它更是中国高铁建设的领航者，2.5万公里运营里程的中国高铁占全球高铁总里程的60%以上。中国第一座高铁站北京南站，中国第一条高速铁路京津城际，世界上纬度最高、地处最寒冷地带的哈齐高铁，世界屋脊上的拉萨火车站……这些与普通民众息息相关的重大工程均出自中国中铁之手。中国中铁以逢山开路、遇水架桥的开拓精神，相继破解高原、高寒、高速等铁路轨道铺设技术上的一系列难题。

2006年7月1日，被誉为"离天最近的铁路"的青藏铁路终于全线通车。这条世界上海拔最高、距离最长的高原铁路[1]，它的终点就是天路上的明珠火车站——拉萨站。

位于拉萨市堆龙德庆区柳梧乡境内的拉萨火车站是青藏铁路最大的车站，也是青藏铁路标志性工程之一。中铁建工集团32标段作为全线最晚开工的一个项目，涵盖了包括拉萨站在内的大小工号143个。从2005年开始，拉萨站的建设规模从原来设计的几万平方米变成16万平方米，拉萨站以及配套项目成了"雪域天路"的点睛之笔，最后能否画成这点睛之笔，就要看中铁建工集团32标段的完成情况了。

32标段路基的原地面几乎全是耕地，上部为1.5—1.7米的黏土，在刚开工时又适逢雨季，路基处理难度很大，经常遭遇"翻浆"。面对难题，技术人员制定了治理"翻浆"的方案：路基两侧挖排水，对原地面0.3米以内的耕质土地挖除，向两侧修出约4%的横向排水坡，对个别翻

[1] 其中格尔木至拉萨段全线总里程达1142公里，穿越海拔4000米以上地段达960公里，最高点为海拔5072米的唐古拉山垭口。

浆地段采用翻挖晾晒的办法处理，有效攻克施工难题。

这座与布达拉宫遥相呼应的火车站，海拔高达 3642 米，建筑面积 23697 平方米，内部分为三层，地下一层，地上两层。由于海拔高，氧气少，拉萨站在功能设计上，着重体现"以人为本"。在火车站里面就设有医务室，同时还提供供氧的设施。同时，为尽量减少乘客走动消耗体力，站内设立了电动扶梯，并采用了当地丰富、无污染的太阳能作为取暖原料。拉萨火车站先后荣获"铁道部优质工程火车头奖""西藏自治区优质工程雪莲杯"等多项荣誉，并于 2007 年获得鲁班奖。

2008 年 8 月 1 日，作为中国第一条时速为 350 公里的高速铁路——历经三年艰辛建设的京津城际高铁，在北京奥运会前一周如期运营，首发的两列"和谐号"动车组分别从北京南站和天津站同时启动。这意味着从北京到天津全长 120 公里的路程，仅需 30 分钟。京津城际汇集着当今高铁技术的最高水平，其中，最突出的就是采用无砟轨道技术。传统轨道是有砟的，也就是铁轨枕木下面垫石砟，而且每根钢轨之间会有一定的伸缩缝，当列车经过时会产生撞击和噪音，车速越高，列车晃动越剧烈；而无砟则是将钢轨铺在一个高强度混凝土板上，并且采用无缝线路技术，也就是说从北京南站到天津站，全线线路由两根中间没有任何缝隙的钢轨组成。这也解释了为什么高铁上感觉更平稳，听不到"哐当"声音。此外，因京津城际铁路沿线经济发达，土地资源极其宝贵，设计中，广泛采用了桥梁替代传统路基技术，桥梁长度占线路总长度的 87%，列车几乎是在"空中通道"上行驶，与 8 米填高的路基相比，每公里桥梁可节约土地 55 亩，仅此就节约了土地 5500 余亩。

"和谐号"动车组飞驰在广袤的华北平原，风一般地呼啸而过，中国高铁时代

和谐号动车

扑面而来。以京津城际铁路为起点，中国高铁建设热潮开始席卷全国。其中，连接哈尔滨与齐齐哈尔，正线全长 281 公里，被誉为我国"最北最寒高铁"的哈齐高铁是这次热潮中的典型代表。哈齐高铁于 2009 年 7 月 5 日正式开工，并于 2015 年 8 月 17 日全线通车，平均时速为 250 公里。哈齐高铁全线位于高纬度严寒地带，沿线地区一年中有半年时间处于冬季，最冷月平均气温就达到 −27.3℃。这样极端的气候条件，自然对高铁建设提出了更大的难题。

首先是低温，这表现在对混凝土耐久性的影响上。我们知道，铺设高铁的轨道板需要混凝土，另外，沿线涉及大量的桥梁和隧道，也需要大量的混凝土。但是，过低的气温会对混凝土结构强度以及使用寿命产生影响。混凝土冻融循环会使其自身强度下降，从而导致桥梁、路基耐久性下降，这对高铁的安全性来说是致命的。另外一个难题是温差大。热胀冷缩是自然界的基本属性，在生活中随处可见。传统的铁路是有缝铁轨，虽然运营不够平稳、快速，但优点就是可以利用铁轨中间的缝隙，来解决热胀冷缩的问题。如今高铁所采用的无缝线路，在追求轨道的平顺性同时也对路基的稳定性提出了要求。换句话说，就是要解决路基的冻胀问题。哈齐高铁穿过草原、湿地、湖泊等不同地理环境，到了冬天冻土现象尤为严重。为了进行路基冻胀控制技术攻关，技术人员创造性地采用了改善路基填料或基床结构、设置隔水层及防冻胀护道、加强地表水及地下水的排除等新技术，有效地解决了冻土地区轨道铺设难题。

哈齐高速铁路技术体系有力地推动了铁路行业的进步，为克服高寒地区高铁建设及施工积累了丰富经验。而在破解高速的技术之路上，已经建设完成的京张高铁①项目也有了新的突破。

110 年前，詹天佑在北京长城脚下建成了中国自主设计完成的第一条铁路——京张铁路。今天，中国中铁又来到这里，作为京张高铁建设的主力军，参与了整条线路的设计，以及八达岭隧道、八达岭长城站、

① 京张高铁于 2016 年 3 月 29 日正式开工，在老京张线建成 110 周年的 2019 年年底建成通车。

官厅水库大桥等重点工程建设。每一项工程都值得赞颂千篇，其中，最惊心动魄的当属在八达岭长城下打隧道。一年四季，八达岭长城上都游人如织，恐怕很少有游客知道，就在八达岭长城世界文化遗产核心区正下方，京张高铁正线最长隧道已经完工。众所周知，下穿长城绝非易事，更何况新八达岭隧道穿越两条地质断层带，存在岩爆、软岩大变形等高风险地质，均为施工极高风险等级，稍有不慎，就会引起坍塌。再加上地形起伏大，导致进入隧道施工主战场的斜井横断面太小，无法容纳大直径盾构机，所以只能采用爆破法，这可真是"太岁头上动土"。新八达岭隧道长达 12.01 公里，两次穿越八达岭长城核心区，国宝级文物众多，沿线还分布着居庸关长城、水关长城等国际旅游景点，如何避免爆破集中导致共振、扰动周边文物，精准微爆破减震技术给出了答案，这种技术能使爆破震动的幅度和分贝降到最低，每爆破一次只相当于在长城上踩下一脚。

本身在长城脚下修隧道就已经很困难，难上加难的是，隧道内还需修建一座地下车站。作为京张高铁唯一一座地下车站的八达岭长城站，建筑面积达 3.6 万平方米，相当于六个足球场大，建成后将成为亚洲最大的地下高铁站，也是世界埋深最大的高速铁路地下车站，最大埋深超过 102 米。根据设计，车站分为三层，自下而上分别为站台层、进站层及出站层，并且首次采用叠层进出站通道形式，使进出站客流完全分离，进出站旅客互不见面，客流更顺畅。同时，首次采用一次提升长大扶梯及斜行电梯设备，从地下百米的八达岭长城站上下需要乘坐两次电梯，旅客垂直提升高度达 62 米，是名副其实的"世界最深高铁站"。从长城脚下打隧道到八达岭长城站的建设，一系列重大技术的突破，充分展示了"中国建造"的实力，也将深刻地改变人们的生活。

人们常说，不到长城非好汉，如果从长城"肚子"里穿过，又会是什么感觉？即使不爬长城，体验一下长城脚下世界埋深最大的车站也会很震撼。2019 年 12 月 30 日，京张高铁已全线通车，该高铁是我国自主设计建造，是世界上最先进的时速 350 公里的智能高速铁路，北京至张家口最快车次运行时间从以前的 3 小时 12 分缩短至 1 小时内，对于保障冬奥会的顺利举办具有重要意义。这条智能高速铁路与老京张铁路交相辉映，带着人们穿越长城，穿越中华民族的百年梦想。

现如今，高铁已成为人类近代科技进步的重要体现，是新学科、新技术、新材料和新工艺的集大成者，也被称作"大国技术"。经过十几年的努力，通过大量工程试验和实践，以中国中铁为代表的铁路部门已经掌握了寒带、热带、大风、沙漠、冻土等不同气候和复杂地质条件下建设高速铁路的技术，对复杂路基、长大桥梁、大断面隧道等工程的设计施工均居国际领先地位。中国高铁无疑是向世界展示了一张靓丽的"中国名片"。

4. 架车机撑起中国高铁脊梁

说到中国高铁，我们能想到的是它风驰电掣般的速度，安全可靠的列车运行控制系统，一些人或许不了解，在这些"闪电侠"背后，有很多设备在检修服务中发挥着关键作用。就像汽车跑到一定里程数要定期保养维修，高铁列车跑够一定里程数，也需要检修。把汽车架起来需要千斤顶，而面对高铁列车这样的庞然大物，则必须使出"杀手锏"——地坑式同步架车机。这种被称为"擎起中国高铁脊梁"的重大设备，不仅为高铁检修提供了可能，也为高铁列车长时间安全行驶提供了保障，延长了服役年限，保障了旅客的乘车安全。这样一台重要设备，并不来自国外，其研发部门就是位于丰台科技园内的北京铁道所。

北京铁道工程机电技术研究所股份有限公司，简称"北京铁道所"，创建于 1989 年，是首批国家高新技术企业、北京民营科技创新百强企业，已通过 IRIS 认证、信息系统集成贰级资质、ISO9001 质量管理体系、ISO14001 环境管理体系、ISO45001 职业健康安全管理体系、安防工程企业和铁路运输安全设备生产企业等资质认证。2002 年，正式入驻万众瞩目的丰台科技园，成为园区的先锋企业。2008 年成为北京市专利试点企业，2009 年成为中关村国家自主创新示范区创新试点企业，2010

年 10 月，评为北京市博士后（青年英才）创新实践基地工作站，被列为中关村国家自主创新示范区创新型试点企业。2016 年 12 月，评为全国博士后工作站。研发项目主要包括高铁动车组、和谐型交流大功率机车及城市轨道交通等专用设备及环保节能产品、电子信息工程和机车配件。经历一次次成长的磨砺，北京铁道所通过自主研发，诞生出一个个高精尖技术和产品，早已领跑国内外轨道交通重大装备。仅"地坑式同步架车机"一项就创下了国际上兼容车型最多（CRH1、CRH2、CRH3、CRH5）、举升长度最长（十六编组）、同步控制精度最高（±1 毫米）三项"世界之最"，擎起中国高铁的脊梁走向世界。

2007 年 4 月 18 日，全国铁路第六次大提速，发展主要干线开行时速 200 公里及以上动车组，大面积开行 5000 吨级货物列车。这标志着我国铁路既有线路提速水平已跻身世界先进行列，四种动车组已成为国家高速铁路和城际铁路的主要牵引动力。然而，多种型号的动车组一旦检修，均会出现由于"底盘低"，工人无法进入到车体下方检修的问题。这意味着，日后每个阶段的检测维修，都要拆解进行，费时费工，研制先进的动车检修设备成为当务之急。一切从零起步自主研发！北京铁道所一方面与中国航天研究院、华中科技大学、北京交通大学、二七机车厂等组建产学研合作团队，另一方面到国外学习取经。整整三年，研发团队经历了一次次挫折与一个个不眠之夜，最终，北京铁道所研制出国际上兼容车型最多、举升长度最长、同步控制精度最高的地坑式同步架车机。2009 年 10 月 22 日，北京动车段内，北京铁道所研发的中国首例八编组高铁动车组地坑式同步架车机一次架车成功。第二年 10 月 15 日，在湖北武汉动车检修基地，重达 2000 多吨、由 32 万个零部件组成的弯臂式地坑同步架车机将重近千吨、长达 400 多米的十六编组和谐号动车组一次成功举起。

北京铁道所研发的这款高铁地坑式同步架车机创造了三项世界之最。第一项就是可以兼容 CRH1/CRH2/CRH3/CRH5 四种车型。举个例子来说，不同动车组架车点有架车孔和架车垫之分，相应的架车机的托头就要兼容不同动车组的架车点。国外动车组六编组、四编组、三编组比较常见，而我国设计的动车组常见的是八编组和十六编组，列车长度要长很多，这也是架车机创下的第二项世界之最。同步举起八编组和十六编组，难度表面上看不出来，实际上控制系统的难度加倍提升。十六编组就是 64 个架车点，分布在 400 多米长度范围内同步举升，64 个点同步举升的精度 ≤ ±1 毫米，这个就是架车机创下的第三项世界之最。高铁十六编组高铁地坑式同步架车机的研制成功，标志着我国高铁检修设备达到世界领先水平，这一设备也被媒体赞誉为"世界第一升""动车组的 4S 店"。"世界第一升"不仅填补了国内空白，结束了新中国成立 60 年来没有十六编组地坑式同步架车机自主知识产权制造的历史，而且价格比国际同类产品低 50%，北京铁道所因此囊获了国际、国家发明专利等知识产权 32 项，2011 年获铁道部科学技术二等奖，2012 年获北京市科学技术三等奖，获得北京市首台（套）重大技术装备示范项目。2013 年获湖北省科技进步二等奖，2016 年获湖北省科学技术一等奖、中国铁建科学技术一等奖，2018 年获湖北省科学技术一等奖。

除了高铁地坑式同步架车机，北京铁道所另一"镇所之宝"就是整车试验台。经过大修的机车，如果想重新投入使用，则必须上线试运行。以往的做法是让机车在真实的轨道上运行，这样一来，不仅占用正常运营列车的时间，还存在极大的风险。为了解决检修机车上线试运行问题，北京铁道所研制开发了一套整车动态试验系统。该系统可在库内模拟完成机车线路试运的各项试验，机车"足不出户"便能查找其动态故障，这台装置的作用就相当于跑步机一样，用来试跑，因而它被形象地称为火车头"跑步机"。

除了上述重要装备，北京铁道所另一个引以为傲的，就是全国占有率 100% 的高铁安全联锁监控系统。高铁列车一旦运行，每天都会涉及到列车出库、入库与车顶检修作业，而车顶有 25 千伏的高压电，工人要上车顶进行检修，精准控制人员、动车、高压电之间的联锁关系，确保人身安全，这套系统的重要性不言而喻。北京铁道所为解决高压接触网出库、入库问题，科研人员历时四个月，终于在 2007 年 4 月 12 日将系统研制成功，并安全应用到全国首座动车组运用所——北京西动车所。该系统投入运用以来，确保了 25 千伏高压环境下动车组检修作业人员人身和设备安全，受到了用户的高度评价。而且该项目已经走出国门，助力沙特麦加城轨项目，成为中国高铁"走出去"的一个样板工程。随着时代的发展，基于大数据技术的智慧高铁时代，北京铁道所专注轨道设备智能化制造，不断对检修运维设备进行技术升级。

现阶段，北京铁道所升级原有技术产品和研发全新智能设备，不断为智慧高铁注入"源头活水"，"车顶绝缘子智能清洗机器人"是其中之一，它将智能控制和铁路检修设备深度融合，以彻底改变电气化铁路开行数十年来人工清洗车顶绝缘子的模式，实现全自动清洗，适用于动车组和电力机车，具有原始创新和集成创新的显著特点。另外一个就是"检修作业智能识别安全卡控系统"，实现了刷脸进出登顶区域和尾随监测及报警。通过电子登销记、流程控制及智能化管理，取代了传统的人工作业登记方式，大大提高了作业效率，提升了安全保障能力。2016 年，北京铁道所的机车检修信息管理系统在北京机务段研制成功，为构建铁路网络化、信息化、大数据提供技术保障，并荣获中国铁道建筑总公司科学技术一等奖。

中国高铁是中国速度的象征，也是开拓国际市场的一张靓丽名片，这背后离不开世界一流的高铁技术，也同样离不开如北京铁道所这样的轨道交通重大装备技术企业。

5. 中国高铁与"一带一路"

明朝著名航海家郑和自公元 1405 年起率领两万七千多人的船队，完成了世界航海史上著名的"下西洋"远航。六百多年后的今天，当人们重新踏上郑和的航海之路，并在此基础上延伸前行时，人们会为社会主义祖国的强大和繁荣而感到由衷的骄傲。党的十八大召开后，习近平总书记先后提出共建"丝绸之路经济带"和"21 世纪海上丝绸之路"的倡议。"一带一路"发端中国，贯通亚欧非大陆，一头是活跃的东南亚经济圈，一头是发达的欧洲经济圈，中间是经济发展潜力巨大的广大腹地，覆盖 65 个国家近 46 亿人口，经济总量约为 21 万亿美元，占全球经济总量的 30%。

作为"一带一路"的倡始国，中国古代就有连接亚、非、欧的商业贸易通道，史称"丝绸之路"，包括西汉张骞"凿空西域"的官方通道"沙漠丝绸之路"，北向蒙古高原，再西行天山北麓进入中亚的"草原丝绸之路"，西安经成都到印度的"西南丝绸之路"，以及从广州、泉州、杭州、扬州等沿海城市出发，从南洋到阿拉伯海，直至非洲东海岸的"海上丝绸之路"。作为传统陆上贸易强国，中国通过古丝绸之路不仅促进了东西方的文化交流，而且也推动了世界文明的进步。今天，这四条通道依然是中国最重要的对外合作通道，这些通道突破了大漠戈壁、高原雪山和大海汪洋的地理界线，通过沿线各国的商品流通和人民交流，将亚洲、欧洲和非洲联系在一起，使古老的丝绸之路焕发出青春与活力。

在 2014 年 11 月 8 日召开的亚太经合组织北京峰会上，国家主席习近平说过这样的一句话："如果将'一带一路'比喻为亚洲腾飞的两只翅膀，那么，互联互通就是两只翅膀的血脉经络。"与公路、航空相比，铁路以其安全、便捷、大运量、全天候等优势，必然成为交通基础设施互联互通的首要选择和优先领域，成为助推"一带一路"建设的先行官。而中国高铁高效、舒适、环保的特性，又使其成为先行官中的佼佼者。自"一带一路"倡议提出以来，中国高铁"走出去"的步伐逐步加快，足迹遍及亚洲、欧洲、非洲、北美洲、大洋洲数十个国家，中国高铁的海外市场份额不断拓展，在国际上的影响力和发展力不断提升。在中国高铁"走出去"的过程中，扎根丰台的轨道交通企业发挥了重要作用。

面对老牌高铁强国的德国、法国及日本，中国高铁不畏竞争，硬是闯出自己的一片天地，创造出众多对外输出的典型案例，其中，最为突出的当属一波三折的雅万高铁。

雅万高铁连接印尼首都雅加达及其第四大城市万隆，项目全长 140 多公里，是中国高铁全产业链参与的首个海外项目，不仅采用中国技术，还采用了中国标准。其实，早在 2011 年，印尼就有建设雅万高铁的计划，但直到四年之后，才最终与中国企业签订协议，其中的波折及复杂程度可见一斑。参与雅万高铁项目竞争的主要有中日两家企业，两国围绕高铁项目的竞争犹如一场"选美比赛"，日本的新干线起步早，安全口碑较好，而且多年建设经验中的"节能、安全和抗震"等优势适合多岛地形的印尼。中国高铁的竞争优势同样别具特色，除了技术全面、成熟、过硬，运营安全系数高之外，还能抗受从高寒到热带的各种复杂气候、地质和地貌考验。

面对中日两国高铁在价格与技术方面的各自优势，印尼政府很长一段时间在犹豫究竟引进哪国高铁。2015 年 9 月，当中日之间白热化的竞争，引来国际媒体围观时，印尼突然宣布取消高铁项目，同时退回中日方案，各方愕然。但接下来，该项目又峰回路转，中国最终成为赢家。这究竟是怎么一回事呢？原来，中方承诺三年建成雅万高铁，而日本承诺的是三年后开工，预期建成要到八年以后。因此总体来看，中国高铁方案要优于日本。此外，中方坚持"授人以鱼不如授人以渔"理念，承诺向印尼转移高铁技术，进行本地化生产，并帮助印尼培训高铁管理和运营人才。建设的雅万铁路在推动中国高铁走出去的同时，也将中国高铁技术与经验带到印尼，与印尼分享中国高铁的发展成就，正是这份诚意，让印尼最终选择中国。

2015 年 10 月 16 日，中国与印尼两国就高铁项目签署合约，标志着雅万高铁项目正式落地。2016 年 1 月 21 日，雅万高铁的开工仪式在印尼西爪哇省瓦利尼隆重举行，与此同时，中国中铁旗下的中国铁路设计集团有限公司在印尼设立代表处，长期派驻专业技术人员负责雅万高铁项目勘察设计及现场技术支持等工作。2017 年 4 月 4 日，双方在雅加达正式签署雅万高铁总承包（EPC）合同。2018 年 6 月，雅万高铁 22 处控制性工程取得新突破，这标志着雅万高铁项目建设进入全面实施推进新阶段。2019 年 5 月 14 日 10 时 50 分许，在双方见证下，印度尼西亚雅加达—万隆高铁瓦利尼隧道项目顺利贯通。目前，项目建设已进入全面实施推进的新阶段。

雅万高铁作为东南亚首条高铁，是在"一带一路"倡议下中国与印尼两国共同推动建设的标志性工程，也是中国高铁第一次全系统、全要素、全产业链走出国门、走向世界的项目。该项目不仅对推动中国铁路特别是高铁走出去具有重要的示范效应，还将印尼经济中心的雅加达和文化中心的万隆通过高速铁路相连接，这条最高设计时速350公里的高铁，将会把原来的3个多小时路程压缩至40分钟，极大地改善当地交通环境，带动当地旅游业的发展。

如果说"一带一路"将为沿线各国带来互惠互利的利好局面，那么从雅万高铁项目的签署到瓦利尼隧道项目的顺利贯通就是最先开放的迎春花。随着"一带一路"倡议在印尼落地开花，中国高铁技术、标准全产业链第一次"走出去"。"走出去"的中国高铁已然成为继乒乓球、大熊猫之后，中国新的"外交名片"和"形象代表"。习近平主席、李克强总理就曾多次向东南亚、中东欧和澳大利亚等国家推介我国高铁技术，中国已经将高铁"走出去"提升至国家外交战略层面。作为中国高铁核心技术的拓荒者和掌舵者，以中国中铁、中国通号为代表的中国企业在高铁"走出去"战略中扮演了重要角色。这些企业从丰台科技园走出，迈向广阔的海外市场，带去的不仅是中国成熟完备的高铁技术，更是让中国高铁成为东南亚乃至世界的标杆机遇。在"一带一路"框架下的中国高铁，正以前所未有的深度和广度改变着中国，也改变着世界。

（三）中关村丰台园在这里成长

1. 最早的"一区三园"之一

丰台科技园的建设，在当时的北京可说是件大事。因为长期以来，丰台区一直是北京市辖区内的近郊，谈起丰台，在人们的印象中，除了铁路和兵营外便是萝卜、白菜。上世纪80年代，相继建成岳各庄和新发地两大农贸市场，丰台更成为首都农副产品的代名词，是首都的菜篮子、果盘子。然而这一切在 90 年代逐渐发生了改变，一粒科技的种子被深耕于丰台这片农耕文化兴盛的土地上，经过二十多年哺育和滋养，这粒种子逐渐长成参天大树——这便是今天的中关村国家自主创新示范区丰台园，一个充满生机和活力的地方。我们知道，任何一个地方的经济转型，都不是凭空而来的，它必须具备天时、地利、人和。

说到"天时"，上世纪 70 年代末 80 年代初正是中国科技事业重焕青春的年代。1978 年召开了全国科学大会，邓小平在这次大会上重申"科学技术是生产力"这一马克思主义基本观点，以后他又提出"科学技术是第一生产力"的科学论断。在此背景下，北京市确立了以高新技术产业为先导、以服务经济为核心的发展方向。丰台正是借着这次体制机制改革的东风，高举火炬计划的创新大旗，酝酿如何依靠科学技术走出一条新路。1987 年 1 月，丰台区委、区政府明确提出"改革开道、政策引路、科技兴丰"的发展战略，从而确立了科技在全区经济发展中的全局地位。同年 10 月，丰台区科技开发中心成立，并租用一栋面积为 3000 平方米的办公大楼，以迎接科技企业入驻。到 1988 年初，就有 36 家科技企业入驻这栋大楼。日后，这栋大楼里的科技企业成了丰台区科技产业发展的风向标。1989 年 1 月，区委又将"科技兴丰"改为"科教兴丰"，从而确立了科技与教育在全区经济发展中的主导地位。

丰台良好的区位优势又是催生科技园的温床。丰台自古享有"陆上码头"的盛誉，随着北京四环、五环的建设，丰台科技园就处于这两个环路的中间地带，交通发达，毗邻丰台铁路枢纽，能够快速到达京广、京九等铁路干线。丰台货运口岸是正式对外开放的内陆铁路货运口岸，其内建有 4.5 公里铁路专用线，与全国七大零担中转货场之一的丰台火车站联通。并且口岸内驻有综合管理、海关、检验、检疫和中国银行报关行等行政执法服务机构，这些都为园区企业产品进出口提供了极大的便利。此外，科技园位于享有"花乡"美誉的丰台，环境优美，空气清新，周边分布着悠久历史留下的众多名胜古迹，卢沟桥、大葆台西汉墓、金中都遗址、莲花池都具有极高的知名度。

20世纪90年代建成的丰台科学城（丰台区委党史办翻拍）

说完"天时""地利"，再来看"人和"。说起来可能会有人不相信，其实丰台是北京第二大高智力密集区，具有"航天城"之称。早在上世纪90年代，丰台就拥有中央、市属、部队近40多个院所和直属所，聚集了618厂、中国中车集团、首都航天机械厂公司等一批央企国企，聚集8万科技人员。除了人才优势突出这一因素，科技园的建设也与全区干部队伍不怕吃苦、敢为人先的工作精神密不可分。面对着资金缺乏、设计规划不到位等实际困难，他们一方面积极寻找国内外合作伙伴融筹资金，一方面做好设计协调工作。经过精心筹备，终于在1990年11月7日起草完成，并由丰台区政府常务会议讨论通过《创建丰台科技开发试验区的可行性报告》。在吸纳多方意见修改之后，1990年12月8日，丰台区将上述报告上报北京市政府，开始了丰台科技园申报之旅。

1990年12月12日，北京市政府第29次常务会议作出决定："同意丰台区、昌平县两个科技园的开发，以弥补海淀城区空间不足，实现优势互补。"1991年11月9日，北京市人民政府办公厅发文决定，建立北京市新技术产业开发试验区丰台园区。丰台园区选址京西南四环的花乡地界，看丹桥南侧，以丰台镇为中心，有50平方公里左右的区域。丰台园设立园区办公室，作为丰台区人民政府的派出机构，对园区实行统一领导和管理。1992年5月15日，北京市机构编制委员会办公室发文:“同意建立北京市新技术产业开发试验区丰台园区。丰台园区为北京市新技术产业开发试验区的组成部分。”丰台园与海淀园、昌平园共同成为中关村科技园最早的三个园区。

科技园建设审批正式下来后，园区创业者以拓荒者的气概，以前瞻者的眼光，在昔日皇家养羊豢马的土地上，在满是花香的泥土中开启了园区建设之旅。1992年11月20日，丰台科学城奠基，园区破土动工，这具有历史意义的第一铲，标志着园区的正式启动。1993年，丰台科学城标志塔在一期建设规划落成，迎来了园区的第一批客人——美国产业工业发展研究会投资考察团。1994年4月25日，国家科学技术委员会批复将丰台园区5平方公里的丰台科学城和科技一条街纳入北京市新技术产业开发试验区，并被批准成为第一批国家级高新技术产业开发区。国务院副总理李岚清来园区[①]视察并题词“科教兴国”。1996年10月22日，国家科委批准丰台园科技创业服务中心作为国际企业孵化器第一批试点单位（又称北京国际企业孵化中心，简称北京IBI），丰台科技园成为全国首批向APEC（亚太经济合作组织）开放的科技工业园之一。

1998年2月17日，北京市编制办批准“北京市新技术产业开发试验区丰台园区办公室”更名为“北京市新技术产业开发试验区丰台科技园管理委员会”。1999年12月6日，北京市编委办又正式批复“北京市新技术产业开发试验区丰台科技园管理委员会”更名为“中关村科技园丰台园管理委员会”。至此，中关村科技园丰台园管理委员会的名称沿用至今。科技园规划建设面积也由5平方公里调整为8.18平方公里，形成了“两区一街”的发展格局，为园区奠定了新的发展基础。

经过二十多年的发展，园区现有从业人员约16.8万人，拥有中高级职称人数为3.4万人，建立了21家院士专家工作站，其中进站院士36名，

① 丰台园区所辖区域经调整后包含5平方公里的产业基地——丰台科学城（东起巴庄子西路，西至铁路保温段东墙，南起六圈路，北至康辛路、万寿路南延的南四环路）和科技一条街（西四环路至丰台北大街至丰益桥止）和科技创业服务中心。

进站专家 7 名；17 家博士后科研工作站企业分站，进站博士 45 名。拥有国家级企业技术中心 7 家，国家工程研究中心 2 家，国家工程实验室 1 家，国家工程技术研究中心 1 家。搭建空间载体，现有国家级孵化器 7 家，国际级众创空间 8 间，市级众创空间 12 间。党的十八大以来，园区平均每年有超过 200 家企业的科技项目获国家、北京、中关村及区级项目立项支持。共计荣获国家技术奖 27 项、国家科技技术发明奖 1 项、北京市科学技术奖 67 项。这些数据是丰台科技园坚持创新驱动、打造科技创新高地的一个缩影。

数字是枯燥的，但在一组组数字的背后，却闪烁着丰台科技园二十多年的辉煌：从 1992 年到 2017 年，园区企业由 230 家上升到 5000 余家，技工贸总收入由 6200 万元上升到 5104.4 亿元，实现区级财政收入 33 亿元，占丰台区财政收入的 31%。科技园不仅是"科学技术是第一生产力"论断的忠实实践者，更用骄人的业绩完美地诠释了这一论断的科学性和正确性。可以说，科技园已经成为丰台区的一张亮丽名片。

2. 空间资源的有序释放

丰台科技园由东区、西区和科技一条街构成"两区一街"空间格局，2006 年，规划面积调整为 8.18 平方公里。到 2018 年，东区一期、二期和科技一条街已基本成规模，形成了集企业研发、总部管理为一体的产业化基地，是园区发展总部经济最重要的空间载体。当前科技园正在全力推进东三期和西区建设。

东区一期总用地面积 1.24 平方公里，规划建筑面积 165 万平方米。一期建设始于 1992 年，同年 10 月，丰台区完成了产业基地的六图两书（规划总体平面图、规划地区现状图、竖向规划图、道路规划图、绿地规划图、市政管线综合图、居住区详细规划书、环境评估书）和一期 1.24 平方公里详细控制性规划，并于 11 月 20 日举行了东区一期的开工建设和奠基典礼。为加快园区城市基础设施建设，丰台区政府积极争取市财政局和市土地局的政策支持，明确丰台科技园土地出让金可先交纳 40%，办理土地使用权登记手续，颁发土地使用证，其余 60% 缓交，专项用于基础设施建设。揣着第一桶金，科技园第一代建设者们激情万丈，仅用一百天的时间就实现了区内道路的全部畅通。

在重视硬环境建设的同时，为企业创建服务的软环境同样提上日程。从 1993 年起，园区就开展"一站式"办公和"一条龙"服务，在工商注册、高新技术企业认定、税务登记、财务管理、统计管理、出国人员审批、人员培训等方面，不断优化服务环境①。同时，为营造中小企业发展环境，园区制定了一系列有利于企业入驻的优惠政策，实行"一条龙"式集中办公和"一站式"管理服务。规定凡是来园区申办建立高新技术企业的，在符合条件的前提下本着"你申请我给办，你经营我扶持，你违法我纠正"的原则，仅用不足半个月就可办理完成。而企业内部的事务，园区一般也不滥加干涉；对于有前途的企业，园区还帮助他们解决技术和资金等问题。为了使丰台的科技企业做大做强，1994 年 1 月，丰台区正式组建丰台园区科技创业服务中心，1996 年被批准为全国首批"国际企业孵化器"（IBI）试点单位。

尽管园区产业基地一期发展势头良好，但仍存在着引入企业少、产业尚未形成、建设滞后等问题。为了解决这些矛盾，丰台科技园与国际著名的物业顾问公司威格斯合作，开始对二期开发的模式、定位进行一系列的研究，引进"商务花园"（Business Park）理念，2002 年 5 月 25 日，丰台园与英国道丰国际集团有限公司、北京道丰国际数码园有限公司在北京饭店签订协议，决定成立北京道丰科技商务园有限公司。后经研究确定，将"商务花园"理念与总部经济对接，将核心区域项目名称定名为"总部基地"。2003 年 6 月 19 日，宣告总部基地正式奠基开工，从而推动丰台科技园由传统的科技工业园转型为全国知名的总部经济集聚区。

东区二期占地 1.65 平方公里，总规划建筑面积 210 万平方米，绿化覆盖率接近 50% 左右。采用政府和企业合资开发，道丰公司作为开发商

---

① 企业项目审批在材料齐备的情况下，一般不超过 3 天，工商登记一般不超过 15 天，三资企业立项报告和可行性报告实施一次申报，提高了办事效率。

先期完成开发建设，负责出售给进驻园区的企业。政府出台相应优惠政策，外地员工根据实际情况还可享受一定的进京政策及相应的税收政策。2003 年，总部基地被列为北京市六十大重点外商投资项目之一、北京市 69 项重点工程之一。经过十多年的管理经营，这个总部基地为核心的科技园二期开发区域，现有 500 栋独栋总部楼和 23 个配套服务中心，吸纳约 500 家大型企业、约 2000 家中小型企业的总部入驻。

2012 年，在丰台科技园纪念建园 20 周年系列活动中，外界期待已久的丰台科技园"东扩西进"实施方案正式对外公布。此次发布的"东扩西进"战略，重点推进东区三期和西区的建设。

东区三期是北京西南四环相对集中的一片高新技术产业用地，总用地面积 1.81 平方公里，规划建筑面积约 330 万平方米，由德国 SBA 公司进行整体发展和城市设计策划。按照规划，东区三期将被着力打造成高端商务办公、特色商业、体验式休闲商业区，以弥补园区没有商业的短板。目前随着诺德商街、万达等商业的入驻，丰台园愈发繁华。2017 年 1 月 14 日，北京诺德中心三期与中国北方最大的超市连锁企业物美商业集团签订合作协议，标志着物美超市正式进驻诺德商街。东三期另一个亮点则是创业板企业集群区构想。项目位于中关村科技园丰台园东区三期中轴线南部端头节点，北至五圈南路，东至四合庄西路，南至六圈路，西至丰科路，占地面积 13.88 万平方米，总建筑面积 58.7 万平方米。这里将是拥有最大中央公园的城市绿芯，景观面积为 13.7 万平方米，超过 19 个标准足球场的面积；还将拥有空中客厅 45 米宽的超大跨抽柱空间，将提供高品质、多功能、人性化的交流空间以及最具人性化的配套服务体系，6000 平方米的高品质健身中心，长约 3 公里的塑胶跑道，建成社交化、生活化、24 小时活力的魅力社区。

西区的规划同样可圈可点，它位于北京首个符合国际标准的低碳社区——长辛店生态城中部，北侧是园博园，南部是低碳居住区。毋庸置疑，生态是西区发展最具优势和价值的要素。西区不仅将重点聚焦新一代信息技术产业、新能源产业、科技文化创意等产业，形成以现代服务业与现代制造业融合创新的总部型创新企业集群，而且西区与周边地区将建成集居住区、产业区、商业中心、生态公园、旅游景点于一体的生态城，建设高端人才公寓，打造一流的发展服务环境。西区规划面积 4.17 平方公里，共分为西区Ⅰ、西区Ⅱ两个区块。

西区Ⅰ区块东至射击场路，南至梅张路，西至小哑叭河，北至射击场路、芦井路。规划用地面积约 1.67 平方公里，规划建筑面积 210 万平方米。西区Ⅰ区块的"生态城规划"通过国际方案征集，最终由英国奥雅纳公司主持设计，并在香港获得了 2008 年度"研究及规划类别的环保建筑大奖"，在波兰获得 2009 年度"区域规划、城市设计杰出奖"等两项国际大奖。由于这两项殊荣，整个长辛店低碳城市规划，在 2010 年底由北京市规划委正式批复，成为全国第一个在规划层面引进新的低碳生态指标的项目。2011 年西区Ⅰ取得土地一级开发授权批复，按照 A、B、C、D、E 五个地块申报立项。2014 年按照区政府要求启动控规调整工作，同年生态城获批国家级绿色生态示范城区。2017 年，E 地块通过了市规土委的北京市中心城区控规维护部门联审会审议。目前，西区Ⅰ土地一

中关村丰台园东三期实景图（丰台园管委会供图）

级开发已进入市政管网综合设计阶段。

西区Ⅱ区块位于长辛店境内，占地面积为 1.34 平方公里，规划建筑面积 150 万平方米。2011 年，区委、区政府同意科技园提出的园区和长辛店镇合作开发模式。2012 年，正式控规批复。2013 年，园区成立北京丰台科技园投资控股有限公司，负责一级开发，为统筹城市功能和产业发展目标，2015 年完成了控规工作调整。目前，西区Ⅱ处于项目前期手续办理过程中，作为丰台园待开发的土地空间资源，西区Ⅱ具有交通位置便利、生态环境优美、规划设计超前的独特优势，未来将建设成为中关村丰台园的战略新兴产业集聚区。

2012 年 10 月，国务院同意了中关村国家自主创新示范区空间规模和布局的调整，丰台园面积由 8.18 平方公里调整为 17.63 平方公里，新增加了丽泽金融商务区、二七车辆厂、二七机车厂、首钢动漫城、永定河文化产业集聚区、应急救援创新园等区域。

伴随着面积的扩大，科技园的规划和建设水平也在不断提升：一是空间规划，由东区一期控制性规划到三期控制性规划和城市设计的模式，再到西区Ⅰ控制性规划、生态指标体系和城市设计等模式，保障了城市空间品质的不断提升；二是开发模式，由一期单宗土地出让企业自行开发到二期组团开发，再到三期单宗土地出让企业自行开发和组团开发相结合的模式，不仅加快了开发的速度，而且更好地满足了企业的需求。

未来科技园的发展同样充满信心，各区块分工明确，产业相互融合发展。东区将成为功能复合、环境优美的北京西南部城市的中心，西区将成为生态创智新城。

3. "高精尖"① 的产业结构

如果用一个词来形容丰台科技园，相信很多人会选择"科技""高精尖"或者"前沿"，实际上，还有一个词不应该被忽略，那就是"创

① 指高级、精密、尖端的技术或产品。

新"。某种程度上，科技园 20 多年的发展史，就是一部创新史。面对变幻莫测的经济形势，科技园的领导层，总能与时俱进，敏锐地发现一个又一个新的经济增长点，不断地更新着科技园的发展定位，优化升级产业结构。二十多年来，科技园的产业方向不断从价值链的低端向高端转型，从加工制造向科技研发、决策管理、资本运营和财务结算转变，已形成轨道交通、航空航天两大千亿级产业集群及电子信息、生物与新医药、先进制造与自动化和新材料产业等四个百亿级产业集群的"2+4"产业布局。目前，科技园已入驻企业 20000 余家，包括中国中铁、中国通号、交控科技、米波通信、华电重工、当升科技等行业内的领军企业。想要说清科技园是如何一步步发展成现在的"高精尖"产业格局，还要从它建立之初说起。

在上世纪 90 年代，科技园发展的第一阶段，也就是俗称的一期建设中，园区定位为科技工业园，虽然不乏有动力源这样的一批科技型企业入驻，但整体上还是以传统的加工制造业为主，业态相对低端，产品附加值不高。此外，一期的开发方式采用土地招商，即是将市政做到位，将土地转让给工业项目。但是，在一期建设后期，随着地价的上涨，真正做工业的企业并不多，很多企业拿到土地后，多数做成了可以转让或出租的写字楼或其他房产，原因是什么呢？道理很简单，即企业用这片地，不做工业而做成房产，房产的收益明显更大。这不禁引起科技园领导层的思考：在这片土地上，究竟还适不适合搞工业？

进入 21 世纪，科技园开始重新定位开发模式，决定建设以商务办公为核心的高科技商务花园。随着功能定位的转变，再加上土地成本不断上升等因素，科技园的低端的生产制造企业不断外迁，中央企业、上市公司、地方进京企业的总部不断聚集，从而推动丰台科技园由传统的科技工业园转型为全国知名的总部经济集聚区，也由此完成一次产业结构的优化升级。

经过十多年的发展，随着大型总部企业不断入驻，科技园以总部经济为特色、以高新技术产业为主导，以高技术服务业和文化创意产业为补充的产业体系基本形成。在这种趋势下，丰台科技园逐步形成"2+4"的产业布局，共同构建"高精尖"的经济结构。

　　轨道交通和航空航天是科技园两大主导特色的千亿级产业集群。"千亿级"，顾名思义，是指这两个产业集群的年总收入能够达到上千亿元人民币。从这个数量级不难看出，这两大产业之于科技园，甚至丰台区的重要意义。实际上，这两大产业集群集聚丰台，并非偶然。首先，丰台自古就是京城通往外地的咽喉要道，北京第一座火车站就在丰台，现如今的北京西站、南站及即将改建完成的丰台站仍然坐落在丰台。此外，丰台还是北京市最密集的航空航天人才聚集地，智力资源总量和密集程度很高，拥有航天一院、三院、七院、军事医学科学院、冶金工业自动化研究院及中国兵器集团201所等众多国家重点科研院所。由此可见，丰台的轨道交通及航空航天资源极其丰富，在科技园形成产业集群也就不足为奇。

　　轨道交通，可以说是丰台科技园最具特色也是最具规模的产业。现在已形成以国家级"一个集群、一个试点、两个基地"①和市级"两个基地"②为特色的轨道交通产业集群，拥有1家轨道交通国家工程研究中心、1家国家工程实验室、4家国家级企业技术中心、3家市级工程技术研究中心。这么庞大的产业集群，聚集了轨道交通领域的重点企业140余家。其中，包括以中国中铁、中国通号为代表的全球知名的轨道交通龙头企业，以及以国内首创完全自主研发的地铁全自动驾驶线路的交控科技为代表的民营企业。整个产业集群，不仅从企业性质上涵盖了国企及民企，在产业领域还涵盖了轨道交通的全产业链。这意味着在设计勘察、通信信号、智能控制和运营服务等高端环节都占据高地，形成了轨道交通研发、工程、信号、制造、检修等产业链条完整、上下游配套齐全的特色和优势，在我国的轨道交通建设中发挥了极其重要的作用。2016年，丰

---

① 分别是：国家级轨道交通创新型产业集群（培育），国家高端装备制造业"轨道交通装备"标准化试点，国家新型工业化产业示范基地，国家轨道交通高新技术产业化基地。
② 分别是：北京市外贸转型升级示范基地，北京市新型工业化产业示范基地。

台科技园成功获批"国家高端装备制造业（轨道交通装备）标准化试点"。这是北京市首个国家级科技创新品牌,也是全国轨道交通产业中首个"标准化"园区品牌。

另一个千亿级的产业集群——航空航天,同样是丰台科技园的创新亮点。作为颇具影响力的航空航天科技创新示范基地,园区现有航空航天重点企业100余家,代表企业包括威标至远、元六鸿远、海丰通航、米波通信、阳光凯讯、爱科迪、埃洛克、国卫星通、金泰众和等一批航空航天企业。此外,航天科技集团、航天科工集团、兵器工业集团、船舶工业集团、船舶重工集团、电子科技集团名下的近50家企业入驻园区,且涉及到国家多项航天项目。

除了两大千亿产业集群,四个百亿级产业集群也各有其独特之处。

在电子信息领域,园区聚集了一批包括东方通、海鑫科金、兴竹同智、捷世智通等具有独特代表性的企业。这些企业在经济发展、社会进步和应急安全中做出了积极贡献。东方通公司是中国领先的基础软件产品及云计算、大数据解决方案提供商,曾参与国家"核高基"重大专项课题的研制工作,曾荣获国务院颁发的"国家科技进步二等奖"。不仅为党政机关办公的基础软件进行了优化提升,也有利于打破国外操作系统的垄断,维护国家信息安全。海鑫科金公司是另一个典型代表,作为一个专注于人脸识别及指掌纹技术的企业,能够利用多生物特征及大数据技术识别居民身份,像我们现在去办身份证或者电子护照,所用到的指纹登记技术,多半都是由海鑫科金公司提供。不仅如此,全国公安系统的刑侦指纹领域,有三分之二的用户都选择海鑫科金公司来提供技术支撑。

在新材料领域,园区同样聚集了一批像当升科技、北矿科技、太空智造等技术密集、产品附加值高及市场应用范围广的代表企业。

在先进制造与自动化领域,园区聚集了包括华电重工、国网富达、天路通等具有先进技术水平的智能制造类企业。其中,华电重工公司的新一代"四卷筒抓斗卸船机"是一种将煤炭、矿石等物料从海运船舶上接卸到码头的专用港口机械,广泛应用于电厂、钢厂和港口码头的核心

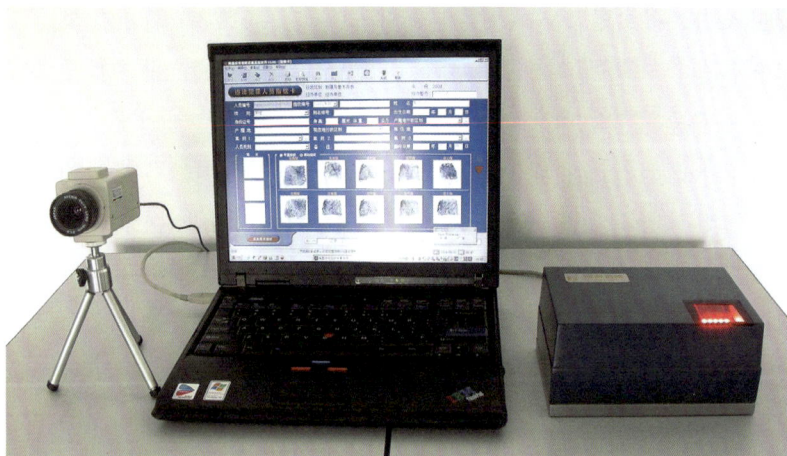

中关村丰台园企业海鑫科金的人脸识别系统（中关村丰台园供图）

装备，属于国家鼓励发展的重大技术装备，颇有扬我国威的风采。我国从 2006 年起从国外引进该设备，但由于受到技术封锁，导致设备价格高，后期维护成本大等。为实现替代进口，中国华电围绕四卷筒抓斗卸船机关键技术开展技术攻关，终于取得技术突破，实现此领域的进口替代，并荣获北京市科学技术奖三等奖。此外，国网富达公司的输变电设备状态监测系统处于国际先进水平，电力特种装备技术方面多项成果填补了国内空白。天路通公司独创的"全气动干式吸尘车"技术获得中国发明专利权，经国家权威机构鉴定属于世界首创技术，拥有独立的知识产权。

最后一个百亿级产业集群是生物与新医药，在此领域，园区生物医药囊括了制药领域的生物药、中药、化学药、新制剂以及生物技术各类企业。这里既包括北京科园信海、国药控股北京天星普信、北方生物技术研究所等国有大型企业，又包括谊安医疗、京卫医药集团等重点民营企业。基于生物医药产业特点，经过多年的培育和发展，目前已形成一套较好的专门针对初创期企业的孵化扶持体系和多层次、多元化的实验室共享体系。这其中以京卫生物科技孵化器与京卫燕康药物研究所共享实验室、北京九州通科技孵化器、缓控释制剂实验室、液体制剂共享实验室及中试车间为典型。

4. 科技企业孵化器的排头兵

在中国，企业孵化器也被称为高新技术创业服务中心。主要通过为新创办的科技型中小企业提供物理空间和基础设施及一系列的服务支持，进而降低创业者的创业风险和创业成本，从而提高创业成功率，促进科技成果转化，培养成功的企业和企业家。通俗来讲，所谓孵化器，就是修建一个集中的场所，把高科技企业请进来，让一些发明创造在此转化为产品。众所周知，很多科技成果无法产业化，主要是缺乏适宜的"空气"与"温度"，许多科学家毕其一生的发明创造束之高阁也是因为缺乏必要的支持。而在90年代中期，当许多人还不知道"孵化器"为何物的时候，丰台区就已经出现这样的机构。

1994年1月，中关村科技园丰台园区科技创业服务中心正式挂牌运营。这个由北京市政府和丰台区政府领导建设，中关村科技园丰台园区实施管理的科创服务中心，从此开始担负起助推丰台科技腾飞的使命。1996年10月，经联合国开发计划署考察，国家科委批准，中心成为全国首批三家"国际企业孵化器（IBI）"建设试点单位之一，于1998年被评为国家级创业服务中心，并获国家科技部颁发的火炬管理先进奖。2000年被评为北京市创业孵化基地之一，2001年被评为国家高新区先进孵化服务机构。

进入21世纪，孵化器的概念逐步被人们所熟知，国家科技部大力推进孵化器的建设工作，北京市政府开始启动"首都248工程"，丰台园科技创业服务中心的社会影响力也在不断扩大。2000年，中心打造以孵化器为载体、分工精细化的公共服务平台，创建"5+2"孵化培育模式，即以五大服务体系为基础，加上分级分类孵化和巡诊式服务，将服务理念运用到实际的孵化服务中去，使孵化服务与企业需求有效对接。看似复杂的孵化模式，其实操作起来非常简单：科创中心在企业数据库中选出上百家企业作为重点联系单位，实行员工对重点企业一带五的贴近服务，通过走访巡查，及时为企业排忧解难，提供实质性的帮助。这其中就包括邀请企业家、金融机构、业界人士同企业分享创业心得、政策趋势等的培训服务；开通中英文网站和多媒体触摸信息查询系统，为中心及入孵企业提供更便捷、更高效的信息服务；与北京工业大学等高校、科研院所、孵化器分中心签署共用实验室服务；与北京科技投资有限公司、中关村科技投资、担保公司、中信实业银行等金融机构合作，为园区中小企业提供投融资服务；建成一个包括工商代理、会计师事务所、律师事务所、投资咨询公司、ISO9000 认证机构在内的较为完善的中介服务体系，使中心内的企业足不出户就能享受到全方位、全过程的中介服务。

也同样是在 2000 年，科创中心开始尝试"盘活闲置资源、输出品牌管理"的发展模式，借助品牌的辐射力和园区的政策环境，不断整合空间资源。经过十几年的建设发展，中心通过与园区内国企、央企、民营企业的楼宇合作，相继建成了北京赛欧科园科技孵化中心、丰台科技园光机电孵化中心、阳光四季孵化中心等 23 幢孵化大楼，16 个孵化器分中心，30 万平方米的孵化器网络，形成了以信息技术、生物医药、节能环保、新材料为主导的，长达 5 公里的带状孵化器产业集群，即我们俗称的科技孵化一条街。而丰台园孵化器网络的建立方式，也被业内专家誉为独具特色的"丰台模式"。中心于 2015 年被授牌"创新型孵化器"，2016 年被科技部评为国家级"众创空间"。

科创中心以其特有的品牌优势与规范服务，为入孵企业提供了从企业注册咨询、创业融资到产品出口一条龙全方位服务，使许多创业者趋之若鹜，涌现出一批孵化成功的典型企业。

北京药林分子医学技术有限公司开发的新产品"康爱新生素"问世后，在申请国际专利与开拓市场时因资金严重缺乏，两次面临困境。中心热情相助，为其筹资与担保贷款共 80 万元，如今"康爱新生素"已成为市场上受患者欢迎的抗癌新药。另一家受益公司为 2016 年 3 月入驻丰台园科创中心的北京翰宁智能科技有限责任公司。翰宁智能主要从事移动机器人分拣系统以及协作型机器人手臂技术研发以及应用，力争实现在无人力协助、无照明灯的仓库下分拣货品的智能工厂的目标。成立之初，科创中心不仅帮助其完成工商登记注册的全套手续，全额补贴登记注册费用，而且还协助其申请了中关村海归人才创业资金，获得 10 万元无偿资助，以解企业成立之初资金紧张的燃眉之急。同时，为满足翰宁公司保护知识产权的要求，科创中心推荐相应知识产权公司，协助其申请产权专利。目前，翰宁正在申请 10 多项著作权、发明专利、实用新型专利和外观专利，部分专利已获批，并注册了中英文商标和品牌宣言。经过十多年的发展，科创中心已成为我国众多孵化器中为数不多的德高望重的元老与排头兵之一，将继续为中小型企业发展提供服务与帮助。

作为我国最早的一批"国际企业孵化器"的试点单位，科创中心一直是国际化的先行者，走向世界，参与世界级的竞争责无旁贷。中心自成立以来，始终以帮助欧美和亚太地区的企业、研究开发机构、海外学子进入中国市场，扶持国内高新技术企业成长壮大为宗旨，从而促进中外企业间的科技交流合作，加速中国高新技术产业的国际化进程。1997 年，中心与芬兰坦培雷海乐米亚科技中心互派研修生，进行了广泛的合作。1998 年，中心和芬兰坦培雷海乐米亚科技中心正式结为姐妹园区。2000 年，中心和莫斯科国际企业孵化中心签订了友好协议。2001 年 9 月 10 日至 22 日，中心成功举办了第一期"科技型中小企业技术创新国际研讨班"。这次研讨班的主题是加强与发展中国家的科技合作与交流，介绍我国在促进中小型科技企业技术创新方面的经验，推动我国科技成果出口，同时也借此机会了解和学习其他国家的经验。自 2001 年至今，科创中心共承办国际研讨班 20 期，培训了来自欧、美、亚、非等地区 61 个国家的 399 名学员，达成国际科技合作 300 余项，与 30 多个国家的科技园及孵化器组织建立了长久而紧密的合作关系，有效促进了丰台园科技企业项目的国际交流与合作。

"十三五"期间，丰台区建成孵化器、众创空间 47 家，其中国家级孵化器 9 家，国家备案众创空间 11 家，市级众创空间 17 家，中关村创新型孵化器 9 家，中关村硬科技孵化器 1 家，累计在孵企业 5800 余家。科技创新平台建设再上台阶，现拥有国家和市级工程实验室、工程（技术）

研究中心 24 家，国家和市级企业技术中心 61 家，聚集了丰台区 90% 以上的高质量创新创业孵化平台。

5. 良好的营商环境

对于营商环境和企业之间的关系，曾有这样一个生动的比喻："企业家是候鸟，哪里的营商环境好，它就在哪里停，就在哪里生长。"的确，良好的营商环境是滋养企业发展、创新创业的丰厚土壤。换句话说，企业的壮大，创新创业的活跃，一刻也离不开良好的营商环境。良好的营商环境就是有这样的魔力，能够激发各类市场主体的活力，同时吸引资金、人才、技术等各种发展要素的聚集。党的十八大以来，为更好地建设现代化经济体系，推动高质量发展，各级党委和政府都把进一步优化营商环境摆到了突出位置。面对国内外对于良好营商环境的迫切需求，丰台科技园积极改善营商环境，不断调整经济发展思路，着力点也逐渐由"抓项目"转向"造环境"。

国家轨道交通高新技术产业化基地——中关村丰台园夜景（赵湘明摄影）

　　"造环境"大致分为两个方面，一是软环境，二是硬环境。硬环境主要是指交通、绿化等基础配套设施情况。在交通环境方面，丰台科技园优势明显，周边不仅有地铁9号线、14号线、10号线，而且与北京西站和北京南站紧密相连，更重要的是随着新机场的建设，新机场快轨、新机场高速、京台高速和京开高速等"一轨三高速"通车后，其交通更加便捷。此外，园区及周边共有7处公交场站，设置首末线10条，过境线12条，以满足高峰时段公交出行目标需求。园区还积极发展"智能交通管理系统"，通过采集、分析、处理和发布交通信息，不仅可以帮助人们合理选择道路，方便出行，还可以统筹区内交通灯号的运作，安排改道，及时应对交通突发情况。可以说，园区构建的快速、绿色、智能的交通体系，将实现外部和内部交通的无缝衔接。

385

　　为了完善配套建设，避免"空城""鬼城"现象的出现，丰台园加快推动功能配套区的建设。在生产功能的基础上，积极发展生产性和生活性服务功能，通过建设优质写字楼及知名医院、学校、居住、商业服务、

休闲娱乐等设施,引导"产业 + 生活"融合互动发展,打造"星级服务 + 家"具有社区特色的园区。比如八大银行入驻园区,建设和引进万达广场、资和信、华夏幸福金街等一批文化娱乐服务业项目,以及口腔医院、天坛医院等医疗资源,让这里既是园区,又是城市,既有产业,又有生活。

优化营商环境是一个系统工程,既要改善基础设施等硬环境,更要在提高服务水平、营造法治环境等软环境建设上有新突破,更好发挥制度的支撑、保障、激励作用。其中,公共服务就是营商环境的首个试金石。为创新管理服务体系,科技园根据企业的需要,进一步整合园区的服务职能,为企业提供绿色通道服务,创造性地建立一个"企业服务中

中关村丰台园良好的营商环境(丰台区委宣传部供图)

心""一个窗口"的办公模式。这个窗口能够整合工商、税务、质监、公安、统计等部门的审批程序和审批需求，统一相关文书，开发联动审批平台，使申请人可以一次性完成营业执照、税务登记证、组织机构代码证、公章等证照文印的办理，有效压缩审批时限，切实提升行政审批效率与质量。作为窗口试点首家受益的高新技术企业——盛华聚龙（北京）金融服务有限公司，在现场不到3分钟就办理提交了各项手续。此外，园区还为企业提供互动交流平台，定期召开项目对接会、项目申报辅导会，参观重点项目等，加强对企业和项目的宣传推广。

除了公共服务的因素，政策支持也是提升软环境的重要一环。良好的营商环境离不开优惠政策的扶持和倾斜，好的政策的制定，必然会带来良好的营商环境，二者息息相关。丰台科技园属于国家级开发区，享受国家和中关村科技园扶持高新技术产业的优惠政策。同时，丰台区政府也相继在人才、技术、市场等领域，出台相应的优惠政策。

人才作为创新之本，是创新型经济发展的根本保障，通过引进一批优秀人才，带回一批高科技专利，造就一批高端项目，带动产业内高效发展是每个科技园人才政策的终极目标和诉求。在人才引进方面，科技园的指标占到全区的1/3。同时，想要保证人才"引得来、留得下"，营造适宜的创新创业环境、舒适的居住条件也是必不可少的。在这方面，科技园也是诚意十足。首先，为完善企业人才培育

服务体系，园区会为企业提供人才招聘、选拔及人力资源测评等服务。此外，还在全国首创"蜗租房"制度，解决人才的住房需求。通过多方整合闲置房源，由区级平台公司统一租赁，实行政策性补贴，以低于市场价租与园区人才。

在技术领域，最能体现政策力度的当属建设院士专家服务中心和院士专家工作站的数量。两院院士是各领域的领军人物，都是承担国家科技重大专项、参与国家重大科技基础设施建设的带头人。从 2011 年，中关村丰台园院士专家服务中心成立至今，已建立 21 家院士专家工作站。通过在企业中建立院士专家工作站，园区已吸引中国科学院和中国工程院的 36 名院士进站开展高端项目研发、高层次人才培养、科技指导和交流等工作，涉及包括轨道交通、生物医药、计算机信息、冶金化工、通信信号等多个专业领域。其中，京卫药业集团聘请的孙燕院士常年从事肿瘤内科的临床治疗和实验研究，身兼中国癌症研究基金会副理事长、WHO 癌症专家咨询委员会委员等数职，是内科肿瘤领域的领军人物之一。在他的参与协调下，京卫医药科技集团成功开展了抗肿瘤临床免疫学研究，获取生物技术多肽及单体药用研究等多项成果。同时，针对孙燕院士"贞芪参"项目，工作站组织强大科研团队，与中国医科院肿瘤医院、肿瘤研究所和北师大化学院韩梅教授共同申报科技部"863 计划生物和医药技术领域 2014 年备选项目"。此外，园区还与北京工业大学、中科院等多所高校、科研单位、在孵企业合作，搭建公共实验服务平台，提供给园区的企业；与天津、上海科技园合作组建"京津沪科技服务优势共同体"，打造跨地域、跨国界合作服务平台；还与国外 24 家科研机构和大学建立国际互联互通关系；打造知识产权保护和技术成果推广平台。

在企业急需融资和市场领域，丰台科技园也给予一定的优惠政策，以营造良好的营商环境。同时，积极鼓励企业上市融资，对此类企业的最高奖励可达到 350 万元。2019 年 1 月 4 日，为了更好地解决入园企业的痛点难点问题，构建具有丰台园特色的高精尖产业体系和科技创新格局，科技园正式发布《中关村科技园区丰台园支持高精尖产业发展和科技创新的措施》，简称"丰台园创新十二条"，覆盖 500 余家企业，金额约 2.5 亿元。园区积极支持企业拓展市场，将更多创新能力强、市场前景好、技术含量高的企业产品推荐进入市、区及中关村政府采购目录；在同等条件下优先采购园区企业产品。比如，天路通多功能清洁车参与北京"7·21"暴雨灾后建设，中景橙石透水砖进入北京奥运停车场、西安园博园建设。另外，海军也可通过目录了解园区军品生产企业，先后就有三家军品企业产品成功进入海军领域。

"栽下梧桐树，引得凤凰来"，一个地方打造营商环境，最终目的是要聚企业聚人心。营商环境好，已有企业才能留得住，发展得好，外来企业才会想进来创业兴业，各个方面的积极性和创造性才能充分涌流。从这个意义上说，优化营商环境就是解放生产力，提升竞争力。"十三五"期间，丰台区利用新技术、新平台，以精细化、精准化为导向，丰富服务内容，提升服务效率，优化园区营商环境。如建立微信服务号、启用微信小程序"服务丰向标"等，搭建企业服务工作联动平台。通过"企业家顾问委员会"等平台组织，重点企业"晚餐会"、"服务管家"等工作机制，实现个性化、精细化服务。其中，重点企业"晚餐会"交流平台，由政府主要领导、委办局负责人定期与区域重点企业负责人近距离交流，现场办公，解决企业实际经营中遇到的问题。良好的营商环境，正在助力丰台园这个崛起中的创新高地扬帆远航，奋进新时代。

豐臺行

廣甸演迤連豐臺

豐臺村景殊他哉

郭駝遺風雜種樹

殷七妙術蒸花開

丙申仲春御題　乾隆御製 [印]

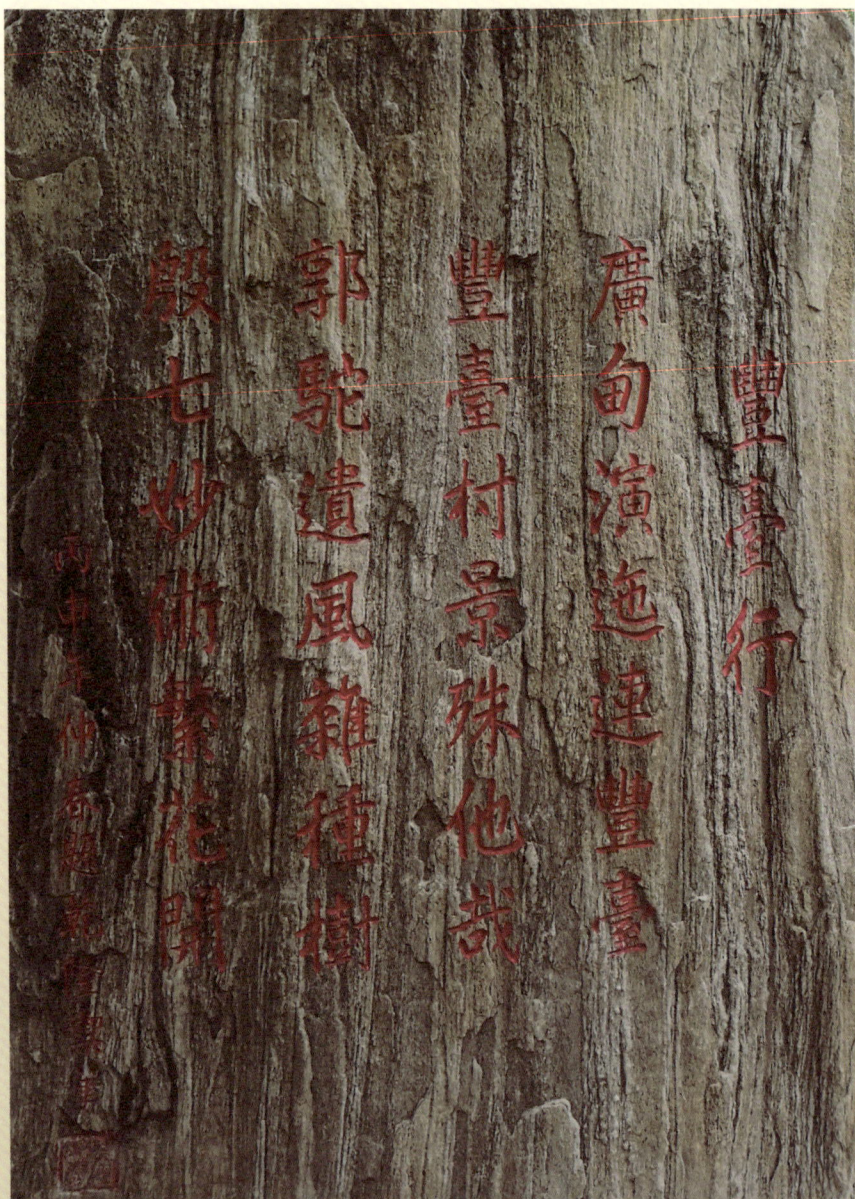

刻于丰台花园的乾隆御制诗《丰台行》（丰台区委党史办供图）

花絮趣闻

1. 丰台大营今何在

在二月河所著的历史小说中，丰台大营被描写得绘声绘色，《雍正皇帝·九王夺嫡》第 51 回 "丰台营胤祥夺兵权 畅春园雍正登大宝" 中有这样一段情节："胤祥是从丰台大营赶来的。丰台大营的提督成文运接到何柱儿传来的口谕，命他率领全军至畅春园勤王……胤祥冷冰冰横了一眼成文运，问鄂伦岱：'这个妨害军务的家伙是谁？我怎么不认得？'鄂伦岱一脸不屑的神气，答道：'二等虾①，丰台提督成文运！''你就是丰台提督？'胤祥格格一笑，倏地又敛了笑容，'从现在起，你不是了！革去你的职衔，随军行动，巴结得好，十三爷一高兴，没准顶子还给你。'"故事编得有鼻子有眼，让人不信都难。由于在二月河小说基础上改编的电视剧《雍正王朝》颇具社会影响，"丰台大营"被传得越来越神，致使很多人把小说情节当成了历史，并在网上做起了考证和诠释。我们不禁要问，在清朝康熙、雍正年间真有所谓的"丰台大营"吗？真正的丰台兵营是什么时候形成的？

我们知道，丰台在近代史上是重要的军事重镇，在丰台镇分布着东

---

① 二等虾系指二等侍卫。清小横香室主人《清朝野史大观》卷二《挑虾家》："有顺治十八年《缙绅册》，上刻御前一等虾某、二等虾某、三等虾某。则虾是清话官名。" 同书卷二《前清宫词百首》："满洲语谓侍卫曰虾。"

西两处面积较大的军用仓库，称为东仓库和西仓库。卢沟桥、长辛店、南苑等地也驻有重兵。如果形象地把丰台夸大为"大营"也不为过！然而位于丰台镇的兵营，则是清末的产物，更准确一些说，大致形成于19世纪末20世纪初。至于卢沟桥和南苑两地的驻军尽管清初就存在，但当时军队的数量很少，像卢沟桥仅驻有一个拱极营。现在我们有必要把丰台地区兵营形成的来龙去脉大致地说一说。

关于丰台地区驻军，所见文字记载，最早为明熹宗天启元年十二月，明朝政府在长辛店、大井、柳巷、五里店、太平圩等处修筑墩堡，每墩堡宿兵10人，卢沟桥设立巡检卫兵20人。明崇祯十三年（1640），又在卢沟桥东岸拱极城中设卫兵，在城墙上盖兵房，特设参将加以监管，防止李自成起义军进犯北京。

拱极营是清代拱卫京师的一座兵营，但它的规模太小，拱极城中仅有数百名兵丁，远不及小说所说的丰台大营。当地民谣传："小小拱极城，城门三百三十钉。城上三百三十垛口，城内三百三十兵。"由此可见一斑！除拱极营外，在清代乾隆四年（1739）之前，清政府在永定河南北两岸设有永定河营，有兵1200人，石景山有河兵30人，分为千总、把总管辖。乾隆四年，设守备统辖两岸河兵。乾隆五十六年（1791），增设协办守备。嘉庆十六年（1811），设都司1人，下辖守备、协办守备各1人，南北岸千总各1人，把总各2人，凤河东堤把总1人，石景山水关外委1人，永定河南北岸外委各1人，外委9人，额外外委15人，兵1589人，担负永定河防汛任务，受永定河道节制，驻卢沟桥东路南。由此可以看出，尽管永定河营的兵力有1500余人，但兵力分布比较分散，而且主要负责防汛，因而它也不可能是丰台大营。

实际上，在清代作为皇家狩猎之所的南苑确实驻有八旗精兵，主要有骁骑营和神机营等。清朝康熙年间，骁骑营的一部驻扎于南苑，乾隆四年十一月，乾隆皇帝在南苑晾鹰台大阅骁骑营、护军营、前锋营及火器营。

太平天国运动爆发后，清政府出于拱卫京师安全的需要，在周边设置营寨，驻有兵丁，其中有丰台安营、大井伏兵、莲花池伏兵、分中寺安营等等。1900 年八国联军入侵北京，1901 年依据《辛丑条约》关于允许外国军队在北京和从北京到山海关沿线的 12 个重要地区驻扎的规定，英军在丰台设立兵营，当地人称"鬼子营盘"，在今丰台镇东部。应该说，从清代晚期开始，丰台才真正驻有兵营。丰台大营从这个时候算起，还算是勉强说得通。1936 年，日军制造华北事变，进驻位于丰台镇的原英军兵营，并将北孔庄子、南孔庄子（部分）、松树坟村、七间房、孟家大院、后泥洼、周庄子（部分）、七里庄（部分）的居民赶走，在此建营房，当地人称"东仓库"。1937 年 7 月底，日军圈占大井村南 6000 多亩土地，拆除杜村、朱庄子、新房庄、武庄子、大和店村、程庄子（部分）、李庄子（部分）等村庄，建成大型仓库，仓库内设有铁路专用线，储存武器、弹药等军需物资。抗日战争胜利后，国民党第十六军第二十二师驻扎丰台，1947 年，国民政府装甲车教导总队也驻扎丰台镇，南苑有美军飞机场驻团管区高射炮团。1948 年，傅作义所辖的第三十五军驻扎丰台，国民党宪兵第十九团的大部也驻扎于丰台。同年 12 月，第三十五军调往张家口，结果在新保安被人民解放军彻底歼灭。傅作义调第一〇一军至丰台、宛平一带驻防，丰台可以说真正成为军事大营。但此时的国民党政权已经是穷途末路，行将灭亡。丰台解放后，丰台镇东仓库为中国人民解放军部分后勤及科研单位的驻所，西仓库为中国人民解放军总后勤部驻所。

2. 芍药种植甲天下

芍药原产我国，在秦岭、大别山、京西百花山等地均有野生品种，我国栽培芍药已有 2000 多年的历史。古代扬州栽培最盛，而京畿西南的丰台在明代就是著名芍药种植地。

清初《春明梦余录》记载道："右安门外西南，泉源涌出，为草桥河。接连丰台，为近郊养花之所……京师花贾，皆于此培养花木，四时不绝，而春时芍药，尤甲天下。"《清一统志》说："丰台在宛平县西南草桥南，为京师种花之所。芍药之盛，连畦接畛，弥野绚烂。"更有力的佐证是一生流连风景又喜吟诗作赋的乾隆皇帝的御制诗："丰台仍是旧名呼，接畛连畦种植俱。点缀韶光宁可少？偷移天巧得曾无？幻开顷刻欺殷七，下策火攻学阿奴。日下南门精数典，谓当花事祝蕃庑。"由上述文献可以得知，丰台草桥一带，不仅养花历史悠久，养花技术高超，而且花的品种很多，尤其以芍药最为有名。

为什么丰台草桥一带能够种植芍药呢？从《春明梦余录》的记载可以知道，这里有充沛的水源，有排水良好的沙质壤土，气候条件又能满足芍药耐寒喜阳、忌湿畏热的要求。

当然，除了名甲天下的芍药以外，花乡的牡丹、海棠、菊花等花卉培植也非常出名。《北京黄土岗花卉栽培》显示，这里的花卉有 339 种，在植物分类学上隶属 91 个种 220 个属。从花卉栽培技术和特点上区分，可以有温室花卉、露地草花、花木三大类。一方水土养一方人，在共同的气候特征下，不同村落在土壤、水分方面的细微差别，往往影响到具体花卉的种植。经过历代花农的摸索，各个村子都有自己擅长栽培的花卉种类，自然而然地形成了某种花卉的集中分布区。比如，郭公庄、白盆窑、黄土岗一带，在沙质土壤上培养的芍药最著名。民国期间郭公庄种植的芍药多达上百亩，栽培品种繁多，有酒白、杨妃、南红、小叶杨、金镶子、粉妆楼等，其中"郭公庄红"等名贵品种赢得了"丰台芍药甲天下"的美誉。

新中国成立以后，顺应农村社会主义建设的形势，丰台花乡的花卉种植业走上了集体化生产的道路。1951 年出现了以养花为主的互助组，1954 年草桥村 14 户花农成立了我国第一个鲜花生产合作社。1958 年，黄土岗人民公社将全公社的花队合并为园艺大队，使草桥、黄土岗、樊家村、郑王坟一带的花卉连成一片。

改革开放后，花乡的花卉生产在经营方式、种植面积、技术创新等方面呈现出崭新的面貌。2005 年，花乡草桥村投资 1.5 亿元建成占地面积 41.8 公顷、集天下奇花异草于一身的"北京世界花卉大观园"。

花艺师们在进行奥运颁奖花束技术演练（丰台区委宣传部供图）

该园由 15 个室外花园广场和总面积三万平方米的七大温室组成。花园广场中既有体现民族特色的百花广场、水花园、牡丹园，又有颇具异国风情的凡尔赛园、俄罗斯园、荷兰园。花卉大观园的建成，带动了"盛世艺园""南国水乡"和"花港渔家"三座大型生态餐厅的产业发展，增强了花乡花卉产业的品牌效应，在丰台区经济发展布局中占有重要地位。

在 2008 年北京奥运会期间，不仅 6000 余束奥运会颁奖花束"红红火火"来自花乡，而且北京的机场、道路、赛场、饭店等地的花卉景观布置，也有 70% 出自花乡人民之手。

2019 年 5 月 1 日，正在延庆区举办的北京世界园艺博览会举行了牡丹芍药国际竞赛颁奖典礼，全世界共有 2753 件作品参赛，丰台区喜获二金奖、二铜奖，其中花乡李淑贤选送的百年牡丹获得金奖，白盆窑花卉中心选送的切花芍药获得一金奖二铜奖。辛劳智慧的花乡人民用实际行动传承着"丰台芍药甲天下"的不朽美名。

3. 国家非遗太平鼓

关于怪村太平鼓，最吸引人的一则新闻是《给力！王佐镇怪村太平鼓亮相德国科隆》。

我们不禁产生一连串的疑问：怪村在哪儿？为什么会叫这个名字呢？怪村太平鼓有什么特别的吗？

怪村位于丰台区王佐镇的西南部，交通便利，环境优美，文化厚重，六环路穿村而过，是一处依山傍水、风景优美、一听名字便令人们顿怀猎奇之心的村庄。

传说村里曾经有条河，河边长有一种不知名的黑紫色水草，草茎坚韧，虽长在河边，却从不沾水。最令人称奇的是，冬天河水结冰或河流干涸断流时，这种水草表面看上去是枯萎了，但是等到春天来临时，它又"活"了过来，呈现出生机勃勃的景象。怪村村民认为这种草冬天虽枯不死，十分奇特，便叫它"怪草"，怪村也因此得名"怪草村"，后被叫作"怪村"。①

只有耳闻的"怪草"传说在民间口口相传，很少有人见过"怪草"，其实怪村的来历另有其说法，它可能同村附近的一处土坨有关。光绪十五年（1889）的《良乡县志》中称该村为"怪坨村"，1924年的《京兆良乡县地图》和1936年的《良乡县新舆图》也都标注为"怪坨村"。后来，"怪坨村"简称为"怪村"，怪村之名由此而来。今天，人们来到怪村，也看不到土坨当年的神怪形状，看到的是极具视觉冲击的怪村太平鼓，这项民间技艺已传承200多年，直到今天还从村民手中发出一串串象征着吉祥平安的音符。

太平鼓源自一种祭祀仪式，最早出现在我国的隋唐时期，人们为了乞求风调雨顺，歌颂太平盛世，打起鼓，载歌载舞来表达自己的心情，所以人们就把这种鼓叫作太平鼓了。经过多年积累和沉淀，太平鼓在明代成为灯市的表演节目。《帝京景物略》中记载："童子捶鼓，傍夕

---

① 《怪村概况》，见于"怪村空间"微信公众号2018年10月23日。

向晓，曰太平鼓。"说明太平鼓流传到民间后逐渐盛行起来。到了清代，兴盛于京城内外的太平鼓发展日趋成熟。建国后，太平鼓从老百姓自娱自乐的民间艺术开始走向舞台，成为京西地区广泛的民间文娱活动，王佐镇怪村的太平鼓表演最为出色，家家有鼓，人人能打，深受观众喜爱。可别小看这种民间的艺术形式，要想登台表演还需要进行专门训练呢！

2008年6月，怪村太平鼓被列为第二批国家级非物质文化遗产保护项目。在中央电视台2016年《非遗中国行·怪村太平鼓》电视栏目中，挪威小伙儿约翰来到了怪村。他对中国民俗文化十分热爱，看到村民们在跳太平鼓舞，便想跟村民们学上一段，尽管约翰十分卖力，但很难掌握其中的要领。除了文化方面的鸿沟，太平鼓本身的戏路也花样繁多，不经过专门的训练，其中的要领是很难理解和表达出来的。

太平鼓真的就是这样"可远观而不可亵玩焉"吗？

目前来说,怪村太平鼓的表演形式通常分为演奏和舞蹈两大部分（有的还有唱曲），在鼓点特点和律动特点上独具风格。

由于演奏部位不同，表演太平鼓时可分为鼓芯、鼓边、鼓环等八种鼓点，演奏方法有独奏、重奏、对奏等20余种，击鼓时配合"抖环"，音色与鼓声不同，清脆、明快，舞步轻巧，舞姿柔韧。鼓点不同，搭配的舞蹈动作也不同。怪村太平鼓的动作灵感全部来源于老百姓的耕作和生活。"编花篱笆""斗公鸡""追鼓""拉抽屉""卧娃娃""三人两头忙""推磨"，这些看起来只是我们生活中的日常动作，却被机智灵巧的怪村人改编成了太平鼓舞的舞蹈元素，腾挪跳跃之间流露出了村民们对民间传统艺术的喜爱和对美丽农村建设成果的自豪，同时也印证了那句"艺术源于生活，又高于生活"的哲理。怪村太平鼓的唱曲是在表演时打一段鼓唱一段词，目前能收集到的只有"十二月歌"和"绳歌"。音乐则以地方民间小调为主。怪村太平鼓老艺人们在继承传统的基础上，创新出了具有地方特色与符合时代发展的新式唱词，如《青龙湖畔》：

青龙湖畔好风光，

彩蝶纷飞百鸟唱，

男女老少欢欢喜喜，

太平年，

欢歌笑语响四方。①

太平鼓在表演时边打边舞，打起鼓来人舞鼓、鼓缠人，舞动起来，女性动作小巧妩媚，男性动作刚劲有力，舞离不开鼓点，鼓点又随舞而变化，成双成对，你追我赶，随着几十种表演套路的变化，形成人鼓合一的最高境界。经过多年发展，怪村太平鼓逐渐成为具有北京特色的民间舞蹈，多次参加国家级、市级、区级重大表演活动。

399

除了参加表演，怪村太平鼓老艺人们特别注重文化传承，2015 年 10 月 14 日在中央民族大学附属中学丰台实验学校正式启动了怪村太平鼓进校园项目，怪村太平鼓的第三代传承人吕翠琴老师亲临现场向学生传播怪村太平鼓文化，还在学校内建立太平鼓社团，从娃娃开始，传承与保护怪村太平鼓文化，让这项国家级非物质文化遗产薪火相传。

怪村太平鼓在"传下去"的同时，也不断尝试着"走出去"。2016 年第五届北京特色周，高雄现场，太平鼓表演首次亮相宝岛台湾。2017 年 8 月，怪村太平鼓表演队伍参加了德国科隆市第三届中国节活动，为科隆市民和游客献上了两场展现中华优秀传统文化的精彩演出。

近年来，随着怪村太平鼓、卢沟桥传说、米粮屯高跷、铁营花钹大鼓等文化风俗活动在国内外舞台上大放异彩，丰台区围绕丰台特色大做文章，紧扣区域优质文化品牌，重点推出"花香丰台""梨园戏韵""文创精品进校园进社区""文创集市"等一系列具有"丰台味道"的文化消费主题活动，推动丰台民俗文化活动迎来又一个春天。

① 《您不知道的怪村太平鼓之花样繁多》，"怪村空间"微信公众号 2018 年 10 月 31 日。

国家级非遗项目——怪村太平鼓（刘学忠摄影）

4. 辽金旧迹镇岗塔

在长辛店镇张家坟村和云岗街道交界的云岗山坡上，矗立着一座有着 800 多年历史的镇岗塔，它是北京现存屈指可数的辽金古塔，它像一位历史老人站在西南山区古道的山坡上，遥望着北京城。

站在 18 米高的镇岗塔前，我们看到的是古代建筑的艺术精品。据罗哲文等著《中国名塔》介绍，塔的底座为八角形，每边长 3 米，总周长 24 米。基座上部用砖雕制出斗拱，在拱眼壁上雕刻盛开的盆花、凶猛的兽头，每面都由短檐、斗拱、瑞兽构成一幅独立画面。西北面拱眼的画面最传神，壁下雕有神像，中间者为鹰嘴，右手执锤，形象生动，有如传说中的雷公；旁边左为文官，右为武士，雕刻均极精细。东、南、西、北四正面为菱形格子门，其余四面作直棂窗。

顺着塔身往上看，是一个须弥座，座上密布七层佛龛相错环绕而上，且逐渐向内收拢。每层各有佛龛 18 个，内有石雕佛像。第一层佛龛为重层楼阁式方塔，自第二层以上均为单层亭式方塔，每面雕有坐佛像，有的高举双手，有的单手独举，有的双手合十，神态生动庄严。

镇岗塔是一座浓缩了古代建筑艺术精华的实心花塔。在佛教中，花塔又称华塔，是对《华严经》中所描绘的华藏世界的立体呈现。镇岗塔弱化了登高眺览、导航引渡等实用功能，突出了佛教义理的艺术表达。它的四门八面塔身，对应着佛教揭示生命本质的苦、集、灭、道四圣谛，以及正见、正思维、正语、正业、正命、正精进、正念、正定的八种离苦得乐之道。整座塔喻示着《华严经》描绘的宇宙图景，莲苞状塔冠喻示由地水火风组成的物质世界——香水海，七层塔冠上的 111 个亭阁式佛龛，喻示着香水海中的 111 个世界种，每个亭阁式佛龛喻示着一个世界种，而每个世界种中都包含 20 重世界，每重世界里都有无数个类似娑婆世界（银河系）似的星系，地球所在的娑婆世界（银河系），和西方极乐世界都在同一个世界种的第 13 重世界中，这些未知世界等待人们去探索。

镇岗塔的具体建造年代和功能作用已不可考，也就给了人们无限的遐想空间，关于镇岗塔的由来，云岗一带流传着许多美丽传说和历史趣闻。有的说这里有庇佑后代昌盛的龙穴，有的说镇岗塔有着"宝塔镇乌龙，万岁得安宁"的镇邪除恶作用，有的说镇岗塔建造在地势险要的山岗上是"保护帝王江山"所必需的。

历经 800 多年的沧桑巨变，镇岗塔也有着自己曲折的艰辛历程。据云岗的老人讲，抗日战争时期，日军试图盗取塔中宝物，多次以塔为靶发射炮弹，炸毁了塔刹，日军仍不罢休，又在塔下埋炸药炸塔，把塔的下半部炸开一个 1 米深的大洞，但古塔依然屹立不倒。附近的百姓听说后都来到塔下以身护塔，日本兵眼见盗宝不成，又怀疑是神灵显圣，只好作罢。

建国后，镇岗塔得到很好的保护。1957 年，镇岗塔被公布为北京市重点文物保护单位。1958 年进行了一次修整，补砌了被日军炸毁的部分塔基。1959 年，张家坟桥西边的山坡被开辟成道路，行人车辆可以直接

镇岗塔雪景（丰台区文化旅游委供图）

往西行驶，不用往北绕弯了。

改革开放后，原来的弯路全部建成柏油路，镇岗塔下的道路成为如今的镇岗塔路。1982年镇岗塔也经整修后焕然一新，重修塔基并安装了避雷针，加固了古塔北侧的护坡。2013年，镇岗塔被公布为全国重点文物保护单位。

5. 南顶赛马留诗文

碧霞元君是中国古代祠祀的道教女神。据清代《嵩庵闲话》记载，北宋大中祥符元年（1008），宋真宗登泰山封禅，于山顶玉女池洗手，一石人浮出水面，出而涤之，为玉女。皇帝遂命人以玉石仿刻，并于次年建昭真祠，号圣帝玉女，封为天仙玉女碧霞元君。民间称碧霞元君为"泰山老奶奶""泰山老母"，是中国古代妇女信奉的主要偶像。明清时期的老北京对碧霞元君格外青睐，专门供奉的宫观达三十多处。其中有五座位于老北京五个方位的"娘娘庙",或受皇家敕建,或民间香火旺盛,被老百姓誉为"五顶"。北京城郊的"五顶",功能各有特色,西顶为皇太后祝厘之所;北顶、东顶侧重民间物资交流,中顶以社火、走会为主;而南顶独以跑车、赛马名冠京城。"五顶"中以"南顶"最为突出。

"南顶",位于永定门外北京南中轴线的东侧,南濒九龙山、凉水河。清代震钧《天咫偶闻》中描写道:"永定门外碧霞元君庙,俗称南顶,旧有九龙冈,环植桃柳万株,南邻草桥河。五月初,游人麇集,支苇为棚,饮于河上。亦有歌者侑酒,竟日喧阗。""娘娘庙"建于明正德五年(1510),当时名为御制灵通庙,庙内留有碑刻叙述修建成因。清康熙五十二年(1713)重修。乾隆三十八年(1773)在清理凉水河的同时,拨帑再度重修。

南顶山门外左右两侧各有牌坊,左曰"广生"(外侧),曰"长养",右曰"群育"(外侧),曰"蕃滋"。庙内有三重大殿,前殿奉碧霞元君,额曰"神烛碧虚",联曰"宝范流慈辉紫极,珠宫耀采丽青霄"。中殿奉东岳大帝,额曰"神功出震",联曰"德并春阳生万汇,名标震旦峙中天"。后殿奉斗姥,额曰"妙握璿杓",联曰"永镇天枢司橐籥,普延人纪荷生成"。不同凡响的是,庙内外所有的匾额及对联,都是乾隆皇帝的御笔亲书。

每年农历四月十八是碧霞元君诞辰日,包括"北顶""中顶""东顶""西顶"在内的所有"娘娘宫""娘娘庙",都会举办庙会。唯独"南顶"庙会的开庙日期错后到每年的阴历五月一日至十五日,历时半月之久。"南顶"庙会开庙之日,先要由庙里的道士们带领众香客敬诵经咒,顶礼神明,最后才是"南顶"庙会的特色项目,规模盛大的赛马与赛车。

一年一度的骏马赛与华车赛,纯由民间自发形成,不论车、马、赛制,均无严格的要求规范。其形式,主要是马主、车主们赶着自己的宝马靓车,先在永定门外的沙子口集合,然后由沙子口列队出发,往南顶庙、九龙山一带,像巡游似的跑一趟。庙会期间,永定门外的沙子口至南顶庙、九龙山一线,布满了临时搭起来的席帐、茶棚,座座帐棚上都红灯高挂,彩旗飘摆。有跑马赛车的日子,赛道两边站满了围观的人们。京城内外的驾驭高手们也早都纵马驱车而至,耀武扬威地排列在马道上,准备一展风采。一时间人喧马嘶，好不热闹。

"南顶"的赛马，不仅要比速度，更要比稳健。比赛时，骑马者必须稳稳不动，马疾驰如电，且平稳如船，方被视为上等之马。倘若马匹胡乱蹦跳，行程时不能走直线，便会遭到众人的奚落。马的种类极其讲究，所选马种多是来自新疆伊犁或内蒙古河套地区的身段好、体格壮的彪马。若相比之下谁的马显得羸弱，就会被淘汰。

除赛马外，还有一项重要的内容，便是赛车。赛车的形式同赛马大同小异，普通的跑车与北方的旧式轿车没有什么区别，而那些官宦贵胄的赛车则非常讲究，车上围着棚帐，多为彩缎所制，并镶上白铜什件，各种花纹，车的两旁各有 5 个窗，后面 3 个窗，共计 13 个窗，俗称为"十三太保"，冬天镶上玻璃，夏天饰以黑纱，车的轴轮比起普通的轮要细一些，据说这种轴轮是由山西人发明的，因而又称为"山西鞘"，这种赛车不仅高大华丽，且奔跑速度相当快。比赛一开始，数十辆跑车便拥挤在满是尘土和污泥的跑道上肆意狂奔。倘若这辆车又快又稳，骑乘的人姿态优美，便会赢得围观者连声喝彩。倘若骑乘姿势不佳，再加上车的质量很差，马匹躁动不安，胡乱冲撞，便会遭到人们的嘲讽。

跑到"南顶"后，人们便遛马凉水河畔，畅饮九龙山前。《草珠一串》说得好："但开南顶极喧哗，近水河棚数十家。纨绔子弟归更晚，天桥南面跑新车。"《续都门竹枝词》中说："南顶烧香浪荡多，扇摇丰润帽香河。游行杂踏争驰逐，道上纷纷跑热车。"《都门杂咏》中的"南顶"一诗也说："南城一出醉无涯，倦眼时醒眺望赊。多少少年归去晚，天桥一路跑飞车。"

南顶的赛马和跑车是古代丰台地区颇具特色的民俗活动，这一传统绵延持续了数百年时间，在清代盛极一时。但这一赛马、赛车的庙会风俗，因规则、秩序、治安、监管的缺失，而带有一定的危险性。民国后，南顶的赛马活动就被禁止了。现在我们徘徊在这一带，凉水河北岸曾经石坊巍峨、殿宇森然的南顶，曾经风光旖旎的九龙坡和宽敞的跑马道，早已连同凉水河上的永胜桥及南岸的大红门而销声匿迹了。我们只能从有关"南顶"的风俗文献，从马场、马村等地名由来的传说中，去遥想昔日此地赛马、赛车的情形了。

6. 友好公社传佳话

2012 年 4 月 26 日，本着"互尊互助、互利共赢、开放包容"的原则，中国同中东欧 16 个国家的领导人在波兰首都华沙聚会，正式启动了中国—中东欧国家合作，简称"16+1 合作"。2013 年，中东欧国家对中国提出的"一带一路"倡议响应积极。2019 年 4 月，随着希腊的加入，中国—中东欧国家合作由"16+1"正式扩容为"17+1"。中国同中东欧国家的"17+1 合作"和"一带一路"共建，不仅促进了双方的经济发展与文化交流，还增强了双方的政治互信和传统友谊。看到今日的辉煌，回顾以往奋斗的历程，我们真切地感到新中国对外交往的步伐是这样铿锵有力，其中，友好农业社的发展至今令人津津乐道。

中华人民共和国成立后，当时的苏联、中东欧等社会主义国家纷纷与新中国建立友好关系。而双方友好农业社的建立，就是这种友好关系的具体体现。从上世纪 50 年代后期至 60 年代初，北京市先后在郊区，与捷克斯洛伐克、匈牙利、罗马尼亚等 12 个中东欧国家建立了 12 个人民友好公社。现今丰台区的长辛店镇、花乡和卢沟桥乡也就有幸成为了"中捷友好人民公社""中匈友好人民公社"和"中罗友好人民公社"。

中捷友好社是丰台区对外友好交往社中最早成立的一个。1950 年，捷克斯洛伐克驻华使馆工作人员便来到张郭庄村参观访问。村民随即给捷克斯洛伐克总统哥特瓦尔德写信，向其介绍了中国新农村的生产、生活情况。1952 年 4 月，以捷克斯洛伐克宣传文化部长柯别茨基为团长的

20 世纪 70 年代，中捷友好人民公社（长辛店公社）的社员进行技术革新（丰台区委党史办供图）

代表团来到张郭庄进行专访，转达了总统哥特瓦尔德的问候，并转交了总统的亲笔信和签名照片。1953年，在捷克斯洛伐克农业科学院院士道比尔的建议下，经两国政府核准，维纳尔日采村统一农业社与张郭庄村建立正式友好关系。同年4月26日，捷副总理柯别茨基、农业部长维波穆斯基，中国驻捷大使谭希林参加了维纳尔日采村与张郭庄村友好日活动，将维纳尔日采村统一农业社命名为捷中友好统一农业合作社。同年秋天，张郭庄也将农业社改名为中捷友谊农业社。1956年4月24日，在张郭庄村与维纳尔日采村建立友好关系三周年之际，经北京市委批准，张郭庄农业合作社正式更名为中捷友好农业生产合作社。1959年10月，长辛店人民公社被北京市委命名为"北京市丰台区长辛店中捷友好人民公社"。此后，每逢两国国庆或者重大节日，双方都会邀请对方参加庆祝活动。通过中捷人民的互相问候、互相支持，带来两国之间更广泛、更正式的官方活动，并经由政府的牵线搭桥，不断加深两国人民的友谊。正如习近平总书记2016年访问捷克时所说的那样："在那个两国人民携手与共的建设年代，一批批捷克专家、工程师不远万里来到中国，为中国建设提供了宝贵的支持和援助。"1993年1月1日，捷克共和国成为独立的主权国家。2016年，中捷友好交往全面提升，建立战略伙伴关系。同年4月19日，丰台区与捷克共和国布拉格市第八区结成友好区。

20世纪50年代，随着中国与匈牙利两国关系的日益密切，地区间的交往也愈加频繁。1960年4月3日，黄土岗人民公社正式与匈牙利的贝尔卡道农业合作社建立友好关系，被命名为"中匈友好人民公社"。第二天，新华社播发了题为《象征着中匈两国人民友谊牢不可破，黄土岗公社命名为"中匈友好人民公社"》的电讯稿。六十年代后期，受国际形势变化和我国"文化大革命"影响，两个友好公社之间来往几乎中断。改革开放以后，我国开始逐步恢复与东欧国家政府和民间的交流。1983年4月22日至23日，匈牙利贝尔卡道农业社马扎尔率领匈中友好代表团一行14人前来访问，中方给予了高规格的接待，代表团回国后介绍了中国改革开放后的发展情况，引起极大关注。1984年7月至8月，黄土岗中匈友好人民公社组团到匈牙利进行回访，参观了匈中友好社的企业、牧场、果园、酿酒厂，并到社员家中做客，《布达佩斯日报》头版报道了访问情况。2000年4月，在中匈友好人民公社与匈牙利贝尔卡道农业合作社结成友好社40周年之际，花乡党委和政府举办了中匈友好社建立40周年庆祝活动。匈牙利客人观看了"两社友好40周年成就展""花乡改革开放20年成果展"；参观了花乡花卉市场、草桥玉花园和欣园小区的农民家庭。2001年7月30日至8月11日，花乡人民政府组成代表团回访匈牙利。为了推动两国民间友好交往，寻求更广泛的合作与交流，经双方协商，一致同意在原有两社合作的基础上，建立两社所在乡即中国花乡与匈牙利费耶尔州贝尔卡道乡的乡级友好关系，并签署了相关协议。此后，匈牙利贝尔卡道乡和花乡多次互访，两个乡的友好关系保持至今。

在丰台区的三个对外友好社中，卢沟桥中罗友好人民公社是交往规格最高的。1964年8月20日，卢沟桥人民公社更名为"卢沟桥中罗友好人民公社"。10月4日，布加勒斯特州斯洛博济亚县蒙特尼—布泽乌乡集体农庄也被命名为"蒙特尼—布泽乌罗中友好集体农庄"，从此开始了两大农业友好社之间的密切交往。

中罗两国友好合作社交往中，最重要的一次是1966年6月22日周恩来对蒙特尼—布泽乌乡罗中友好农业生产合作社的访问。周恩来到访那天，社员们个个喜气洋洋，他们穿上自己最漂亮的民族服装，摘下最鲜艳的花朵，提前好几个小时就扶老携幼到大路两旁准备迎接中国客人。下午四时许，当周恩来一行进入村口时，排列在道路两旁的社员群众，立即爆发出暴风雨般的掌声和雷鸣般的欢呼声，热情高呼："罗中两国人民友谊万岁！"周恩来下车后和迎上前来的罗中友好农业生产合作社主席乔·吉察热烈握手和拥抱。一群穿着鲜艳民族服装的姑娘跑上前去把一束束鲜花献给中国客人，一位双鬓斑白的老社员向周恩来献了面包和盐，用最隆重的民族迎宾仪式欢迎周恩来等中国客人。周恩来听取了乔·吉察关于这个社的发展历史和在合作化后农牧业生产成就的介绍。随后，参观了罗中友好农业生产合作社的养牛场和生长茁壮的小麦、玉米和向日葵，以及用北京卢沟桥中罗友好人民公社赠送的玉米种子种植的试验田。在随后举行的近万人的盛大隆重的欢迎集会中，乔·吉察主席代表全体社员对周恩来的来访表示热烈欢迎。吉察主席还详细叙述了罗中友好农业生产合作社和北京卢沟桥中罗友好人民公社的密切联系，并请周恩来转达他们全体社员对中国人民诚挚的兄弟般的友情。周恩来率领的中国党政代表团从布加勒斯特到罗中友好农业生产合作社的往返途中，受到了成千上万的社员和居民的热情欢迎，他们排在公路两旁，挥动着中罗两国国旗，用热烈的掌声和欢呼声向中国客人致意。1971 年 6 月，罗共总书记、罗马尼亚国务委员会主席齐奥塞斯库率领罗党政代表团，对中国进行正式访问。访问期间到了中罗友好人民公社参观，这里的生产生活情况以及社员们对罗马尼亚人民的真挚热烈的感情，给他留下了深刻的印象。1989 年，罗马尼亚和东欧一些国家经历了政治动荡，社会政治制度发生变化，但是，两国对继续保持和发展中罗友好关系的愿望和决心并没有改变。2004 年 6 月 13 日，中罗建立全面友好合作伙伴关系。2005 年 6 月 21 日，布加勒斯特与北京结为友好城市。截至 2017 年 7 月，中罗两国共有 33 对城市结为友好城市。

"国之交在于民相亲，民相亲在于心相通。"可以说，正是始自上世纪五六十年代，中国同中东欧国家间友好公社的建立，正是双方人民间的诚挚交往，为当今中国同中东欧国家"17+1 合作"和"一带一路"共建，打下了坚实的基础。如今，双方的合作，也早已从最初的农业等领域，扩展到了高铁、路桥等基础设施建设领域和航空、纳米、生物、核电等高技术领域。

7. 首都菜篮新发地

现如今说起新发地，不用说北京人，就是在全国，也是鼎鼎大名。提起新发地，人们第一印象就是这里是北京最大的"菜篮子"、最大的"果盘子"。新发地农产品批发市场的交易量、交易额已连续十多年稳居全国第一，"新发地"三个字几乎成为中国农产品的代名词。

"新发地"的名称由来已久，至少在民国初年就已经出现。1993 年版《丰台区地名志》曾认为，"新发地原名新坟地，住房集中在东侧海子墙故址土坡上，最早居民为看坟户，守护连片的坟地。1958 年填平坟地辟为农田，新坟地随之改为新发地，并逐渐成为新的聚落点"。然而这种说法是不正确的，因为早在 1915 年中华民国内务部职方司测绘处绘制的《实测京师四郊地图》上，此处村落的标名就是新发地。

新发地一带因全是沙壤质褐潮土，又在永定河冲积扇上，水肥条件俱佳，本就适宜种植，加上就近京城，蔬菜需求量大，历史上一直就是城里居民的蔬菜供应地。截止到上世纪 80 年代末，此间蔬菜的年上市量已达 1043 万公斤。可就是这么大的蔬菜产量，对于城市规模及人口爆炸式增长的北京来说，仍无异于杯水车薪。为保障首都供给，外地果蔬源源不断地涌了过来。一时间，农副产品批发市场的建立就成了当务之急。

关于新发地农副产品批发市场的建设，有这样一段经历：早在 80 年代中期，新发地这里就形成了马路市场，主要是交易蔬菜、水果和其他农副产品。随着改革开放的深入，国家统一收购蔬菜的政策被取消，新发地的马路市场便越加红火。然而这种摆摊占地的散乱市场，既影响交通，又造成严重脏乱差现象。为此，村委会多次组织人员轰赶无照摊贩，清理大量垃圾；但是这些无照摊贩越轰越多，无序经营造成的市场乱象和成堆的垃圾始终难以解决，搞得全村上下颇为头疼。后来，区工商局的同志出了个主意，与其这样劳神费力、毫无效果地"轰"，不如像海淀区的大钟寺那样建个市场，把这些摊贩组织起来，给他们提供良好的经营场所。受此启发，村委会立刻组织人到大钟寺农产品批发市场观摩考察，这一考察果然是受益匪浅，于是村委会在广泛征求村民意见的基础上，召开会议，决定在新发地建一个以批发和零售农副产品为主的农贸市场。村委会随即将本村的建议报请区、乡两级政府。丰台区和花乡政府对新发地村的这一做法给予大力支持，建议很快就获得批准。1988 年 5 月 16 日，一个占地只有 15 亩，管理人员只有 15 名，启动资金仅 15 万，连围墙都没有的小市场便开始运作了，它就是今天的新发地农产品批发市场的雏形。

409

20 世纪 90 年代初的北京新发地农产品批发市场（丰台区委党史办供图）

　　经过 30 年的建设和发展，新发地农产品批发市场现已形成了以蔬菜、果品批发为龙头，肉类、粮油、水产、调料等农副产品综合批发交易的格局。市场日吞吐蔬菜 2 万吨、果品 2 万吨、生猪 3500 多头、羊 2000 多只、牛 150 多头、水产 1800 多吨，承担了首都 80% 以上的农产品供应。新发地市场的农产品价格指数早已成为引领中国农产品市场价格的风向标和晴雨表。2011 年，"新发地"商标被国家工商总局认定为全国驰名商标，这在全国所有农产品批发市场中实属首创，市场还先后荣获"全国文明市场""农业产业国家重点龙头企业"等 200 余个荣誉称号。

　　进入新时代以来，按照习近平视察北京时提出的"要调整疏解非首都核心功能，优化三次产业结构，优化产业特别是工业项目选择，突出高端化、服务化、集聚化、融合化、低碳化，有效控制人口规模，增强区域人口均衡分布，促进区域均衡发展"①的指示精神，从 2014 年开始，新发地市场着力于经营方式转变和业态升级。到 2019 年底，新发地市场

① 引自中共北京市委编《习近平关于北京工作论述摘编》第 21 页"在北京考察工作时的讲话（2014 年 2 月 25 日、26 日），《人民日报》2014 年 2 月 27 日"，并对照《人民日报》2014 年 2 月 27 日第四版。

已在全国农产品主产区投资建设了 15 家分市场和 200 多万亩基地。"秋香"苹果、"安林"樱桃、"勇习"大葱、"谷龙"毛豆等农产品，都实现了从"摆摊设点""提篮叫卖"，到"超市专柜""品牌经营"的转变，解决了农产品"丰产不丰收"的困境，完成了"叫响一个品牌、拉动一个产业、富裕一方百姓"的使命。此外，为稳定首都农产品价格，新发地市场还在北京市区成立了 200 多家便民菜店，300 多辆便民直通车穿梭京城，全市型农产品配送枢纽的功能正日益凸显。便民菜店里设有监控，从新发地市场就可以看到各个店里的供销情况。蔬菜直通车可以解决便民菜店铺位紧张问题，一辆车服务三个小区，且必须做到车走地净。在以新发地为首的全市各农产品批发市场的一致努力下，北京在全国 38 个大中城市蔬菜价格的对比中，连续多年处于中低价位，真正实现了物美价廉，惠及百姓。

8. "古城群星"耀京华

丰台区有个奇怪的地片名称，名叫"蒲黄榆"，初到这里的人听到这一地名，总是为之一愣，"捕黄鱼"？啥意思？这满是楼群的地方，有啥黄鱼可捕的？其实他们是不了解这里的历史，不知道"蒲黄榆"这一地名原是由蒲庄、黄土坑、榆树村三村合并而来的。他们更不清楚，蒲黄榆的地名演变正是方庄地区城市建设的历史见证。

今天的方庄，既是一个区片名称，也是一个地区办事处名称，它位于丰台区的东端，东与朝阳区十八里店乡相邻，南至南三环东路，西与东铁匠营街道相接，北与东城区龙潭街道隔河相望，面积有 5.53 平方公里，常住人口超过 8 万人。然而最初的方庄不过是永定门外的一个小的村落，因明末内阁首辅方从哲在此建有庄园，故名方家庄，后被简称为"方庄"。提起这位方首辅，大概是明代最懦弱寡断的"宰相"，他任职期间，宫廷内部发生了颇为诡异的"三大案"，方从哲首鼠两端，调解各方不力，遭到东林党人的强烈攻击，最终不得不隐退。方从哲虽然治国无方，他的侄孙方国栋则颇有作为，在百姓中的口碑也相当好。清世祖顺治十六年（1659），方国栋出任广东按察使佥事，他微服私访，平反了一起冤案，被平反者感激涕零，准备以"白银数千"作为酬答。方国栋凛然正气地说："吾悯若无辜耳，奈何污我！"结果分文不收。方国栋为官一任，造福一方，百姓都非常感激他，想为他建生祠，被他断然制止。康熙十六年（1677），方国栋病逝。墓志铭记录的方家庄就是今天的方庄。

　　方庄尽管因方从哲、方国栋这两位历史名人而载于史志，但直至上世纪 80 年代前，这里依然是植桑播谷、炊烟袅袅的农业村落，它与临近的蒲庄、黄土坑、榆树村一道组成南苑乡蒲黄榆大队，村落周边满是粮田和菜地。然而这一切，都在 1984 年得到了彻底的改变。就在这一年的 8 月 23 日，经北京市市长办公会正式决定，蒲黄榆大队和成寿寺大队 10 个半生产小队的 1052 户 3369 人要实行一次性转居，腾出土地建设方庄住宅区。1985 年 5 月 25 日，方庄地区办事处正式成立后，在市、区领导的直接指挥下，配合北京城建集团第一城市建设开发公司，开始了方庄的建设历程。1985 年 6 月 8 日，市政道路工程破土动工。1986 年 9 月 15 日，市、区两级领导为工程奠基，方庄小区住宅建设正式开始。小区内分为四个居民区，取名为芳古园、芳城园、芳群园、芳星园，取"古城群星"之意。经过十几年的建设，到 1998 年 6 月，建成住宅和配套设施 136 栋约 250 万平方米，基本形成了现在的格局。

　　方庄小区的建设一直受到党和国家领导人的高度重视。国家副主席荣毅仁曾亲临施工工地，指导建设。1990 年 4 月 29 日，改革开放的总设计师邓小平在北京市副市长张百发的陪同下视察正在建设中的方庄小区，他为能在北京城南建造如此高水准的住宅楼群感到由衷的欣慰。方庄小区建成后，吸引了来自五大洲的贵宾前来参观游览，其中包括古巴领导人菲德尔·卡斯特罗、巴勒斯坦领导人亚西尔·阿拉法特等。阿拉法特在参观后，曾无比羡慕地说："我们建国后，一定要建设这样中国模式的城市！"

　　阿拉法特为什么对方庄小区如此羡慕呢？原来，方庄小区在北京的城市建设史上创造了十个"之最"或"第一"！它是北京市最早实现突破性发展的现代化综合大型住宅区，也是当时亚洲规模最大的住宅区；

它是北京市最早对个人销售商品房（内销），并对港澳和外籍人士售房的住宅区；它是 80 年代北京市接待国内外宾客学习、参观，访问人数最多的住宅区；它是国内第一个高标准配套的住宅区；它是北京市第一个规划同步建设集中供热厂、污水处理厂、变电站等大型配套设施的住宅区；它是北京市第一个拥有社区开放公园和完善体育设施的住宅区，也是最早开展全民健身的住宅区；它是全国第一个在居住区实施无障碍建设的社区，也是当时亚洲仅有的两个无障碍小区之一。方庄住宅小区是丰台城市建设发展史上一座里程碑，有力地提高了丰台区在全市乃至全国的形象和知名度。

方庄小区建成后，吸引了外交部、经贸部、文化部、全国侨联等众多的中央国家机关的干部在此居住，并汇集了大量的社会名流、艺术家、外交官。为打造丰台区新名片，丰台区委、区政府在方庄建设三十年之际，又制定了方庄地区区域环境综合提升三年规划，2014 年，方庄地区全面启动了"五大提升"工程:即道路设施提升工程，绿化美化提升工程，市容市貌提升工程，人居环境提升工程和文明素质提升工程。经过三年的努力，樱花大街、海棠大街、春花园、月季园、群乐园等"三街四园"建设全部完工，蒲方路、芳星路等道路改造工作全部到位，城市家居改造、道路绿化等项目顺利竣工，地区环境品质进一步改善，具有方庄地区特色、花红草绿、整齐美观、别具一格、亮点纷呈的区域景观初步形成，"环境优美、秩序良好、文明祥和、宜居宜业"的新方庄正在呈现。

现在的方庄小区拥有居民住宅楼 229 栋，楼门 668 个，另有三片平房区（分钟寺五队、左外关厢、胡村）。芳古园是住宅区公共活动中心，有方庄体育公园；芳城园建有象征"二龙戏珠"的高层建筑与低层花园式住宅；芳群园以高层三叉塔式联体住宅楼围成的环形空间为公共活动中心；芳星园以三组大平台式超高层住宅组团为主体，有天桥将三台与公共建筑连成一体。除"古城群星"之外，这里还有两处居住区，即群星园和紫芳园。美轮美奂、鳞次栉比的高层楼宇，把整个方庄小区变成一座巨大的城市迷宫。小区内商铺林立，有方庄购物中心、家乐福、物美等大型商超市场，给居民带来了极大的方便。方庄有一条著名的蒲方路美食街，蒲方路两边分布着很多餐馆，例如金山城、小土豆、金鼎轩、金汉斯、大清花、海底捞、老西安饭庄、汉拿山烤肉等等，芳星路口还建有"方庄篁街"停车楼标志的建筑，在2018年1月12日《北京晚报》的报道中，把这里誉为"世界食堂"。

方庄作为北京市最早建设的大型现代化城市住宅区，经过三十多年的发展，群众文体活动已经有了一定的基础，现有合唱、舞蹈、民乐、健身操、太极拳、戏曲、书画、武术、葫芦丝演奏等文体团队80余支，每年开展活动近百场，增强了居民的文化认同感，满足了群众对文化生活多元化的需求。方庄地区坚持"一社区一对策一特色"，大力推进一刻钟文化服务圈建设，连续举办十届文化体育节，开展丰富多彩的活动。地区积极探索创新工作模式，2013年成立了方庄文化协会，围绕"政府搭台、民间参与、社区配合、百姓受益"的目标，发挥社会组织作用，实现群众文化活动的自我服务、自我管理、自我发展、自我推进。

北京方庄小区一隅（丰台区委党史办翻拍）

9. 一日游遍全世界

说起出国旅游，对于现在的中国人来说简直是再平常不过的事，像欧洲四国 12 日游、日本大阪—京都—东京 7 日游，美国纽约—费城—波士顿—华盛顿 7 日游，泰国普吉岛 6 日游等等，有的线路报价才两三千元，即便是低收入家庭也完全能承受。然而，在上世纪 90 年代初，出国旅游对于绝大多数中国人来说还是一件可求而不可即的事。人们对世界的了解大多是从书籍、报刊、广播、电视和影像作品中获得。当人们随着《正大综艺》中那句"不看不知道，世界真奇妙"的主题词，在梦境中徜徉于金字塔、巴黎圣母院、比萨斜塔、帕特农神庙等世界著名建筑的时候，相信很多人都会这样想，要是自己的家门口有这样一座公园，将世界上自然与人文景观收入其中，可以在一日内就游遍全世界该有多好！这个梦想，在 1993 年实现了，它就是位于丰台区花乡境内的北京世界公园。

在北京建一座集世界名胜的游览公园，创意源于北京八中同学会，其会员、在美国留学八年归国的金伯宏是重要策划人之一，他给花乡提供了许多世界著名景点的照片和资料。乡领导及时抓住这个信息，多次召开会议，提出解放思想，开拓思路[①]。他们感到，在 90 年代初，神话宫、影视城、仿古建筑风起云涌的时候，应该独辟蹊径，创造性地提出建立一个"让中国人一天游遍世界，让外国人见景思念故乡"，集世界名胜之大成，融人类文化于一体的大比例微缩景观公园的设想。他们走出家门，跨出国门，分别考察了美国的"迪士尼乐园"、荷兰的"小人国"、深圳的"锦绣中华"等人造微缩景观，从而坚定了建世界公园的信心和决心。

在此基础上，丰台区和花乡两级领导对世界公园的建设进行了可行性分析，认为：第一，随着人民生活水平的不断提高，在基本解决了温饱问题后，对更高质量的文化生活有了较迫切的需求，发展旅游业前景看好。建公园的指导思想应以吸引国内游客为主，国外游客为辅。第二，改革开放以来，中国人民与外界的沟通增多，人们出国欲望增强，但从实际

[①] 杨宗奎《世界公园成功经验给我们的启示》，《北京党史研究》，1998 年第 2 期。

国情看，90% 以上的人出不了国。建一座世界公园，开一扇使国人了解世界的窗口，圆一个出国的梦，迎合国人的心理需要，有很大的市场潜力，会有较好的经济、社会效益。第三，在北京建世界公园有得天独厚的优势。北京是首都，各国使馆在此，除本市居民外，每天川流不息的来京办事人员和中外游客数百万，是永不枯竭的客源，世界公园会成为北京新型的旅游景点。第四，比照北京市内著名景点，如颐和园、天坛、北海等公园，测算世界公园建成后，每天如能有 3000 游客，仅门票收入公园就能正常运转，超出就会创利，如果每天能接待一万人，经济效益就非常可观。第五，位于区内的北京西客站即将建成，西客站距世界公园仅六七公里，公园所处位置交通便利，三环路就在附近，紧挨四环路，距天安门只有十几公里，驱车只需 20 分钟，只要能与市内公园游览人数持平，两年内即可收回投资。

在建设资金上，原来想利用外资，结果谈了一年多都没有谈成。于是丰台区主要领导召开了区四套班子会议，作出决定：区里投资 25%，花乡投资 75%，区乡合作共建世界公园。资金解决后，世界公园规划设计便紧锣密鼓地进行。为此，区政府邀请了北京建工学院、清华大学、北京建筑设计院三大单位承担总方案的设计，各拿三个方案，从规划、设计到景点安排、园林建设等都请专家论证，先后论证修改 17 次，由九个方案变为五个、三个，经过反复筛选，最后敲定了最佳蓝图。在公园的布局上，突出亚洲的古老文明，欧洲的繁荣和建筑特色，美洲的现代化和科学技术。公园大门要体现中西合璧，雄伟壮观，表明世界公园建在中国。进入公园第一大景点选用意大利台地园，以突出规模宏大、结构新颖，给游人以深刻印象。整个公园用美国的金门大桥、英国的伦敦大桥、意大利著名水城威尼斯里阿托大桥、土耳其大桥和悉尼大铁桥将五大洲连接起来，给人一个整体感觉。

在首都北京兴建这样一个大型公园，必须得到市委、市政府甚至中央的同意。为此，丰台区政府下决心建世界公园后，通过汇报，得到了市委、市政府的重视和大力支持。市政府常务会进行了研究，协调了各方面关系，经首都绿化委员会的努力，请江泽民、李鹏、乔石、杨尚昆、万里、李瑞环、宋平、刘华清等党和国家领导人于 1991 年 4 月 7 日来到园址植树，并听取了当时主管城建的副区长关于建设世界公园的汇报，得到了中央领导的赞同。市首都规划委员会很快审批通过了建园规划方案，市计委以最快的速度批准了立项。市有关部、委、办、局、区一路绿灯，办好了开工的一切手续。区政府出面协调银行，保证建设资金按时到位，协调区属各部门，积极为公园建设帮忙服务，确保世界公园如期建设，按时开园。

各项准备工作就绪后，接下来就是高速度、高质量地建设。要保证工程质量和速度，关键在于精心设计、精心组织、精心施工。为此丰台区请来了一批有影响的建筑、园林、规划、工艺美术和民俗艺术权威，包括建筑大师张开济，高级建筑师杨世信，规划大师陈与祥、金瓯卜，园林绿化大师汪菊源，工艺美术大师刘开渠、袁运甫等，请他们当公园建设的顾问，在规划、设计、绿化等方面严格把关。公园建设完全按基建程序办理，先铺设地下管线，后地上建设，边建设边绿化，绿化、施工同步进行。

在工程招标时，区、乡领导及各部门认真讨论，测算，估算。为保证工程质量，防止发生不廉洁行为，工程指挥部订立了一条规定：招标、议标及与施工单位签订合同，一律由集体拍板，出了问题坚决追究责任，决不姑息。为保证施工质量，指挥部经常派人到施工单位现场考察其实力，并确保工程用真材实料，不能用代用品。三个月签订了 100 多份合同，迅速完成了开工前最关键的工作，没有发生任何扯皮现象。工程紧张的时候，也是北京天气最热的时候，工地上有 11 个省市 70 多个单位的 4000 多人同时施工。指挥部和筹备处领导每天自背水壶上工地，冒着酷暑，趟着泥泞和砾石现场指挥，从而保证了公园建设的顺利进行。

公园建好了，关键是亮出牌子，叫响名字，扩大知名度。区委区政府特别注重名人效应，1993 年 10 月 14 日，在园内协助北京市政府举办驻华使节招待会；10 月 25 日，请钱其琛副总理为公园开业剪彩，请李鹏总理到场参加仪式。1994年6月1日,江泽民总书记专门参观世界公园。这一系列的举动,使得世界公园的知名度迅速提高,举国均知北京有个世界公园,可以"一天游遍世界"。此外,丰台区还广泛邀请在京各新闻单位的记者前来参观,使世界公园开园的信息不断见诸报端。在试营业阶段,邀请全市各行业、各部门及各区县的主要领导和本区各行业干部群众免费参观游览,使世界公园在人们心中占据了一块位置。世界公园还在中央电视台作气象预报广告,在市、区许多地方竖立广告牌,在北京周边地区的电视台做广告。这样全方位的宣传,极大地扩大了世界公园的知名度,收到了很好的效果,在当时来京游客的观念中,基本形成了"不到长城非好汉、不到世界公园是遗憾"的共识。①

北京世界公园占地面积46.7公顷,绿化面积占76%。公园整体布局按照五大洲版图划分景区,以世界上40个国家的109处著名古迹名胜的微缩景点为主体,荟萃了世界上最著名的埃及金字塔、法国埃菲尔铁塔、巴黎圣母院、美国白宫、国会大厦、林肯纪念堂、澳大利亚悉尼歌剧院等建筑,以及意大利式、日本式花园等,景点的建筑材料尽可能仿照原物,采用铜雕、铜铸、鎏金、镀金、木雕等,工艺精湛、外观逼真,保持了原作风貌。公园的水系按照五大洲的版图,仿照四大洋的形状而设计,独具匠心。园中还建有供餐饮、购物的国际街、童话世界、激光喷泉等。由露天艺术剧场、亚太大舞台、非洲小舞台、大门区迎宾广场以及五洲花车盛装巡游表演六大演出板块组成。

作为丰台区旅游行业龙头企业,具有代表性的文化主题公园,国家AAAA级景区,世界公园始终把文化立园、文化养园、文化拓园、文化强园作为文化建园的灵魂。这座主题性公园从一开始就做到了高起点,高效率,高品位。到1997年底,世界公园共接待国内外游客848万人次,累计创收超过4亿元。然而进入21世纪,随着时代发展和社会变迁,当年的微缩景观,已经不能满足国人对于探索世界和体验世界的需要。为

---

① 杨宗奎《世界公园成功经验给我们的启示》,《北京党史研究》,1998年第2期。

了企业的生存与发展，世界公园顺应时代发展做出新的选择。北京世界公园借助新坐标定位，由原来的静态微缩景观为主转变为动感演艺为主，推出了以原汁原味外国民俗歌舞表演为亮点、以各国园林园艺为绿色新景观、以各国建筑景点为基础，打造成为一个动感的"炫彩世界——环球民俗歌舞荟萃"的演出基地。

2009年7月，北京世界公园举行以"清凉世界、清凉一夏"为主题的泰国大象泼水节活动。2012年4月2日至4日，世界公园为配合中俄文化旅游年活动，在露天大舞台剧场上演具有浓郁俄罗斯风情的民族歌舞演出。根据北京市十二五规划提出建设文化创意产业功能区的战略构想，以北京国际旅游度假区、欢乐谷、世界公园等城市主题休闲娱乐区域为载体，大力推动以酒店、演艺业为代表的文化娱乐产业，拉动市民文化娱乐消费，营造良好的城市文化娱乐氛围。主体功能区的确立，给世界公园带来了新的发展契机，也促进了世界公园加快转型升级。确定了以景点为基础背景，以园林园艺为新的景观，以世界民俗歌舞演出为

北京世界公园（苏瑞民摄影）

亮点，积极响应参与国家"一带一路"建设，精心打造一台以"世界一家——丝路风情"为主体的大型文艺演出，通过艺术表演的形式，彰显古丝绸之路兼容并包的精神。同时推出富有世界公园特色的四大主题活动，即："环球风情歌舞荟萃""五洲花车大巡游""泰国大象明星鳄鱼表演专场""景区特色小舞台演出"。形成了一个露天型、零距离、重参与、天天有、原汁原味的外国歌舞演艺的大舞台。

2014年，世界公园被北京市政府确定为北京市文化创意产业功能区之主题公园演艺区。2019年5月8日，以"新世界·心逍遥"为主题的"新丝路演艺大观"于北京世界公园精彩呈现。"新丝路"风情歌舞荟萃、"七色鸡尾酒"狂欢花车大巡游、乌干达非洲踢踏鼓舞、杂耍飞象"泰"欢动、东南亚缤纷小舞台、非洲彩面图腾小剧场、七彩欧洲嗨乐风等七大演艺活动，内容丰富多彩，好戏连台。来自乌干达、俄罗斯、乌克兰、智利、西班牙、古巴、亚美尼亚的外国演员加盟助演。其中，智利杂耍明星的手技绝活、亚美尼亚魔术互动表演、丝路穿越剧——古韵楼兰、古巴热辣桑巴，原汁原味，吸人眼球。使游人尽享融汇国际性、开放性、娱乐性、现代性的"一天一世界，一步一风情"的视听盛宴，为北京"一带一路"峰会营造了热情迎宾的良好氛围。

10. 万国华毂尽潇洒

毂（gǔ），是指车轮的中心部分，有圆孔，可以插轴，所谓"华毂"就是华美车子的意思，我们在这里用"华毂"代指琳琅满目、造型华丽的各式汽车。一谈起汽车，人们首先想到的是德国的奔驰、宝马，日本的丰田、铃木，美国的福特、克莱斯勒，法国的雷诺、雪铁龙，俄罗斯的伏尔加、卡玛斯等等。即便是国产汽车，人们印象最深的恐怕也是红旗、解放、吉利、奇瑞、比亚迪等品牌以及长春、上海、武汉等汽车生产基地，很少有人会把汽车同丰台联系起来。这也难怪，以往我们宣传丰台总是把这里称为"中国航空事业的发祥地""北京最早的火车站""中国早期的铁路工厂"，待到人们进入到汽车博物馆感受一番以后，才猛然领悟道，原来丰台与汽车之间也是有着很深的渊源的。

在丰台花乡的南面，有一座名声很大的西汉墓葬，这里埋葬的是西汉宣帝时的广阳王刘建，墓葬的规格很高，除了帝王和诸侯能够享用的"黄肠题凑"外，最引人注目的就是这里的车马坑了。这里曾发掘出三辆罕见的彩绘"朱斑轮青盖"汉车和十四匹马，场面之壮观令人震惊，这可以看作丰台与车之间的最早关联吧！清末的时候，京南的"南顶"一带盛行赛车，那些官宦贵胄的赛车装饰十分讲究，这可以看作丰台与车之间的又一关联吧！再加上清末在丰台火车站被义和团烧毁的那辆"大清龙车"，可以说，丰台与车的"情缘"的确非比寻常。改革开放后，丰台地区的交通建设日新月异，纵横交错的市政路网，气势非凡的城市立交，川流不息的汽车银河，使得丰台更加融入到汽车的海洋之中。银建、万泉寺等出租汽车公司的创办，北京市旧机动车交易市场、北京新发地汽车交易市场的兴起，使丰台又增添了几分汽车元素。在这样的一种条件下，如果要在北京建成一座融万国汽车于一馆的大型博物馆，那么舍丰台又其谁呢？

这样的机会果然来了。2001 年，北京市提出建设"中国国际汽车博览会展中心"的建议。2002 年 2 月，中国国际汽车博览会展中心汽车博

北京汽车博物馆（丰台区委宣传部供图）

物馆项目被列为北京市 60 项重大建设项目。同年 12 月，市发展计划委员会批准同意汽车博物馆建设项目由丰台区政府承办。汽车博物馆的馆址选择在北京南四环西路的花乡四合庄一带。2003 年 3 月，中国国际汽车博览会展中心更名为"北京国际汽车博览中心"。2006 年 9 月，北京汽车博物馆正式开工，2011 年 8 月 25 日竣工，它的建成填补了国家专题博物馆的门类空白，成为集"博物馆、科技馆、展览馆"三位于一体的汽车类专题博物馆。

汽车博物馆是北京国际汽车博览中心的标志性建筑和核心设施，设有汽车博览、主题展览、汽车科普、汽车娱乐、学术交流等功能展示区。这里汇聚了世界各国的名车，有吉斯 110、上海 SH760 汽车、美国奥兹莫比尔 R 型汽车、美国福特 T 型汽车、法国雪铁龙 2CV 汽车、英国劳斯莱斯银魅汽车等等。其中的美国的杜瑞亚 L 型汽车格外引人注目。原

北京汽车博物馆中国汽车工业经典藏品车展区（丰台区委宣传部供图）

来自从 1901 年匈牙利人李恩时在上海进口两辆美国奥兹莫比尔汽车后，汽车这一现代化的交通工具就正式引入中国。第二年，直隶总督兼北洋大臣袁世凯为给慈禧太后祝寿，特购买了一辆外国进口的汽车作为寿礼，这辆汽车就是美国的杜瑞亚！然而在慈禧太后的眼里，汽车不过是来自西洋的玩物罢了，根本没想到要去发展中国的汽车制造业，更不用说独立自主、自行研制了。慈禧太后当年坐过的"御驾"如今收藏在颐和园内，汽车博物馆所展示的是与它相同型号的汽车，产于 1903 年，说起来也有 100 多年的历史了。

真正让中国人扬眉吐气的是 1958 年 5 月东风牌小轿车的问世，它被视为红旗轿车的前身。人们不会忘记，在共和国成立之初，一切百废待兴，党和国家领导人时刻关心着汽车制造业。1956 年的一天，中央召开政治局扩大会议，在中间休会时，毛泽东主席满是期待地说："什么时候能坐上我们自己生产的小轿车来开会就好了！"毛主席的期盼很快就变成了现实。这次会议后，被毛主席称为"白面书生"的长春第一汽车制造厂厂长饶斌就把生产国产轿车作为工作的重中之重，他们收集资料，研究方案，对比苏联的胜利、德国的奔驰、法国的西姆卡、日本的丰田、英国的福特赛飞等汽车样本反复钻研，工程技术人员和工人们加班加点，夜以继日，终于在 1958 年 5 月 12 日生产出第一辆国产小汽车，当时被命名为"东风"，生产编号为 CA71。毛主席坐在东风轿车里自豪地说："坐上我们自己制造的小汽车了！"

毛主席乘坐东风轿车的消息传到第一汽车制造厂，工人们欢呼雀跃，热血沸腾，厂区到处飘起"乘东风，展红旗，造出高级轿车去见毛主席"的大红幅。厂长饶斌张榜招贤，把要试制的红旗轿车图纸张挂起来，目的是让全厂的能工巧匠来抢图试制，结果不到一个星期，3400 多张零件图纸就被一抢而光。仅用了 20 多天的时间，我国自行设计的红旗轿车 V8 发动机就研制成功，创造了世界汽车史上的奇迹！如今，在北京汽车博物馆第五层的中华动力展区，就展示着一辆东风 CA71 的复制品，它标志着早期中国汽车人，用他们艰苦奋斗、自强不息的精神谱写了中国汽车工业的创业篇章。

国民之魂，文以化之；国家之神，文以铸之。北京汽车博物馆展示的是万国的华美车型，宣扬的是中国汽车制造、中国汽车品牌，它所带给人们的绝不仅仅是华美亮丽的汽车，它体现更多的是人类文明的发展史，中华民族不屈不挠的奋斗史和实现中华民族伟大复兴中国梦的实践史，它不仅解读了人类数千年的车文化、百余年的汽车文化，还向人们娓娓讲述着"一个汽车兵的故事"，传承着"公而忘私"的雷锋精神……

11. 天坛医院迁花乡

话说改革开放之初，一位病人来到丰台一所外观很气派的医院看病。医生告诉他："你这病我们看不了，您还是上大医院看看吧。"这位病人一下愣住了，环顾四周小声嘀咕道："怎么……怎么这所医院还不够大吗？"听到病人在这里自言自语，医生也是哑然失笑，不知该说些什么好。这一情景不禁让人们想起了梅贻琦在1931年底就职清华大学校长时说的一句话："所谓大学者，非谓有大楼之谓也，有大师之谓也。"大学如此，大医院也如此。套用梅校长的话说就是："所谓大医院者，非谓有大楼之谓也，有大医之谓也。"天坛医院，就是这样一所大医辈出的大医院。

天坛医院的大医首推王忠诚（1925—2012）。他1950年从北大医学院毕业后，就赶赴了抗美援朝、保家卫国的火线。回国后，王忠诚成为新中国第一批神经外科医生，他于1965年出版的《脑血管造影术》使中国神经外科诊断技术同世界先进水平缩短了30年，他还成功地用显微镜完成我国首例小脑血管吻合术。此后，经过不懈努力，王忠诚成为世界著名的神经外科专家。他曾是世界唯一完成开颅手术逾万例的医生，被称为"万颅之魂"。他也是唯一获得世界神经外科联合会"最高荣誉奖章"的中国人，保持着该领域多项世界纪录。从医60年，他已数不清曾开过多少颅，从死神手里抢救回了多少生命。王忠诚无愧为"华佗再世"。2009年1月，王忠诚荣获2008年度"国家最高科学技术奖"。面对荣誉，他总是淡淡地说，"没什么，救死扶伤就是医生的天职"，"病人也对我们的成长做出了很大贡献"。而对职业，他总是郑重地说，医德比医术更重要，"没有好的医德，再好的医术也发挥不出来"，"要多为病人着想，像爱护亲人一样爱护病人"。2012 年 9 月，王忠诚在北京医院逝世。王老走了，他给天坛医院留下的不只是技术，更有大医精诚的精神。

在王忠诚"大医精诚"的精神感召下，如今，以常务副院长王拥军为核心的脑血管病知名专家团队已经顶了上来。该团队在国际上首创了短程、早期、优化的阿司匹林与氯吡格雷双靶点联合抗血小板治疗新技术（CHANCE 方案），研究成果改写了国内、国际指南和权威教科书。建立我国第一个脑血管病病因及发病机制分型——CISS 分型，实现患者的个体化脑血管病分层管理。创建了中国脑血管病登记数据库和样本资源库，创建了中国第一项覆盖全国的脑血管病医疗质量研究平台，显著提高脑血管病防控质量。在全国范围内率先提出多学科协作、组织化管理的脑血管病防治优化体系新模式，牵头建立国内第一个国际标准化的卒中单元，并率先证实卒中单元在中国模式中的有效性。出版我国第一部卒中单元专著。首次建立了符合中国人群特点的缺血性脑血管病风险评估体系。首创了适用于国人的新的卒中后肺炎预测量表，为建立适用于中国人群的风险评估体系奠定了坚实的基础。

听到前面所列举的那些带有医学专用名词的"首次""第一"，相信有不少读者都会感到艰涩难懂，但这对于中国的医疗事业，对于广大的脑血管患者来说无疑是天大的喜讯。至今，以王拥军团队为核心的中国卒中学会，已累计培养研究生 200 余名，进修医师 1650 余名，大大促进了我国脑血管病学科建设和人才队伍的培养，提高了我国脑血管病防治总体水平。

2018 年 10 月，天坛医院为恢复天坛世界文化遗产的历史风貌，助力北京中轴线申遗，关闭了原在天坛西南一隅的老院区，整体搬迁到了丰台区南四环西路 119 号。新院区总占地面积 181581 平方米，总建筑面积 352294 平方米，划分为医疗、干部保健、办公科研、教学等功能区域。医院在职职工 3210 人，临床科室 67 个、医技科室 8 个，编制床位 1650 张，拥有伽马刀、PET/MR、PET/CT、直线加速器、磁共振等大型医疗设备；

拥有中国科学院院士 1 人，首批教育部青年长江学者 1 人，国家重点学科 3 个，国家临床重点专科 3 个，博士培养专业 15 个，硕士培养专业 25 个，博士生导师 70 名，硕士生导师 142 名。迁址前，天坛医院的医生已经深入到了丰台区，一面为丰台区的社区医院预留号源，一面和社区医生一起，搭建起分级诊疗网络，实施互联网远程会诊。迁址后，天坛医院更进一步以本院为核心，建起了包括丰台铁营医院和方庄社区卫生服务中心、蒲黄榆社区卫生服务中心、铁营社区卫生服务中心、新村社区卫生服务中心在内的医联体。

说起医联体，这可是最近几年才出现的一种新生事物。它的全称叫"区域医疗联合体"，是将同一个区域内的医疗资源整合在一起，通常由一个区域内的三级医院与二级医院、社区医院、村医院组成一个医疗联合体，目的在于解决市民看病难的问题。北京从 2012 年开始探索区域医疗联合体建设。2014 年 9 月 23 日，北京大学第一医院同北京丰台医院签约建立医疗联合体，这是丰台区第一家医联体。医联体建立后，通过优质人员技术指导、分级诊疗、双向转诊，将事实上形成"医疗区域化大分工"，从而优化医疗资源配置。到 2019 年上半年，全区形成了中部、南部、西部医联体的分布格局。其中中部医联体即是由丰台医院、北京大学第一医院组成的医联体。南部医联体主要以南苑医院作为枢纽医院，北京友谊医院作为核心医院，八所社区卫生服务机构作为成员单位，开通了双向转诊、大型检查绿色通道。友谊医院定期派专家到南苑医院出诊，会诊危重疑难病例。南苑医院分批次接受社区卫生服务机构人员进修，并每周派医师到基层社区机构出诊，满足群众需求。西部医联体以丰台中西医结合医院作为枢纽医院，北京中医医院作为核心医院，卢沟桥社区卫生服务中心等机构作为成员单位，开展双向转诊等具体工作。

除建立医联体外，丰台区还以健康中国战略为指引，以健康北京建设为行动纲领，从 2017 年起，在 14 家社区卫生服务中心推行方庄社区卫生服务中心所首创的"智慧家医"服务模式，该模式以"一名全科医生 + 一名社区护士"绑定组成了"家庭医生"管理团队，医生负责常见病、多发病的诊疗，护士负责协助医生做好入户随访、健康评估等工作。"智慧家医"方庄模式，囊括了"固定""协同""智慧"三大核心内涵，形成了朋友式、固定的医患关系，重新定位、诠释了"家庭医生"，让居民拥有值得信赖的家庭医生。经过三年的完善，丰台区方庄社区卫生服务中心"智慧家庭医生签约健康管理平台"不但很好地辅助家庭医生对签约居民实施规范化诊疗，还在老年慢病管理上取得了良好效果。截止到 2018 年 9 月底，丰台区已有三万余人享受在线服务。"智慧家医"已经成为丰台品牌，为辖区市民群众提供个性化、全周期、契约式的健康管理服务。

12. 普教翘楚育奇花

在北京西南大地上，有一所名校，她植根于丰台教育沃土之中，有着几代教育工作者造就的深厚文化底蕴，在教育改革的大潮中搏浪扬帆，引领潮头，她就是闻名全国的北京市第十二中学。

北京市第十二中学创建于 1934 年，其前身是"河北省宛平县立简易师范学校"。校址位于宛平城西门外卢沟桥畔的龙王庙内。学校在时局动荡中诞生，在国难的阵痛中跋涉。1937 年，日军在卢沟桥悍然发动了震惊中外的七七事变，简师因遭到日军炮火的严重破坏而被迫停办，部分师生毅然投笔从戎参加抗战。抗战胜利后，宛平简易师范恢复，并迁址到丰台镇东安街。1949 年 2 月，宛平简易师范更名为"北平市立丰台简易师范学校"。1951 年，学校正式更名为"北京市第十二中学"。

建校 85 年以来，北京十二中三易其名，两迁校址，历经沧桑。

1958 年，北京十二中校办厂建厂，1971 年开始创收，是全国第一所校办厂；七十年代，学校遵循毛泽东主席提出的"教育要与生产劳动相结合"的办学思路，搞半工半读；八十年代学校实施"双基教育""校长负责制"等改革措施，正式提出"同心同德、兢兢业业、求实创新"的校训；九十年代，学校提出"构建以提高学生素质为目标、以学科课程和活动渠道为载体、以形成能力和发展智力为核心、以思维训练为主线、以学生主体智力参与为重点、以科学的设计课堂教学为手段，优化教学目标、优化教学过程、优化教学手段"的"六以三优"的素质教育体系。

进入 21 世纪，学校前进的步伐日益加快，在继承学校传统文化和先哲教育思想的基础上，2006 年，学校提出"求真、崇善、唯美"的办学理念，鼓励师生做真的追寻者、善的传播者、美的创造者。

北京十二中始终坚守教育质量至上的原则，把中、高考成绩作为检验教学效果和监测教育质量的重要标准。2017 年荣获清华大学"生源中学"、北京外国语大学"优质生源基地"称号。

2017 年中考，北京十二中再创佳绩！丰台区 565 分以上高分段考生 85% 出自于北京十二中。其中，570 分及以上 17 人占全区 90%，565 分以上 49 人占全区 85%，560 分以上 111 人占全区 82%。继 2016 年北京十二中学生姜海洋以裸分 580 分的满分成绩成为北京市状元后，李依蒙以 576 分的优异成绩成为 2017 年丰台区中考状元。

2017 年高考成绩同样骄人：文科考生曾宝熠、孙天也、郭漪桐，分别以裸分 689 分、682 分和 677 分的优异成绩名列北京市高考文科第二、第九和第十三名。来自长辛店二七厂地区的孪生兄弟常然、常浩兄弟双双圆梦清华园，一时成为社会热点新闻。文理科重点率连续三年均达到 100%。钱学森航天实验班平均分为 658 分，文科实验班平均分为 639 分。理科平均分 623 分，高出一本线 86 分；文科平均分 624 分，高出一本线 69 分。同年，北京十二中五大奥赛全部获得全国联赛一等奖，实现了新的跨越。

2018 年中考，十二中继续保持丰台区绝对领先优势，中考平均分、优秀率均为全区第一，包揽了丰台区 570 分以上高分段人数。2018 年高考，理科平均分进入北京市前 10 名，理科重点率 99.64%，文科重点率 100%；14 人被北京大学、清华大学录取，2 人被香港科技大学、香港中文大学录取。

2019 年 6 月 23 日，北京市十二中再次传来佳讯，黄子晴以裸分 711 分，总分 721 分的优异成绩列为北京市高考理科状元！

在狠抓教学质量的同时，北京十二中也十分注重学生的科学精神、创新能力和体育素养的提升。2017 年，北京十二中共有 16 名学生获得奥赛全国联赛一等奖，总数居全市第六；其中 5 名学生入选北京市代表队参加全国决赛并获得三块银牌、二块铜牌，奖牌数量居全市第五。2017 年 5 月 23 日，从泰国首都曼谷举行的"第二届亚洲少年田径锦标赛"赛场上传来捷报，北京十二中田径队员刘哲凯以 77.25 米的成绩夺得少年男子组标枪项目冠军。2018 年，北京十二中五大奥赛（数学、物理、化学、生物和信息学）全部获得全国联赛一等奖，实现了新的跨越。2018 年，北京十二中田径队共收获了 29 枚金牌和全国体育传统校田径比赛、北京市金奥运动队田径比赛的两个团体第一名。标枪运动员刘哲凯打破全国中学生锦标赛纪录。

现在的北京市第十二中学已经发展成为拥有 6100 多名在校生、610 多名在编教职工，跨越幼小初高多个学段、一校多址的教育集团。她是世界名中学联盟学校、北京市重点中学和首批高中示范校。在全国率先成立"家校社共育咨询室"，创建了全国唯一以"两弹一星"功勋科学家钱学森先生冠名的中学——北京十二中钱学森学校。

北京十二中位居全国一流中学行列，是首都教育的一张名片，更是丰台教育的一面旗帜。十二中今天取得如此辉煌的成就，一个非常重要的原因就是她深深植根于丰台教育这片沃土，丰台教育为她营造了光荣绽放的广阔舞台。

改革开放 40 年来，丰台区委、区政府把教育放在优先发展战略位置，加大教育投入，丰台教育走内涵发展之路，实施人才强教战略，深化教育综合改革，改善办学条件，教育教学质量显著提高。

"十三五"以来，丰台区完成北京十二中钱学森学校、人大附中丰台学校和丰台二中等三个重大新建改扩建项目，接收小区配套教育设施 14 个，增加学位 11000 多个。到 2018 年，全区优质学位占比达到 75%，群众在家门口"上好学"的愿望和要求日益得到满足。

创新"集团 + 集群"发展模式。建成方庄、南站、卢沟桥等 8 个教育集群，形成集群一体化育人模式；建成北京十二中等 17 个教育集团。集团集群发展，实现了教育资源布局的进一步优化，推进了教育管理现代化，为丰台教育发展提供了更好支撑。

北京十二中新校址（北京市丰台区人民政府编《北京丰台》画册）

　　丰台区在改革进程中，紧紧围绕推进公平和提升质量这条主线，通过名校办分校、高校办附中附小、科研机构支持中小学发展等途径，扩大优质教育资源。几年来，区政府和区教委先后引进清华附中、人大附中、民大附中、北京四中、北师大实验中学、北京小学、北大附小、海淀实验小学、黄城根小学、芳草地国际学校等多所名校开办分校。

　　同时丰台区还引进大学或教育科研机构在丰台区办附属学校，如在东铁营片区引进北京教育科学研究院资源建立了北京教育科学研究院丰台实验小学；与北京教育学院合作，在青塔片区建立了北京教育学院附属丰台实验学校；在右安门片区引进北京舞蹈学院建立了北京舞蹈学院附中丰台实验小学。截至 2019 年，丰台区与北京市 27 所名校、高校及科研机构合作办学，涉及校区 44 处。

　　"十三五"以来，丰台区教育质量稳步提升。近一半的中考考生达到 500 分以上；每年高考本科上线率超过 85%，一本上线率将近 50%。2019 年 9 月 10 日教师节，丰台区教育大会在北京十二中举行。会上，丰台区委区政府颁发了《关于加快推动丰台教育上台阶的若干意见》《关于全面深化新时代教师队伍建设改革的实施意见》两份文件，明确了"建成首都教育新高地、建设现代化教育强区"的奋斗目标，提出经过五年左右的努力，将丰台建成理念先进、质量优良、体系开放、特色突显、治理现代、保障有力的首都教育新高地。

参考书目

1.《大金国志校证》，中华书局 1986 年

2.《辽史》，中华书局 2016 年

3.《金史》，中华书局 1983 年

4.《元史》，中华书局 2016 年

5.（清）于敏中等编纂《日下旧闻考》，北京古籍出版社 1981 年

6.（明）蒋一葵著《长安客话》，北京古籍出版社 1980 年

7.（明）刘侗、于奕正著《帝京景物略》，北京古籍出版社 1982 年

8.（清）孙承泽著《天府广记》，北京古籍出版社 1982 年

9.（清）周家楣、缪荃孙等编纂《光绪顺天府志》，北京古籍出版社 1987 年

10.北京市丰台区地方志编纂委员会编《北京市丰台区志》（第一版），北京出版社 2001 年

11.北京市丰台区地方志编纂委员会编《北京市丰台区志》（1991—2010），北京出版社 2019 年

12.《北京百科全书·丰台卷》，北京出版社、奥林匹克出版社 2001 年

13.丰台区地名志编辑委员会编《北京市丰台区地名志》，北京出版社 1993 年

14.丰台区委党史资料征集办公室编《丰台建设史》，中央文献出版社 2008 年

15.丰台区委党史资料征集办公室编《丰台改革开放三十年》，中央文献出版社 2008 年

16.高世良著《南苑杂记》，北京燕山出版社 1999 年

17.高世良编著《南苑往事》，中国旅游出版社 2009 年

18.《首都文史精粹·大兴卷：南海子史料集》，北京出版集团公司、北京出版社 2015 年

19.北京市大兴区政协学习与文史委员会编《乾隆皇帝御制南海子诗文辑录》，

光明日报出版社 2011 年

20. 熊先煜、张承钧主编《佟麟阁将军》，北京出版社 1990 年

21. 张承钧、赵学芬主编《赵登禹将军》，北京出版社 1992 年

22. 刘郦主编《大红门 30 年》，新华出版社 2008 年

23. 侯仁之、邓辉著《北京城的起源与变迁》，北京燕山出版社 1997 年

24. 侯仁之著《北京城的生命印记》，生活·读书·新知三联书店 2009 年

25. 侯仁之、金涛著《北京史话》，上海人民出版社 1980 年

26. 于杰、于光度著《金中都》，北京出版社 1989 年

27. 吴文涛等著《金中都》，北京出版集团公司、北京出版社 1989 年

28. 靳宝著《大葆台西汉墓研究》，北京燕山出版社 2012 年

29. 北京辽金博物馆编《金中都水关遗址考览》，北京燕山出版社 2001 年

30. 北京市文物局编《金中都遗珍》，北京燕山出版社 2003 年

31. 于杰编撰《北京史资料长编·辽金部分》，北京燕山出版社 1986 年

32. 北京市文史研究馆编著《京华纪事》，北京出版社 2018 年

33. 北京市文史研究馆编著《北京史诗》，北京出版社 2018 年

34. 卢沟桥文物保管所编《卢沟桥文集：卢沟桥与北京城》，北京燕山出版社 1987 年

35. 郭景星、蒋雅娴著《七七事变追忆》，人民出版社 2007 年

36. 王岗著《卢沟桥·宛平城》，首都师范大学出版社 2009 年

37. 李红霞主编《卢沟桥乡志》，当代中国出版社 2012 年

38. 周进、常颖、冯雪利、乔克著《卢沟桥事变：全民族抗战的起点》，北京出版集团公司、北京出版社 2015 年

39. 武国友主编、张晓明著《宛平枪声：卢沟桥事变内幕》，吉林出版集团、吉林文史出版社 2011 年

40. 沈强主编《中国人民抗日战争纪念馆故事》，南京出版社 2012 年

41. 《何长工回忆录：难忘的岁月》，人民出版社 1982 年

42. 中车北京二七机车有限公司编《大道无疆——纪念中车北京二七机车有限公司 120 华诞》，中国工人出版社 2017 年

43. 中华全国总工会工运史研究室编《二七大罢工资料选编》，工人出版社

1983 年

44. 中共北京市委党史研究室编《北京早期工业史料选编》，北京出版社 1994 年

45. 张允侯、殷叙彝、李峻晨编《留法勤工俭学运动（一）》，上海人民出版社 1980 年

46. 中国革命博物馆编《北方地区工人运动资料选编（1921—1923）》，北京出版社 1981 年

47. 《何长工回忆录》，解放军出版社 1987 年

48. 长辛店机车车辆工厂厂史编委会编《北方的红星》，作家出版社 1960 年

49. 施爱东编著《长辛店历史与文化》，中国社会出版社 2018 年

50. 邓中夏著《中国职工运动简史（1919—1926）》，人民出版社 1949 年

51. 郑名桢编著《留法勤工俭学运动》，山西高校联合出版社 1994 年

52. 何长工著《勤工俭学生活回忆》，工人出版社 1958 年

53. 冯资荣、何培香编著《邓中夏年谱》，中国文史出版社 2014 年

54. 杨绍英著《二七罢工斗争》，通俗读物出版社 1955 年

55. 罗章龙编著《京汉铁路工人流血记》，河南人民出版社 1981 年

56. 陈素秀主编《京汉铁路工人大罢工史料汇编》，河南人民出版社 1999 年

57. 吴文涛著《丰台历史文化丛书：丰台花乡与园林》，首都师范大学出版社 2009 年

58. 中关村科技园区丰台园管理委员会组编《从总部基地到零工社区：中关村丰台科技园创新实践》，中国文联出版社 2018 年

59. 江来、肖芬著《中国航天之父钱学森》，中国少年儿童出版社 2012 年

60. 中国运载火箭技术研究院编《钱学森与航天一院》，中国宇航出版社 2012 年

61. 徐飞著《纵横"一带一路" 中国高铁全球战略》，格致出版社 2017 年

62. 李成智著《中国航天科技创新》，山东教育出版社 2015 年

63. 许洵著《当代北京铁路史话》，当代中国出版社 2012 年

64. 中国航天事业的 60 年编委会编著《中国航天事业的 60 年》，北京大学出版社 2016 年

65. 梁小虹主编《中国航天精神教程》，中共中央党史出版社 2019 年

66. 李英威口述，李秀平整理《从教师到区委书记》，法律出版社 2014 年

67. 王雄著《中国速度——中国高速铁路发展纪实》，外文出版社 2016 年

68. 总后勤部基建营房部、中国第一历史档案馆、辽宁省档案馆编《中国清代营房史料选辑》，军事科学出版社 2006 年

69. 北京市丰台区军事志编纂委员会编《北京市丰台区军事志》，北京出版社 2012 年

70. 北京市政协文史资料委员会编《北京文史资料精选·丰台卷》，北京出版社 2006 年

71. 北京市政协文史和学习委员会、北京市丰台区政协编《首都文史精粹·丰台卷：发现丰台之美》，北京出版社 2015 年

72. 刘少华、杨蕊主编《从 1949 走来：中国汽车红旗的故事》，中国劳动社会保障出版社 2016 年

73. 北京市政协文史资料委员会、丰台区政协文史资料委员会、丰台区花乡人民政府编《花乡春秋》，北京出版社 1994 年

74.《北京·丰台——恢宏南中轴 未来看丰台》，丰台区委宣传部 2018 年

75. 丰台区委党史资料征集办公室编《丰台党史教育读本》，2014 年内部发行

76. 张有才著《南海子史话》，北京南海子公园 2012 年内部发行

77. 张有才著《南海子宸迹》，北京南海子公园 2012 年内部发行

78. 空军南苑场站编《百年南苑》，军内发行

79. 政协北京市丰台区委员会文史资料委员会编《丰台文史资料选编（第六辑）》，1994 年内部发行

80. 北京丽泽金融商务区招商联合办公室编《寻踪丽泽》，2016 年内部发行

81. 政协北京市丰台区委员会文史资料委员会编《丰台文史资料选编（第二辑）》，1987 年内部发行

82. 政协北京市丰台区委员会文史资料委员会编《丰台文史资料选编（第十二辑）》，2015 年内部发行

83. 中共丰台区委党史资料征集办公室编《丰台地区革命斗争史料选编（第

一册）》，1993年内部发行

84. 中共丰台区委党史资料征集办公室编《丰台地区革命斗争史料选编（第二册）》，1996年内部发行

85. 政协北京市丰台区委员会文史资料委员会编《丰台文史资料选编（第一辑）》，1987年内部发行

86. 丰台区花乡人民政府编《花乡乡志》，2011年内部发行

87. 新发地村党委、村委会编《新发地村志》，2010年内部发行

88. 政协北京市丰台区委员会文史资料委员会编《丰台文史资料选编（第十辑）》，2005年内部发行

89. 《中国运载火箭技术研究院辉煌五十年》，2007年内部发行

90. 《荣耀方庄（1984—2009）》画册，内部发行

91. 《北京汽车博物馆建设历程》画册，内部发行

92. 长辛店镇张郭庄村志编纂委员会编《长辛店镇张郭庄村志》，2010年内部发行

后　记

　　《丰台史话》的编纂，是在党的十九大召开前后，丰台区广大干部群众满怀信心，意气风发，在习近平新时代中国特色社会主义思想的指引下，按照《北京城市建设总体规划（2016—2035）》和丰台分区规划的发展思路，在全方位地进行改革、建设、发展的背景下进行的。区委、区政府始终高度重视《丰台史话》的编纂工作，先后三次召开区委书记专题会议和区委常委会议，研究方向，讨论选题，确定思路，同时将《丰台史话》的编写工作列入全区党建工作重点任务和重点文化工程。徐贱云书记多次审阅，并对史话修改工作提出指导意见。区委、区人大、区政府、区政协四套领导班子均对此书进行审核把关，从而保证了此书的圆满完成。

　　全书正文设有一级标题五个、二级标题 17 个、三级标题77 个，近 30 万字，各类图片 100 余幅。该书的编写本着两个原则：一是学术的严谨性，以史实为依据，客观记述丰台的发展历程。为了达到这一目的，编辑人员先后到国家图书馆、首都图书馆以及市、区两级档案馆查阅复制史料，甚至自费购买了大量文献书籍，并通过网络等媒体查阅了大量史料。二是生动的故事性，力求通过具有现场感的故事情节展现丰台历史的来龙去脉。为了更多地掌握历史细节，编辑人员系统地查阅了晚清和民国时期的报刊旧闻，并先后到航天一院、丽泽金融商务区、丰台科技园、长辛店大街、二七纪念馆、长辛店留法勤工俭学预备班旧址、金中都遗址公园、辽金城垣博物馆、莲花池等多地走访调研，收集了大量照片，并参阅了相关人物传记。

全书的编纂经历了两个艰苦的写作阶段，第一阶段是资料长编形成和初稿完成阶段，由区委党史办组织编写，特约刘仲孝、隋军、孙铁铮、林贵、蒲兰山、王国欣、张金城等编辑参与编写。第二阶段是按照区委统一要求加以谋篇布局，经过初审、复审、终审环节并付样。这一阶段由区委常委、宣传部长梁家峰，区政协副主席冯晓光牵头进行本书的策划和顶层设计；由区委党史工作办公室主任刘怀广任编写组组长，区委宣传部副部长、融媒体中心主任乔晓鹏，北京国家数字出版基地建设办公室副主任程诗，区委党史工作办公室副主任张国庆任副组长；党史办干部张良超、王真胜、齐雪峰与全区选调的陈民、李先瑢、张耘、张凝四名历史专业人才，全力以赴投入到此书的编纂工作当中；林贵、孙铁铮、赵颖莹等人也参与了部分文稿的编写。史话编辑部全体人员经过多次调整、修改、校对，最终完成此书。在此对为编纂此书付出辛勤努力的编辑人员表示衷心感谢！

在此书编写的过程中，退休的部分区领导抽出宝贵时间审阅此书，提出了许多建设性的指导意见。同时我们还聘请尹钧科、郗志群、孙冬虎、罗保平、史桂芳、张霖、高世良等专家学者组成评审专家组，对该书从史实核正、编纂规范、篇目设计、文字风格等多方面把关，对于这些老领导和专家、学者的贡献，我们表示由衷的敬意！

此书的编写还得到驻区相关单位和全区各相关单位的大力支持和帮助。中国运载火箭技术研究院、中国航天科工集团第三研究院、中国人民抗日战争纪念馆、中国通号、中国中铁、北京铁道所、中车北京二七机车有限公司、区委办、区委宣传部、区档案馆、区教委、区文旅局、丽泽金融商务区管委会、丰台科技园区管委会、北京汽车博物馆、卢沟桥文化旅游区办事处、东高地街道、云岗街道、方庄街道等多家单位给我们提供了珍贵的历史资料，我们在此一并表示诚挚的谢意！

由于本书的历史跨度长，文献资料较为稀缺难找等客观条件的限制，加之编辑人员的水平有限，难免存在一些瑕疵和不足，恳请读者提出宝贵意见，以便我们在今后的工作中加以改进。

丰台区委党史工作办公室

《丰台史话》编辑部

2021 年 3 月